»Wolfsschanze«

Hitlers Machtzentrale im Zweiten Weltkrieg

Uwe Neumärker, Robert Conrad, Cord Woywodt

»Wolfsschanze«

Hitlers Machtzentrale im Zweiten Weltkrieg

Weltbild

In Erinnerung an Rainer Wilkens (1958 – 1998)

Genehmigte Sonderausgabe für Verlagsgruppe Weltbild GmbH
Steinerne Furt, 86167 Augsburg

Umschlaggestaltung: Uhlig/www.coverdesign.net
Umschlagmotiv: akg-images, Berlin
ISBN: 978-3-8289-0849-9
Einkaufen im Internet: www.weltbild.de

Inhalt

LAGEKARTE 20.7.1944
AN ALLEN FRONTEN
0 100 200 300 km
Grenzen von 1937
Grenze des Großdeutschen Reiches 1942
deutsche Front am 1. 7. 1944
" " " 20. 7. 1944
" " " 1. 8. 1944
von deutschen Truppen am 20.7.1944 gehaltenes Gebiet
Alliierte und die von ihnen zurückeroberten Gebiete
weitere Operationen im August 1944
neutrale Staaten
NORWEGEN
Bergen
OSLO
Stavanger
STOCKHOLM
SCHWEDEN
Vänern-S.
Vättner-S.
Göteborg
Skagerrak
Gotland
Öland
OSTSEE
Dagö
Ösel
REVAL
ESTLAND
Dorpat
Narwa
Peipus-S.
Ilmen-S.
WALDAI-HÖHE
MOSKAU
Ostrow
RIGA
H.Gr. Nord
LETTLAND
Libau
Welikije Luki
Nowosokolniki
H.Gr. 2. balt. Front
H.Gr. 1. balt. Front
Witebsk
LITAUEN
Wilna
KOWNO
Molodetschno
Minsk
H.Gr. 3. Weißruss. Front
H.Gr. 2. Weißruss. Front
Brjansk
Weiß Rußland
Gomel
Königsbg.
Ostpreußen
Danzig
FHQ
H.Gr. Mitte
Grodno
Bialystok
Pripjet
Sümpfe
Brest-Litowsk
SOWJET-UNION
Kiew
Kowel
Rowno
H.Gr. 1. Ukr. Front
Ukraine
H.Gr. 4. Ukr. Front
Winniza
H.Gr. 2. Ukr. Front
H.Gr. 3. Ukr. Front
Tarnopol
Lemberg
Przemysl
Lublin
Sandomierz
Krakau
Tarnow
WARSCHAU
Litzmannstadt
Posen
POLEN
Breslau
DÄNEMARK
Arhus
KOPENHAGEN
Malmö
Bornholm
NORDSEE
Kiel
Rostock
Rügen
Stettin
Hamburg
Bremen
Emden
BERLIN
Magdeburg
DEUTSCHES REICH
Münster
Essen
Kassel
Köln
Aachen
Koblenz
Frankfurt
Leipzig
Dresden
Schweinfurt
Nürnberg
Regensbg.
Stuttgart
Trier
Saarbr.
Metz
Straßbg.
München
Boden-S.
Innsbruck
Linz
WIEN
PRAG
TSCHECHO-
Brünn
SLOWAKEI
TATRA
HOHE
Kaschau
KARPATEN
H.Gr. Nordukraine
Tschernowitz
Jassy
Tiraspol
Odessa
Neusiedler-S.
BUDAPEST
UNGARN
ÖSTERREICH
Graz
Platten-S.
Szeged
Klausenburg
RUMÄNIEN
Galatz
Ploesti
BUKAREST
Konstanza
Turnu Severin
SCHWARZES MEER
BELGRAD
Agram
Laibach
Fiume
Triest
JUGOSLAWIEN
DINARISCHES GEB.
Sarajewo
Split
Ragusa
BULGARIEN
SOFIA
Skopje
Istanbul
TÜRKEI
ALBANIEN
TIRANA
GRIECHENLD.
Ob. Südost
GROSSBRITANNIEN
IRLAND
Cardiff
LONDON
Plymouth
All.Ob.Kdo. Eisenhower
H.Gr. 21 (engl.)
AMSTERDAM
Rotterdam
NIEDERLANDE
BRÜSSEL
BELGIEN
Gent
Calais
Lille
Kanal
Alderney
Guernsey
Jersey
Cherbourg
Dieppe
Le Havre
Caen
Normandie
Amiens
Brest
Lorient
St.Nazaire
Nantes
Tours
PARIS
Orléans
Troyes
Ob. West
H.Gr. B
FRANKREICH
Dijon
Belfort
Golf von Biscaya
Limoges
Bordeaux
Toulouse
Lyon
Genf
BERN
SCHWEIZ
Mailand
Turin
Genua
Bologna
Padua
Venedig
Ob. Südwest
H.Gr. C
ADRIATISCHES MEER
Ancona
Florenz
Livorno
G.v.Genua
LIGURISCHES MEER
Armeegr. G
Marseille
Toulon
Golfe du Lion
SPANIEN
Korsika
ROM
ITALIEN
Donau
Elbe
Oder
Weichsel
Bug
Dnjestr
Dnjepr
Save
Pruth
Wolga
Düna
Rhône
Loire
Garonne

Das Attentat in der »Wolfsschanze«

Der 20. Juli 1944 sollte ein heißer Tag werden. Das Deutsche Reich befand sich in seinem fünften Kriegsjahr; die Zeit der Erfolge war längst vorüber. An der Westfront stießen die Westalliierten nach ihrer Landung in der Normandie im Juni unaufhaltsam vorwärts. An der Ostfront startete die Rote Armee unentwegt Offensiven und stand unmittelbar vor der Grenze des Großdeutschen[1] Reiches. Die Lage war aussichtslos, das hatten nunmehr auch einige von Deutschlands ehedem kriegsbegeisterten Militärs begriffen.

Kurz nach sechs Uhr an diesem Donnerstagmorgen verließ Oberst Claus Graf Schenk von Stauffenberg[2] seine Wohnung in Berlin-Wannsee und ließ sich zunächst in die Stadt fahren, um dort seinen Adjutanten Oberleutnant Werner von Haeften abzuholen. Gemeinsam begaben sie sich daraufhin zum Flugplatz Rangsdorf, wo bereits Generalmajor Helmuth Stieff, Chef der Organisationsabteilung im Oberkommando des Heeres (OKH), und sein Adjutant Roll auf die beiden warteten, um mit ihnen zusammen zum Führerhauptquartier »Wolfsschanze«[3] bei Rastenburg in Ostpreußen zu fliegen. Stauffenberg, der als Stabschef beim Befehlshaber des Ersatzheeres, Generaloberst Friedrich Fromm, für die Bereitstellung und den Transport sogenannter neuer personeller Reserven für Kampfverbände Sorge zu tragen hatte, war dorthin zum Führervortrag befohlen worden: Er sollte Hitler über die Neuaufstellung zweier Sperrdivisionen gegen die Rote Armee zur Stabilisierung der Lage an den Fronten in Ostpreußen und dem Generalgouvernement berichten. Es war bereits das vierte Mal in diesem Monat, daß Stauffenberg Hitler begegnen sollte: Schon am 6. und 11. Juli hatte er dem Führer im Hauptquartier »Berghof« auf dem Obersalzberg sowie am 15. Juli in der »Wolfsschanze« vorgetragen und – wie an diesem 20. Juli – eine Sprengladung in Hitlers Nähe zünden wollen.[4] Die Ermordung Hitlers sollte das Signal für den Beginn eines Staatsstreichs sein, der den Decknamen »Walküre« trug.[5] Er hatte angeblich auf sein Vorhaben verzichtet, weil Göring und Himmler, die unbedingt mit ausgeschaltet werden sollten, nicht anwesend gewesen waren – doch sie sollten auch dieses Mal nicht vor Ort sein. Außerdem hatte er keine Möglichkeit gefunden, die Bombe zur Detonation zu bringen.

Wegen Nebels wurde der Flug nach Ostpreußen um eine Stunde verschoben.[6] Erst gegen acht Uhr hob die Maschine mit ihren vier Insassen in Rangsdorf ab und landete um 10.15 Uhr auf dem Flugplatz der »Wolfsschanze« bei Wilhelmsdorf, ungefähr sechs Kilometer vom Führerhauptquartier entfernt.[7] Stauffenberg wies den Piloten an, sich um die Mittagszeit für den Rückflug zur Verfügung zu halten, und bestieg mit Haeften ein bereitgestelltes Kurierauto, das sie über eine Landstraße bis zur Wache West des Führerhauptquartiers brachte. Von dort meldete Stauffenberg ihre Ankunft beim Kommandanten, Oberst Gustav Streve, erhielt einen Sonderausweis und ließ sich weiter bis zum Kasino im Sperrkreis II fahren. Hier frühstückten sie zusammen mit Streves Adjutanten, Rittmeister Leonhard von Möllendorf, und anderen Offizieren. Während dieses Frühstücks, gegen elf Uhr, wurde Möllendorf zu einer Besprechung mit General Walter Buhle, dem Chef des Heeresstabes beim Oberkommando der Wehrmacht (OKW), abberufen, die im Bunker des obersten Strategen der deutschen Armee, Generaloberst Jodl, in Sperrkreis I, stattfinden sollte. Da sich auch Stauffenberg vor seinem Führervortrag mit Buhle beraten mußte, schloß er sich Möllendorf an. Begleitet wurden sie von Generalleutnant Henning von Thadden, dem Befehlshaber des Königsberger Wehrkreises.

Wenngleich draußen die Sonne brannte, war es unter dem Blätterdach des Waldes kühl und schattig. Im Sperrkreis I wurde trotz der näherrückenden Front weiterhin rege an der Verstärkung der Luftschutzbunker gebaut. Auf dem Weg zum Bunker des OKW besuchte Stauffenberg noch den mitverschworenen Chef der Nachrichtentruppe des Heeres, General Erich Fellgiebel, in seiner Zentrale, um ihn abermals auf seinen Auftrag einzuschwören, nach dem Attentat das Nachrichtensystem des Führerhauptquartiers lahmzulegen.

Nach seiner Besprechung mit Buhle, an der auch Thadden teilgenommen hatte, begab sich Stauffenberg dann zum Chef des OKW, Generalfeldmarschall Wilhelm Keitel, bei dem er sich gegen 11.30 Uhr meldete. Zum selben Zeitpunkt begann die Wachablösung in den einzelnen Sperrkreisen, die gegen zwölf Uhr beendet war. Stauffenbergs Unterredung dauerte bis kurz vor Beginn der Lagebesprechung mit Hitler, die ursprünglich für 13 Uhr angesetzt und wegen des erwarteten Besuchs von Benito Mussolini eine halbe Stunde vorverlegt worden war.

Währenddessen hatte sich Haeften in das Hauptquartier des OKH im benachbarten Mauerwald begeben, um den dort versteckten Sprengstoff zu holen.[8] Daraufhin war er wieder in die »Wolfsschanze« zurückgekehrt, in den Sperrkreis I zum Bunker des OKW, wo ihm ein Aufenthaltsraum zugewiesen wurde. Der Sprengstoff – zwei mal zwei Pfund – war in Ölpapier und Zellstoff verpackt. Haeften deponierte dieses Paket auf dem Fußboden des Flures außerhalb seines Zimmers, wahrscheinlich um bei einer Kontrolle nicht mit ihm in Verbindung gebracht zu werden. Gegen 11.45 Uhr fragte eine Ordonnanz Keitels Haeften sogar nach dem Paket auf dem Flur, wobei dieser antwortete, daß es sich bestimmt um Material handele, das Stauffenberg für die Besprechung bräuchte. Als die Ordonnanz wenig später erneut in den Flur trat, war das Paket verschwunden.[9]

Etwa um 12.30 Uhr wurde in die Besprechung Stauffenbergs mit Keitel hinein die Ankunft Generalleutnant Adolf Heusingers vom OKH gemeldet, der Hitler über die Lage an der Ostfront berichten sollte. Keitel erhob sich daraufhin abrupt und bemerkte, daß es höchste Zeit sei, sich zur Lagebesprechung mit Hitler zu begeben. Stauffenberg entgegnete jedoch, daß er sich noch frisch machen und das Hemd wechseln wolle. Hierfür wurde ihm von Keitels Adjutanten, Major Ernst John von Freyend, ein Zimmer zur Verfügung gestellt. Auf dem Flur traf Stauffenberg Haeften und nahm ihn mit in das Zimmer, damit dieser ihm beim Umkleiden behilflich sein könnte. Auf Keitel und Buhle, Freyend und Thadden, die unterdessen vor dem Bunker warteten, mußte diese Begründung plausibel wirken, da Stauffenberg seit einem Tieffliegerbeschuß in Tunesien 1943 Vollinvalide war: Am rechten Arm trug er eine Handprothese, an der linken Hand fehlten ihm zwei Finger, und das zerschossene linke Auge wurde von einer Klappe bedeckt.

Im von Freyend zugewiesenen Zimmer begannen beide damit, die Bombe scharf zu machen: Haeften hielt eines der beiden Pakete mit dem Hexit-Sprengstoff aus Beutebeständen[10] und Stauffenberg zerdrückte den dazugehörigen Säurezünder mit einer eigens für seine linke Hand präparierten Zange. Dieser Zünder sollte dann innerhalb von 15 bis 30 Minuten den Sperrdraht zerfressen, der einen die Explosion auslösenden Schlagbolzen hielt. Plötzlich erschien Oberfeldwebel Werner Vogel in der Tür, um Stauffenberg und Haeften mitzuteilen, daß Keitel zur Eile gemahne, weil die Lagebesprechung mit Hitler pünktlich beginnen solle. Stauffenberg erwiderte, daß er umgehend komme. Vogel berichtete später, er hätte bemerkt, daß die beiden mit einer Aktentasche hantierten, ohne deutlich ausmachen zu können, was sie genau taten. Außerdem hätten auf einem Bett eine Menge Papiere gelegen.[11]

Da Vogel vor der offengelassenen Tür wartete und Freyend die Aufforderung zu kommen vom Bunkereingang her wiederholte, verzichtete Stauffenberg wohl oder übel auf die zweite Sprengladung, durch die der Erfolg des Attentats höchstwahrscheinlich gesichert gewesen wäre. Er begab sich mit der Bombe in seiner Aktentasche zu den Wartenden, um mit ihnen zur knapp einen halben Kilometer entfernt liegenden Lagebaracke zu gehen, wo Hitler sie empfangen sollte. Haeften nahm das zweite Sprengstoffpaket sowie die Papiere und verließ den Bunker, um sich um das Fluchtauto zu kümmern.[12]

Aufgrund der bitteren Erfahrungen des Bombenkrieges hatte Hitler die Verstärkung der Bunkerdecken in der »Wolfsschanze« verfügt. Nachdem er im Frühjahr 1944 in sein Hauptquartier auf dem Obersalzberg gezogen war, hatten die entsprechenden Arbeiten begonnen. Da der Führerbunker im Sommer noch immer eine Baustelle war, wohnte Hitler, der am 14. Juli wegen der katastrophalen Lage an der Ostfront zurückgekehrt war, im bisherigen Gästebunker, der im neugeschaffenen Sondersperrkreis lag. Dieser Gästebunker verfügte lediglich über einige kleinere Räume, nicht jedoch über einen größeren Besprechungsraum. Daher fand der Führervortrag bis zum Ende der Bauarbeiten in einer benachbarten Baracke statt.[13] Dieser Holzbau war mit Wänden aus Ziegelmauerwerk und einer Betondecke gegen mögliche Luftangriffe verstärkt worden.

Der Sperrkreis, in dem Hitler residierte, war zusätzlich umzäunt; Wachen des Reichssicherheitsdienstes (RSD) und des SS-Begleitkommandos standen am Tor, vor dem

Gästebunker sowie der Lagebaracke und liefen auf dem Gelände Streife. Die Gruppe der Zutrittsberechtigten war entsprechend klein, für sie wurden zudem spezielle Sonderausweise ausgestellt. Weil dadurch die Sicherheit des Führers gewährleistet zu sein schien, gab es weder Leibwachen im Besprechungsraum noch fand zuvor eine Untersuchung auf Waffen oder eine Taschenkontrolle statt. Lediglich Mützen und Koppel – mit oder ohne Pistolen – sollten draußen in der Garderobe gelassen werden.

Stauffenberg und seine Begleiter passierten die RSD-Wache ohne Probleme. Schon auf dem Weg zur Lagerbaracke hatte sich Freyend erboten, Stauffenbergs Tasche wegen dessen Versehrtheit zu tragen, doch dieser hatte sich bis zur Ankunft heftig dagegen verwahrt. Nunmehr bat er Freyend, ihm einen Platz in größtmöglicher Nähe zum Führer zu verschaffen – mit dem Hinweis, daß er wegen seiner Hörbehinderung sonst Schwierigkeiten hätte, der Besprechung zu folgen. Dies wiederum sei aber für seinen eigenen Vortrag notwendig. Freyend konnte Stauffenberg noch wunschgemäß plazieren, obwohl die Lagebesprechung bereits begonnen hatte: Lediglich Generalleutnant Heusinger, der gerade über die Lage an der Ostfront berichtete, befand sich zwischen ihm und Hitler, der an der Breitseite des Kartentisches stand und dadurch den Eintretenden den Rücken zuwandte. Die Fenster gegenüber der Tür waren wegen der Hitze geöffnet. Insgesamt nahmen 25 Personen an dieser Konferenz teil.

Es war 12.37 Uhr, als Keitel Heusinger für einen Moment unterbrach, um Hitler zu melden, daß der zum Vortrag befohlene Stauffenberg nunmehr anwesend sei: »Mein Führer, hier ist Oberst Graf Stauffenberg, der später über den Stand der Aufstellung der Volksdivisionen 1944 berichten wird!«[14] Hitler begrüßte diesen wie üblich wortlos mit einem prüfenden Blick, Stauffenberg jedoch erhob – wie stets in überaus korrekter militärischer Haltung – den linken Arm zum Deutschen Gruß und gab Hitler anschließend die linke Hand, während sonst in der »Wolfsschanze« ein »eher ungezwungener Ton« üblich war.[15] Stauffenberg, der zwischen Heusinger und dessen Stellvertreter, Oberst Heinz Brandt, stand, drängte an diesem vorbei, bückte sich und stellte seine Aktentasche mit der Bombe rechts neben den Tischsokkel, wo Hitler sich aufhielt. Die Tasche noch näher bei ihm abzulegen, war ohne aufzufallen nicht möglich. Ein bis zwei Minuten nach seiner Ankunft verließ Stauffen-

Nach dem Attentat: die zerfetzten Hosen General Kortens, der wenig später seinen tödlichen Verletzungen erlag (oben), die verwüstete Lagebaracke (unten).

Göring, bei Hitler mittlerweile in Ungnade gefallen, nutzte diesen 20. Juli, um sich noch einmal in Szene zu setzen: hier in der Unterhaltung mit dem Persönlichen Adjutanten des Führers, SS-Gruppenführer Schaub. Links: Görings ständiger Begleiter General Loerzer, sein Fliegerkamerad aus dem Ersten Weltkrieg; rechts im Ledermantel: Martin Bormann.

berg den Besprechungsraum wieder – angeblich wegen eines dringenden Telefonats, wobei die Aktentasche unter dem Kartentisch stehenblieb. Wegen des allgemeinen Kommens und Gehens, das im Lageraum herrschte, wurde sein Verschwinden zunächst nicht weiter bemerkt. Als er aber kurz darauf seine Ausführungen beginnen sollte, vermißte man den Obersten, und General Buhle ging nach draußen, um Stauffenberg zu suchen, fand ihn jedoch nicht. Dieser hatte sich – offenbar ohne Probleme beim Passieren der Wache des Führersperrkreises – zur Adjutantur der Wehrmacht beim Führer begeben, wo Haeften und Fellgiebel ihn erwarteten. Hier meldete Oberstleutnant Ludolf Gerhard Sander, Nachrichtenchef des Hauptquartiers, daß das von Haeften bestellte Auto für Stauffenberg, ein Acht-Zylinder-»Horch«, mit Leutnant Erich Kretz als Chauffeur bereitstehe, und erinnerte ihn daran, daß Kommandant Streve Stauffenberg verabredungsgemäß zum Mittagessen erwarte. Wenige Augenblicke später erfolgte eine gewaltige, den Wald erschütternde Detonation, bei der Stauffenberg heftig zusammenfuhr. Fellgiebel fragte Sander scheinheilig, was los sei, und dieser antwortete ahnungslos, daß derartiges öfter passiere, wenn zu Übungszwecken geschossen würde oder ein Tier auf eine Mine im Sicherheitsstreifen um die »Wolfsschanze« trete.

Gegen 12.42 Uhr war Heusinger gerade dabei, die Situation der Heeresgruppe Nord zu erläutern: »Der Russe dreht mit starken Kräften westlich der Düna nach Norden ein. Seine Spitzen stehen bereits südwestlich Dünaburg. Wenn jetzt nicht endlich die Heeresgruppe vom Peipussee zurückgenommen wird, dann werden wir eine Katastrophe ...«[16] In diesem Augenblick unterbrach plötzlich »ein greller Lichtschein, wie ein Blitz«, begleitet von einem ohrenbetäubenden Lärm Heusingers Rede. Die Wucht der Detonation der Bombe Stauffenbergs hatte den Raum völlig verwüstet: »... die Tischplatte war ungefähr in der Mitte auseinandergebrochen, die rechte Hälfte in die Luft geflogen und lag auf der Seite. Der Boden war ... ca. einen halben Meter mit lauter Schnitzeln der Tapeten und der Dichtungswolle bedeckt, so daß diese seltsame Schicht alles verbarg, was auf dem Boden lag ... Die Fensterstöcke waren verschwunden, sie waren nach außen gedrückt worden, ebenso der Großteil der Verbindungswand samt der Tür zur übrigen Baracke. Die Decke war, offenbar hauptsächlich von der schweren Tischplatte, stark beschädigt«, wie sich der ständige Gesandte des Reichsaußenministers im Führerhauptquartier, Franz von Sonnleithner, erinnerte.[17] Von den Anwesenden waren vier tödlich,[18] fast alle übrigen mehr oder weniger stark verletzt worden. Hitler hatte außer einem geschwärzten Gesicht und einem angesengten Hinterkopf lediglich Prellungen und leichte Verletzungen an den Beinen erlitten; seine zerfetzte Hose zeigte er in der nächsten Zeit wie eine Trophäe herum.[19] Seine Trommelfelle waren geplatzt – wie bei allen übrigen Beteiligten. Propagandaminister Goebbels kommentierte diesen Umstand kurze Zeit später mit geradezu biblischem Pathos: »Deutlicher als durch die wunderbare Errettung des Führers wird sich der Allmächtige uns nicht mehr offenbaren.«[20]

In der Lagebaracke vermischten sich indessen das Stöhnen der Verwundeten, sengender Brandgeruch und im Zugwind flatternde Fetzen verkohlter Karten und Papiere; draußen fanden sich bleich und verstört diejenigen zusammen, die sich durch eines der Fenster oder die Tür hatten retten können. »Die meisten hatten die Beinkleider verloren, oder der Stoff war wenigstens total zerschlissen; die Lageteilnehmer, die sonst so korrekt gekleidet waren, standen großenteils in Sockenhaltern, Unterhosen und zerfetzten Uniformröcken da.«[21] Die Verwundeten wurden gleich darauf von Krankenwagen in das nahe Lazarett nach Carlshof gebracht.

Hitler war von dem ebenfalls leicht verletzten Keitel und Sonnleithner zum Gästebunker geführt worden. »Dort sagte Hitler ... ›Ich habe ja diesen Widerstand immer gefühlt, im Generalstab. Stalin wußte genau, was er machte, als er den Marschall Tuchatschewski ausschaltete, aber ich konnte nichts machen, bevor ich einen Beweis hatte. (...) Aber jetzt, jetzt wird durchgegriffen!‹«[22]

Stauffenberg meinte kurz nach der Explosion zu Sanders, daß er sich zum verabredeten Mittagessen mit Streve begeben wolle, und bestieg zusammen mit Haeften das bereitstehende Auto, gab aber kurz darauf dem Chauffeur die Weisung, das Führerhauptquartier umgehend zu verlassen und sie direkt zum Flugplatz zu fahren. Die Route führte sie dabei an der Lagebaracke vorüber, deren Anblick Stauffenberg die Gewißheit geben mußte, daß die Bombe ihre beabsichtigte Wirkung getan hatte.[23] Da Stauffenberg dem Wachoffizier bekannt war und dieser Stauffenbergs Ausweis anerkannte, konnte der Wagen gegen 12.43 Uhr den Südwestausgang des Sperrkreises I passieren. Anderthalb Minuten später wurde Alarm für alle Sperrkreise der »Wolfsschanze« ausgelöst. Stauffen-

Propagandaminister Goebbels bei der Betrachtung des zerstörten Kartentisches aus der Lagebaracke. Links: Albert Bormann; rechts: Werner Naumann, Staatssekretär aus Goebbels' Ministerium, und Julius Schaub, Hitlers »Faktotum«.

Hitler im Gespräch mit dem – offiziell – »zweiten Mann« des Reiches, Luftwaffenchef Göring. Links: Generalfeldmarschall Wilhelm Keitel, Chef des Oberkommandos der Wehrmacht; rechts: Martin Bormann, Persönlicher Sekretär des Führers und die eigentliche »Nummer zwei« im Staat; hinten in der Mitte (mit Kopfverband): Alfred Jodl; rechts (zwischen Hitler und Bormann): Nicolaus von Below, Persönlicher Luftwaffenadjutant Hitlers; ganz rechts: Reichsführer-SS Heinrich Himmler im Gespräch mit Generaloberst Franz Halder.

berg und Haeften näherten sich der Außenwache Süd, die aufgrund des Alarms inzwischen geschlossen und mit Drahthindernissen, sogenannten spanischen Reitern, verbarrikadiert worden war. Der Wachhabende Oberfeldwebel Kolbe vom Führerbegleitbataillon (FBB), verwehrte die Durchfahrt, woraufhin Stauffenberg verlangte, eine Telefonverbindung zu Streve herzustellen. Wie Stauffenberg in seinem Vabanquespiel vermutet haben dürfte, war dieser nicht erreichbar, weil er sich umgehend zur Unglücksstelle begeben hatte. Statt dessen war Streves Adjutant, Möllendorf, am Apparat. Da Stauffenberg Möllendorf kannte, konnte er diesem weismachen, daß Streve selbst ihm die Erlaubnis erteilt habe, das Führerhauptquartier verlassen zu dürfen; Möllendorf gab daraufhin Kolbe den Befehl, Stauffenberg und Haeften passieren zu lassen.[24] Kurz vor 13 Uhr verließen sie die »Wolfsschanze« und fuhren an Gut Queden vorbei zum Flugplatz; während der Fahrt warf Haeften die zweite Sprengladung, einen mit Packpapier umwickelten Klumpen, aus dem Autofenster. Gleich nach der Ankunft am Flugplatz bei Wilhelmsdorf bestiegen Stauffenberg und Haeften die »He 111«, mit der sie am Vormittag gekom-

Wegen des Besuches von Benito Mussolini in der »Wolfsschanze« war die tägliche Lagebesprechung an diesem 20. Juli um eine halbe Stunde vorverlegt worden und hatte bereits um 12.30 Uhr begonnen. Hitler, Mussolini und Göring im Gespräch nach dem Attentat von Oberst Stauffenberg.

men waren. Um 13.15 Uhr startete das Flugzeug mit dem Ziel Berlin.

Kurz nach 13 Uhr wurde eine Nachrichtensperre über die »Wolfsschanze« verhängt. Nicolaus von Below, Adjutant der Luftwaffe bei Hitler, berichtete später: »Ich lief sofort in die benachbarte Nachrichtenbaracke, ließ den Nachrichtenoffizier, Oberstleutnant Sander, kommen und gab ihm Befehle, alle Nachrichtenverbindungen außer für Hitler, Keitel und Jodl zu sperren, damit keine falschen Meldungen herausgingen.«[25] Fellgiebel, der dies als Beitrag zum Umsturz eigentlich hätte tun sollen, konnte sich von diesem Befehl nur noch in Kenntnis setzen lassen und eigenmächtig lediglich eine zusätzliche Abschaltung der Vermittlung des OKH in deren nahegelegenem Hauptquartier »Mauerwald« veranlassen. Diese Handlung wiederum machte ihn bald verdächtig.

Propagandaminister Goebbels in Berlin erfuhr zu diesem Zeitpunkt noch von einem Attentat im Führerhauptquartier, ohne wegen der abrupten Unterbrechung der Leitungen jedoch nähere Angaben zu erhalten. Eine Viertelstunde später traf Martin Bormann, Leiter der Parteikanzlei und Persönlicher Sekretär des Führers, am

Umgehend wurde Italiens Duce in die zerstörte Lagebaracke geführt und war von Hitlers Schilderungen tief beeindruckt.

Tatort ein. Bald darauf folgten Reichsmarschall Göring und Außenminister von Ribbentrop, denen man an der Wache Ost zunächst den Zutritt in den inneren Sperrkreis verweigert hatte.[26] Gegen 13.45 Uhr kam Reichsführer-SS Heinrich Himmler aus seiner nahegelegenen Feldkommandostelle »Hochwald« bei Possessern[27] hinzu, um die Ermittlungen aufzunehmen. Alsbald richtete sich der Verdacht gegen Stauffenberg, ohne daß zu diesem Zeitpunkt klar war, daß das Attentat den Auftakt zu einem Staatsstreich bildete, der nun beginnen sollte.

Wie von Stauffenberg und seinen meist adligen Mitverschwörern vorbereitet, wurden unter dem Decknamen »Walküre« Alarmmaßnahmen ausgelöst, mit denen die Gruppe die Gewalt im Deutschen Reich an sich bringen und die nationalsozialistische Führung entmachten wollte. Zu diesem Zweck sollten bestimmte militärische Objekte sowie Macht- und Verkehrszentren Großdeutschlands besetzt werden, was in einigen Einzelaktionen, so in Berlin, Königsberg, Paris, Prag, Stettin und Wien, auch geschah. Eine zivile Gegenregierung mit Generaloberst a. D. Ludwig Beck als Reichspräsident und Carl Friedrich Goerdeler als Reichskanzler sollte die »Majestät des Rechts« in einer Art Militärdiktatur wiederherstellen und den Krieg beenden. Sowohl das Überleben Hitlers und der fehlende Rückhalt der Widerständler im Heer als auch der Umstand, daß es den Verschwörern nicht gelang, die Nachrichtenverbindungen zur »Wolfsschanze« zu unterbrechen und sich die Verfügungsgewalt über die Medien zu sichern, trugen zum Scheitern des Staatsstreiches bei.[28]

Um 14.30 Uhr traf Benito Mussolini auf dem Bahnhof der »Wolfsschanze« zu seinem Besuch ein – von Anfang an lag ein »Hauch von Abschied« über diesem letzten Treffen der beiden Diktatoren. Etwa zeitgleich setzte ein heftiges Wärmegewitter ein. Hitler, in eine schwarze Pelerine gehüllt, reichte dem Gast zur Begrüßung die unversehrte linke Hand und unterrichtete ihn »mit einer auffallend ruhigen, fast monotonen Stimme« kurz über den Vorfall; der Duce war entsetzt, wie Chefdolmetscher Schmidt bemerkte. Dieser hatte arge Probleme gehabt, überhaupt auf das Gelände der »Wolfsschanze« zu gelangen: »›Auch wenn Ihnen der Kaiser von China einen Ausweis ausgestellt hätte‹, sagte der Posten am ersten Sperrkreis [III], ›so könnte ich Sie doch nicht durchlassen.‹ ›Aber Sie kennen mich doch, ich bin der Dolmetscher des Auswärtigen Amtes und muß bei der Ankunft eines Besuchers weisungsgemäß um drei Uhr auf dem Bahnhof Görlitz sein‹, erwiderte ich. Und als mich der Posten trotzdem nicht passieren lassen wollte, fragte ich ihn nach dem Grunde. ›Wegen des Ereignisses‹, erklärte er, offenbar befehlsgemäß, lakonisch. Ich verhandelte weiter, bis er sich schließlich bereit erklärte, mit seinem Wachoffizier zu telefonieren. Dann durfte ich passieren. Es war alles höchst geheimnisvoll.«[29]

Anderthalb Stunden nach dem Eintreffen des Staatsgastes wurde die Nachrichtensperre durch Hitlers Leute wieder aufgehoben. Als der Führer, nachdem er Mussolini mit technischen Details seiner Waffenproduktion überschüttet und in die zerstörte Lagebaracke geführt hatte,[30] gegen 17 Uhr mit ihm zusammen in seinen Bunker kam, fand er dort eine fast vollständige Versammlung seiner Paladine vor: Göring, Keitel, Jodl, Dönitz und Ribbentrop. Hitler ließ sich in einem Sessel nieder und grübelte apathisch vor sich hin, bis die »Affaire Röhm«[31] erwähnt wurde. Dabei sprang er unvermittelt auf und begann, sich wie wild zu gebärden. »Während er schrie, bewegten sich SS-Bedienstete schweigend durch die Sesselreihen und servierten zum Monolog über Rache, Blut und Ausrottung den Tee.«[32] Um 17.20 Uhr erfolgte ein Blitztelefonat Hitlers mit Goebbels, in dem Hitler diesen dazu aufforderte, eine Rundfunkmeldung zu veranlassen, die vom mißglückten Attentat und der Unversehrtheit des Führers berichten sollte.[33] Um 20.40 Uhr teilte Reichsleiter Bormann aus der »Wolfsschanze« den Gauleitern mit, daß »der Führer ... aller Voraussicht nach heute abend über Rundfunk zum deutschen Volk« sprechen werde,[34] ab etwa 21.15 Uhr wurde diese Meldung über die Radiosender verbreitet. Um 22 Uhr begann auch an diesem Tag die übliche Abendlage zur aktuellen Situation an den Fronten.

Gegen 23 Uhr wurden General der Nachrichtentruppe Fellgiebel und Generalmajor Stieff in der »Wolfsschanze« verhaftet, eine Viertelstunde später der Bendlerblock, der Sitz des OKH und das Zentrum der Verschwörer in Berlin, von der 4. Kompanie des Wachbataillons »Großdeutschland« in einem »bewaffneten Gegenstoß« besetzt. Generaloberst Fromm, Stauffenbergs Chef, ließ die »Meuterer« umgehend verhaften und fällte eigenmächtig ein »standgerichtliches Urteil« wegen »Hoch- und Landesverrats«. Noch wußte Fromm nicht, daß Hitler ihn als Befehlshaber des Ersatzheeres, der »Heimatarmee«, bereits am frühen Nachmittag durch den Reichsführer-SS und Nicht-Militär Himmler ersetzt hatte. Kurz nach Mitternacht wurden Stauffenberg und Haeften im Hof des Bendlerblockes von einem Sonderkommando erschossen.

Beim Abschied auf dem Bahnsteig der »Wolfsschanze« reichte der Führer dem Duce seine unverletzte linke Hand; es war das letzte Zusammentreffen der beiden Diktatoren.

Gegen ein Uhr nachts strahlte der Reichssender Königsberg die angekündigte Rede des Führers aus, die alle anderen deutschen Sender gleichzeitig übertrugen:

»Deutsche Volksgenossen und -genossinnen! Ich weiß nicht, zum wievielten Male nunmehr ein Attentat auf mich geplant und zur Ausführung gekommen ist. Wenn ich heute zu Ihnen spreche, dann geschieht es aus zwei Gründen: Erstens, damit Sie meine Stimme hören und wissen, daß ich selbst unverletzt und gesund bin. Zweitens, damit Sie aber auch das Nähere erfahren über ein Verbrechen, das in der deutschen Geschichte seinesgleichen sucht. Eine ganz kleine Clique ehrgeiziger, gewissenloser und zugleich verbrecherischer, dummer Offiziere hat ein Komplott geschmiedet, um mich zu beseitigen und zugleich mit mir den Stab praktisch der deutschen Wehrmachtführung auszurotten. Die Bombe, die von dem Oberst Graf von Stauffenberg gelegt wurde, krepierte zwei Meter an meiner rechten Seite. Sie hat eine Reihe mir teurer Mitarbeiter sehr schwer verletzt, einer ist gestorben.[35] Ich selbst bin völlig unverletzt bis auf ganz kleine Hautabschürfungen, Prellungen oder Verbrennungen. Ich fasse das als eine Bestätigung des Auftrages der Vorsehung auf, mein Lebensziel weiter zu verfolgen, so wie ich es bisher getan habe. (...) Ich bin der Überzeugung, daß wir mit dem Austreten dieser ganz kleinen Verräter- und Verschwörer-Clique nun endlich aber auch im Rücken der Heimat die Atmosphäre schaffen, die die Kämpfer der Front brauchen. Denn es ist unmöglich, daß vorn Hunderttausende und Millionen braver Männer ihr Letztes hergeben, während zu Hause ein ganz kleiner Klüngel ehrgeiziger, erbärmlicher Kreaturen diese Haltung dauernd zu hintertreiben versucht. Diesmal wird nun so abgerechnet, wie wir das als Nationalsozialisten gewohnt sind! Ich bin überzeugt, daß jeder anständige Offizier, jeder tapfere Soldat in dieser Stunde das begreifen wird. Welches Schicksal Deutschland getroffen hätte, wenn der Anschlag heute gelungen sein würde, das vermögen die wenigsten sich vielleicht auszudenken. Ich selber danke der Vorsehung und meinem Schöpfer nicht deshalb, daß er mich erhalten hat – mein Leben ist nur Sorge und ist nur Arbeit für mein Volk –, sondern, wenn ich danke, dann nur deshalb, daß er mir die Möglichkeit gab, diese Sorgen weiter tragen zu dürfen und in meiner Arbeit weiter fortzufahren, so gut ich das mit meinem Gewissen und vor meinem Gewissen verantworten kann.

Hitler während seiner Rundfunkansprache in der »Wolfsschanze«. In der ersten Reihe, mit Kopfverband, saß Generaloberst Jodl, Chef des Wehrmachtführungsstabes; dahinter: Hitlers persönlicher Chefadjutant Julius Schaub.

Es hat jeder Deutsche, ganz gleich, wer er sein mag, die Pflicht, diesen Elementen rücksichtslos entgegenzutreten, sie entweder sofort zu verhaften oder – wenn sie irgendwie Widerstand leisten sollten – ohne weiteres niederzumachen. Die Befehle an sämtliche Truppen sind ergangen. Sie werden blind ausgeführt, entsprechend dem Gehorsam, den das deutsche Heer kennt. Ich darf besonders Sie, meine alten Kampfgefährten, noch einmal freudig begrüßen, daß es mir wieder vergönnt war, einem Schicksal zu entgehen, das nicht für mich Schreckliches in sich barg, sondern das den Schrecken für das ganze deutsche Volk gebracht hätte. Ich sehe daraus auch einen Fingerzeig der Vorsehung, daß ich mein Werk weiter fortführen muß und daher weiter fortführen werde!«[36]

Der Umsturzversuch »Walküre«, der umfangreichste und ranghöchste Staatsstreich von Militärs in der deutschen Geschichte, war zu diesem Zeitpunkt praktisch längst gescheitert – und er hatte den Rückhalt Hitlers im Volk trotz der Lage an den Fronten wieder gestärkt.

Das Führerhauptquartier in der Zeit militärischer Erfolge

»Kriegsherr« Hitler in Frontnähe

Durch die »Machtergreifung« im Januar 1933 war Hitler nicht mehr nur Führer seiner Partei, der NSDAP, als Reichskanzler begriff er sich auch als Führer des Deutschen Reiches und des deutschen Volkes. Schrittweise zog er fortan die Macht im Staat an sich. Doch das genügte ihm nicht: Die Meinung, daß der Frieden von Versailles als Folge des verlorenen Ersten Weltkrieges eine Schmach war, teilte nicht nur die Mehrheit des Volkes, sie war von der Nazipropaganda bereits in der »Systemzeit« zu ihren Zwecken instrumentalisiert worden und bestimmte auf paranoide Weise Hitlers Denken. So lag es nur allzu nahe, daß er auch der »Erste Soldat« seines Reiches zu werden wünschte. Nach der Entlassung des Reichskriegsministers von Blomberg im Februar 1938 übernahm Hitler diesen Posten, auf den auch »Zuständigkeitsgigant«[1] Göring spekuliert hatte, selbst; an die Stelle des Ministeriums trat das Oberkommando der Wehrmacht (OKW). Der Führer war durch diesen Schachzug oberster Befehlshaber der Wehrmacht geworden – ein Amt, das von nun an seinen persönlichen Ehrgeiz vollends vereinnahmen sollte: Er wollte epochemachender Feldherr sein.

In Anlehnung an das Große Hauptquartier der Obersten Heeresleitung und des Kaisers Wilhelm II. während des Ersten Weltkrieges in Spa, wurde für Hitler eine entsprechende, allerdings prinzipiell ortsungebundene Institution geschaffen, die Ausdruck der im Führer vereinigten Macht von Partei, Staat und Militär war und von der aus deren Gefüge gelenkt werden sollten: das Führerhauptquartier. Diese Bezeichnung ging bald allgemein auf den jeweiligen Aufenthaltsort dieses Stabes um Hitler über. Obwohl das Hauptquartier als oberste militärische Befehlsstelle eine Einrichtung für den Krieg war, gab es Planungen und organisatorische Vorarbeiten schon während der Sudetenkrise von April bis September 1938, als bereits ein Überfall auf die Tschechoslowakei erwogen worden war.

Mit dem Angriff auf Polen im Herbst 1939 wurden von hier aus dann die Direktiven für die deutsche Kriegsführung gegeben. Das Führerhauptquartier sollte stets in Frontnähe sein, weshalb es im allgemeinen dort eingerichtet wurde, wo die Wehrmacht kämpfte. Es gab daher eine Vielzahl fester Anlagen, in denen sich die Führungsriege des Dritten Reiches aufhielt. Ständig wechselnde Bezeichnungen, Kürzel und Decknamen lassen auf nahezu 20 schließen: Einige von ihnen wurden lediglich für wenige Tage oder nie benutzt, andere kamen über das Planungs- oder das Baustadium nicht hinaus.[2] Alle unterlagen strengster Geheimhaltung.

Unabhängig vom Kriegsgeschehen gab es außerdem zwei Basisstationen: den »Berghof«[3] auf dem Obersalzberg in Bayern und die Neue Reichskanzlei[4] in der Berliner Voßstraße, wo sich Hitler zwischenzeitlich immer wieder aufhielt.[5] Während der Feldzüge bewohnte Hitler meist die ständig neu errichteten Führerhauptquartiere »im Grünen«, von wo aus er auch die Truppen an der Front besuchte. Alle Anlagen befanden sich abseits größerer Ortschaften, meist in Waldgebieten, und waren somit vor unbefugten Blicken verborgen, verfügten aber über (zumindest nahegelegene) Bahnanschlüsse und Flugplätze, ebenso über aufwendige Nachrichtenzentralen sowie ein ausgefeiltes Bewachungs- und Verteidigungssystem. Durch den Vielfrontenkrieg und die immer komplexer werdenden Kampfhandlungen wurde das Personal zunehmend aufgestockt, weshalb die jeweils neuen Anlagen ständig erweitert werden mußten. Die Planungen wurden dabei durch den Umstand erschwert, daß die Anzahl der benötigten Besatzung vorab nie klar umrissen war.

Als Machtzentrale des Dritten Reiches vereinigte das Führerhauptquartier die Spitzen der nationalsozialistischen Führung bzw. zu Teilen deren Vertreter in sich, einen eher kleinen Personenkreis, dem auf Wunsch Hitlers möglichst Personen angehören sollten, die er lange kannte. Mit Kriegsbeginn im Herbst 1939 kamen daher von militärischer Seite der Chef des OKW, Generaloberst Wilhelm Keitel, und zwei Adjutanten sowie der Chef der Abteilung Landesverteidigung (ab 1942: Wehrmachtführungsstab), Generalmajor Alfred Jodl, mit seinem Generalstabsoffizier Hauptmann Deyhle. Ab 1940 gehörte dann die Feldstaffel Jodls als Arbeitsstab auf sein Bestreben hin zusätzlich ständig zum Führerhauptquartier.[6] Außerdem arbeiteten der Chefadjutant der Wehrmacht beim Führer, Oberst Rudolf Schmundt, die Adjutanten der Wehrmachtsteile: Heer, Marine und Luftwaffe, sowie General Karl Bodenschatz als eigener Vertreter des Oberbefehlshabers der Luftwaffe Hermann Göring mit.

Die Abteilung Landesverteidigung unter Oberst Walter Warlimont blieb vorerst allerdings an ihrem Dienstsitz beim OKW in Berlin und erhielt zweimal täglich Frontberichte.[7] »Auch die Oberbefehlshaber der Wehrmachtsteile hielten sich ... noch nicht mit ihren Führungsstäben in Hitlers Nähe auf; das Oberkommando des Heeres hatte sein Hauptquartier im Lager Zossen bei Berlin, mit Decknamen ›Zeppelin‹, das Oberkommando der Kriegsmarine war in Berlin geblieben, und der Führungsstab der Luftwaffe saß in ›Kurfürst‹, seiner Kriegsunterkunft in der Luftkriegschule Wildpark bei Potsdam.«[8] Diese Frontferne schränkte die Rolle dieses Teils des Hauptquartiers bei operativen Maßnahmen erheblich ein.

Ebenfalls waren SS-Obergruppenführer Karl Wolff, der Verbindungsoffizier des Reichsführers-SS Heinrich Himmler, und der Adjutant der SA beim Führer, Obergruppenführer Brückner, beteiligt, zu denen der Chef

Gruppenbild: Hitler und sein engeres Führerhauptquartiersgefolge im Mai 1940. Soweit bekannt von links: SA-Obergruppenführer Helmut Brückner, OKH-Adjutant Major Engel, Reichspressechef Dr. Otto Dietrich, Hitlers Begleitarzt Dr. Karl Brandt, der Chef des OKW Generaloberst Wilhelm Keitel, Luftwaffenadjutant Generalmajor Karl Bodenschatz, Adolf Hitler, Wehrmachtsadjutant Oberst Rudolf Schmundt, SS-Adjutant SS-Gruppenführer Julius Schaub, der Chef des Wehrmachtsführungsamtes im OKW General Alfred Jodl, Himmlers Adjutant und Verbindungsmann zu Hitler SS-Gruppenführer Karl Wolff, der Leiter der Parteikanzlei Reichsleiter Martin Bormann, Hitlers Leibarzt Prof. Dr. Theodor Morell, OKW-Adjutant Hauptmann Nicolaus von Below, Reichsbilderstatter der NSDAP Heinrich Hoffmann; direkt hinter Hitler: SS-Brigadeführer und Staatssekretär im Auswärtigen Amt Walter Hewel, Ribbentrops Verbindungsmann im Führerhauptquartier.

Ärmelstreifen »Führerhauptquartier«, den die Besatzungen erst dann an ihren Uniformen anbringen durften, wenn sie – etwa im Urlaub – weit genug vom jeweiligen Standort entfernt waren.

des Parteibüros und spätere Leiter der Parteikanzlei, Martin Bormann, sowie der Chef der Reichskanzlei und Reichsminister ohne Geschäftsbereich, Dr. Hans Heinrich Lammers, hinzukamen.[9] Außerdem waren Legationsrat Walter Hewel, der Vertreter des Außenministers von Ribbentrop, sowie Reichspressechef Dr. Otto Dietrich und Reichsbildberichterstatter Professor Heinrich Hoffmann mit von der Partie. Für die Gesundheit der Führerhauptquartiersbelegschaft hatten die Professoren Theodor Morell und Karl Brandt Sorge zu tragen.[10]

Der »Hofstaat« wurde von einer kleinen SS-Leibwache beschützt; für die Sicherheit des Diktators und die Bewachung seiner Hauptquartiersanlagen sorgte das Führerbegleitbataillon (FBB), das Ende August 1939 aus dem Kommando »Führerreise« des Berliner Regiments »Großdeutschland« gebildet worden war und General Erwin Rommel, zu dieser Zeit auch Kommandant des Führerhauptquartiers,[11] unterstand. Das FBB gehörte dabei dem Regiment »Großdeutschland« an.[12]

Schon auf die Zeitgenossen wirkte die Organisationsstruktur dieser Institution verwirrend, so daß Bormann in einem Rundschreiben klarstellen mußte: »Im Auftrage des Führers gebe ich bekannt: Die Anwendung des Begriffes ›Führerhauptquartier‹ soll auf ein möglichstes Mindestmaß beschränkt werden. Zum Führerhauptquartier im engeren Sinne gehört lediglich die engere Umgebung des Führers mit dem auch örtlich angeschlossenen Wehrmachtführungsstab [der Abteilung Landesverteidigung]. Alle übrigen, mit dem Führerhauptquartier verbundenen Dienststellen, führen folgende Bezeichnungen: Wehrmachtführungsstab, Oberkommando des Heeres, Feldquartier des Reichsaußenministers, Befehlsstelle des Reichsführers-SS, Feldquartier des Reichsministers Dr. Lammers.

Parteigenossen, die zu Besprechungen z. B. in eines der Feldquartiere fahren, können nicht damit rechnen, dabei auch in das auch örtlich weit abgesetzte Führerhauptquartier zu kommen. Aus Gründen der Geheimhaltung soll die Anwendung der Bezeichnung ›Führerhauptquartier‹ nur dann verwandt werden, wenn eine andere Bezeichnung nicht möglich ist. Bei Postsendungen an mich ist deshalb nicht die Anschrift ›Führerhauptquartier‹, sondern ›München 33, Führerbau‹, zu wählen. Falls ein führender Parteigenosse zu einer Besprechung ins Führerhauptquartier gebeten wird, muß über den Ort und auch die weitere Umgebung allen Personen gegenüber, die nicht aus zwingenden dienstlichen Gründen genau unterrichtet sein müssen, strengstes Stillschweigen bewahrt werden. Ich bitte, vorstehenden Hinweis genauestens zu beachten.«[13]

Alle Angehörigen des Hauptquartiers sollten ihrem Führer bis zum bitteren Ende folgen, wobei sich der Personalstamm der Institution Führerhauptquartier mit zunehmender Kriegsdauer ständig erweiterte.

Die Führerhauptquartiere 1939 bis 1941

Bereits 1938 war der Führerzug, den Hitler als »Hotel zum Rasenden Reichskanzler«[14] für seine Staatsgeschäfte nutzte, für den »Mobilisierungsfall«[15] als mobiles Führerhauptquartier vorgesehen gewesen. Das Münchener Abkommen und die »friedliche« Lösung der Sudetenkrise verschoben einen solchen Einsatz aber noch um knapp ein Jahr – bis zum Sommer 1939.

Am 23. August 1939 wurden dann Schutzeinheiten durch das Codewort »Führerreise« in Einsatzbereitschaft versetzt, die die Einrichtung und Sicherung eines Hauptquartiers für Hitler ca. 90 Kilometer von der Grenze entfernt vorbereiteten.[16] Der Angriff auf Polen war ursprünglich für den 26. August geplant gewesen. Am 31. August, wenige Stunden vor dem tatsächlichen Kriegsbeginn, bezogen die Einheiten ihre Stellungen in und um den Bahnhof Bad Polzin in Hinterpommern. Gleich am ersten Kriegstag wurde das Gelände im Umkreis von einem halben Kilometer zur militärischen Sperrzone erklärt. Um diesen Sicherheitsbezirk herum wurden unter Befehl des Kommandanten des Führerhauptquartiers Rommel – am 25. August von Hitler persönlich zum Generalmajor befördert[17] – Panzer- und Fliegerabwehrkanonen sowie Polizeitruppen stationiert. Dieser Schutzkreis umgab seinerseits die Wachzüge des Infanterieregiments »Großdeutschland« im FBB, die unter anderem Hitlers Weg vom Zug zu seinem Auto absperren sollten. Im Inneren dieses Kreises wiederum war der Sicherheitsdienst (SD), ein Kommando der Kriminalpolizei, verantwortlich: Niemand außer den unmittelbaren Angehörigen des Führerhauptquartiers durfte diesen inneren Sperrkreis ohne Begleitung eines SD-Beamten betreten.

Oberst Warlimont bemerkte verärgert: »Bei Beginn des Zweiten Weltkrieges gab es kein geschlossenes, arbeitsfähiges Hauptquartier der obersten deutschen Führung. Nachdem der Wille eines einzigen Mannes an der Spitze des Reiches entgegen allen Widerständen und letzten Hoffnungen am 1. September 1939 den Krieg entfesselt hatte, trat am Abend dieses Tages im Wintergarten der Alten Reichskanzlei in Berlin – ganz improvisiert – ein bunter Kreis von Offizieren und der Wehrmacht nicht angehörigen ›Würdenträgern‹ zusammen, um den Lagebericht zu hören. Dem hierzu herbeigerufenen Berichterstatter ... wollte die Szene, an frühere Bühnenbilder von Wallensteins Lager erinnernd, fast die Sprache verschlagen. Er kam mit seiner Meldung auch nicht weit: Hitler interessierte sich hauptsächlich für die Zahl der Kilometer, die im Vormarsch über die polnische Grenze zurückgelegt worden wären und die ihm dann auch von beflissenen Adjutanten schnell und laut zugerufen wurden. Göring wußte aus Meldungen ›seiner‹ Luftwaffe alles viel besser ... Besucher und Ordonnanzen kamen und gingen. Unbemerkt ging auch der Berichterstatter – tief betroffen von dem Gegensatz zwischen solchem Treiben und dem Ernst der Stunde.«[18]

Nach den Kriegserklärungen der Westmächte, England und Frankreich, an das Deutsche Reich am 3. September begab sich der Führer mit seinem Hauptquartier dann im Sonderzug nach Bad Polzin, wo er und sein Troß am nächsten Tag ankamen. Der Sonderzug unter dem Decknamen »Amerika« bestand aus zwei Lokomotiven; an Anfang und Ende gab es je einen Wagen zur Flugabwehr mit aufmontierten Vierlingsflakgeschützen. Den größten Waggon, einen Arbeits- und Wohnwagen, hatte der Führer: »Hitlers Aufenthalts- und Besprechungsraum nahm ... etwa die Fläche von drei D-Zug-Abteilen ein. Beratungen fanden an einem Tisch mit acht Stühlen statt. Zwei weitere Abteile waren das Schlaf- und das Badezimmer ... In den restlichen Abteilen dieses Waggons wohnten und schliefen seine Adjutanten und Diener.« Im nächsten Waggon befand sich die Befehlszentrale mit Fernschreibern und Funkgeräten sowie der »Raum für die ›Lage‹; darin wurde an einem großen Kartentisch dem Führer zweimal täglich der Stand der Fronten vorgetragen«.[19] Dem schloß sich der Wagen für die Spitzen des Militärs an, in dem Keitel, Jodl, die Verbindungsoffiziere zu Heer, Marine und Luftwaffe sowie die Vertreter Görings, Himmlers und von Ribbentrops untergebracht waren. Außerdem fuhren »Hofberichterstatter« Dietrich und »Hoffotograf« Hoffmann im Zug mit. Neben mehreren Wagen für Nachrichtenverbindungen – der Zug war stets auf dem neuesten technischen Stand, verfügte über Tastfunkverbindungen und wurde an jedem Haltepunkt an die Fernschreib- und -sprechnetze angeschlossen – und Wagen für die Presse gab es zwei Gästewaggons, einen Speisewagen und zwei Waggons für Gepäck, Gerätschaften und elektrische Aggregate sowie weitere Schlafwagen für das Personal.

Der oberste Feldherr des Deutschen Reiches an der Front während des Polenfeldzuges im September 1939.

Während Hitler am Morgen des 4. September mit einer Autokolonne umgehend zur Front fuhr, wurden die Züge, der Führerzug und der Ministerzug, nach Plietnitz gezogen, wo sie später wieder bestiegen werden sollten. Nachts jedoch mußte Hitlers Zug diesen Standort aufgeben, weil das Auswärtige Amt ihn versehentlich ausländischen Diplomaten mitgeteilt hatte. Von Anfang an war der Bahnhof aber ohnehin lediglich als Behelfseinrichtung für das Führerhauptquartier gedacht gewesen, es waren keine Neubauten errichtet worden, als Gefechtsstand hatte dem Kommandanten der Warteraum dritter Klasse gedient. Durch den raschen Vormarsch der Wehrmacht lag dieser Ort alsbald zu weit im Hinterland. Bereits am 5. September fuhren beide Züge nach Groß-Born weiter, einem Truppenübungsplatz bei Neustettin, der ca. 30 Kilometer von Bad Polzin entfernt lag. Während des viertägigen Aufenthaltes unternahm Hitler mehrere Frontfahrten. Am 9. September begaben sich die Züge weit nach Süden, ins schlesische Ilnau bei Oppeln, »von wo aus Hitler fast täglich zur Truppe fuhr und sich die Kampflage von den Oberbefehlshabern vortragen ließ«.[20] Drei Tage später ging die Fahrt ca. 30 Kilometer südlich, nach Gogolin. Von diesem Standort aus besuchte Hitler unter anderem die Fronten bei Lodz[21] und dem galizischen Jaroslau, nahe Przemysl. Für den 17. September war ein Flug Hitlers nach Krakau vorgesehen. Weil die

Rote Armee jedoch an diesem Tag gemäß dem Molotow-Ribbentrop-Pakt vom 23. August 1939 in ihr »Interessengebiet« in Polen einrückte, war seine Anwesenheit im Hauptquartier in Gogolin notwendig.[22]

Am 18. September fuhr Hitlers Zug weiter nach Goddentow-Lanz bei Lauenburg und am Folgetag über Oliva nach Zoppot. Das dortige »Casino Hotel« wurde nun für einige Zeit zum Führerhauptquartier, wenngleich die Fernsprechverbindungen nach Berlin und zur Front unzureichend waren. Von Zoppot aus unternahm die »Frontkolonne« Fahrten nach Danzig, zur Westerplatte und nach Gdingen, das umgehend in Gotenhafen umbenannt wurde.[23]

Am 26. September 1939 war der Polenfeldzug beendet,[24] und Hitler kehrte aus dem »Felde vor Warschau« in seinem Sonderzug nach Berlin zurück. Zwei Tage darauf, am 28. September, wurde der »Deutsch-Sowjetische Vertrag über die Freundschaft und die Grenze zwischen der UdSSR und Deutschland« unterzeichnet. In einem Geheimen Zusatzprotokoll wurde dabei die zwischen Molotow und von Ribbentrop nach langwierigem Feilschen vereinbarte Demarkationslinie durch Polen – entlang der Flüsse Pissa, Narew, Bug, Weichsel und San – noch einmal geändert: Als »Kompensation« für die an Deutschland gefallenen Woiwodschaften Lublin und Warschau wurde Litauen der sowjetischen »Interessensphäre« zugeteilt. Doch gemäß dem Wunsch des deutschen Außenministers nach einem eigenen Jagdrevier im Wald von Augustow wurde zuvor die deutsch-litauische Grenze »rektifiziert«[25]: So kam das ursprünglich litauische Gebiet um Suwalki, östlich von Treuburg, an Deutschland; die Rote Armee zog sich ab dem 6. Oktober daraus zurück. Suwalki hieß fortan Sudauen[26] und wurde der Provinz Ostpreußen angegliedert.[27] Der enorme Aufwand einer Grenzverschiebung zu seinen Gunsten hatte sich für den Weidmann von Ribbentrop allerdings nicht gelohnt: Die erhofften Hirsche gab es im Suwalker Gebiet nämlich nicht.[28] Außerdem führte diese Eigenmächtigkeit des Außenministers zu einem heftigen Streit mit Göring, der neben der Vielzahl seiner anderen Ämter auch Reichsjägermeister war, dieses Revier für sich beanspruchte und letztendlich gewann.[29]

Polen war damit zwischen dem Deutschen Reich und der Sowjetunion aufgeteilt, der unabhängige polnische Staat der Zwischenkriegszeit hatte aufgehört zu existieren.

Freunde auf Zeit: deutsche und sowjetische Offiziere bei einer Besprechung über die vereinbarte Demarkationslinie durch Polen am 28. September 1939.

In Berlin residierte das Führerhauptquartier – von einigen Aufenthalten im »Berghof« bei Berchtesgaden abgesehen – den Winter 1939 über in Räumen der Neuen Reichskanzlei; als »Wache Führer« war dort ein Zug des FBB stationiert. Von hier aus wurde der Krieg gegen Norwegen geführt, und spätestens mit der Siegesmeldung vom 2. Mai 1940 war der Weg für den Angriff im Westen frei.[30] Auch während späterer Feldzüge, bei denen Hitler über »feste« Führerhauptquartiere verfügte, stand sein Sonderzug »Amerika«, der am 1. Februar 1943 in »Brandenburg« umbenannt wurde, stets unter Dampf in Bereitschaft.[31]

Am 10. Oktober 1939 erhielt Rommel den Befehl, sich nach einem geeigneten Standort für das Führerhauptquartier im geplanten Frankreichfeldzug umzusehen, wobei er auf Anweisung Hitlers unter anderem von Rudolf Schmundt, Chefadjutant der Wehrmacht beim Führer, Fritz Todt, Generalbevollmächtigter für die Bauwirtschaft, und Albert Speer, Hitlers Chefarchitekt, begleitet wurde. Zur Tarnung trugen alle Beteiligten Zivil. Als Ergebnis der Visite wurden Todt und Speer beauftragt, Schloß Ziegenberg bei Bad Nauheim im Taunus zu einem Führerhauptquartier unter der Bezeichnung »A« (für »Adlerhorst«) umzugestalten, wozu in der Nähe des Schlosses Bunker und Baracken errichtet wurden. Auch für die Oberbefehlshaber des Heeres und der Luftwaffe, von Brauchitsch und Göring, wurden unter großen Kosten Hauptquartiere in und bei Gießen eingerichtet, Reichsaußenminister von Ribbentrop sollte Schloß Kransberg erhalten. Doch nachdem der Bau von »Adlerhorst« bis November bereits Millionen von Reichsmark verschlungen hatte – besonders die Hunderte Kilometer von Telefonkabeln sowie modernste Nachrichtengeräte hatten ins Kontor geschlagen – und beinahe fertig war, befand Hitler die Anlage als viel zu luxuriös, da man in Kriegszeiten im allereinfachsten Stil leben müsse. Außerdem liege der Aufenthaltsort zu weit von der Front entfernt.

Aufgrund von Hitlers Ablehnung mußte also schnellstens etwas Neues her: Nach erneuter Erkundung wurde daraufhin bei Rodert nahe Münstereifel, etwa 45 Kilometer von der belgischen Grenze entfernt, das Führerhauptquartier »Felsennest« eingerichtet. Dort gab es bereits Flakstellungen und einige Baracken, ein Flugplatz befand sich etwa 15 Kilometer nördlich, in Odendorf bei Euskirchen. Am 14. November wurde dieser »Gefechtsstand« von Teilen des FBB als Anlage »R« (Rodert), später »F« (»Felsennest«), übernommen. Die unter Bäumen versteckten Baracken wurden trotz einiger Schwierigkeiten im Bauablauf und bei der Materialbeschaffung eiligst zu einem Hauptquartier ausgebaut, getarnt und mit ca. 2,50 Meter hohem Maschendraht mit Stacheldrahtaufsatz eingezäunt.[32] Die Übergabe durch die Bauaufsicht Bonn an Vertreter des FBB erfolgte am 16. Dezember 1939.

»Felsennest« war das »erste ortsfeste Hauptquartier außerhalb Berlins«[33], das kriegsbedingt entstanden war und entsprechend genutzt wurde, und der Aufwand hatte sich gelohnt – das Ergebnis sah bescheiden aus. Die Anlage bestand aus zwei Wohnbunkern und genügte dem spartanischen Anspruch Hitlers: Sein persönliches Quartier, das er mit Keitel teilte, umfaßte einen winzigen Bunker mit Arbeits- und Schlafraum, Küche und Bad sowie zwei kleinen Räumen für seinen Marineadjutanten von Puttkamer und seinen Diener Linge. Der Nachteil jedoch war, daß in »Felsennest« lediglich Hitlers militärische Begleitung untergebracht werden konnte.[34]

Keitel, Chef des OKW, beschrieb die Situation im nachhinein so: »Dort hatte ich im Führerbunker neben Hitler einen kleinen Wohnraum ohne Fenster, mit künstlicher Lüftung. Neben mir ›hauste‹ Jodl. Die Räume waren ungeheuer hellhörig. Ich konnte beispielsweise sogar hören, wenn Hitler bei der Lektüre die Zeitungsseiten umblätterte. Unser Arbeitsraum war eine etwa fünf Weg-

Außenansicht von Hitlers Bunker im Hauptquartier »Felsennest« (links) und sein betont spartanischer Arbeitsraum im Innern (rechts). Die Dürer-Zeichnung an der linken Wand war quasi ein »Weggefährte« in den Hauptquartieren.

minuten entfernte Holzbaracke. Dort wohnte auch Jodls Generalstabsoffizier (Adjutant) [Deyhle], den ich um sein luftiges Kämmerlein beneidete.«[35] Daher verbrachte Hitler die meiste Zeit mit seinem Stab im Freien. Außerdem gab es noch einen »Speisebunker«, in dem an einer Wand eine Karte der zu erobernden Gebiete hing. Die übrige Begleitung, darunter die Feldstaffel der Abteilung Landesverteidigung und die Pressestelle, hatte ihre Unterkunft in beschlagnahmten Gebäuden im nahegelegenen Rodert gefunden.

Der ursprünglich auf den 12. November 1939 festgelegte Westfeldzug begann nach mehrmaligem Verschieben schließlich am 10. Mai 1940. Einen Tag zuvor, um 13 Uhr, war das Stichwort für das Eintreffen Hitlers »Pfingsturlaub genehmigt« telefonisch durchgestellt worden. Der Zug kam am nächsten Morgen in Heusenstamm, einer kleinen Bahnstation bei Euskirchen, an, wurde dort abgestellt, woraufhin sich Hitler, sein Troß und eine Feldstaffel der Abteilung Landesverteidigung[36] in einer Mercedes-Kolonne zum Führerhauptquartier begaben. Um fünf Uhr trafen die Fahrzeuge dort ein, 35 Minuten später begannen die Angriffe im Westen. Das OKH richtete sich am selben Tag »in einem Waldbarackenlager südostwärts von Münstereifel, etwa eine halbe Autostunde vom Führerhauptquartier, ein. Auch die Sonderzüge des Oberbefehlshabers der Luftwaffe und seines Führungsstabs wurden in der Nähe abgestellt.«[37] Reichsführer-SS Himmler und Außenminister von Ribbentrop hielten sich im Ministerzug, der nunmehr »Heinrich« hieß, ebenfalls in der Nähe auf, und zwar östlich des Rheins bei Altenkirchen/Flammersfeld. Bereits am Tag darauf erschien Hitler im OKH, da sich

»Das fertige Hauptquartier«. Aquarellzeichnung von Ernst Vollbehr. Links: Hitlers Holzhaus im Gefechtsstand »Wolfsschlucht«, rechts: sein Bunker.

Für den Frankreichfeldzug bezog der Führer sein Hauptquartier »Wolfsschlucht« nahe dem belgischen Brûly-de-Pesche. Das Dorf wurde geräumt, das hiesige Hotel erhielt nach Hitlers Ankunft am 6. Juni 1940 den Namen »Wolfspalast«.

schon in dieser Phase des Krieges seine Marotte auszuprägen begann, sich selbst in kleinste Details der Kriegsführung einzumischen.[38]

In den ersten Tagen wurde »Felsennest« oft von feindlichen Flugzeugen überflogen, die auch Bomben abwarfen. Zur Bekämpfung gegnerischer Fallschirmjäger waren Teile des RSD in Rodert, Münstereifel, Kreuzweingarten und im Führerhauptquartier selbst in Stellung gegangen,[39] doch die Angriffe blieben aus. Bereits am 14. Mai erfolgte die Kapitulation der Niederlande, Belgien kapitulierte zwei Wochen später, am 28. Mai. Bis zum Beginn des zweiten Abschnitts der Westoffensive, dem Angriff über Somme und Aisne nach Süden, am 5. Juni blieb Hitler in »Felsennest«, um am folgenden Tag nach Belgien überzusiedeln.

Gleich nach dem Überfall war eine Gruppe des FBB zusammen mit Todt zur Maginot-Linie, östlich von Avenses, gesandt worden, um dortige Bunker auf ihre Brauchbarkeit für ein weiteres Führerhauptquartier hin zu prüfen. Das Ergebnis war aber negativ. Am 22. Mai 1940 wählte eine Kommission, der außer Schmundt und Todt auch Hauptmann Gerhard Engel, Heeresadjutant bei Hitler, und Oberst Kurt Thomas, nunmehr Kommandant der Führerhauptquartiere, angehörten, einen geeigneten Ort am Südzipfel Belgiens, unmittelbar an der Grenze zu Frankreich, aus – Brûly-de-Pesche, ca. sechs Kilometer südwestlich von Couvin. Der Flugplatz des Führerhauptquartiers befand sich bei Gros Caillou, also schon auf französischem Staatsgebiet. Innerhalb von acht Tagen verlegte die Organisation Todt (OT) Nachrichtenkabel

Himmler und Goebbels im Führerhauptquartier »Tannenberg«. Deutlich zu erkennen sind die Stahlläden, die dem Schutz von Fenstern und Türen dienen sollten.

und errichtete unter dem Namen »Waldwiese« sechs Holzbaracken in einem Wäldchen am westlichen Dorfrand,[40] die vom FBB bewacht und mit Flak und Stacheldraht abgesichert waren. Das gesamte Dorf Brûly-de-Pesche sowie einige Häuser in der näheren Umgebung wurden vollständig »evakuiert«. Der Kirchturm des Dorfes wurde abgetragen, um die Lufterkennung zu erschweren.

Am 6. Juni traf Hitler in seinem neuen Gefechtsstand ein und »taufte« ihn auf den Namen »Wolfsschlucht«. Das größte Gebäude im Ort, das Hotel, wurde in »Wolfspalast« umbenannt; Hitler selbst bezog einen eigens für ihn errichteten Betonbunker. Der Stab und die Sicherungstruppen wurden in den Baracken und in Gebäuden im Dorf, einschließlich der – turmlosen – Kirche, untergebracht. Auch Bormann, Heß und Himmler besuchten das Führerhauptquartier zuweilen.[41] Das OKH war abermals außerhalb, etwa 15 Kilometer nordwestlich, in Forges bei Chimay stationiert. Göring und sein Führungsstab blieben indes in ihren Sonderzügen, die nach Dinant vorgefahren waren. Göring besuchte die »Wolfsschlucht« jedoch mit seinem »Fieseler Storch«. Speziell für diesen – insbesondere bei den hohen Funktionären beliebten – Flugzeugtyp gab es am südlichen Ortsrand von Brûly-de-Pesche einen gesonderten Landeplatz.

Von seinem Hauptquartier aus unternahm Hitler wieder ausgedehnte Fahrten: nach München, wo er sich mit Mussolini traf – auch Italien erklärte daraufhin am 10. Juni Frankreich den Krieg –, an die Schlachtfelder des Ersten Weltkrieges, wo er selbst gekämpft hatte, zur Kapitulationsunterzeichnung Frankreichs im Wald von Compiègne am 21. Juni und drei Tage darauf – um vier Uhr früh – in das »unterworfene« Paris. Am 26. Juni verließen Hitler und sein Troß das Führerhauptquartier »Wolfsschlucht«, in dem es ohnehin »scheußlich viel Mücken«[42] gegeben hatte. Ein weiteres im Forêt des Montagne bei Reims wurde wegen des schnellen Endes des Feldzuges nicht mehr bezogen. Auch die für die geplante Landung der Wehrmacht in England im Frühherbst 1940 mit Millionenaufwand errichtete und mit kostspieligen Installationen ausgestattete Anlage »Wolfsschlucht II« (»W 2«) bei Margival nahe Soissons blieb ungenutzt; lediglich einmal, am 17. Juni 1944, hielt Hitler sich dort auf.[43] Ebenso erging es »Wolfsschlucht III« (»W 3«) in Montoire-sur-le-Loire bei Tours, die nicht einmal fertig gebaut wurde und nur im Herbst 1940 als Unterstand für Hitlers Sonderzug diente, als dieser am 23. Oktober nach Hendaye zu einem Treffen mit General Franco fuhr.

Am 28. Juni 1940 verlegte Hitler sein Hauptquartier in den Schwarzwald. Dort hatte Schmundt bereits im Winter eine Flakstellung auf dem Kniebis bei Freudenstadt zum Führerhauptquartier »Tannenberg« (»T«) erweitern

Inszenierter Triumphzug: Ankunft Hitlers nach dem Westfeldzug in Berlin am 6. Juli 1940. Wehrmachtschef Keitel nannte ihn den »größten Feldherrn aller Zeiten«.

Wie schon während des Polenfeldzuges diente auch während der Balkanoffensive im April 1941 der Führerzug als Hauptquartier, Deckname »Frühlingssturm«.

lassen.[44] Hier gab es einige Bunker und Baracken, die wegen Feuchtigkeit eigentlich unbewohnbar waren, sowie einen Eisenbahntunnel mit Stahltüren; die Anlage war von hohen Tannen umgeben und durch Drahthindernisse geschützt. In »Tannenberg« war so wenig Platz, daß selbst Personen aus dem engsten Kreis Hitlers in nahegelegenen Gästehäusern untergebracht werden mußten, die zu diesem Zweck für den Publikumsverkehr gesperrt wurden. Unweit des Gefechtsstandes befand sich ein Landeplatz für leichte Kurierflugzeuge.[45] Hitler hielt sich in »Tannenberg«, wo unter anderem die Luftschlacht gegen England vorbereitet wurde, bis zum 5. Juli auf, um am nächsten Tag in die Reichshauptstadt zu fahren.

Dort traf der Führerzug um 15 Uhr auf dem Anhalter Bahnhof ein und wurde von den Oberbefehlshabern der Wehrmachtsteile, einer Ehrenkompanie und Glockenläuten empfangen. Das Volk jubelte, zumal es gewiß war, daß der Krieg nunmehr beendet wäre. Hatte Vabanquespieler Hitler doch die meisten seiner verkündeten Ziele – und sogar mehr – erreicht: Das Memelland, Danzig und der polnische Korridor, das oberschlesische Kohlerevier um Kattowitz sowie das Hultschiner Ländchen, ebenso Elsaß-Lothringen, die Saar sowie die Gebiete von Eupen – Malmedy und Moresnet gehörten wie vor Inkrafttreten des Versailler Vertrages am 20. Januar 1920 zum Deutschen Reich. Zudem waren Österreich

Lagebesprechung in Hitlers Sonderzug am 25. April 1941, dem letzten Tag im Führerhauptquartier »Frühlingssturm«: der Chef des Oberkommandos der Wehrmacht, Generalfeldmarschall Keitel (stehend), und der Oberbefehlshaber des Heeres, Generalfeldmarschall von Brauchitsch, beim Kartenstudium mit dem Kriegsherrn.

und das Sudetenland in das Reich eingegliedert worden. Polen und die »Rest-Tschechei« waren »bereinigt«, Norwegen und Dänemark, die Beneluxländer sowie große Teile Frankreichs von der Wehrmacht besetzt. Auch die Militärs wiegten sich im Glauben an ein Ende der Kampfhandlungen und waren ahnungslos, daß für Hitler der eigentliche Feldzug noch gar nicht begonnen hatte.[46] Das Führerhauptquartier richtete sich im Sommer 1940 zunächst einmal in der Reichskanzlei ein. Erst im April des nächsten Jahres ging es dann wieder auf die Reise – nach Mönichkirchen in der Ostmark, vormals Österreich. Hier war ca. 35 Kilometer südlich von Wiener Neustadt, bei Tauchen-Schauereck an der Bahnlinie nach Graz, ein Stück Eisenbahnstrecke zum Führerhauptquartier »Frühlingssturm« erkoren worden. Da der Entschluß zum Krieg gegen Jugoslawien äußerst kurzfristig gefaßt worden war, hatte eine »feste« Anlage nicht mehr vorbereitet werden können. Hauptsächlich galt es dieses Mal, Mussolini zu unterstützen. Die Balkanoffensive vom 6. April bis 11. Mai 1941 wurde daher – wie schon der Polenfeldzug anderthalb Jahre zuvor – vom Führerzug aus geleitet. Bereits am 17. April kapitulierte die jugoslawische Armee und vier Tage später dann auch Griechenland in Saloniki. Noch einen Tag vor dem Einmarsch der

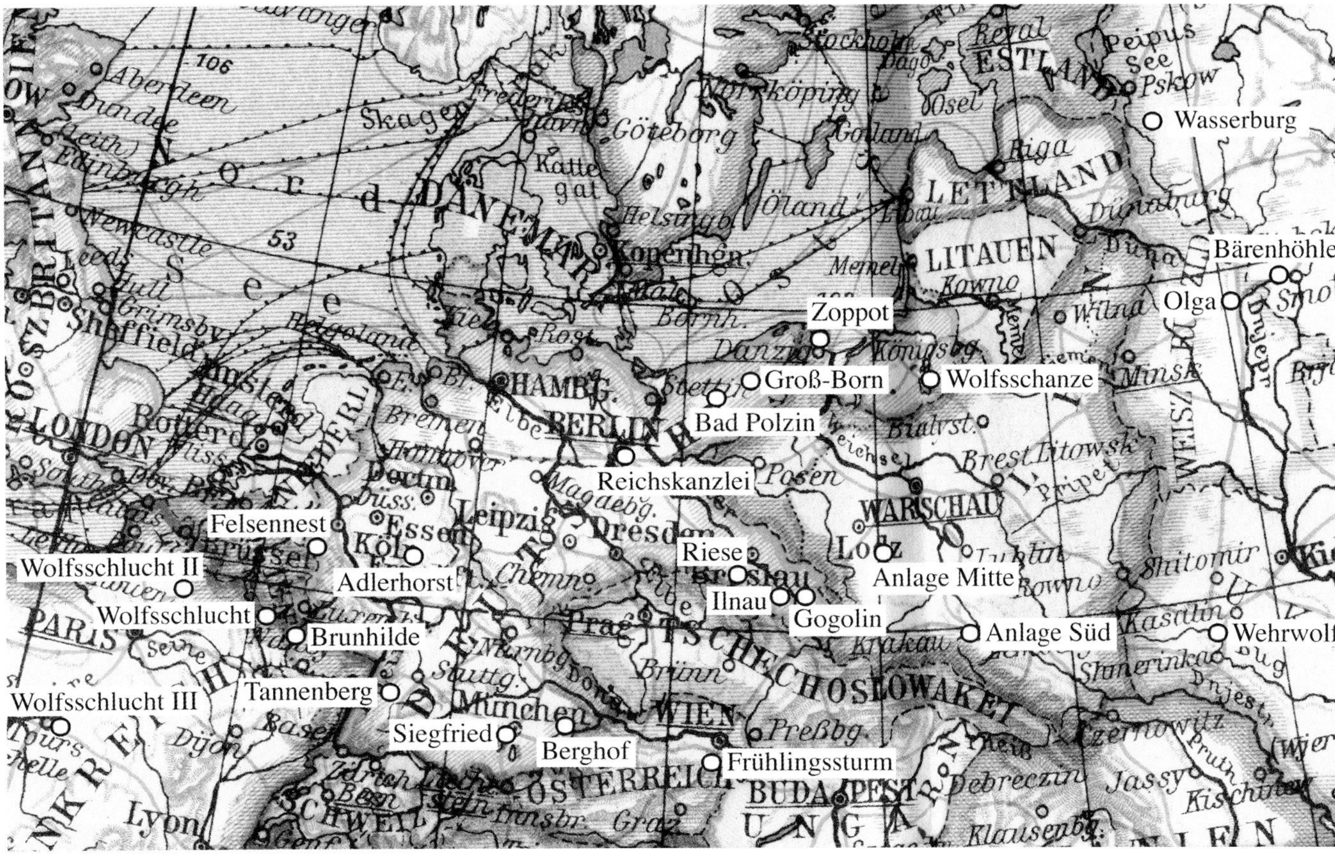

Mittel- und Osteuropa in der Zwischenkriegszeit, Standorte des Führerhauptquartiers von 1939 bis 1945. Die Reichskanzlei in Berlin und der »Berghof« auf dem Obersalzberg dienten als Basisquartiere. Aufenthalte Hitlers in »frontnahen Gefechtsständen«: Bad Polzin, Groß-Born, Ilnau, Gogolin, Zoppot – September 1939; »Felsennest« – Mai/Juni 1940; »Wolfsschlucht« – Juni 1940; »Tannenberg« – Juni/Juli 1940; »Frühlingssturm« – April 1941; »Wolfsschanze« – Juni 1941/November 1944; »Wehrwolf« Juli/Oktober 1942 sowie Februar/März 1943; »Adlerhorst« – Dezember 1944/Januar 1945. Die übrigen wurden niemals oder nur für einen Tag genutzt bzw. blieben Baustellen.

Wehrmacht in Athen, am 27. April, hatte Hitler »Frühlingssturm« schon in Richtung Berlin verlassen.

Den Mai 1941 verbrachte der Führer auf seinem »Berghof« in Bayern, von wo aus er am 2. Juni zu einer strategischen Vorbesprechung mit Mussolini auf den Brenner fuhr. Am 12. Juni begab er sich zurück nach Berlin. – Hitler hielt sich nach der »Niederwerfung« Frankreichs zwar bereits für den größten Feldherrn aller Zeiten, war aber von dem Wahn besessen, Napoleon siegreich zu übertrumpfen. Es sollte noch genau zehn Tage dauern, bis er das Unternehmen »Barbarossa«, den Angriff auf die Sowjetunion, entgegen allen Warnungen beginnen würde. Dafür jedoch brauchte er abermals einen neuen Standort für sein Führerhauptquartier.

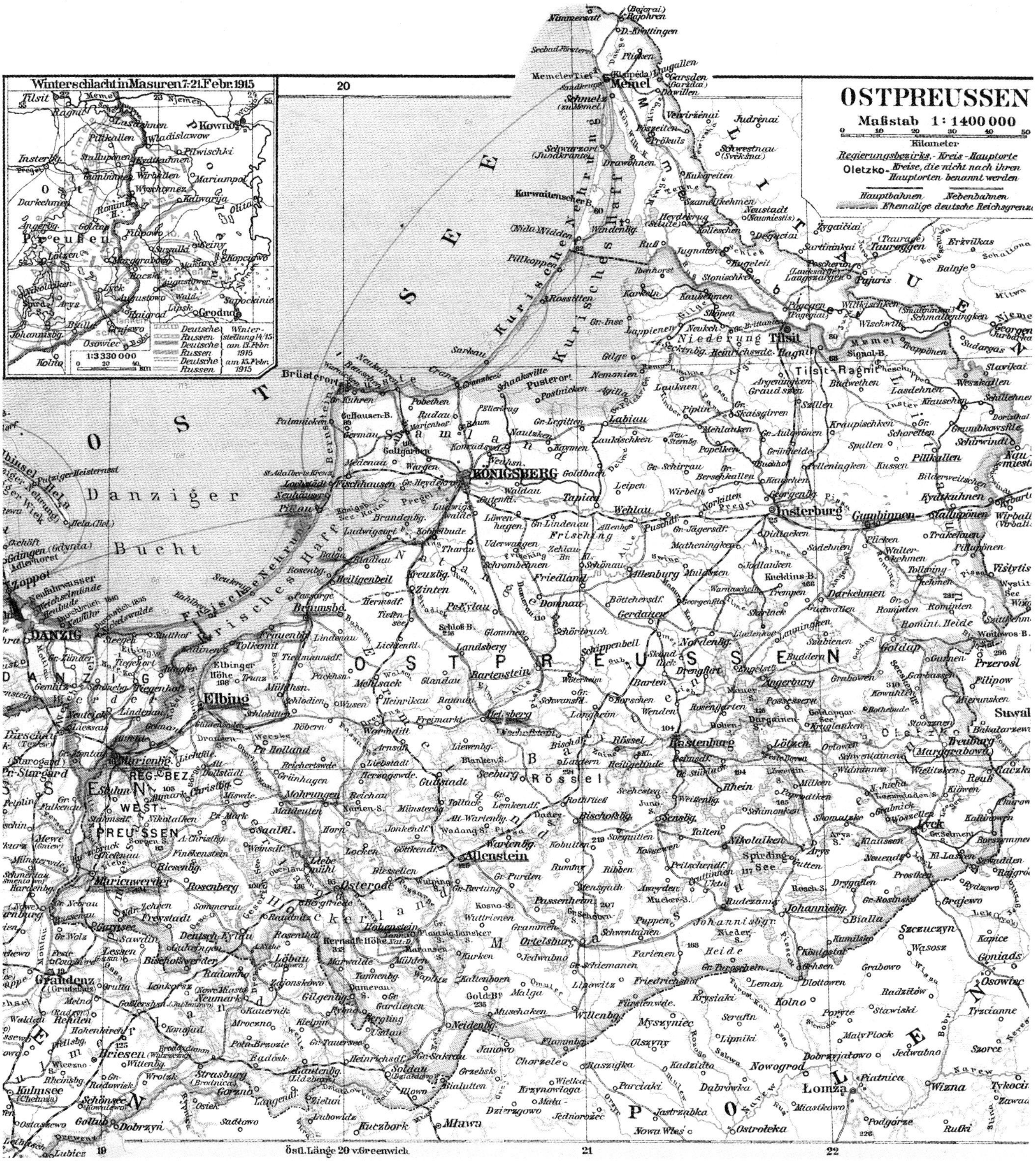

Die deutsche Provinz Ostpreußen in der Zwischenkriegszeit.

»Wolfsschanze« – Hitlers Hauptquartier im Osten

Exkurs 1: »Heimatkunde« Rastenburg in Ostpreußen

Hitler ließ als Standort für sein größtes Hauptquartier »Wolfsschanze« einen Wald bei Rastenburg im südlichen Teil von Ostpreußen, der nördlichsten Provinz des Deutschen Reiches, auswählen.[1] Ostpreußen war immer ein wundersamer, wenn nicht exotischer Teil Preußens gewesen. Seit der Eroberung durch den Deutschen Orden im 13. Jahrhundert ein Grenzland – zunächst gegen die Prußen, dann die Polnisch-Litauische Union, später gegen das Russische Zarenreich, war es mit seinen Festungen Memel, Königsberg, Pillau und der Feste Boyen bei Lötzen sowie den beinahe 20 Ordensburgen zudem von jeher eines der bestbewehrten Gebiete in deutschen Landen.

Im Herzen der Provinz, dem »Land der dunklen Wälder und kristallinen Seen« – wie es die eigene Hymne[2] verkündete, an der Grenze von Ermland und Masuren lag die malerische und typisch ostpreußische Kleinstadt Rastenburg. Durch die Stadt floß die Guber, ein Nebenfluß der Alle, dort war 1329 durch den Deutschen Orden eine Burg erbaut worden, die – als älteste in Südostpreußen – zusammen mit der St.-Georg-Kirche das Wahrzeichen Rastenburgs bildete.[3] In diesem sogenannten westlichen Tor nach Masuren kreuzten sich die Wege von der Marienburg nach Litauen und von Königsberg nach Polen.

Wohl deshalb trafen die Kriege, die in der Gegend geführt wurden, immer auch Rastenburg: Im ersten der beiden Schwedisch-Polnischen Kriege 1628/29 war die Stadt für anderthalb Jahre von den Polen besetzt; die auf polnischer Seite mitreitenden Tataren plünderten, was sie nur konnten. Im zweiten Krieg 1656/57 erging es der Stadt besser, sie wurde zum Stützpunkt der schwedisch-brandenburgischen Truppen. Dies war die Geburtsstunde des Garnisonsstädtchens Rastenburg. Dennoch: Im Siebenjährigen Krieg 1756–1763 ließen es sich die kaiserlichen russischen Truppen hier »gutgehen«, 1807 und 1812 plünderten abermals die Polen, dieses Mal im Bund mit den Franzosen. Danach blieb es in der Stadt für lange Zeit ruhig, zumindest was den Schlachtenlärm betraf.

1818 begründete der preußische Staat den Kreis Rastenburg, und die Stadt wurde Kreissitz im Regierungsbezirk Königsberg. Hatte es bisher hauptsächlich Bierbrauer, Handwerker, vor allem Krüger, Forstarbeiter und Ackerbauern gegeben, siedelten sich ab Mitte des 19. Jahrhunderts Fabriken an, unter anderem 1843 die Eisen- und Glockengießerei der Gebrüder Reschke. Im Zuge dieses wirtschaftlichen Aufschwunges wurden Chausseen in die größeren Städte der Umgebung, wie Lötzen, Barten und Sensburg, gebaut; vor allem befördert wurde die Konjunktur aber durch den Anschluß Rastenburgs an die Eisenbahnlinie Königsberg–Prostken, einem Grenzort zum Russischen Reich, im Jahre 1867. Es folgten 1899 die Gasanstalt, 1900 das Fernsprechnetz, 1901 das Wasserwerk, 1902 der Schlachthof und 1908 die Kanalisation; in anderen Worten: Rastenburg verfügte über eine vorbildliche Infrastruktur.

Dann kam der Erste Weltkrieg. Bald nach der deutschen Kriegserklärung an Rußland am 1. August 1914 drangen die Truppen des Zaren tief nach Ostpreußen ein: Die russischen Soldaten plünderten und brandschatzten, 13 600 Ostpreußen wurden nach Sibirien deportiert,[4] die Zivilbevölkerung flüchtete in Scharen in Richtung Westen. An die 400 000 Menschen verließen vorübergehend die Provinz. Auch Rastenburg war vom 23. August bis zum 4. September russisch besetzt. Kaiser Wilhelm II. reaktivierte seinen alten General der Infanterie a. D. Paul von Hindenburg mit der Maßgabe, die Russen wieder hinter die Grenze zu werfen. Hindenburg und sein Generalstabschef Ludendorff erfochten bereits am 31. August den »herrlichen« Sieg bei Tannenberg,[5] dann gewannen sie die Masurische Winterschlacht im Februar 1915, wehrten den Angriff auf Memel im März ab und trieben daraufhin die russischen Truppen weit hinter die deutsche Ostgrenze zurück. Die Front verlief nunmehr auf einer Linie östlich von Riga und Lemberg; so blieb es in etwa bis zu Lenins Staatsstreich im November 1917 und dem praktischen Ausscheiden Rußlands aus dem Kriegsgeschehen. Der Erste Weltkrieg wurde für Deutschland im Westen verloren; Hindenburg stand für

Die Wahrzeichen der Stadt Rastenburg an der Guber: die 1395 gegründete St.-Georg-Kirche (oben) und die 1357 erbaute Ordensburg (unten). Historische Aufnahmen.

ein siegreiches Heer im deutschen Osten, der direkt gelitten hatte: Die Provinz Ostpreußen war in diesem Krieg der einzige Teil des Deutschen Reiches gewesen, der zwischenzeitlich von einer fremden Armee besetzt gewesen, verheert und wieder befreit worden war. Die Erinnerung an die Greuel haftete tief; die nach Sibirien verschleppten Rastenburger kehrten erst 1921 unter dem Jubel der Bevölkerung heim.

Um so mehr mußten nach der Niederlage im November 1918 die Bestimmungen des Versailler Vertrages vom 28. Juni 1919 und die damit verbundene Wiederherstellung eines polnischen Nationalstaates in seinen »ethnischen Grenzen« die Provinz Ostpreußen treffen. Die Alliierten hatten den Forderungen der Polen nach einem Zugang zum Meer und nach Eingliederung der Gebiete Ostdeutschlands mit eindeutig polnischer Bevölkerung entsprochen. Ohne Abstimmung wurden daraufhin weite Teile Westpreußens, die Provinz Posen sowie Stadt und Umgebung des ostpreußischen Soldau, Kreis Neidenburg, in den neugeschaffenen polnischen Staat eingegliedert; zwei Drittel der deutschen Bevölkerung wanderten infolgedessen ab. Danzig wurde zur Freien Stadt unter dem Schutz des Völkerbundes, das Memelgebiet – eine durch Versailles geschaffene Verwaltungseinheit nördlich der Memel, im Dreieck Nidden, Nimmersatt und Schmalleningken – wurde unter internationale Kontrolle gestellt und von französischen Truppen besetzt. Im südlichen Ostpreußen sowie in den westpreußischen Kreisen östlich der Weichsel durfte die Bevölkerung über ihre staatliche Zugehörigkeit selbst entscheiden. Am 10. Januar 1920 trat der Vertrag in Kraft, am 11. Juli fanden die Abstimmungen statt: Zwischen 92 und 99 Prozent der Einwohner votierten für den Verbleib beim Deutschen Reich.

Doch die polnischen Begehrlichkeiten gingen von Anfang an weiter, als es die vertraglichen Regelungen vorsahen, und Polen war wegen der aggressiven Haltung bei der Durchsetzung seiner Gebietsansprüche recht bald mit allen seinen Nachbarn verfeindet.[6] Nach der Annexion großer Teile des ukrainischen Wolhynien und Galizien sowie des gesamten Westens Weißrußlands im August 1920 besetzten die Soldaten Marschall Piłsudskis in einem Überraschungscoup gegen das unabhängige Litauen im Oktober desselben Jahres ein von ihnen beanspruchtes weiträumiges Gebiet um die Hauptstadt Wilna. Die

Litauer mußten deshalb Kowno zum Regierungssitz ausbauen und annektierten als »Schadensersatz« ihrerseits – unter Berufung auf litauisches Volkstum – 1923 das Memelgebiet.[7]

Pressekampagnen in Polen forderten ohne Unterlaß, ganz Ostpreußen »in den Schoß des Vaterlandes zurückzuholen«, und die militärischen Schläge gegen seine Nachbarstaaten sowie grenznahe Manöver – Rastenburg lag etwa 80 Kilometer von der Grenze entfernt – schürten die Angst in Ostpreußen, gerade weil es vom Mutterland durch den sogenannten Korridor getrennt und praktisch schutzlos war. Durchreisevisa wurden benötigt, für Autos Transitstrecken festgelegt, Züge für ihre Fahrt durch den Korridor extra versiegelt.[8] Zudem war die hauptsächlich agrarisch geprägte Provinz von ihren traditionellen Absatzmärkten abgeschnitten. Rastenburg hingegen traf der verlorene Krieg vor allem durch die leeren Kasernen, die wiederum einen großen Anteil am Rückgang der Wirtschaft hatten. Die Revision des als willkürlich empfundenen »Gewaltfriedens« von Versailles war wahrscheinlich der einzige Konsens, der die unterschiedlichen Kräfte der Weimarer Republik miteinander verband. Einen praktischen Schritt bildete die psychologische und wirtschaftliche Unterstützung Ostpreußens; doch der schwache Staat hatte dafür nur begrenzte Mittel. Zunächst wurden die Tarife der Reichsanstalten Post und Bahn nach und von Ostpreußen so weit wie möglich verbilligt; außerdem wurde der »Seedienst Ostpreußen« eingerichtet[9] – nicht zuletzt, um Transitgebühren zu sparen. Gezielt wurde die Landwirtschaft gefördert, 1926 ein entsprechender Ostfonds gegründet, um Landflucht und Abwanderung nach Westen entgegenzuwirken. Diesem Zweck dienten auch Siedlungs- und Wohnungsbauprogramme. Ostpreußen avancierte zum »Kostgänger« des Reiches, wies aber trotz aller Subventionen eine hohe Arbeitslosenrate und Verschuldung auf. Die Wahl des Siegers von Tannenberg, Hindenburg, zum Reichspräsidenten am 26. Februar 1925 wurde zwar als ein Zeichen begriffen, half der Provinz reell aber wenig. Ende der zwanziger Jahre machte sich daher immer mehr das Gefühl breit, die Probleme des deutschen Ostens würden in Berlin nicht richtig und umfassend begriffen und behandelt. Erst das von Hindenburg veranlaßte »Gesetz über Hilfsmaßnahmen für die notleidenden Gebiete des Ostens« (Osthilfegesetz) vom

Volksabstimmung in Ostpreußen 1920: Aufruf der Stadt Allenstein (oben), Notgeldschein mit einem typischen Kommentar zum Ergebnis aus Arys (unten).

Erfrischungshalle am Moysee (oben), Kurhaus in der Görlitz (Mitte), die Rastenburger Hermann-Göring-Straße im Flaggenschmuck der Nazis, vormals: Königsberger Straße, heute: ulica Sikorskiego (unten).

31. März 1931 führte zu einem gewissen Aufschwung, der durch das Ostpreußenprogramm Hitlers vom 5. Juli 1933 und die von der »Erich-Koch-Stiftung« unterstützte Industrialisierung weiter befördert wurde.

Durch das Engagement der Nationalsozialisten für die Belange des Ostens und die massive Polemik gegen das Versailler »Diktat« war die NSDAP im traditionell konservativen Ostpreußen innerhalb kurzer Zeit salonfähig geworden: Hatte die Partei 1928 mit 0,8 Prozent – ihre Mitglieder waren als »süddeutsche Revoluzzer« verschrien – dort noch das reichsweit schlechteste Ergebnis eingefahren, erhielt sie bei der letzten demokratischen Wahl 1933 mit 56,5 Prozent die meisten Stimmen.[10] Eine der Ursachen für diesen Erfolg dürfte Hitlers Reise »durch die Dörfer und Grenzstädte Masurens« im Frühjahr 1932 gewesen sein, bei der er propagandistisch wirkungsvoll »in einem wahren Triumphzug von der deutschen Grenzbevölkerung empfangen« worden war, wie sich sein Reichspressechef Otto Dietrich später erinnerte.[11] Außerdem verstand es Hitler, den greisen Hindenburg und dessen Ruhm für seine politischen Ziele einzubinden und ließ sich 1933 von ihm zum Reichskanzler ernennen. Als Hindenburg im Jahr darauf starb, inszenierte Hitler die Grablegung im Nationaldenkmal Tannenberg wie einen verspäteten Dank. Nach aufwendigen Umbauarbeiten und der Einrichtung einer Gruft wurde Hindenburg im Herbst 1935 dort abermals beigesetzt und das Denkmal vom Führer zum Reichsehrenmal erhoben.

Europa horchte auf, als Hitlers Deutschland am 31. Januar 1934 mit der verfeindeten Republik Polen einen Nichtangriffspakt schloß und dadurch seine außenpolitische Isolation an dieser wichtigen Nahtstelle durchbrach. Im selben Jahr wurde allerdings auch mit dem Bau von Befestigungen an der Südgrenze Ostpreußens begonnen, die die vorhandenen Lötzener Anlagen durch Stellungen bei Christburg und Hohenstein ergänzen sollten. Das deutsch-polnische Verhältnis blieb aber ohnehin – trotz Pakt – vor allem wegen des Korridors weiterhin gespannt. Zwei Jahre später, im Januar 1936, kündigte Polen an, den Eisenbahntransitverkehr nach und von Ostpreußen zu sperren; die Reichsbahn verfügte nicht über genügend Devisen, um die polnischerseits angehobenen Gebühren zu bezahlen. Bis zur Einigung wurden die Passagiere zwischenzeitlich über See umgeleitet. Ab 1937 gab es seitens der Wehrmacht Überlegungen, eine geheime zivile

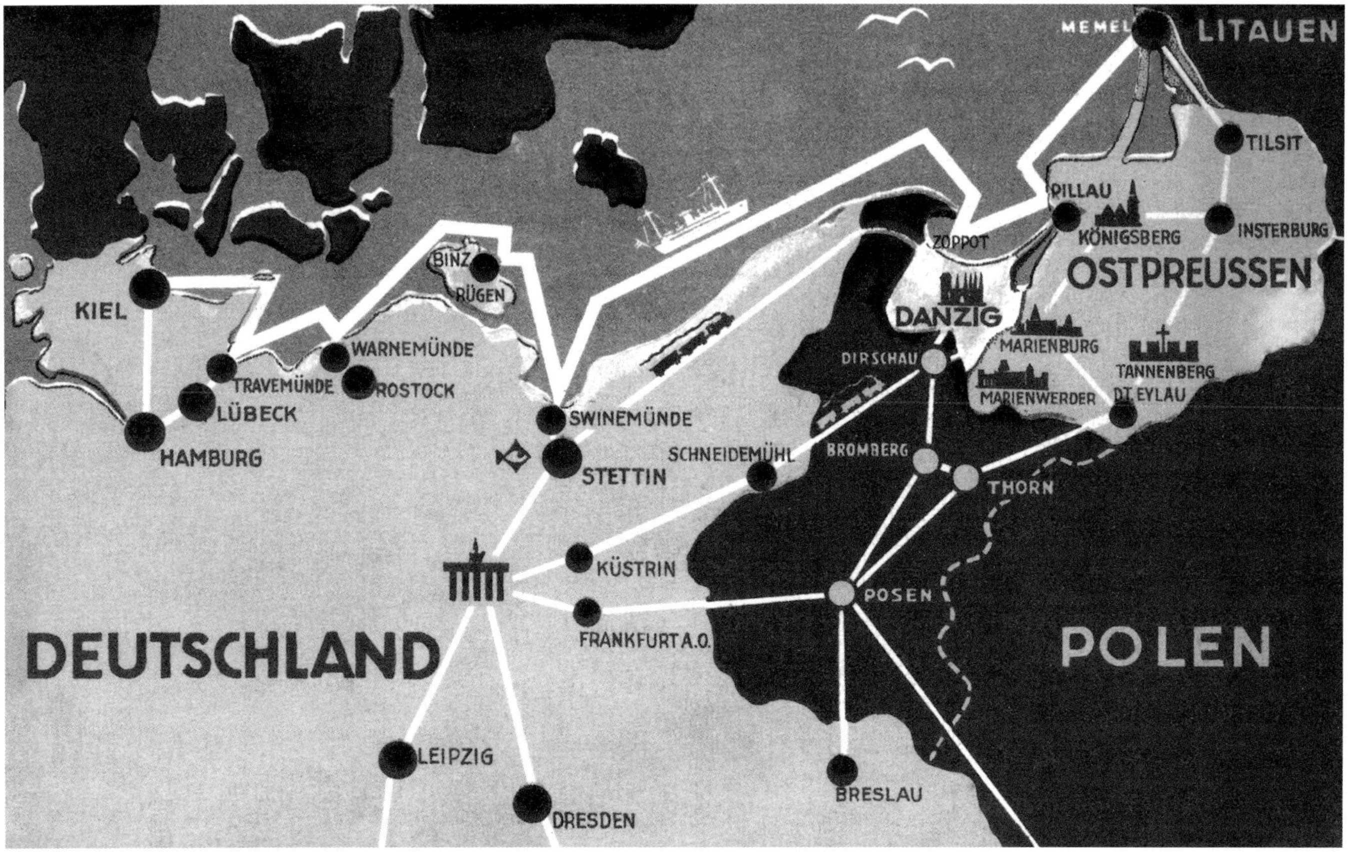

Durch den polnischen »Korridor« war die Provinz Ostpreußen vom übrigen Reichsgebiet abgeschnitten. Transitstrecken der Bahn und der »Seedienst« erhielten die Verbindung dennoch aufrecht, wie es dieser Reiseprospekt aus den 1930er Jahren zeigt.

Vorsorge für die Wirtschaft bei einer etwaigen Isolierung Ostpreußens im Kriegsfall zu treffen. Unter ultimativem Druck und mit dem Schicksal der »Rest-Tschechei« als »Protektorat Böhmen und Mähren« vor Augen gab Litauen am 23. März 1939 das Memelgebiet an das Deutsche Reich zurück, zwei Tage zuvor hatte Hitler die Rückgabe Danzigs und den Bau einer exterritorialen Autobahn durch den Korridor gefordert. Als Polen erwartungsgemäß ablehnte, erging am 3. April die Führerweisung: Angriffskrieg. Mitte August erfolgten Einberufungen in größerem Umfange – zu mehrwöchigen »Übungen«, wie es hieß. Bewohner aus Grenzorten des Kreises Treuburg wurden wegen befürchteter polnischer Überfälle in das Innere der Provinz evakuiert und in allen Kreisen Masurens deutsche Truppen zusammengezogen. Gleichzeitig liefen am Reichsehrenmal Tannenberg bei Hohenstein die Vorbereitungen für Massenveranstaltungen zum 25. Jahrestag der Schlacht, zu denen in den letzten Augusttagen auch etwa 10 000 Veteranen aus dem Reich, wie man angesichts der eigenen Abgeschnittenheit damals sagte, anreisten. Die Feier fand nicht mehr statt; die für die alten Kämpfer errichtete Zeltstadt wurde – wie geplant – zum Internierungslager für Kriegsgefangene.

Am 1. September 1939 überschritt die deutsche Wehrmacht die Grenze zu Polen. Die blutigen Exzesse von polnischer Seite an der deutschen Minderheit in den ersten Kriegstagen, wie der Bromberger »Blutsonntag« am 3. September, die insgesamt etwa 5000 Menschen das Leben kosteten,[12] waren die direkte Folge der Vertragsbrüchigkeit Hitlers im Nichtangriffspakt mit Polen. Die deutsche »Rache« für die Toten wiederum war das Vorspiel für das – von Hitler und Himmler längst festgelegte –

mörderische Gebaren der Besatzer gegenüber der Zivilbevölkerung im Osten, im NS-Jargon: den »slawischen Untermenschen« und »jüdischen Parasiten«.[13] Auch an Rastenburg war die Radikalisierung der NS-Verfolgungspolitik gegen Juden nicht spurlos vorübergegangen: Wie überall im Reich und in der Provinz Ostpreußen wurde in der Nacht vom 9. auf den 10. November 1938 die Synagoge auch dieser deutschen Stadt niedergebrannt.

In den zwanziger, vorwiegend aber in den dreißiger Jahren war mit Hilfe von Subventionen des Reiches der Rastenburger Wohnungsbau vorangetrieben, das Schulwesen ausgebaut und ein Stromnetz geschaffen worden. Durch die Wiedereinführung der Wehrpflicht im März 1935 hatten sich die Kasernen der Stadt wieder mit Soldaten gefüllt; das Wirtschaftsleben war auf allen Gebieten belebt worden, und die Arbeitslosigkeit hatte ein Ende gefunden. Die Bevölkerungszahl war von etwa 7000 Einwohnern im Jahre 1899 auf über 15000 im Jahre 1929 gestiegen.[14] 1939 wohnten dort fast 20000 Menschen.[15]

Zu diesem Zeitpunkt gab es in Rastenburg ein männliches und weibliches Lager des Reichsarbeitsdienstes (RAD)[16] sowie eines der Hitler-Jugend (HJ). Der RAD hatte sich zuallererst beim Straßenausbau nützlich gemacht: Die Stadt lag nunmehr an der Kreuzung der gut ausgebauten Reichsstraßen 135, von Lyck nach Bartenstein, und 141, von Bischofsburg nach Gerdauen. Das Leben verlief in den geordneten, ruhigen Bahnen einer friedlichen Kleinstadt. Eine gewisse, kurzzeitige Aufregung brachte eine größere Menge französischer Kriegsgefangener, die im Frühjahr 1940 nach der »Niederwerfung« Frankreichs im Kreis eintrafen, sich aber bald als zuverlässige Arbeiter erwiesen.[17] Mancher Ostpreuße bekam so die ersten Farbigen seines Lebens zu Gesicht.

Im Wappen von Rastenburg stehen drei Fichten, zwischen denen ein zotteliger Bär eingeklemmt ist. Die Legende weiß zu berichten, daß vorzeiten ein gewaltiger Meister Petz Mensch und Tiere in der Rastenburger Gegend in Schrecken versetzt und schon großen Schaden angerichtet hatte. Bei einer Jagd verwundet, soll sich der Bär zwischen drei dicht beieinander stehenden Fichten festgerannt haben, wo ihn die Jäger dann töteten.[18] Diese Bäume könnten Teil des Stadtwaldes, der Görlitz, sein, etwa acht Kilometer östlich von Rastenburg gelegen. Zur Zeit der Stadtgründung am Rande einer großen Wildnis waren die Wälder um Rastenburg ein natürlicher Schutz gegen die heidnischen Litauer gewesen. 1437 hatte die Stadt 50 Hufen Wald zwischen Moysee und Zeisersee erworben, bis Ende der 1920er Jahre ihren Wald durch Zukäufe auf etwa 670 Hektar vergrößert. Es gab einen eigenen Bahnhaltepunkt an der 1907 eröffneten Linie nach Angerburg sowie seit 1911 ein Kurhaus mit Café. Die Görlitz war ein beliebter Ausflugsort für die städtische Bevölkerung, weil sie so etwas wie die Idylle des nahen Masuren en miniature war: ein Hauch Wildnis, klare Seen, rauschende Wälder. »Die Hauptholzart ist Fichte, die fast überall reichlich mit Eiche, Hainbuche, Kiefer, Birke und Espe gemischt ist und den charakteristischen Typ des ostpreußischen Mischwaldes auf sandigem Lehmboden darstellt«, so die Festschrift zur 600-Jahrfeier Rastenburgs 1929.[19] In ihrem Stadtwald unternahmen die Rastenburger Kutsch- bzw. Schlittenfahrten, gingen dort spazieren, picknickten oder badeten im Moysee. Auf dem Tanzplatz fanden Schul- und Schützenfeste statt. Den Mittelpunkt des Görlitzer Freizeitbetriebes bildete das Kurhaus. – Ende November 1940 kam die Auswahlkommission für das neue Führerhauptquartier hier vorbei. Der biedere Rastenburger Bär sollte bald einem »Wolf« weichen müssen.

Der Bär im Wald – Wappen der Stadt Rastenburg

Die »Wolfsstadt« – Planung und Bau 1940/41

Die Anlagen »Süd«, »Mitte« und »Nord«

Die Wahl des neuen Führerhauptquartiersstandortes war durch die Notwendigkeit bestimmt, für den seit Juli 1940 geplanten Rußlandfeldzug »Barbarossa« eine Kommandozentrale in der Nähe der Demarkationslinie zwischen dem Deutschen Reich und der Sowjetunion aufzubauen. Da der Angriff durch die Heeresgruppen Nord, Mitte und Süd mit Unterstützung verbündeter Truppen gleichzeitig und auf der gesamten Länge dieser Grenze – von Memel bis Bessarabien – erfolgen sollte, befahl Hitler am 15. November 1940, unmittelbar nach dem Besuch des sowjetischen Außenministers Molotow, entsprechende Befehlsstände anzulegen.[20] Die Anlage »Süd« wurde im galizischen Krosno, am Fuße der Waldkarpaten, errichtet, die Anlage »Mitte« bei Tomaszow, nahe Lodz. Beide Leitstellen sollten »mehr behelfsmäßigen Charakter tragen«[21] und bestanden daher jeweils aus einem künstlichen Zugtunnel und einigen Baracken.[22] Genutzt wurde nur die Anlage »Süd«: Im Rahmen eines Frontbesuches trafen hier Hitler und Mussolini am 28. August 1941 zusammen.[23]

Zum eigentlichen Standort des Führerhauptquartiers wurde die Anlage »Nord« bei Rastenburg. Diese Wahl war rein logistisch durch den Umstand bestimmt, daß das grenznahe Ostpreußen kein besetztes, sondern Reichsgebiet war und entsprechend über eine intakte überregionale Infrastruktur verfügte, die durch den Wegfall des polnischen Korridors wieder bis zur Reichshauptstadt Berlin reichte. Das Gelände für die Anlage »Nord« im Rastenburger Stadtwald wurde durch Todt, Schmundt und Engel vom Flugzeug aus erkundet,[24] woraufhin Todt es Hitler zum Ausbau vorschlug. »Hitler war einverstanden und gab den Befehl, mit dem Bau des Führerhauptquartiers sofort zu beginnen und ihn bis zum April 1941 abzuschließen«, notierte sein Adjutant Below.[25] Der Stadt Rastenburg wurde lediglich mitgeteilt, daß ein Stück Land im Stadtforst »für militärische Zwecke« in Anspruch genommen werden müsse; ebenso beschlagnahmte man Teile der Güter Görlitz und Partsch, die den Freiherren von und zu Knyphausen bzw. von Schenk zu Tautenburg gehörten.[26]

Bei der Wahl des Ortes dürfte die landschaftliche Schönheit der Gegend nur insofern eine Rolle gespielt

Beim Bau des ostpreußischen Führerhauptquartiers konnte die Organisation Todt auf Erfahrungen am Westwall (oben) und in Norwegen (unten) zurückgreifen. Die Baustelle in der Görlitz dürfte genauso ausgesehen haben.

haben, als daß das dichte Waldgebiet der Görlitz eine natürliche Tarnung und einen Schutz gegen die Einsicht aus der Luft sowie gegen Fallschirmlandungen bot. Auch die Seenkette und die Sümpfe in der Umgebung bildeten ein Hindernis gegen feindliche Bodentruppen. Daß Todt und seine Kommission für die Bunker des künftigen Führerhauptquartiers ein »bekanntes Mückenloch«[27] der Görlitz ausgesucht hatten, stellte sich für die Beteiligten erst im nächsten Sommer heraus. Es gab eine Bahnstrecke und eine befestigte Straße, die durch den abgelegenen Wald führten und ihn mit Rastenburg sowie Angerburg verbanden. Hinzu kam, daß die Görlitz ein vergleichsweise freies Baufeld für die geplante Anlage bot, das bei Bedarf erweitert werden konnte.

Die Anlage »Nord« war von Anfang an großflächiger und umfangreicher konzipiert als alle Führerhauptquartiere zuvor, obwohl der geplante Raubzug im Osten innerhalb von sechs Wochen beendet sein sollte. Diese neue bauliche Dimension resultierte aus den schlechten Erfahrungen während der bisherigen Feldzüge: Die räumliche Trennung der verschiedenen an der Kriegsführung beteiligten Instanzen hatte immer wieder zu organisatorischen Schwierigkeiten vor allem in der Nachrichtenübermittlung geführt. Besonders Jodl hatte daher darauf gedrungen, seinen Arbeitsstab direkt im Führerhauptquartier unterzubringen.[28] Hitler tat sich schwer damit, sein Faible für kleine, »abenteuerliche« Feldlager mit möglichst wenig Personal aufzugeben, befahl aber dennoch den Bau dieser größeren, arbeitsfähigeren Anlage, die der generellen Strukturerweiterung der Institution Führerhauptquartier Rechnung tragen sollte.

Deckname »Chemische Werke Askania« – die Organisation Todt im Einsatz

Den Auftrag für die Anlage »Nord« erhielt die paramilitärische Organisation Todt (OT), die für den Bau eines Großteils der militärischen Anlagen des Dritten Reiches verantwortlich zeichnete.[29] Ihr Chef war der

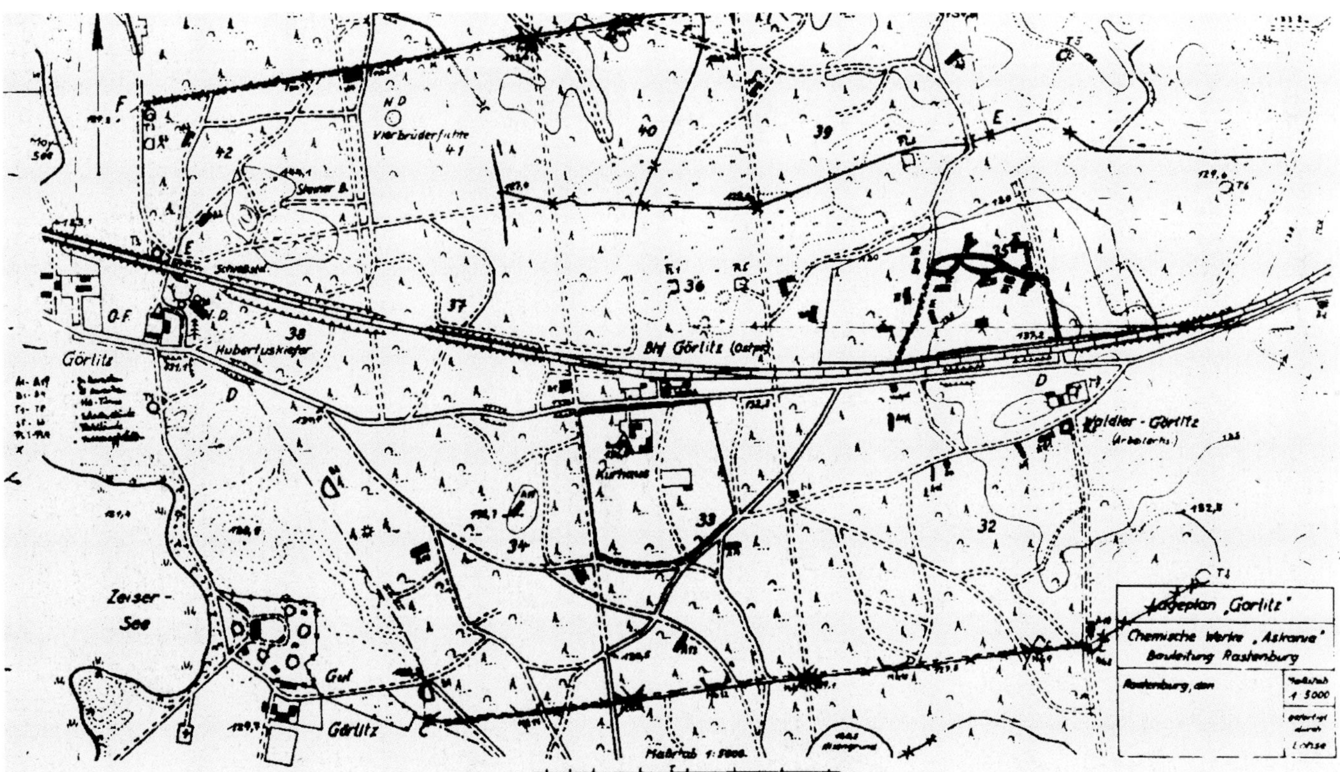

Lageplan »Görlitz« für den Bau der Anlage »Nord«, Deckname »Chemische Werke Askania«, 1940.

Bauarbeiter der Organisation Todt (OT) im eigenen Bus auf dem Weg zur Arbeit.

Am Bau der »Wolfsschanze« waren auch heute noch bekannte Unternehmen beteiligt: Firmenzeichen von Krupp.

Wegen Zeitdrucks wurden die Arbeiten in aller Eile vorangetrieben: versehentlich einbetonierter Zollstock.

Generalbevollmächtigte für die Bauwirtschaft (GBBau), Reichsminister für Bewaffnung und Munition, Dr. Fritz Todt.[30] Die OT-Zentrale in Berlin-Charlottenburg dirigierte an den jeweiligen Standorten der einzelnen Projekte regionale Oberbauleitungen, die mit der örtlichen Durchführung der Bauarbeiten betraut wurden, so auch in Rastenburg. Die Oberbauleitung Rastenburg, die aus Ingenieuren und Verwaltungsfachleuten bestand, die bereits für die bisherigen Führerhauptquartiersanlagen verantwortlich gewesen waren, hatte unter dem Decknamen »Chemische Werke Askania« ihren Sitz zunächst im Hotel »Königsberg« in der Angerburger Straße, später an der Ecke Sembeckstraße/Am Oberteich. Als erste Amtshandlung sandte die OT-Bauleitung Fachleute auf dem Gebiet der Kies-, Schotter- und Sandgewinnung aus, um mit den Behörden im Einzugsgebiet Material- sowie Transportfragen zu klären, nahm eine Ausschreibung vor und beauftragte die auf Bunkerbau spezialisierten Firmen Wayss & Freytag sowie Dyckerhoff & Widmann als Generalunternehmer mit der Bauausführung. Die Tätigkeit der Hauptauftragnehmer und der ihnen zuarbeitenden kleineren Firmen wurde aber weiterhin durch die Oberbauleitung koordiniert.

Die Oberbauleitung vertrat dabei den Staat als Bauherrn gegenüber den beteiligten Betrieben. Für die Zeit ihrer Tätigkeit wurden die Arbeiter der betrauten Firmen in die OT eingegliedert, wobei die innerbetrieblichen Strukturen erhalten blieben, um den eigenen Maschinenpark zusammenzuhalten und einen reibungslosen Bauablauf zu gewährleisten. Sämtliche anderen Arbeiter waren ohnehin Angehörige der OT; alle trugen grünbraune Uniformen, die 1939 von der tschechischen Armee erbeutet worden waren. Die Beteiligten wurden aus Sicherheitsgründen immer wieder ausgewechselt und von Beamten des Reichssicherheitsdienstes (RSD) beaufsichtigt. Die Bewachung der Baustellen und Materiallager übernahm ein eigenes Schutzkommando der OT.

Nachdem Waggonladungen voller Gerätschaften, Gerüste, riesiger Betonmischanlagen und -pumpen durch die OT in die Görlitz transportiert worden waren, begannen im Herbst 1940 dort Ramm-, Erd- und Betonarbeiten, die offiziell einer »bombensicheren Rüstungsanlage« galten. Da Hitler auf eine Fertigstellung bis spätestens Frühjahr 1941 drängte, wurde auch nachts unter Scheinwerferbeleuchtung gearbeitet. Der Zutritt zum Baustellenbereich, also zum Rastenburger Stadtwald mit seinem beliebten Kurhaus, war nur mit einem Sonderausweis möglich, Soldaten standen Wache. Zeitzeuge Edmund Link schrieb später: »Wir durften nur den vorderen Teil unseres Waldes, der an die Görlitz grenzte, betreten, merkten aber, daß viele Großbauten im Walde errichtet wurden und sehr viele Angehörige der OT Tag und Nacht am Werken waren. (…) Im Wald waren Sperren aus Stacheldraht sowie Panzersperren errichtet, und die Zufahrtsstraßen nach und um [die] Görlitz durfte niemand ohne Passierschein passieren. Zu dem Zeitpunkt wurden zwei Leute der Geheimen Staatspolizei bei uns einquartiert, die wir in einem Zimmer unseres ohnehin schon überbelegten Hauses unterbringen mußten. Sie gingen in Zivil Streife und sicherten die Umgebung bei Tag und Nacht ab.«[31]

Trotz Geheimhaltung und Absperrung konnten die Arbeiten am Führerhauptquartier in Rastenburg nicht unbemerkt bleiben: zum einen, weil um die 40 LKW, tschechisches Beutegut der Marke Tatra, für die Nächte auf dem Schulhof des Herzog-Albrecht-Gymnasiums geparkt wurden,[32] zum anderen, weil bald die gesamte Umgebung Rastenburgs von Arbeitskommandos bevölkert war. Einige der Beteiligten kamen in der Stadt selbst unter, vor allem in der »Hindenburg«-Kaserne. Die OT richtete am Bahnhof von Rastenburg Unterkunftsbaracken und ein Baustofflager ein, das sogenannte Askania-Lager, sowie ein Verpflegungsdepot in der Nähe der Zuckerfabrik. Vom Lager aus wurden Arbeiter und Material täglich auf LKW und mit der Eisenbahn in die Görlitz transportiert; Chaussee und Bahnstrecke nach Angerburg, ebenso wie die Landstraße Carlshof – Partsch,[33] hatte man zu diesem Zweck für den zivilen Verkehr gesperrt, den öffentlichen Bahnverkehr durch Busse ersetzt.[34] Der Haltepunkt im Rastenburger Stadtwald wurde erweitert, ein breiter Bahnsteig gebaut und mit Fertigteilplatten aus Beton be-

Aus Tarnungsgründen wurden lediglich die notwendigsten Lücken in den Baumbestand der Görlitz geschlagen und die Dächer der Bunker mit Bäumen sowie Sträuchern bepflanzt. Teilweise wurden sogar Bäume aufgestellt (Zustand 1942).

Noch heute ist der seegrasversetzte, grünliche Tarnputz am Schornstein der Heizungsanlage erkennbar (oben), ebenso die Ösen, mit denen die Tarnnetze an den Baumstämmen befestigt waren (unten).

festigt. Es wurden Stand- und Rangiergleise verlegt, im Herbst 1942 ein neues Bahnhofsgebäude mit Stellwerk errichtet. Die Zufahrtsstraßen zur Anlage »Nord« von Rastenburg und von Queden erhielten eine Pflasterung bzw. einen neuen Asphaltbelag.

Auf dem Gelände des künftigen Führerhauptquartiers wurden eine Vielzahl von Holzbaracken, aber auch Beton- und Ziegelbauten, errichtet – oft auf Pfählen wegen der sumpfigen Bodenbeschaffenheit, darunter ungefähr zehn schwerere Bunker mit bis zu einem Meter dicken Wänden und – über den sichersten, fensterlosen Räumen – bis zu zwei Meter starken Abschlußdecken aus Stahlbeton. Diese boten maximal gegen 500-kg-Bomben Schutz.[35] Wegen ihrer langgezogenen Grundform bezeichnete man diese Bunker oft als Baracken; sie waren u.a. Bormann, Hitler, Keitel, dem Kommandanten und der Telefonzentrale vorbehalten. Da die Schwachstellen in einem Befestigungswerk seine Öffnungen darstellen, verwendete man schwere Stahltüren, die durch Gummidichtungen gasdicht gemacht wurden. In den Bunkern herrschte Luftüberdruck gegen ein mögliches Eindringen von Giftgas, zudem gab es Gasschleusen; außerdem Maschinengewehr- und -pistolenscharten für eine etwaige Verteidigung. Seitlich angeordnet lagen die Arbeitsräume, die durch massive Außenwände zumindest Splitterschutz boten und deren extrem hoch gelegene Fenster im Fall eines Luft- oder Artillerieangriffes durch schwere Stahlläden verschlossen werden konnten. Die Innenwände waren verputzt oder mit Holz verkleidet, die Sanitärräume weiß gefliest. Alle Räume hatten Heizungen und ein elektrisches Schutzlüftungssystem.

Da die Arbeiten an den Gebäuden in höchster Eile erfolgten, wurden die Elektroleitungen teilweise über Putz verlegt. Häufig mußten jedoch mit großem Aufwand viele Meter Installationskanäle in die fertiggestellten Stahlbetondecken und -wände gestemmt werden, weil sie bei der Einschalung nicht für nötig befunden oder einfach vergessen worden waren. Andere bereits vorgeschalte Installationskanäle mußten wegen fehlenden Bedarfs wieder zugemauert werden. Kellerräume gab es wegen der schlechten Gründungsmöglichkeiten im feuchten Waldboden in der Anlage kaum.

In der Nähe wurden Versorgungseinrichtungen für das Führerhauptquartier geschaffen: zwei zentrale Heizungsanlagen und eine Pumpstelle am Moysee für die

Wasserversorgung.[36] Ebenfalls am Moysee lag die Badestelle der »Wolfsschanze«, das vormals beliebte und stark frequentierte Naherholungsziel der Rastenburger. Sie verfügte über einen Badesteg mit Sprungturm am »Teufelsstein«, einen Erfrischungspavillon aus Holz, eine Toilette und Umkleidekabinen. Lediglich ein kleinerer Luftschutzbunker wurde für die Badegäste aus dem Hauptquartier, Offiziere wie Mannschaften, neu errichtet. Solche ertüchtigende Erholung der »Wolfsschanzen«-Belegschaft war sogar offiziell gewünscht – eine der wenigen Weisungen, die wirklichen Anklang fand: »Ab Juni [1941] spätestens vergnügten sich viele von uns, zusammen mit den Rastenburger Bewohnern, meist jungen Damen, beim Schwimmen im Moysee. Dieser bot einen herrlichen Sandstrand, war allerdings auch mit zahlreichen Blutegeln ›gesegnet‹. (...) Wie die Rastenburger Damenwelt es schaffte, an den Moysee zu kommen, ist mir nie ganz klar geworden. Ich habe, wie wohl alle, auch nie Nachforschungen in diesem Punkt angestellt. Wer wollte denn auch schon auf so angenehme Gesellschaft verzichten?«, erinnerte sich der Funker Alfons Schulz aus der »Wolfsschanze«.[37]

Etwa sechs Kilometer südlich des Hauptquartiers, auf dem Vorwerk Wilhelmsdorf, befand sich ein Sportflugplatz, der bereits 1934 unter Zwangsandrohung vom Staat gepachtet worden war und seit 1935 der Luftwaffe gedient hatte. 1941 wurde er zum Flugplatz des Führerhauptquartiers. Dafür verlängerte man die Landebahn, damit die »Ju 52« und die viermotorige »Focke-Wulf 200 Condor« der Flugstaffel Hitlers in Wilhelmsdorf starten und landen konnten.[38] Außerdem wurden Hangars, eine Funkstation, ein Materiallager mit Ersatzmotoren, Werkstätten und Aufenthaltsräume eingerichtet; allerdings gab es keine »Nachtbefeuerung«[39] des Flughafens, so daß nur tagsüber gelandet werden konnte. Da die Landebahn im Sommer 1941 noch nicht fertiggestellt war, mußte bis zum Abschluß der Bauarbeiten im Dezember der 35 Kilometer entfernte Flugplatz Gerdauen genutzt werden.[40] Die höheren Offiziere der Flugstaffel des Führers, etwa sein Chefpilot Baur, und andere Flieger, wie der Pilot von Propagandaminister Goebbels, Flugkapitän Wilhelm Henke, aber auch Teile der Besatzungen waren wegen beschränkter Unterkunftsmöglichkeiten in der »Wolfsschanze« in Rastenburger Privathäusern einquartiert.[41]

Auch nach Fertigstellung der Anlage im Frühsommer 1941 verblieb in Rastenburg ein Barackenlager der OT, dessen Bewohner für Reparatur- und bei Bedarf für Ausbauarbeiten herangezogen wurden.[42]

Tarnung der Anlage

Nachdem der Standort des Führerhauptquartiers ausgewählt worden war, unterlag er strengster Geheimhaltung, der auch eine ausgeklügelte Tarnung dienen sollte. Beim Bau der Anlage wurden lediglich die notwendigsten Lücken in den Wald geschlagen, einige ausgewachsene Bäume mit immensem Kostenaufwand umgesetzt, andere später durch künstliche ersetzt. Die bauliche Grundfigur des Hauptquartiers orientierte sich am vorhandenen Wegenetz des Rastenburger Stadtwaldes, um neue Schneisen im Baumbestand zu vermeiden. Alle Bauten wurden prinzipiell unregelmäßig, nicht parallel oder im rechten Winkel zueinander angeordnet. Die Außenwände der Ziegel- und Betonbauten versah man mit einem groben, seegrasversetzten Spezialputz, der grün angestrichen wurde. Die Flachdächer der Gebäude sicherte eine Erdschicht, die mit Bäumen, Moos und Sträuchern bepflanzt wurde. Zudem wurden in die Dachbegrenzungen Stahlösen für Tarnnetze eingelassen, die man zwischen einzelnen Gebäuden und über die Wege spannte. Mit diesen Maßnahmen wurde die Stuttgarter Gartenbaufirma

Tarnnetze über den Wegen innerhalb der Anlage sollten die Lufteinsicht zusätzlich erschweren (Aufnahme 1946).

Im Morgengrauen des 24. Juni 1941, zwei Tage nach Beginn des Unternehmens »Barbarossa«, bezogen der Hausherr und sein »Hofstaat« die Anlage »Nord«, der Hitler umgehend den Namen »Wolfsschanze« verlieh. Im Vordergrund von links: SS-Oberführer und Chef des persönlichen Stabes des Außenministers Walter Hewel; Außenminister Joachim von Ribbentrop; Martin Bormann; Adolf Hitler; Großadmiral Erich Raeder. Im Hintergrund von links: Alfred Jodl (zwischen Hewel und Ribbentrop); Ferdinand Porsche (zwischen Ribbentrop und Bormann); Wilhelm Keitel.

Seidenspinner beauftragt, die dafür sorgte, daß die militärische Anlage in Teilen geradezu einem »freundlichen Kurort«[43] ähnelte. Dieser Aufwand war schon während der Bauarbeiten dringend geboten, weil bis zum Juni 1941 täglich ein russisches Linienflugzeug zwischen Moskau und Berlin die Anlage »Nord« überflog.[44]

Die Kontrolle des Tarneffekts gegen fremde Luftortung und Spionage erfolgte durch die Auswertung eigener Luftaufnahmen. Der Chef des Oberkommandos der Wehrmacht (OKW), Generalfeldmarschall Keitel, schrieb: »Ich habe die Lager [Sperrkreis I und II] mehrfach in verschiedenen Höhen überflogen, konnte aber trotz genauer Kenntnis ihrer Lage aus der Luft nichts erkennen, außer der durch den Wald führenden Straße und [der] eingleisigen Nebenbahnstrecke, die für den öffentlichen Verkehr stillgelegt worden war.«[45]

Der Einzug des Hausherrn

Zeitgleich zum Baugeschehen wurden bereits ab Herbst 1940 Truppen vom Westen nach Osten verlegt, ab März 1941 vor allem in die östlichen Grenzkreise Ostpreußens, Johannisburg, Lyck und Treuburg. In den Wäldern Masurens legte man Munitions-, Geräte- und Verpflegungslager an; Pioniere bauten Straßen und Wege weiter aus, verstärkten die Tragfähigkeit von Brücken.[46] Am 14. März 1941 befahl Hitler, bestimmte Abschnitte im Küstenbereich von Nord- und Ostsee zu »Marinefestungsgebieten« zu erklären. Davon war auch die gesamte Küstenfront West- und Ostpreußens betroffen – von der Halbinsel Hela über die Frische und die Kurische Nehrung bis nach Memel.[47] Zehn Tage später, am 24. März, notierte Hitlers Heeresadjutant, Major Gerhard Engel: »F[ührer] ist sehr unglücklich und besorgt über die Lage auf dem Balkan. Das bevorstehende Eingreifen werfe ihm sein ganzes Konzept über den Haufen, die großen Ziele müßten alle verschoben werden, und in der zweiten Hälfte Mai die Sowjetunion anzugreifen, wäre unmöglich. An sich wären ein paar Wochen früher oder später nicht so schlimm, aber man dürfe auf keinen Fall in den russischen Winter kommen.«[48]

Nach dem Englandflug und der Internierung des Führer-Stellvertreters Rudolf Heß am Tag zuvor konstatierte Engel für den 11. Mai 1941: »Alles ist unheimlich.« Hitler sei »total durcheinander« und wolle sich »14 Tage erholen und abschalten, um Klarheit über Barbarossa zu gewinnen«.[49]

In den frühen Morgenstunden des 22. Juni 1941, einem Sonntag, überschritten deutsche Truppen – eine Streitmacht von 3,2 Millionen Mann, gruppiert in 148 Divisionen, mit 3350 Panzern, 600 000 Lastkraftwagen, 600 000 Pferden und über 2000 Flugzeugen[50] – die Demarkationslinie zur UdSSR; schon Napoleon hatte am 22. Juni 1812 seinen Krieg gegen Rußland begonnen. Montagmittag bestiegen Hitler und sein engeres Gefolge den Sonderzug und trafen um 1.30 Uhr des 24. Juni[51] in der »beinahe fertig ausgebauten«[52] Anlage »Nord« ein, die Hitler als erste Amtshandlung auf den Namen »Wolfsschanze« taufte.[53]

Extra für diese Tage waren um die gesamte Anlage herum zusätzliche leichte und schwere Flakbatterien postiert worden[54] – am 23. Juni hatte es um 21 Uhr sogar

Hitlers Sekretärin Christa Schroeder in ihrem Arbeitszimmer (Februar 1942).

noch einen Probealarm gegeben, falls es wider allen Voraussagen doch zu einem sowjetischen Gegenangriff gekommen wäre. Dazu kam es nicht, da sich die Rote Armee nach dem deutschen Überraschungsangriff alsbald geschlagen von der Grenze zurückgezogen hatte.

Ein Brief, den Hitlers Sekretärin Christa Schroeder am 28. Juni an eine Freundin verfaßte, dürfte das erste persönliche Schreiben aus dem Inneren der »Wolfsschanze« nach Bezug sein: »Nachdem wir schon fünf Tage hier im Quartier sind, kann ich Dir einen kleinen Stimmungsbericht geben ... Die Bunker liegen im Walde verstreut, nach Arbeitsgebieten eingeteilt. Jede Abteilung gesondert für sich. Unser Schlafbunker hat die Größe eines Eisenbahnabteils und ist freundlich mit hellem Holz verkleidet. Er enthält eine verdeckte Waschtoilette, darüber einen Spiegel, ein kleines Siemens-Radio, mit dem man sehr viele Stationen hören kann. Der Bunkerraum besitzt sogar eine elektrische Heizung, die allerdings nicht angestellt ist, hat formschöne Wandlampen und ein schmales hartes Lager mit Seegras gefüllt. Der Raum ist eng, macht jedoch alles in allem, nachdem ich einige Bilder an der Bunkerwand befestigt habe, einen artigen Eindruck.

Allgemeine Duschräume sind auch vorhanden, die wir aber bis jetzt noch nicht benutzt haben. Zunächst gab es kein warmes Wasser, und dann schlafen wir auch wie

Da die »Wolfsschanze« in einem »Mückenloch« errichtet worden war, erhielt die Unterkunft des SS-Begleitkommandos halboffiziell den Namen »Mückenheim«; hier: Hitlers Leibwächter und Kurier Rochus Misch beim Wachdienst im Winter 1942.

üblich bis auf die letzte Minute. Da uns das Geräusch des Ventilators im Bunker störte und die Zugluft dauernd um unseren Kopf strich, ... so veranlaßten wir seine Ausschaltung über Nacht, was zur Folge hatte, daß wir in der nun weniger guten Luft schlafen und dafür aber den Tag über eine bleierne Schwere in den Gliedern mit uns herumtragen. (...) Angenehm überrascht bin ich aber von der Temperatur. Es ist fast zu kühl in den Räumen. Das Bett muß man immer erst durch die eigene Körperwärme trocknen, es fühlt sich ständig feucht an. Der Wald hält die ganze Hitze ab. Wie sehr, das merkt man erst, wenn man auf die freie Straße hinaustritt. Dort schlägt einem die Hitze dumpf entgegen.« Außerdem berichtete Christa Schroeder von einer »verdammten Mückenplage«, gegen die die zugeteilten Abwehrmittel hilflos waren; und das, obwohl am 14. Juni eigens ein »Mückensachverständiger«[55] eingeflogen worden war, um die Lage vor Ort zu sondieren. »Die Männer sind durch ihre langen Lederstiefel und die dicke Uniform vor den infamen Stichen besser geschützt als wir. Ihre einzige verwundbare Stelle ist der Nacken. Einige laufen daher ständig mit einem Moskitonetz herum.« Bald trafen auch »Fliegenklatschen aus Draht« ein, »und wer nicht gerade anderweitig beschäftigt ist, geht auf Mückenjagd«. Hitlers Kommentar: »Man habe das sumpfigste und klimatisch ungünstigste Gebiet für ihn ausgesucht.«[56]

Im Sommer liefen die Bewohner des Hauptquartiers zum Schutz gegen die Insekten mit Moskitonetzen umher; v. l. n. r.: Filmvorführer Stein, August Körber vom Führerbegleitkommando, Rochus Misch sowie ein Mitarbeiter des Reichssicherheitsdienstes.

Der Chefpilot des Führers, Hans Baur, berichtete später von einem wahren »Schildbürgerstreich« gegen die »blutgierigen« Mückenschwärme: »In unmittelbarer Nähe von Hitlers Unterkunft gab es auch eine Anzahl Pfützen. In ihnen lebten eine Menge Frösche, die abends und in den Nächten ein mächtiges Konzert anstimmten. Eines Tages blieb es stumm. Es dauerte einige Zeit, bis Hitler das Gequake der Frösche vermißte, und er ließ nachfragen, was da los sei. Es wurde ihm gemeldet, daß man der Mückenplage zu Leibe gegangen sei. In die Tümpel waren einige hundert Liter Petroleum geschüttet worden, und das hatten die Frösche nicht überstanden – sie waren eingegangen, das Konzert war zu Ende. Sicherlich waren auch viele, viele Mückenlarven vernichtet worden, aber viele, viele Mücken waren geblieben, ihr Nachschub war unheimlich. Hitler machte gehörigen Lärm: ›Hat man solche Idioten schon gesehen? Die Frösche haben sie uns beseitigt, die Mücken sind geblieben! Die Frösche fangen uns doch täglich Tausende von Mücken weg!‹ – Die mit Petroleum verseuchten Pfützen wurden in mühseliger Arbeit wieder gesäubert, frisches Wasser eingefüllt, und es wurden – wieder Frösche eingesetzt.«[57]

Trotz derlei Widrigkeiten sollte sich der Führer in seiner »Wolfsstadt« bis Ende 1944 mit einigen Unterbrechungen aufhalten.

»Spinnennetz« der Macht – umliegende Hauptquartiere und Sicherheitseinrichtungen

Das Führerhauptquartier »Wolfsschanze« war nicht nur die höchste politische und militärische Instanz des Dritten Reiches, es bildete zugleich das Zentrum in einem Netz von umliegenden Befehlsstellen – die Macht- und Kriegsführungszentrale des NS-Staates. Von Goebbels' Propagandaministerium in Berlin und dem Oberkommando der Kriegsmarine bei Bernau (Deckname »Koralle«) abgesehen, wurden für die wichtigsten NS- und Militärspitzen, die nicht direkt zum Führerhauptquartier gehörten, östlich der »Wolfsschanze«, in einem Gebiet zwischen Goldap im Norden und Nikolaiken im Süden, entsprechende Quartiere erbaut bzw. eingerichtet. Diese Dezentralisierung sollte offenbar eine befürchtete Feindeinwirkung abschwächen.

Auch wenn diese Ansammlung der Mächtigen den Einwohnern der Kreise Angerburg, Lötzen und Rastenburg[58] manche Unannehmlichkeit brachte – etwa durch beschlagnahmte bzw. gesperrte öffentliche wie private Gebäude und Besitzungen, so verbanden sich mit ihr ebenso Vorteile wirtschaftlicher Art, beispielsweise durch gesteigerte Umsätze und die Anlage neuer fester bzw. die Asphaltierung bestehender Straßen.

In einem Wald bei Rosengarten, ein Kilometer abseits der Straße nach Angerburg, errichtete die OT das Hauptquartier für Hans Heinrich Lammers, den Chef der Reichskanzlei. Weil die Reichsregierung im Krieg nicht mehr zusammentrat, war Lammers' Aufgabe im Machtgefüge des NS-Staates die eines Bindegliedes zwischen Hitler und den einzelnen Staatsministern und bestand vor allem darin, die für den Führer bestimmten Informationen auszuwählen und ihm vorzulegen bzw. für die Umsetzung der Führerweisungen in Gesetzestexte zu sorgen. Wie oft Lammers allerdings in seinem Feldquartier anwesend war, ist unklar, da er sich die meiste Zeit anscheinend in Himmlers Feldkommandostelle aufhielt und sich mit dem Reichsführer-SS dessen Sonderzug »Heinrich« teilte. Wegen der Enge im Zug – auch von Ribbentrop wohnte dort bis Juli 1941 – erhielt Lammers für seine Zwecke eine Baracke in der Nähe des Zuges.[59]

Schloß Steinort: Sitz des Reichsaußenministers von Ribbentrop (Aufnahme von 1995).

Etwa acht Kilometer nordöstlich von Rosengarten, am Ufer des Mauersees, ließ sich der wegen seiner Eitelkeit verrufene Reichsminister des Auswärtigen, Joachim von Ribbentrop, hochherrschaftlich und seinem seit der Adoption durch einen fernen Verwandten im Jahre 1925 geführten Adelstitel gemäß im Barockschloß Steinort nieder; offiziell sein »Feldquartier«, das er wie seinen Sonderzug auch »Westfalen« nannte. Da ihm seine Residenz und ihr 200 Jahre altes Mobiliar anscheinend nicht luxuriös genug war, ließ er sie durch »umfangreiche Möbeltransporte aus Berlin neu einrichten«.[60] Das Schloß, um 1600 begründet und seitdem Familiensitz der Grafen von Lehndorff, verfügte über einen sorgsam gepflegten Park mit Alleen alter Eichen und galt als Muster ostpreußischer Landschaftspflege. Hierher ließ sich von Ribbentrop zur täglichen Rasur Barbier Pichottka aus dem 20 Kilometer entfernten Angerburg kommen.[61]

Die meisten seiner Mitarbeiter wohnten im Gästeheim »Jägerhöhe«, einem für die Eissegelregatten der Winterolympiade 1936 gebauten Sporthotel am Schwenzaitsee, im Jägerwäldchen, einem beliebten Ausflugsziel, auf halber Strecke zwischen Angerburg und Ogonken.[62] Ausnahmslos alle Diplomaten waren »überdurchschnittliche Feinschmecker«, die bis zum Ende für entsprechenden Nachschub sorgten und französische Köche für sich arbeiten ließen. Eine weitere Abteilung des Auswärtigen Amtes hatte sich auf Gut Numeiten, südlich von Ogonken, einquartiert.[63]

Ebenfalls am Mauersee, sechs Kilometer nördlich von Steinort, lag das neben der »Wolfsschanze« größte der ostpreußischen Hauptquartiere, das »Feldlager« des

OKH »Mauerwald«[64]. Es war zeitgleich mit dem Führerhauptquartier entstanden und ebenfalls unter der Tarnbezeichnung »Chemische Werke Askania« errichtet worden; die OT-Arbeiter hatte man im nahegelegenen Rosengarten einquartiert. Für »Mauerwald« waren ein neuer Bahnhof und in Waldschneisen Abstellgleise für die Sonderzüge gebaut sowie Straßen auf dem vorhandenen Wegesystem gepflastert worden.

Bis zum 19. Dezember 1941 unter Generalfeldmarschall Walter von Brauchitsch, dann unter Hitlers persönlichem Befehl, lebten und arbeiteten hier um die 1500 Stabsangehörige in etwa 120 Holzbaracken sowie Luftschutzbauten mittlerer und schwerer Bauart. Die Anlage war in drei Teile untergliedert: »Fritz« für den Generalstab, »Quelle« für Nachschub und Verwaltung sowie »Anna« für die Fernmeldezentrale. Es gab zwei eigene Baubataillone, eine Kraftfahrabteilung, eine Felddruckerei, diverse Versorgungseinheiten sowie eine eigene Wasser- und Elektrizitätsversorgung. Einige der Dienststellen des Hauptquartiers bzw. Teile von ihnen waren in eigens geräumten Kasernen bzw. beschlagnahmten Hotels von Angerburg und Lötzen untergebracht.[65] Außerdem nutzte das OKH das Gästeheim »Jägerhöhe«, in dem auch von Ribbentrops Diplomaten residierten, und erweiterte es für seinen Bedarf.

Nach außen wurde das »Feldlager« durch ein Wachbataillon der Wehrmacht geschützt, die innere Sicherheit gewährleisteten 60 Angehörige der Feldpolizei sowie Agenten der militärischen Abwehr im 24-Stunden-Dienst. Zur aktiven Luftabwehr standen zehn Abwehrbatterien in weitem Umkreis um das Hauptquartiersgelände.[66]

In der Rominter Heide, ca. 60 Kilometer nordöstlich von »Mauerwald«, hatte es sich der Chef der Luftwaffe, Deutschlands einziger Reichsmarschall Hermann Göring, in seinem Reichsjägerhof Rominten schon länger bequem gemacht. Bereits 1936 war für ihn als Reichsjägermeister in diesem ehemaligen kaiserlichen Jagdrevier ein luxuriöses Blockhaus erbaut worden, das von zwei Seitenflügeln flankiert wurde und seiner Residenz Carinhall in der Schorfheide bei Berlin ähnelte.[67] Meist in seine selbstentworfene Jägertracht gekleidet, frönte Göring der Jagd und veranstaltete »imposante« Feste, »als ob nirgends Krieg wäre«.[68] Die Arbeit erledigten die verschiedenen Abteilungen seines persönlichen Stabes, die im Forstmeisterhaus beim Jägerhof und im Romin-

Görings Reichsjägerhof (oben) und das kaiserliche Jagdschloß (Mitte) in der Rominter Heide. Das Gästeheim »Jägerhöhe« in Angerburg (unten) wurde vom Auswärtigen Amt und vom Oberkommando des Heeres genutzt.

Himmlers Feldkommandostelle »Hegewald« (1998).

ter Gasthaus »Zum Hirschen« Quartier bezogen hatten. Ab 1944 nutzten Görings Mannen auch das dortige kaiserliche Jagdschloß, das der Reichsmarschall nach langwierigen Verhandlungen mit dem »vormals regierenden Hause Hohenzollern« im Herbst 1942 erworben hatte.[69] Ebenso wie Carinhall wurde Rominten mit großem Aufwand ständig gesichert, wobei das zur Wache abgestellte Begleitkommando im ca. 15 Kilometer entfernten Goldap stationiert war. Im Sommer 1941 bezogen Göring und das Oberkommando der Luftwaffe (OKL) zunächst ein Hauptquartier in der Johannisburger Heide, wo auch ihre Sonderzüge hielten. Der dortige Gefechtsstand war »mit großen Kosten« eingerichtet worden, erwies sich allerdings bald als zu feucht: »Alles lief mit Schnupfen herum.«[70] Die derart Geplagten wechselten ihr Quartier noch im selben Jahr; Görings Luxuszug »Asien« wurde bei dieser Aktion nach Schackummen bei Rominten und der OKL-Sonderzug »Robinson« in den Wald von Groß Kummetschen am Westufer des Goldaper Sees verlegt. Auch hier war eine Bunkeranlage errichtet worden. Neben dem Reichsjägerhof verfügte Reichsmarschall Göring noch über zwei weitere Jagdhäuser in Ostpreußen: über das ebenfalls ehedem kaiserliche »Pait« am gleichnamigen Fluß bei Inse, unweit des Kurischen Haffs. Wenn Weidmann Göring in diesem Gebiet jagte, kehrten die Männer aus seinem Stab im Gasthaus »Renner« in Gilge ein und nutzten es als Offizierskasino. Zum anderen hatte sich Göring in seiner Gier das Haus des Schriftstellers Thomas Mann in Nidden auf der Kurischen Nehrung angeeignet, nannte es Jagdhaus »Elchwald« und machte es zu einem Erholungsheim für seine Flieger[71] – ohne es selbst jemals zu besuchen.

Ungleich näher bei seinem Führer siedelte sich Reichsführer-SS Heinrich Himmler an: Etwa auf gleicher Höhe und ca. elf Kilometer östlich von Steinort, in einem Waldstück beim Kirchdorf Possessern, lag seine Feldkommandostelle »Hegewald«,[72] die 1940/41 von der OT erbaut worden war. Am 15. Juli 1942, mit dem Umzug in die Ukraine, ging diese Tarnbezeichnung auf die dortige Anlage über; die ostpreußische Feldkommandostelle erhielt den Decknamen »Hochwald«. Diese bestand aus drei schweren Bunkern und mehreren leichten Backsteinbauten, verfügte über eine Sauna und einen Unterstand für Himmlers Sonderzug »Heinrich«, in dem sich auch ein Kino befand. Außerdem hatte die SS das ehemalige Erholungsheim mit Jugendherberge »Hegewald« für sich requiriert. Insgesamt befehligte der Kommandant der Feldleitstelle, SS-Obersturmbannführer Joseph Tiefenbacher, 510 Personen; Himmler selbst zog ab September 1941 den Komfort des nahegelegenen ehemaligen Gutshauses »Friedrichsruh« in Gansenstein bei Kruglanken vor.[73]

In altehrwürdigen und während des Ersten Weltkrieges kampferprobten Mauern nahe Lötzen wiederum residierte die deutsche Abwehr: Bereits 1844 hatte General Hermann von Boyen den Grundstein für das einzige Fort im masurischen Seengebiet gelegt – die Feste Boyen. Hier agierte das Amt Ausland/Abwehr des OKW, stets neben entsprechenden Geheimdiensten der SS, mit denen es kooperierte bzw. konkurrierte. In Boyen wurde die Dienststelle »Fremde Heere Ost« ab 1942 von Abteilungsleiter General Reinhard Gehlen geleitet. 27 Kilometer südwestlich von Boyen, bei Nikolaiken, lag eine zweite Abteilung der Abwehr namens »Walli II«. Ungefähr 35 Kilometer nordwestlich von Nikolaiken, Richtung Rastenburg, gab es in Heiligelinde die Funkzentrale der »Wolfsschanze«.[74] Die Hauptfernsprechvermittlung für sämtliche Instanzen saß in Allenstein, gehörte zum OKH und trug den Tarnnamen »Annabu«.[75]

Alle Hauptquartiere waren in das Vorwarnsystem der Luftflotte »Reich« eingegliedert; zu ihrer Verteidigung im Ernstfall standen Ersatzeinheiten des stellvertretenden General- und des Wehrkreiskommandos I in Königsberg

Hauptquartier des Oberkommandos des Heeres »Mauerwald« (oben) und des Oberkommandos der Luftwaffe bei Goldap (unten). Die Bunker wurden bei bzw. nach Kriegsende nicht gesprengt und stehen bis auf den heutigen Tag.

bereit. Über den Luftraum der »Wolfsschanze« wachte außerdem die Führer-Nachrichten-Abteilung, die Einzelflüge in einem Radius von bis zu 100 Kilometern ortete und weitermeldete.[76] In der »Hindenburg«-Kaserne Lötzen lagen Nachrichtenaufklärungseinheiten des Heeres, die den gegnerischen Funkverkehr mit dem Ziel der Ortung feindlicher Bewegungen abhörten. Für den Angriffsfall auf das Führerhauptquartier gab es weiterhin Bereitschaften in den Kasernen von Arys, Goldap und Insterburg, zu denen unter anderem ein Fallschirmjägerbataillon gehörte.

Mit Beginn des Ostfeldzuges bezogen – wie ihr Führer seine »Wolfsschanze« – auch die übrigen NS-Spitzen ihre Quartiere in Ostpreußen und koordinierten von hier aus die deutsche Kriegs- und Vernichtungsmaschinerie der folgenden dreieinhalb Jahre.

Momentaufnahme I – Hitlers »Feldlager« 1941/42

Die Anlage des Führerhauptquartiers »Wolfsschanze« in Ostpreußen war nach rein funktionalen Aspekten erfolgt und sollte einer betont spartanischen Lebensweise entsprechen. Hitler, der in seiner Reichstagsrede nach dem Angriff auf Polen am 1. September 1939 verkündet hatte, er würde den »grauen Rock« erst »nach dem Sieg« wieder ausziehen,[1] wollte im Hinblick auf eine spätere »Heldengeschichtsschreibung« ein demonstrativ asketisches Soldatenleben führen. Dem entsprach die Schlichtheit der Baracken und Bunker der Machtzentrale aus Beton. Die Anlage, ca. 250 Hektar sowie 800 Hektar sie umgebender Wald, war eine regelrechte kleine Stadt, verborgen hinter Stacheldrahtverhauen und Panzersperren. Sie wurde Tag und Nacht von Patrouillen bestreift. In ihr lebten ungefähr 2000 Menschen, darunter lediglich etwa 20 Frauen, die als Köchinnen oder Sekretärinnen arbeiteten.

Wegweiser am Ortsausgang von Rastenburg: Bis zur »Wolfsschanze« in der Görlitz waren es sieben Kilometer.

Generaloberst Jodl, Chef des Wehrmachtführungsstabes im Oberkommando der Wehrmacht (OKW), charakterisierte die Abgeschlossenheit des Führerhauptquartiers später als »Mischung zwischen einem Kloster und einem Konzentrationslager«,[2] und Chefdolmetscher Schmidt resümierte: »Die Atmosphäre dieses Lagers in dem düsteren ostpreußischen Wald war für den, der aus der sonnigen Weite der umgebenden Landschaft dort hineinkam, niederdrückend.«[3]

Die Anlage der »Wolfsschanze«, beiderseits der ehemaligen Hauptstraße und Zugstrecke von Rastenburg nach Angerburg gelegen, war in drei Sicherheitszonen, sogenannte Sperrkreise, unterteilt, die die Machtstrukturen innerhalb des Führerhauptquartiers ziemlich genau widerspiegelten. Alle Sperrkreise konnten nur bei Kenntnis der aktuellen Tagesparole mit entsprechenden Sonderausweisen betreten werden, die als Tages-, Wochen-, Monats- bzw. als Dauerausweise ausgestellt wurden und in Verbindung mit dem Soldbuch oder dem Personalausweis galten. Sperrkreis III, der in einen äußeren und einen inneren Sektor gegliedert war, umschloß die Sperrkreise II und I; in ihm lagen Wachmannschaften und Verbindungsstäbe. Um diesen äußersten Sperrkreis herum lagen weitere, größere Sicherheitszonen, die durch Postenketten der Wehrmacht und in den umliegenden Ortschaften durch Gestapo-Beamte überwacht wurden. In Sperrkreis II war die »Exekutive« der Planungen von Sperrkreis I, der Wehrmachtführungsstab, untergebracht, Sperrkreis I wiederum war Hitler und seinem engsten Gefolge vorbehalten. Die Sperrkreise waren voneinander durch jeweils zwei Meter hohe, grob behauene Baumstämme getrennt, zwischen denen Maschen- und Stacheldraht gespannt war. Ein umfangreiches Straßen- und Wegesystem verband sämtliche Bereiche des Führerhauptquartiers.

Kontrollposten am Bahnhof Görlitz.

Sperrkreis III

Wenn man sich von Rastenburg aus in die Görlitz zur »Wolfsschanze« begab, fuhr man zunächst durch Ganshof, dann Schwarzstein, vorbei an Moy- und Zeisersee und traf – sozusagen als Begrüßung – 300 Meter vor der eigentlichen Anlage auf Patrouillen des Führerbegleitbataillons (FBB), die sich nach der täglich wechselnden Parole erkundigten und so eine »unerwünschte Annäherung Unbefugter«[4] rechtzeitig unterbanden.

150 Meter weiter, am Waldrand, befand sich das Haupttor in die »Wolfsschanze«, die Wache West. Ein Fahrer aus der Zentrale des Oberkommandos des Heeres (OKH) »Mauerwald« erinnerte sich: »Der Weg führte über Rastenburg, von dort Richtung Lötzen, nach ca. drei Kilometern links ab, durch kleine Dörfchen, und mir näherte sich ein dunkler Mischwald. Nach wenigen hundert Metern versperrte ein großer Schlagbaum die Weiterfahrt. Rechts davon erblickte ich ein flaches, quadratisches Häuschen, die Wache. Es war die Westwache, das heißt die Wache, über die alles in die ›Wolfsschanze‹ hineinfuhr und auch alles das FHQu [Führerhauptquartier] verließ. (…) Am Schlagbaum stand ein Wachsoldat, dem ich meinen Ausweis und den Fahrbefehl zeigte. Er reichte beides an den Wachhabenden weiter. Nach einem kurzen Telefonat gab er beides zurück, und ich konnte passieren, nachdem man mir Hinweise gegeben hatte, wo ich den Wehrmachtführungsstab finde.«[5]

Badestelle am nahegelegenen Moysee, die von Angehörigen des Führerhauptquartiers genutzt wurde – zu Zwecken der Körperertüchtigung sogar genutzt werden sollte. Hier fand sich auch die Rastenburger Damenwelt ein – eine willkommene Abwechslung im tristen Dienstalltag; v. l. n. r.: Hitlers Leibwächter Rochus Misch, eine Stenographin und Mischs Kamerad Karl Weichelt.

137 c
Rastenburg—
Angerburg
(Ostpr)
Alle Züge 2. 3. Klasse

1343				1347		1349		km	Zug Nr	*RBD Königsberg*	Zug Nr			1342		1346	
6.35	...	..	...	15.40	...	21.10	...	0,0	ab	**Rastenburg** 137. 135 g	an	...	...	5.58	...	14.08	...
6.40	...	...	...	15.45	...	21.15	...	2,3		Carlshof (Ostpr)		...	...	5.54	...	14.04	...
6.45	...	...	...	15.50	...	21.20	...	5,0		Schwarzstein		...	...	5.49	...	13.59	...
|	...	...	...	|	...	|	...	6,6		Moysee		...	...	|	...	|	...
6.50	...	...	...	15.55	...	21.25	...	7,5		Görlitz (Ostpr)		...	...	5.44	...	13.54	...
6.56	...	...	...	16.01	...	21.30	...	9,9		Groß Partsch		...	...	5.38	...	13.48	...
7.06	...	...	...	16.11	...	21.40	...	16,2		Rosengarten (Ostpr) ...		...	...	5.28	...	13.38	...
7.15	...	...	...	16.20	...	21.49	...	21,1		Groß Steinort (Ostpr) .		...	...	5.19	...	13.29	...
7.25	...	...	...	16.30	...	21.59	...	27,3		Paßdorf		...	...	5.09	...	13.19	...
7:34	...	...	...	16.39	...	22.08	...	33,2	an	**Angerburg** (Ostpr) 137a	ab	...	...	5.00	..	13.10	...

Ausschnitt aus dem Fahrplan der Deutschen Reichsbahn für das Jahr 1943: Die Strecke Rastenburg–Angerburg mit dem Haltepunkt Görlitz war dort verzeichnet, als gäbe es das Führerhauptquartier und die entsprechende Sperrung nicht.

Außer der Wache West gab es lediglich noch zwei weitere Zugänge: die Wache Ost bei Partsch und die Wache Süd in Richtung des Führerhauptquartiersflugplatzes bei Wilhelmsdorf.

Die »Wolfsschanze« war von einem Schutzgürtel aus mehreren Stacheldrahtzäunen in einer Tiefe von etwa fünf Metern sowie davor ausgelegten Stacheldrahtrollen und Panzergräben auf einer Breite von 50 Metern und einer Länge von acht Kilometern umschlossen. Die Eckpunkte bildeten Wachtürme, zwischen denen im Abstand von jeweils 200 Metern zueinander rund um die Uhr besetzte Maschinengewehrstände in Form halbrunder Erdwälle angelegt worden waren. Im äußeren Sperrkreis III lagen Holzbaracken von Flakbesatzungen, Wachen und Feuerwehr, im inneren – weiträumig um die Sperrkreise I und II verteilt – Mannschaftsunterkünfte und Dienstgebäude für etwa 1800 Offiziere und Soldaten, darunter auch Nachrichtentruppen.[6] Nahe dem Gut Görlitz befand sich eine Zeltstadt des FBB. Für alle gemeinen Soldaten gab es auf dem Gelände der »Wolfsschanze« als einzige Schutzmöglichkeit bei einem Bombenangriff lediglich offene und gedeckte Schutzgräben.[7]

200 Meter hinter der Wache West lag linker Hand von der Straße die Tankstelle des Führerhauptquartiers und 50 Meter weiter bog ein Weg zur Badestelle am Moysee ab. Ein weiterer Kontrollposten sicherte den Zugang zur Bahnhaltestelle. Die Station war im Zuge der Baumaßnahmen um zwei Nebenstellgleise von ca. 500 Meter Länge erweitert worden. Nördlich des Bahnhofs waren mehrere Flakstellungen. Auf einem der beiden Gleise parkte unter einem Tarndach Hitlers Sonderzug »Amerika«,[8] wenn er nicht am nahegelegenen Bahnhof Partsch abgestellt worden war.

Die Bahnstrecke Rastenburg–Angerburg war für den Normalverkehr gesperrt, lediglich für die Beförderung von Angehörigen und Gästen des Führerhauptquartiers sowie für Verbindungszüge zu den ausgelagerten Wehrmachtsteilen, Kurier- und Nachschubzüge wurde sie freigeschaltet. Nach Berlin pendelten täglich zwei Kurierzüge, die den ehemaligen polnischen Korridor wegen befürchteter Sabotageakte immer nur nachts, verdunkelt und ohne Halt durchfuhren. Mit Rastenburg und dem OKH-Hauptquartier »Mauerwald« war das Führerhauptquartier auch per Triebwagen verbunden.[9] Die Bahnlinie bildete das Rückgrat der »Wolfsschanze«.

Während sich die NS-Prominenz im Falle eines Bombenangriffes hätte in ihre Bunker zurückziehen können, gab es für die Mannschaftsdienstgrade lediglich Luftschutzgräben.

Sperrkreis II

Südlich der Hauptstraße, dem Bahnhof gegenüber, befand sich der streng bewachte Zugang zu Sperrkreis II. Durch mehrfache Drahthindernisse und Patrouillen war auch dieser Sektor der »Wolfsschanze« nochmals hermetisch von seiner Umgebung abgeschirmt.

Um das frühere Kurhaus in der Görlitz herum war das Quartier für die Feldstaffel des Wehrmachtführungsstabes, die ihr zugeteilten Verbindungsoffiziere sowie die Stäbe des FBB, das die Wache stellte, errichtet worden.[10] Die in diesem Sperrkreis versammelten militärischen Stellen hatten dafür Sorge zu tragen, daß die Erlasse und Befehle des Führers aus Sperrkreis I, der sich hier

Mannschaftsunterkunft im Sperrkreis III für die Angehörigen der Nachrichtenzentrale des Sperrkreises I (oben), Funker bei einer Feier in ihrer Baracke (Mitte) und beim Kartoffelschälen (unten).

jedoch niemals blicken ließ,[11] im Detail umgesetzt wurden; der Wehrmachtführungsstab hatte sich dabei mit der »Rolle eines militärischen Sekretariats«[12] zu begnügen. Seine Kasernierung in unmittelbarer Nähe zum obersten Kriegsherrn ging auf die Forderung von OKW-Chef Generalfeldmarschall Keitel zurück, die bisherige räumliche Distanz dieses Arbeitsstabes zum eigenen, Hitler direkt unterstellten militärischen Planungsstab zu verringern. Dennoch wurde auch in der »Wolfsschanze« – wie in den Standorten der Führerhauptquartiere zuvor – die vom Führer erwünschte Trennung beider Stäbe durch die Unterbringung in verschiedenen Sperrkreisen beibehalten. Damit sollte eine gleichzeitige Ausschaltung beider Instanzen etwa durch feindliche Luftangriffe zumindest erschwert werden. Doch vor allem war Hitler daran gelegen, eine Barriere zwischen sich und den ausführenden Militärs aufrechtzuerhalten.

Der Leiter der Feldstaffel der Abteilung Landesverteidigung (ab 1942: des Wehrmachtführungsstabes), General Warlimont, erinnerte sich später an seine Ankunft im Sperrkreis II: »Nur wenige hundert Meter von der Ausladestelle, dem Haltepunkt der Nebenbahn, nahm der neue Sperrkreis II den Stab auf. Hinter hohen Drahtverhauen, von der Straße aus nicht sichtbar, waren dort rund um ein einfaches Waldgasthaus, sonst Ausflugsort der Rastenburger Bevölkerung, einige Holzbaracken aufgestellt, in denen sich der größere Teil der Arbeitsräume befand. Für ihre Maße, die Zahl der Fenster und innere Ausstattung schien die Vorschrift für die Berliner Ministerien zugrunde gelegt worden zu sein. Viel erstaunlicher noch war jedoch eine halb in die Erde versenkte Anlage, einem langen Schlafwagen ähnlich, die Tür neben Tür weitere Arbeitsräume und die Quartiere für die Offiziere enthielt, – für den Chef L[andesverteidigung] sogar einen Doppelraum. Helle Holzverschalungen verdeckten überall die betonierten Wände; eingebaute Schränke, gekachelte Wasch- und Badezellen mit fließendem Wasser, ständige Heizung und elektrische Anlagen vollendeten das Bild eines ›Feld‹-Hauptquartiers, das solcher Bezeichnung kaum noch entsprach.

Als erster entfloh dieser Katakombe nach wenigen Nächten der Abteilungschef und richtete sich zunächst in dem Sonderzug ein, der auf dem nahen Bahnhof stehen blieb, später in dem alten Gasthaus, in dem fürs erste auch die Pächter noch wohnten und außerdem noch ein

Einer Kleinstadt gleich bot die »Wolfsschanze« fast die gesamte Bandbreite notwendiger Dienstleistungs- und Versorgungseinrichtungen. Hier der Frisiersalon von Sperrkreis II.

Zugehörigkeit zu Dienststellen des Heeres				
	von	bis	Dienststelle (Truppenteil usw., Standort)	Truppen-(Kriegs-) Stammrollen-Nr. Ranglisten-Nr.
	(Tag, Monat, Jahr)			
	1.2. 41	12.1. 42	6. Komp. Nachr. Ers. Abt. 6	183/41
1	13.1.42		Stabsnachr. Kp. O.K.W. Rastenburg	

Eintrag in der »Wehrstammkarte« des Funkers Alfons Schulz über seine Versetzung zur »Stabskompanie des OKW Rastenburg« vom 13. Januar 1942. Schulz arbeitete drei Jahre lang in der Nachrichtenzentrale der »Wolfsschanze« (oben).
Soldat mit einem Sack voller Sendungen auf dem Weg zur Poststelle in Sperrkreis II, dem Feldpostamt K 1 (unten).

einfaches Offiziersheim untergebracht war. Andere Angehörige der Abt. L folgten bald nach und zogen in die Arbeitsbaracken um.«[13]

Bis 1942 wurden für den Wehrmachtführungsstab Arbeits- und Wohnräume in sechs langgestreckten, später mit Stahlbeton ummantelten Holzbaracken (10 mal 30 Meter) fertiggestellt. Bis 1944 folgten drei weitere. Jeder der 40 bis 50 Offiziere und Beamten verfügte außerdem über einen elektrisch belüfteten, fensterlosen Schutzraum als Schlafzimmer – »von der Größe und Einrichtung eines Schlafwagenabteils«.[14] Nachdem der Wehrmachtführungsstab die sechs Arbeitsbaracken bezogen und das ehemalige Kurhaus als Unterkunft aufgegeben hatte, wurde es als Kasino des Sperrkreises genutzt. In Ermangelung von Alternativen avancierte es umgehend zum kulturellen Mittelpunkt, hier fanden Versammlungen, Auszeichnungen und Trinkgelage statt.

Unweit des Kurhauses lag der Nachrichtenbunker, dessen für wärmeerzeugende Systeme notwendigen Kühlaggregate allerdings zu klein ausgelegt waren. Die entstehende Wärme wurde durch die in seinem rückwärtigen Bereich installierte zentrale Heizungsanlage des Sperrkreises noch verstärkt. Die Bediensteten litten unter Raumtemperaturen von bis zu 40 Grad Celsius und fielen daher des öfteren aus. Deshalb wurde die Fernschreibzentrale bald nach Bezug des Führerhauptquartiers in einem anderen massiven Bunker am südlichen Rand des Sperrkreises einquartiert.

Hitler beim Passieren der »Offizierswache«, wo sich das Tor I A, der Zugang zum Sperrkreis I, befand. Hier wurde eine weitere strenge Kontrolle durch SS-Wachen vorgenommen.

Sperrkreis I

Wenn man die Hauptstraße vorbei an Sperrkreis II weiter gen Osten befuhr, wurde man nach ca. 200 Metern am Schlagbaum der Wache I, der sogenannten Offizierswache, gestoppt, wo abermals eine strenge Kontrolle der Fahrzeuge erfolgte. Hier befand sich das Tor I A des Sperrkreises I, der eigentlichen Machtzentrale der »Wolfsschanze«. Etwa 350 Meter östlich lag Tor II A. In den dazugehörigen Postenhäusern wachte die SS, die zur Vergewisserung zunächst bei der Stelle, die ein Besucher aufsuchen wollte, anrief, ihn dann in ein Meldebuch eintrug und hernach darauf achtete, daß sich ein jeder auch zurückmeldete.[15] Außer den obligatorischen Schlagbäumen an den Toren waren noch spanische Reiter auf der Fahrbahn postiert, die erst weggerückt wurden, wenn die Durchfahrtsgenehmigung erteilt worden war. Selbst der Wechsel von Sperrkreis II zu Sperrkreis I wurde mit »Namen, Ausweisnummer und Uhrzeit« eingetragen; bei der Rückkehr wiederholte sich die Prozedur.[16] Der gesamte Sperrkreis I, um die 30 Hektar, war von einem zwei Meter hohen Sicherheitszaun umschlossen, der als unüberwindlich galt. Im Inneren des Sperrkreises patrouillierten Angehörige des Reichssicherheitsdienstes (RSD) und der SS, während der Schutz nach außen Abteilungen der SS-Leibstandarte »Adolf Hitler« oblag. Die Angehörigen der Leibstandarte waren außerhalb der »Wolfsschanze« untergebracht; hierfür hatte man Teile der nahegelegenen Carlshöfer Anstalten zwangsgeräumt.[17]

Das Areal des Sperrkreises I wurde durch eine Haupterschließungsstraße strukturiert, deren Schnittpunkte mit der Hauptstraße Rastenburg–Angerburg die Tore I A

Allgemeine Wohnbunker im Sperrkreis I.

und II A markierten. Wie die meisten Fahrwege auf dem Gelände der »Wolfsschanze« war auch diese wichtigste Straße im »Führersperrkreis« auf den Trassen der vormaligen Spazierwege in der Görlitz angelegt worden. Die einzelnen Gebäude waren zudem durch ein Netz von zwei bis drei Meter breiten Fußwegen miteinander verbunden. Diese Wege waren planiert und geharkt bzw. mit Gehwegplatten ausgelegt, von einfachen, kniehohen Holzgeländern gesäumt und durch farbige Ringe an nahen Baumstämmen in Kopfhöhe markiert. Als Orientierungshilfe in der uniformen Bunkerstadt trugen alle Gebäude Nummern und waren zusätzlich durch entsprechende Wegweiser kenntlich gemacht.[18] Wie in einem gewöhnlichen Park waren auf dem Gelände des Sperrkreises I vereinzelt Abfallkörbe und in lockerem Abstand etwa 2,50 Meter hohe elektrische Laternen auf Betonstelen aufgestellt worden.

Entlang der Erschließungsstraße lagen rechter Hand massiv gebaute Garagen für den Fuhrpark des Sperrkreises I und die in Holzbauweise gefertigten Unterkünfte der Fahrbereitschaft. Auf dem gesamten Gelände waren für den Fall von Luftangriffen weitere gedeckte PKW-Stellplätze verteilt.

Neben den Garagen, an der Straße, stand als eine der wichtigsten Einrichtungen die Fernsprechzentrale des Führerhauptquartiers (Nr. 16). Dieser besonders gesicherte Bunker wurde im Laufe der Zeit durch mehrere der üblichen hölzernen Arbeitsbaracken ergänzt. Während des Baus der »Wolfsschanze« hatten die Organisation Todt (OT) und die Reichspost entlang der Bahnlinie Nachrichtenkabel, sogenannte U-Kabel,[19] verlegt, die die Sperrkreise I und II mit den militärischen und zivilen Nachrichtennetzen des Reiches verbanden. Der telefonische Zugang vom öffentlichen zum internen Netz der

Unterkunft des Leiters der Parteikanzlei und späteren Persönlichen Sekretärs des Führers, Martin Bormann.

»Wolfsschanze« erfolgte vom Amt Rastenburg aus über die Nummer »853«. Aufgrund der für diese Zeit hochmodernen Technik bei der Nachrichtenübermittlung, die größtenteils über das »Amt 500«[20] in Zossen abgewickelt wurde und über ein ausgeklügeltes Verschlüsselungssystem verfügte, war jederzeit eine unmittelbare Verbindung mit den Befehlshabern an den Kriegsschauplätzen und den Armeekommandos sowie mit den militärischen und zivilen Dienststellen in Berlin bzw. deren jeweiligen Standorten möglich. Von hier aus »konnten Fernsprech-, Fernschreib- und Funkverbindungen zu allen Wehrmachtsteilen bis zum letzten Posten an allen Fronten, einschließlich Nordafrika, hergestellt werden. Auch alle Dienststellen der Wehrmacht, der Partei und der Botschaften und der Agenten im Inland genauso wie im neutralen Ausland (dort sogar Privatteilnehmer) konnten in kurzer Zeit erreicht werden.«[21] Jede bestehende Verbindung wurde im Falle sogenannter Führer-, Reichsleiter- und Blitzgespräche – in dieser Hierarchie – mit der Formel »Ich trenne für« unterbrochen. Allerdings waren nur fünf Personen in der »Wolfsschanze« berechtigt, ein solches »Blitzgespräch« zu führen.[22] Das Mithören derartiger Gespräche war bei Androhung der Todesstrafe verboten. Zur Sicherheit wurden die »Führergespräche« über einen Inverter verzerrt und am anderen Ende der Leitung wieder entzerrt, wobei man die verstellbare Skaleneinteilung des Inverters täglich als »geheime Kommandosache« neu festlegte und über Kuriere zustellte.[23]

Um eine reibungslose Abwicklung des Nachrichtenverkehrs zu gewährleisten, waren die sechs Doppelschrankplätze dieses technischen Herzstücks der »Wolfsschanze« im Dreischichtsystem rund um die Uhr mit jeweils zwölf Mann besetzt.[24] »Sicherheitsbeauftragte« der Abwehr überwachten alle hereinkommenden und

Im Nachrichtenbunker von Sperrkreis I, der Fernsprechzentrale des Führerhauptquartiers (oben).
Die erklärte Lieblingsbeschäftigung des Führers war die Dressur seiner Schäferhündin Blondie (unten).
Sicherheitsposten vor dem Eingang zum Führerbunker, der rund um die Uhr noch einmal zusätzlich bewacht wurde (rechte Seite).

herausgehenden Gespräche zu jeder Tages- und Nachtzeit und speicherten sie auf Magnetbändern. Lediglich Führer- und Reichsleitergespräche waren tabu.

»Wenn ein Teilnehmer ein Gespräch wünschte, kurbelte er an seinem Fernsprechapparat. Darauf fiel die Klappe dieses Teilnehmers mit einem Summgeräusch am Klappenschrank [in der Nachrichtenzentrale]. Der für diesen Schrank Zuständige steckte den mit der Kabelschnur verbundenen Stöpsel in die durch die umgekippte Klappe freigewordene Öffnung. Dann kippte er den dazugehörigen Hebel um, drückte die Sprechtaste seines Hörers und meldete sich mit: ›Wolfsschanze‹.

Der Teilnehmer nannte den gewünschten Sprechpartner. Mit dem zweiten Verbindungsstöpsel holte der Diensthabende dann diesen an den Apparat. Durch Kippen des Hebels nach vorne ging ein Ruf zum gewünschten Teilnehmer ab. Meldete der sich nun, sagte der ›Vermittler‹: »Hier Wolfsschanze, Oberst X wünscht Sie zu sprechen.‹ Je nach Rang des Angerufenen hatte man gegebenenfalls zu fragen: ›Darf ich verbinden?‹ Dann kippte man den Kipphebel wieder zurück und meldete z.B.: ›Hauptmann Y ist am Apparat, bitte sprechen!‹ Man kontrollierte noch einen Augenblick, bei zurückgekipptem Hebel, ob die Verbindung auch wirklich zustande gekommen war. Während dieser Zeit des Mithörens tickte ein eingebauter Geräuschmacher. Erst wenn das Ticken durch Geradestellen des Hebels verschwand, wußten die Gesprächspartner, daß die Vermittlung nicht mithörte. Sie nahmen es wenigstens an.«[25] Denn eine Abwechslung in dieser monotonen Tätigkeit bot das illegale Mithören von Gesprächen, indem die Telefonisten den Ticker blockierten.

Alle, die in den fensterlosen Diensträumen dieses Bunkers, der durch eine Luftschleuse zu betreten war und künstlich belüftet wurde, arbeiteten, klagten vor allen wegen des permanenten Überdruckes in den Räumen, aber auch wegen des übermäßigen Genusses von Zigaretten sowie Bohnenkaffees ständig über Kreislaufschwierigkeiten.

In einem Holzgebäude hinter der Nachrichtenzentrale befand sich das Kino. Laut einer Weisung der Persönlichen Adjutantur des Führers vom 12. Dezember 1942 wurde, »um weitere Mißverständnisse über die Filmvorführungen ... zu beseitigen«, befohlen:

»1. Der Besuch der Filmvorführungen ist nur den Angehörigen des Sperrkreises I gestattet.

2. Es finden folgende Filmveranstaltungen statt: a) täglich um 20.15 Uhr, b) täglich gegen 22.15 Uhr (genaue Anfangszeit wird von dem dienstältesten Herrn des Speiseraums 1 befohlen), c) jeden Freitag um 17.00 Uhr die neue Wochenschau. (...)
5. Wegen der erhöhten Brandgefahr der Holzbaracke ist das Rauchen im Kinoraum verboten.
6. Es ist nicht unter der Würde eines Rotten- oder Unterschar-Führers (Gefreiter-Uffz.), einem höheren Dienstgrad oder einer Dame seinen Platz anzubieten.«[26]

Um fortan einen geregelten Ablauf zu gewährleisten – die Wochenschau war immerhin eine Pflichtveranstaltung im Hauptquartier –, wurde ein spezieller »Kinodienst« eingerichtet, der im täglichen Wechsel vom SS-Begleit- und dem Kriminalkommando gestellt wurde. In einem L-förmigen Gebäude nördlich des Lichtspielhauses residierte der ständige Vertreter des Auswärtigen Amtes beim Führer, Hitlers alter Mitstreiter, Botschafter und SS-Brigadeführer Walther Hewel mit seinem Verbindungsstab. Zu Hewel gesellten sich die Verbindungsoffiziere der Luftwaffe, General der Flieger Karl Bodenschatz, und der Marine, Konteradmiral Hans-Erich Voß, sowie Himmlers, SS-Obergruppenführer Karl Wolff. Außerdem hatten hier Hitlers Leibärzte, die von ihm »ernannten« Professoren Theodor Mordell und SS-Gruppenführer Karl Brandt, ihre Behandlungsräume, ebenso wie man Wollenhaupt, den persönlichen Friseur des Führers aus dem Berliner Hotel »Kaiserhof«, Hitlers Residenz in der Reichshauptstadt während der »Kampfzeit«, und einen Frisiersalon in diesem Komplex untergebracht hatte. Die Zimmer waren klein und einfach eingerichtet. Ein Insasse notierte: »Leider war die Baracke sehr laut, und ich erinnere mich noch, daß ich das erste Mal, als ich General Bodenschatz, den Vertreter Görings, neben mir in seinem Waschraum gurgeln hörte, aus meinem Bett sprang, da ich im Halbschlaf Angst hatte, er würde sein Zahnputzglas auf mich entleeren: So genau konnte man hören und miterleben, was sich in den anliegenden Räumen abspielte.«[27]

Ansicht des ursprünglichen Zustandes des seiner Bedeutung nach wichtigsten Gebäudes der »Wolfsschanze«, des Führerbunkers (linke Seite, oben). Die Inneneinrichtung der Unterkunft Hitlers war betont spartanisch gehalten: ein grober Teppich, einfache Möbel und mittig die Dürer-Zeichnung (unten).

Auf der anderen Seite und ein wenig abseits der Erschließungsstraße, dem Nachrichtenbunker in etwa gegenübergelegen, befand sich die Reichspressestelle mit ihrem Chef, SS-Obergruppenführer Dr. Otto Dietrich (Bunker Nr. 1) – ein langgestreckter Wohnbunker, dem etwas versetzt ein leichterer Büroflügel angefügt worden war. Nördlich erhob sich der Gästebunker (Nr. 15), der zwar wichtigen Gästen vorbehalten blieb, in seiner Ausstattung jedoch den üblichen Minimalstandard aufwies. Hinter ihm lag die Baracke von OT-Chef Fritz Todt, die später als Lagebaracke durch das Attentat Stauffenbergs bekannt werden sollte.

Folgte man der Erschließungsstraße am Gästebunker vorbei gen Norden, traf man kurz vor der Krümmung des »Hufeisens« an der nordwestlichen Sperrkreisgrenze auf mehrere Baracken, in denen Angehörige der Leibstandarte und des RSD untergebracht waren. Hier befand sich die Kommandozentrale dieser »Prätorianergarde«, in der der Chef des RSD, SS-Oberführer Johann Rattenhuber, und sein Stellvertreter, der gefürchtete SS-Sturmbannführer und Kriminaldirektor Peter Högl, sowie ihre zehn Mitarbeiter residierten. Als Leibwächter folgten sie Hitler bei seinen Ausfahrten mit jeweils ein oder zwei Mercedes-Wagen.

Hatte man die »Beuge« der Straße hinter sich gelassen und bewegte sich nunmehr zurück in Richtung Tor II A, kam man an Bunker und Wohnanbau der »grauen Eminenz« im NS-Apparat vorbei, dem Leiter der Parteikanzlei Martin Bormann (Bunker Nr. 12). Der unauffällige, stiernackige Bormann hatte nach Rudolf Heß' Englandflug im Mai 1941 diesen parteiamtlich beerbt und stieg als eigentlicher Leiter der NSDAP, indem er Göring verdrängte, allmählich zum »zweiten Mann« nach Hitler auf. Unter dem Motto »Niemand kommt zum Führer denn durch mich!« zimmerte sich Bormann am 16. Januar 1942 eine Verordnung, mit der er sich gewissermaßen zum alleinigen »Kommandanten der Schleuse zwischen Staat und Partei« machte und fortan allein die Verbindung zwischen Hitler und der Partei wie auch anderen Instanzen »kontrollieren« konnte.[28] Als Weiberheld und Intrigant verschrien, war Bormann die wohl unbeliebteste Person in der »Wolfsschanze«. Dieser Mann, der seine Untergebenen mit Stiefeltritten zu traktieren pflegte, umschwärmte die Damenwelt mit Gedichtzitaten und trug dafür Sorge, daß die Geliebte Hitlers, Eva Braun, im fernen Bayern sich des öfteren an kleinen Aufmerksamkeiten ihres Liebhabers erfreuen konnte. Im Vergleich zu den übrigen Privaträumlichkeiten im Führerhauptquartier war die Inneneinrichtung seines Wohnhauses prunkvoll ausgefallen. Der Stab der Parteikanzlei unter Bormanns Adjutanten, SS-Standartenführer Zander, war in Büros des Bunkers untergebracht. In unmittelbarer Nähe der Gebäude Bormanns hatte man einen der wenigen Kellerräume der Anlage als Vorratslager angelegt.

Nur durch einen »Vorgarten« war Bormann von seinem Herrn und Meister, »Wolf« Hitler, im Führerbunker getrennt. Dieser seiner Bedeutung nach zentrale Bau der »Wolfsschanze« lag etwas abgerückt von der Erschließungsstraße in der Peripherie des Sperrkreises I – am Waldrand – und trug lapidar die Nummer 11.[29] Die Lage des Bunkers entsprach dem Wunsch Hitlers nach einer prinzipiellen Absonderung vom alltäglichen Betrieb. Dieser Bereich war nochmals zusätzlich mit einem hohen Stacheldrahtzaun abgesperrt. Außerdem hatte ein RSD-Beamter ergänzend dafür Sorge zu tragen, daß niemand Hitler unnötig zu nahe kam. In unmittelbarer Nähe zu seinem Bunker, im östlichsten Randbereich des Sperrkreises, hatte sich Hitler auf einer weiten Waldlichtung ein weiteres, privates Refugium reserviert: Dieses Freigelände nutzte er für seine tagtäglichen kurzen Spaziergänge und für seine erklärte Lieblingsbeschäftigung, die Dressur seiner Schäferhündin Blondie. Für Blondie gab es einen eigenen Zwinger und einen Hundeführer.

Der Führerbunker war schon 1941/42 durch einige hölzerne Anbauten erweitert worden. Hier wohnten und arbeiteten seine engsten Mitarbeiter: die Adjutanten, die SS-Gruppenführer Schaub und Darges sowie Sturmbannführer Günsche, seine Diener Junge und Linge, ebenso die Sekretärinnen. Neben den besonders armierten Wohn- und Schlafzimmern gab es einen etwas größeren Raum, in dem zeitweise die täglichen Lagebesprechungen stattfanden. Dieser Besprechungsraum wurde zuweilen auch für die Führertafel als Speisesaal genutzt.

Die Räume in der Bunkerunterkunft waren zum Teil mit Holz verkleidet oder verputzt und weiß gekalkt worden. Einige aufgehängte Bilder und Fenstervorhänge sollten für eine wohnliche Atmosphäre sorgen. Je nach Nutzung waren die Fußböden der einzelnen Zimmer mit groben Teppichen ausgelegt oder als Parkett ausgeführt. Die Inneneinrichtung entsprach gehobenem Wehrmachtsstandard, so war der Bau mit einer separaten Dusche und Toilette ausgestattet. Im Gegensatz zum Pomp der Neuen Reichskanzlei in Berlin und dem dortigen überdimensionierten, prunkvollen Arbeitszimmer lebte der Feldherr mit dem geradezu winzigen, einfach möblierten Pendant in der »Wolfsschanze« eine demonstrative spartanische Kriegsbescheidenheit vor. Auffallend an Hitlers Privatgemächern war die Ausrichtung nach Norden – wie im »Berghof«, weil der Diktator das Tageslicht scheute; auch seine Mützen wiesen deshalb »stets besonders große Schirme«[30] auf. »Selbst wenn die Sonne schien, brannte in Hitlers Räumen unter dem dunklen Schatten der Waldbäume oft den ganzen Tag über das elektrische Licht.«[31]

Obwohl es den Bewohnern der »Wolfsschanze« unmöglich war, diese »heiligen Hallen« zu betreten, bot sich Funker Alfons Schulz während einer Abwesenheit Hitlers von der »Wolfsschanze« im Oktober 1942 die »einmalige Gelegenheit, den Schlafraum des ›Chefs‹ zu besichtigen«. Schulz überredete den wachhabenden SS-Offizier des Sicherheitsdienstes, ihn »für einen Augenblick in Hitlers Schlafzimmer zu führen. Natürlich riskierten wir beide dabei, wie man so schön sagt, ›Kopf und Kragen‹. Hitlers Schlafzimmer war spartanisch eingerichtet. Ich sah nur ein Feldbett, darüber ein Regal mit zwei Büchern, einen Schrank, eine Waschecke, einen Tisch und zwei Stühle. Mich interessierte, mit welcher Literatur sich ›mein Führer‹ wohl beschäftigte. Enttäuscht stellte ich fest, daß es sich um zwei Werke über Magenerkrankungen handelte.«[32]

Südlich, in unmittelbarer Nähe zum Führerbunker, lag ein Parkplatz für Gäste des Sperrkreises I, der zu Kasino I (Nr. 10) gehörte. Dieser Massivbau verfügte über drei Speiseräume sowie eine Küche, die von Chefkoch Otto Günter aus dem Berliner Hotel »Kaiserhof« geführt wurde. An einer großen Tafel nahmen Hitler und sein engstes Gefolge ihre Mahlzeiten ein. Diese richteten sich nach den Verpflegungssätzen der Wehrmacht. Lediglich der Führer bekam als strikter Vegetarier ein eigenes Essen, das er morgens beim Frühstück bestimmte und das durch eine von ihm persönlich berufene Diätköchin bereitet wurde. Er verspottete seine fleischverzehrenden Tafelnachbarn gern als »Leichenfresser« – die »furchtbare Fleischbeschau« der Göringschen Jagderfolge konnte der Ausrottungsspezialist Hitler nicht einmal als Film-

Blick aus dem Vorbau des Führerbunkers in Richtung Kasino I. Der Eingang war mit Drahtgittern zum Schutz vor Mücken versehen; dahinter ein Posten des Reichssicherheitsdienstes.

bericht ertragen.[33] Und nur ganz wenige, unter ihnen wie selbstverständlich Bormann, gingen – meist sich selbst verleugnend – so weit, ihm »nach dem Munde« zu essen.[34] Eines Tages verkündete der »Chef« in dieser Runde sogar, »daß seine Schäferhündin ›Blondie‹ in gewisser Hinsicht Vegetarier sei und Grasbüschel einer bestimmten Art mit wahrem Wohlbehagen fresse. Interessant sei, daß der Grasgenuß der ›Blondie‹ auch über Koliken hinweghelfe. Wenn man das wisse, müsse man sich eigentlich wundern, wie vernünftig Tiere seien und wie genau sie empfänden, was ihnen zuträglich sei.«[35]

Blondies Herrchen war jedoch nicht nur dem toten Fleisch abhold, ebenso hielt er Nikotin für ein der »Volksgesundheit gefährliches Übel«.[36] Einem der menschlichen Laster dagegen frönte der »Erste Soldat« seiner Nation: »Gelegentlich trank Hitler während der Mahlzeiten Bier, und bei offiziellen Anlässen, wenn getoastet wurde, nahm er auch Wein zu sich. (...) Den Biergenuß gab er erst ... auf, ... als er an den Hüften füllig zu werden und einen Bauch zu bekommen begann«, wußte sein Kammerdiener Linge zu berichten.[37]

»Außer dem Speisesaal für Hitler und seine Gäste enthielt der Kasinobunker zwei weitere Speiseräume für Mitarbeiter und Wachmannschaften. Alle drei Räume waren mit naturfarbenen Eichenmöbeln ausgestattet, die 20 hellen Eichenholzsessel des Hitlerschen Speiseraums hatten reithbezogene Rückenlehnen und Sitzflächen und gruppierten sich um einen großen, blankgescheuerten Eichentisch, an dessen Fensterbreitseite Hitler seinen Platz hatte. Der rustikale Eindruck wurde durch den

Speiseraum von Kasino I, wo die Führertafel speiste: An der Wand hing eine erbeutete Fahne der Roten Armee.

Naturholzboden und die bis zur halben Höhe holzgetäfelten Wände verstärkt. Als Wandbeleuchtung dienten die üblichen halben verglasten Laternen. An den Wänden hingen Holzschnitte von Götz von Berlichingen, Heinrich I., Ulrich von Hutten usw. [des NS-Staatskünstlers Dombrowski] und Hitlers Platz gegenüber eine große Landkarte, vor der ein Volksradio ([Volksempfänger:] VE 301 Telefunken) auf den Empfang der neuesten Rundfunknachrichten wartete.« In einer Ecke des Raumes »sah man den kleinen Abstelltisch, auf dem Tag und Nacht unbewacht die Flasche mit Hitlers Magenelixier herumstand«.[38] Die Tafel war stets mit Blumengestecken geschmückt. An einer anderen Wand, gegenüber einer Schmalseite der Tafel, hing der Rote Stern einer erbeuteten sowjetischen Fahne. »Das Tischgespräch wurde natürlich völlig von Hitler dirigiert. War die Lage und damit die Stimmung gut, konnte er sehr interessant und auf seine Art witzig sein. Dieser Witz hatte freilich mit Humor, der dem ganzen System gefehlt hat, nichts zu tun, er war zynisch und ging stets auf Kosten anderer. Gelegentlich entfaltete er eine ausgesprochene schauspielerische Gabe und stellte mit kleinsten Mitteln glänzend bestimmte Personen dar. So gab er einmal in Rede und Gegenrede ein Gespräch mit dem Reichsbankpräsidenten Schacht wieder. Als Schacht stellte er sich hinter seinen Stuhl, deutete mit gespreiztem Daumen und Zeigefinger an seinem Hals den bekannten hohen Kragen an und hielt dann ein Finanzexposé in der Schachtschen Sprechweise«[39], berichtete Generalstabsoffizier Loßberg.

Weil Hitler das Kino des Sperrkreises höchst selten besuchte, wurde einmal in der Woche der zweite Speisesaal des Kasinos I für die Voraufführung der noch unveröffentlichten Wochenschau zu Zensurzwecken, anfänglich auch von Spielfilmen, umgerüstet.

In direkter Nachbarschaft zum Kasino befand sich das alte Teehaus, ein leichter Holzbau im Heimatstil. Hier wurden zunächst die Lagebesprechungen abgehalten, später nutzte Hitler mit seinem engsten Arbeits- und Bedienstetenstab das Gebäude zur Entspannung. Dem Führer boten die sich bis tief in die Nacht hinziehenden Teestunden ein Forum für seine ausufernden, selbstgefälligen Monologe zu immer gleichen Themen – die sogenannten Tischgespräche –, während derer die Zuhörer Abend für Abend gegen den Schlaf ankämpften, um nicht in Ungnade zu fallen. Ein zweites, das neue Teehaus, wurde am 26. April 1942 begonnen, im Monat darauf, am 27. Mai, fertiggestellt und war dem Kasino unmittelbar angeschlossen.[40]

Auf der gegenüberliegenden Straßenseite im Innenbereich des »Hufeisens« befanden sich zwei kleinere Bunker für Hitlers Persönliche Adjutanten sowie für die Adjutantur der Wehrmacht und der SS. Bis 1942 waren die beiden Bunkerbauten durch leichtere Anbauten erweitert und miteinander verbunden worden, so daß sie ein großes M bildeten. Die ursprünglich einzeln mit »8« und »13« gekennzeichneten Gebäude erhielten die gemeinsame Nummer 8/13.

Hitlers Marineadjutant von Puttkamer bei der Verabschiedung von Admiral Dönitz vor dem Kasino I.

Bunker von Generalfeldmarschall Keitel, Chef des Oberkommandos der Wehrmacht. In diesem Gebäude wurden zeitweilig die Lagebesprechungen abgehalten.

Unmittelbar daneben stand der Bunker Nr. 7 von OKW-Chef Keitel, der wegen seiner sprichwörtlichen Ergebenheit Hitler gegenüber und seiner Unfähigkeit, beim Führer nein zu sagen, den Spitznamen »Lakeitel« erhalten hatte. Sein Bunker ähnelte in Bauausführung und Ausstattung dem Hitlers. Auch er verfügte über einen großen geschützten Raum, der zeitweise für die täglichen Lagebesprechungen genutzt wurde.

Südlich des Keitelbunkers lagen die Baracke des Chefs des Wehrmachtführungsstabes, Jodl, und westlich von diesem das Kasino II, das die übrigen Bediensteten des Sperrkreises I nutzten. Dem Kasino II schloß sich das Heizhaus des Sperrkreises an, ein unbefestigter Ziegelbau direkt an der Bahnlinie. Dennoch verfügten die meisten schweren Bunker, wie der Bormanns, Dietrichs, Hitlers oder Keitels, zusätzlich über separate Notheizungen. Direkt am Schlagbaum von Tor II A befand sich Görings Reichsmarschallhaus, ein eingeschossiger massiver Ziegelbau mit L-förmigem Grundriß und überaus luxuriöser Innenausstattung. Doch Göring zog es vor, in seinem prunkvolleren Reichsjägerhof Rominten oder seinem Waldhof Carinhall bei Berlin zu residieren und sich über seinen Vertreter, General Bodenschatz, genauestens über die Vorgänge und Stimmungen im Hauptquartier informieren zu lassen. Er nutzte sein Gebäude in der »Wolfsschanze« ausschließlich dann, wenn er zu Besprechungen mit Hitler zitiert wurde. Das Tor II A führte wieder auf die Hauptstraße Rastenburg–Angerburg. Auf dieser Höhe hielten die Triebwagen aus »Mauerwald«. Die Abgesandten des OKH betraten den Sperrkreis durch diesen Zugang.

Einer der zwei bekannten Lagepläne des Führerhauptquartiers »Wolfsschanze« vom 26. Oktober 1942. Nördlich der Bahnlinie lag Sperrkreis I mit der hufeisenförmigen Haupterschliessungsstraße, südlich der Sperrkreis II, dessen zentraler Teil sich gegenüber dem Bahnhof befand.

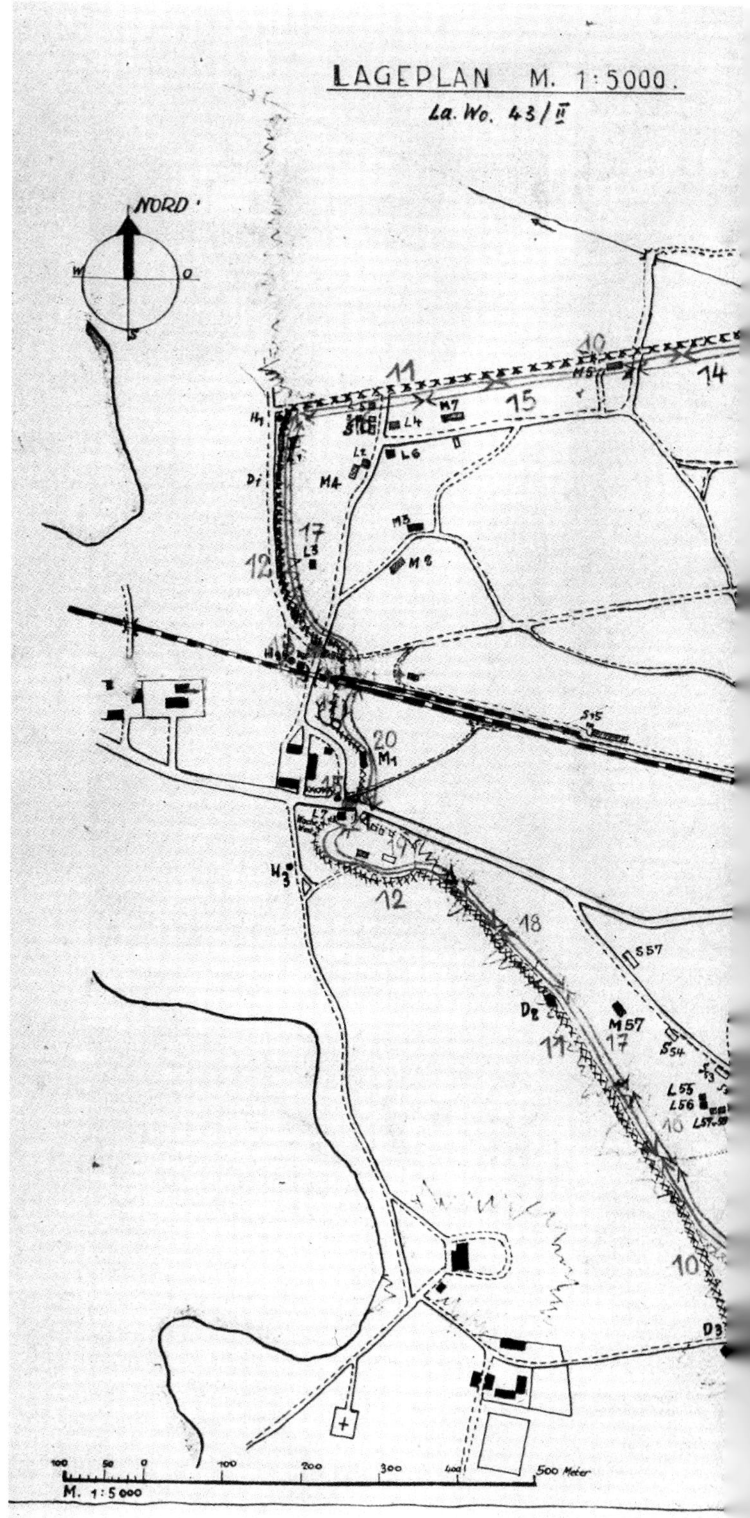

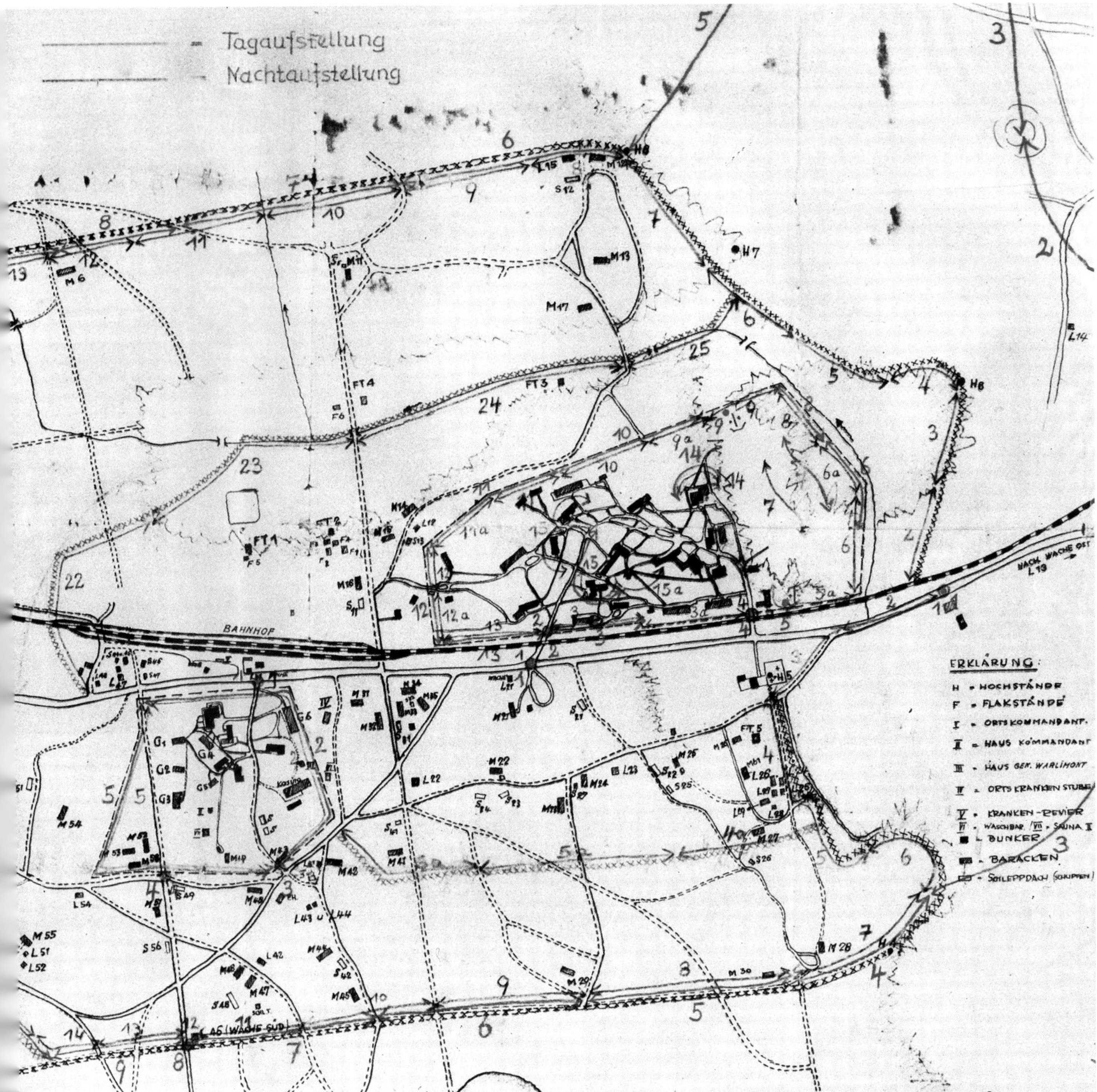
Tagaufstellung
Nachtaufstellung
BAHNHOF
NACH. WACHE OST
A 5 (WACHE SÜD)
ERKLÄRUNG:
H - HOCHSTÄNDE
F - FLAKSTÄNDE
I - ORTSKOMMANDANT.
II - HAUS KOMMANDANT
III - HAUS GEN. WARLIMONT
IV - ORTSKRANKEN STUBE
V - KRANKEN-REVIER
VI - WASCHBAR. VII - SAUNA
BUNKER
BARACKEN
SCHLEPPDACH (SCHUPPEN)
O.U. AM 26.10.42
Posten 4 / Sperrkreis II
fällt von 20⁰⁰ - 7⁰⁰ Uhr aus

Tor II A zum Sperrkreis I, das vor allem Besucher aus dem Hauptquartier des Oberkommandos des Heeres »Mauerwald« nutzten, wenn sie mit dem Triebwagen zu Besprechungen in die »Wolfsschanze« fuhren.

Die Anlage des Führerhauptquartiers war 1942 keineswegs fertiggestellt. Vor allem der sich ständig vergrößernde Verwaltungsapparat machte bald auch bauliche Erweiterungen notwendig, ohne daß der räumliche Umfang und die Grundstruktur der Anlage dabei verändert wurden.

Die Insassen der »Wolfsschanze« hatten ihr Leben dem Willen und den militärischen Entscheidungen Hitlers bedingungslos unterzuordnen. Wem es aufgrund seiner Stellung möglich war, suchte sich eine Residenz außerhalb der »Wolfsschanze«. Bei anderen, wie Reichsaußenminister von Ribbentrop und Reichsführer-SS Himmler, hatten sich Hitlers militärische Berater mit Erfolg bemüht, sie aus dem »großen« Hauptquartier fernzuhalten; bei Bormann war es ihnen nicht gelungen.[41] Alle übrigen Abkommandierten mußten Hitlers Vorstellungen eines Lebens »im Felde« teilen. Als einzige Abwechslung gab es die gelegentlichen Ausflüge nach Rastenburg oder die Wochenendkurzurlaube in Königsberg. »Die meisten von ihnen hätten sehr gern die Front mit diesem unheimlich künstlichen Dasein vertauscht.«[42]

Isoliert vom »weltlichen« Geschehen, führte eine Männerclique von hier aus Krieg. Das Volk war dabei zu einem Heer von Wehrpflichtigen degradiert – sei es an Front oder »Heimatfront«, die militarisierte Gesellschaft wurde vom grünen Tisch der »Wolfsschanze« aus dirigiert. Je weiter die Front in das Landesinnere der Sowjetunion vordrang, um so mehr geriet der Vernichtungsfeldzug im Osten in dieser dämmrigen Bunkerwelt zu einem »Glasperlenspiel«.

Ungebetene Gäste im Sperrgebiet des Führers

Mit hoher Wahrscheinlichkeit war die »Wolfsschanze« das bestbewachte und -gesicherte Sperrgebiet des Deutschen Reiches, vielleicht Europas; und die entsprechenden Maßnahmen wurden im Laufe der Zeit immer weiter verstärkt. Dennoch gelangten im Jahr 1942 verschiedene nichtzugangsberechtigte Personen auf das Gelände des Führerhauptquartiers. Die prominenteste unter ihnen war Jarosława (»Sława«) Mirowska, Deckname »Erika II«, eine der erfolgreichsten Agentinnen der polnischen Abwehr. Nach der deutschen Besetzung Warschaus waren dem Charme des ehemaligen Mannequins vor allem die Herren der SS erlegen. Bald kannte die Polin die gesamte NS-Führungsriege im Generalgouvernement – dem deutsch besetzten Teil des zerschlagenen polnischen Staates, so daß auch die dortige Widerstandsbewegung hellhörig wurde. Sie beauftragte ihren Mann vor Ort, Stanisław Lissowski, die Mirowska zu »bearbeiten«. Von Lissowski vor die Alternative gestellt, zu sterben oder Agentin für die Alliierten zu werden, wählte die junge Frau letzteres.

Anfang 1942 stieß Wilhelm Bittrich, General der Waffen-SS, zum Bekanntenkreis des Mannequins, war schwer beeindruckt und bat die Mirowska Anfang Juli, ihn doch bei einer langweiligen Dienstreise nach Ostpreußen zu begleiten. Bei einem Abstecher in das Führerhauptquartier spähte Agentin Mirowska die Anlage genauestens aus: die Schlagbäume und Wachen, die aufgeforderten Dokumente und wie sie geprüft wurden, Gebäude und Bunker, Straßen und Wege, die Tarnung sowie die einzelnen Entfernungen. Im grauen Alltag der »Wolfsschanze« war die Schönheit eine Sensation, und man lud sie nicht nur zum Frühstück, sondern auch zu einem ausgedehnten Spaziergang ein.

Der Bericht der Mirowska ging über Lissowski sofort nach London, so daß die Briten erstmals konkrete Angaben über das Hauptquartier ihres Feindes besaßen, die sie ihren Verbündeten aber nicht mitteilten. Sława Mirowska wurde Ende 1942 verhaftet.[43]

Außer als Zufallsagenten gelangten Personen ohne Berechtigungsausweis auch einfach versehentlich in das »Allerheiligste« Großdeutschlands: Ein Oberst, der ursprünglich nach »Mauerwald« wollte, stieg zu früh aus dem Zubringerzug aus, wanderte unbehelligt in den Sperrkreis I hinein und begab sich in das dortige Kasino. Beim Frühstück sitzend, entdeckte ihn zufällig Hitlers Marineadjutant von Puttkamer und fragte nach seiner Legitimation. Der Oberst »wollte nicht glauben, daß er in der ›Wolfsschanze‹ sei, und ließ sich erst überzeugen, als Puttkamer ihm aus einiger Entfernung den leibhaftigen Führer zeigen konnte, der sich bemühte, seinen Hund zum Überspringen eines kleinen Hindernisses zu überreden«.[44]

Im Sommer des Jahres erstattete die Geheime Feldpolizei des RSD folgenden Bericht: »Am 9. Juli 1942 um 11.30 Uhr wurde im Stadtwalde Rastenburg, Revier Görlitz, in unmittelbarer Nähe des Nixengrundes von einem Wehrmachtsposten ein polnischer Landarbeiter erschossen. Der Pole stieg an der fraglichen Stelle über den Stacheldrahtzaun der Sicherungslinie 2. Da er auf Anruf ... nicht stehen blieb, sondern in Richtung des Sperrkreises I zu flüchten versuchte, gab der Posten aus seiner Maschinenpistole mehrere Schüsse auf ihn ab. Der Pole wurde am Kopf und Oberschenkel getroffen und war sofort tot.

Nach einem mitgeführten Ausweis handelt es sich um Josef Faszewski, der bei dem Steinschotterwerk Georg Lorek in Kruglanken-Wielau beschäftigt war. (...) In einem Brotbeutel hatte F. noch mehrere Pfund Brot und etwas kaltes Fleisch bei sich. Ausserdem fanden sich in seinen Taschen noch 93 RM deutsches Papiergeld, ein altes feststehendes Messer, Streichhölzer und etwas Tabak. (...) Faszewski hat ... seinen Arbeitsplatz unerlaubt verlassen, um in seine Heimat zu flüchten.«[45] Bei diesem Versuch war ihm die »Wolfsschanze« zum Verhängnis geworden.

Solche Begebenheiten, die Aufdeckung und Zerschlagung der Spionageorganisation »Rote Kapelle« im Herbst 1942 sowie die Katastrophen an Ost- und Afrikafront führten zu einer weiteren Verschärfung der Sicherheitsvorkehrungen im Führerhauptquartier zu Beginn des Jahres 1943, wobei unter anderem die SS-Kontrollen verstärkt wurden. Doch noch im August 1943 betrat eine Polin während des Wechsels zwischen Tag- und Nachtaufstellung der Wachen unbemerkt den äußeren Sperrkreis bei Wache Ost. Sie ging die Bahnschienen entlang und wurde erst an der Wache West aufgehalten und festgenommen.[46]

Unternehmen »Barbarossa« – der Angriffskrieg gegen die Sowjetunion

So wie sich das Führerhauptquartier »Wolfsschanze« in seiner Gestaltung und Größe von den bisherigen Anlagen unterschied, so hatte auch der Krieg gegen die Sowjetunion eine neue Dimension. Offiziell ein Defensivschlag gegen das »Komplott der jüdisch-angelsächsischen Kriegsanstifter und der ebenso jüdischen Machthaber der bolschewistischen Moskauer Zentrale«, dessen Aufgabe in der »Sicherung Europas«[1] bestand, war dieser Krieg von Anfang an als Vernichtungsfeldzug geplant. Er sollte den »jüdischen Bolschewismus« beseitigen und »Lebensraum im Osten« schaffen und setzte völkerrechtliche Konventionen – die in Polen bereits verletzt worden waren, für den Westen, Norden und Süden aber im Prinzip noch galten – bewußt außer Kraft.[2]

Doch dieser Waffengang wies noch eine weitere Besonderheit auf: Nicht nur, daß Hitlers Tageseinteilung das Leben in der »Wolfsschanze«, vor allem des Sperrkreises I, bestimmte; der »größte Feldherr aller Zeiten« (Gröfaz)[3] ging sogar so weit, daß die militärischen Belange des Unternehmens »Barbarossa« nicht nur von seinem Willen und Dünken abhängig waren – praktisch mußten sie sich überdies seinen Schlaf- und Wachgewohnheiten unterordnen.

Der Tagesablauf des Führers

Reichspressechef Dietrich bescheinigte seinem Führer eine »Bohemien-Natur«: Hitler sei »ein ausgesprochener Stimmungsmensch, der sich fast ausschließlich von gefühlsmäßigen Erwägungen leiten ließ«, »kein regelmäßiges Arbeiten und keine Bürostunden« kenne. Dietrich zitierte dabei Hitler selbst, der gesagt habe: »Eine einzige geniale Idee sei wertvoller als ein ganzes Leben gewissenhafter Büroarbeit.« Daher wurden lediglich »diplomatische Empfänge« pünktlich durchgeführt – jedoch ausschließlich auf Veranlassung des Protokollchefs vom Auswärtigen Amt.[4]

Dennoch: Ungeachtet dieser kapriziösen Eigenschaft war Hitlers Tagesablauf von einer gewissen Regelmäßigkeit gekennzeichnet: Sein Bett, unter dem im übrigen ein kaum benutzter Expander lag,[5] – verließ er anfänglich gegen zehn, bald jedoch nicht vor zwölf Uhr, woraufhin er sein Frühstück – einen Schluck Milch oder Tee und etwas Zwieback oder Knäckebrot – im Stehen zu sich nahm. Nach einem kurzen Spaziergang in Begleitung seines Adjutanten und seiner Schäferhündin Blondie fand die erste, nach Dauer und Zahl der Teilnehmer umfangreichere der beiden täglichen Besprechungen zur Situation an den Fronten statt, die »Mittagslage«.[6] Diese dauerte gewöhnlich bis 14, oft aber auch bis 16 Uhr, wodurch sich die folgenden Tagesordnungspunkte entsprechend verschoben. Dann erfolgte das Mittagessen im Speiseraum des Kasinos I, dessen Teilnehmerkreis sich auf Hitlers unmittelbare Umgebung beschränkte und das endete, wenn dieser sich – manches Mal erst nach zwei Stunden – erhob und vor den anwesenden Herren, aber nach den Damen das Speisezimmer verließ. Die Unterhaltung bei Tisch war »streng unpolitisch«: Der Führer sinnierte gern über die »vegetable Ernährungsweise« sowie über landschaftliche Verschiedenheiten von Gerichten und ihrer Zubereitung.[7] Für den weiteren Nachmittag trug Hitlers Kammerdiener Linge oft das Stichwort »privat« in den Tageskalender ein: Entweder versuchte der Chef zu schlafen oder er traf zu Gesprächen mit Nichtmilitärs zusammen.[8] Die Zeit ab ca. 18 Uhr war einer Abendorientierung über die aktuelle Lage im Arbeitsraum Hitlers vorbehalten, die Jodl vortrug.[9]

Hitlers höchst individuelle Gesprächsstrategie bei diesen Besprechungen erstaunte die Teilnehmer in nicht geringem Maße, wie Diener Linge bemerkte: »Wichtig beim Umgang mit Hitler war vor allen Dingen, daß man wußte oder doch wenigstens ahnte, was er jeweils wollte. Aus seinen Anweisungen und Befehlen war dies keineswegs immer herauszuhören. Da beleuchtete er ›laut denkend‹ einzelne Probleme von allen Seiten und machte simple Vorgänge manchmal dadurch erst eigentlich zu schier unüberschaubaren Problemen. Jede Position legte er redend so dar, daß ein nicht eingeweihter und mit seinen Methoden nicht vertrauter Zuhörer oft nicht wissen

Über die Erfolge seiner Wehrmacht beim Angriff auf die Sowjetunion ließ sich Hitler gern und ausgiebig aus; hier (von links) gegenüber seinem Adjutanten Albert Bormann, SS-Obergruppenführer Wolff, Himmlers Vertreter im Hauptquartier, seinen Leibärzten Morell und Brandt sowie dem Gesandten des Auswärtigen Amtes, Botschafter Hewel.

konnte, was er denn eigentlich wollte. Er schweifte vom Thema ab, kam auf Einzelheiten zu sprechen, die manchmal überhaupt nichts mit der Sache zu tun hatten, und verwirrte Leute, die seinen Ausführungen engagiert folgten. Die richtigen ›Gewichte‹ herauszufinden, überließ er meist seinem Gegenüber, von dem er erwartete, daß er wisse, worauf es ankomme. Selbst die normalerweise an knappe und klare Befehle gewöhnten Militärs mußten zuweilen eine oder zwei Stunden dauernde Erläuterungen über sich ergehen lassen, und längst nicht jeder wußte, worum es Hitler eigentlich gegangen war.«[10]

Um 20 Uhr, oft später, wurde das Abendessen im Kreis von ungefähr 15 Personen eingenommen: »In der Mitte der Tafel saß Hitler, zu seiner Rechten meist ein zufällig anwesender Gast – Himmler, Goebbels, Ley oder ein anderer Parteiführer –, zu seiner Linken Jodl. Hitler gegenüber saßen Bormann und Keitel, nach den Enden des Tisches zu einige Parteileute und Adjutanten. Regelmäßige

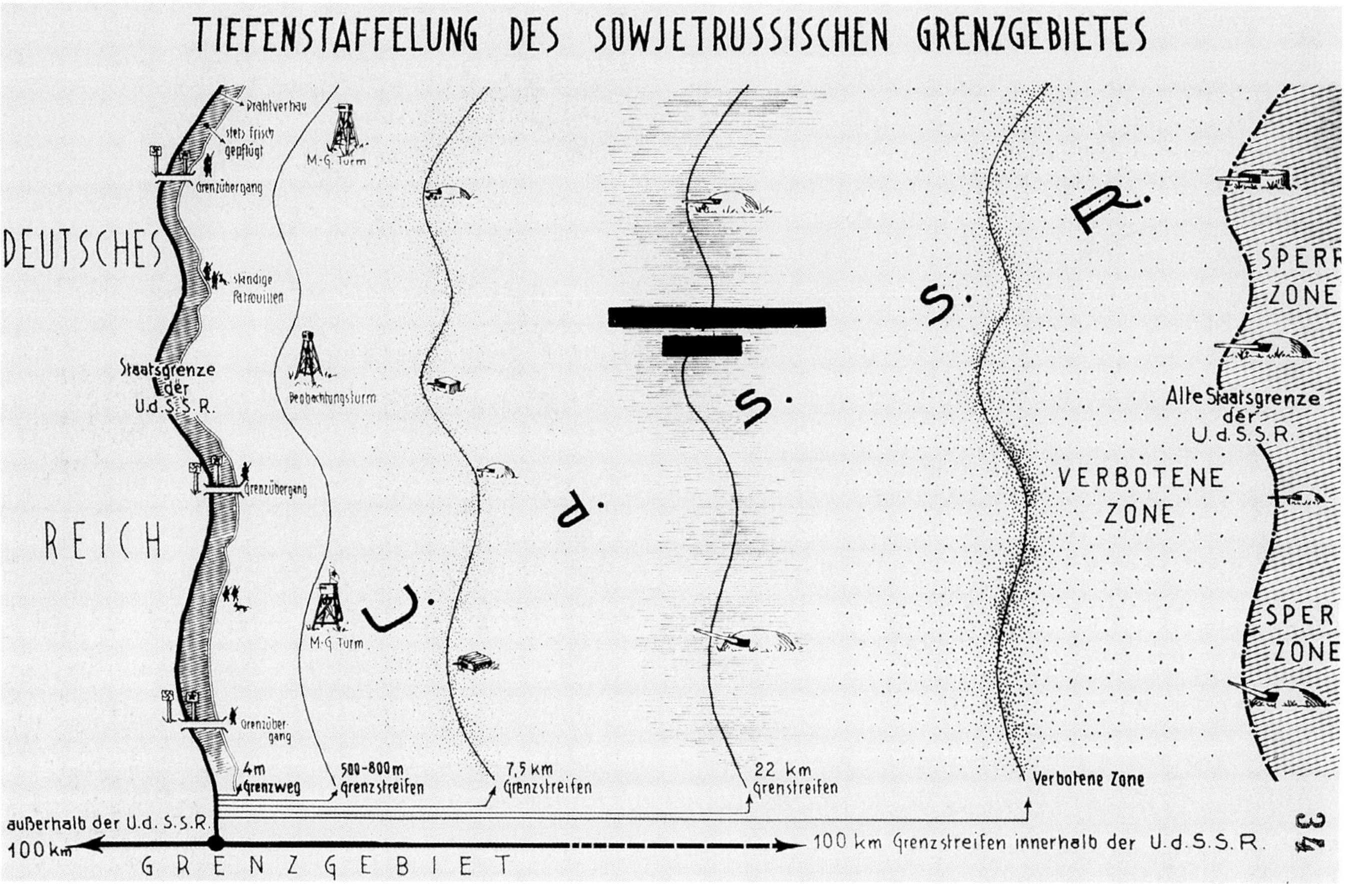

Karte des Reichssicherheitshauptamtes der SS vom 11. März 1942: Seit der Aufteilung des polnischen Staates im Herbst 1939 hatten die braune und die rote Diktatur über eine gemeinsame Grenze verfügt. Moskau war seitdem mit aller Kraft darum bemüht gewesen, seine »Interessensphäre« im ehemaligen Polen militärisch zu sichern, wie diese Bestandsaufnahme zeigt.

Tischteilnehmer waren weiter der Reichspressefotograph ›Professor‹ Hoffmann und der Leibarzt Dr. Morell, fast immer auch der Pressechef Dr. Dietrich oder dessen Vertreter. (...) Das Essen war einfach. Hitler, der rein vegetarisch lebte, wurde von den servierenden SS-Ordonnanzen stets ein besonderes Gericht gereicht. Seine Tischmanieren waren schon durch die Art, wie er die Gabel mit aufgestütztem Arm zum Mund zu führen pflegte, schlecht. Weit wurde er hierin allerdings von seinem besonderen Vertrauten Hoffmann übertroffen.«[11] Dem Essen schloß sich – oft erst gegen Mitternacht – der Abendtee an, bei dem die »Tischgespräche« geführt wurden. Diese Gespräche, Hitlers unsägliche Monologe über seine Ansichten zu Musik, Judentum, Architektur, Freimaurer, ausländische Staatsmänner und dergleichen mehr, begannen zunehmend später und zogen sich daher immer weiter bis in die frühen Morgenstunden hinein – manches Mal bis sechs Uhr. Chefarchitekt Speer kommentierte: »Wenn der Krieg noch lange dauert, kommen wenigstens wir zu der normalen Arbeitszeit eines Frühaufstehers und nehmen Hitlers Abendtee als unseren Morgentee ein.«[12]

Das Resultat dieses Lebensrhythmus des Führers bestand darin, daß »die autoritäre Regierungsmaschinerie regelmäßig am Vormittag«[13] stillstand, der Bericht des Oberkommandos der Wehrmacht (OKW) erst mit reichlicher Verzögerung ausgegeben werden konnte, weil Hitler ihn freigeben mußte, und wichtige militärische Entscheidungen meist verspätet getroffen wurden.

Offensive im Osten

Hitler hatte gleich nach Beginn des Angriffs auf die UdSSR, kurz nach drei Uhr am Morgen des 22. Juni 1941, in engem Kreise noch geäußert: »Mir ist, als ob ich eine Tür zu einem dunklen, nie gesehenen Raum aufstoße – ohne zu wissen, was sich hinter der Tür befindet.«[14] Und in Gegenwart seiner Sekretärin Christa Schroeder hatte er bemerkt, »ihm käme Rußland unheimlich vor, so ungefähr wie das Gespensterschiff im ›Fliegenden Holländer‹. Auf meine Frage, warum er immer betone, daß dies sein schwerster Entschluß sei (nämlich gegen Rußland vorzugehen), antwortete er: deshalb, weil man so gar nichts über Rußland wisse, es könne eine große Seifenblase sein, es könne aber auch ebenso gut anders sein ...«[15]

Doch schon in den ersten Tagen seines Aufenthaltes in der »Wolfsschanze« war die Furcht verflogen. Der Führer gab sich – »vor einer großen Karte Europas stehend und auf Moskau zeigend« – siegesgewiß: »In vier Wochen sind wir in Moskau.«[16] Unbegründet war Hitlers Zuversicht zu diesem Zeitpunkt nicht, der Vormarsch der Wehrmacht ging zügig voran. Doch seine Theorie von den »primitiven, ängstlichen und feigen Bolschewisten«[17], die durch ein brutales Vorgehen umgehend in die Knie gezwungen werden könnten, erwies sich schon bald als völlige Fehleinschätzung. Am 26. Juni meldete die United-Press-Agentur: »In den Berichten der deutschen Propagandakompanien wird geschildert, daß der deutsche Vorstoß bei glühender Hitze vor sich gehe. Auch heute wird dem verbissenen Widerstand der sowjetischen Truppen, die oft bis zum letzten Mann kämpfen, Lob gezollt. Die sowjetischen Soldaten, die die Bunker oder die in aller Eile aufgeworfenen Verteidigungsstellungen besetzt haben, sollen sich, wie erklärt wird, in der Regel nicht ergeben, sondern bis zur letzten Patrone kämpfen.«[18] In den Medien des Deutschen Reiches las bzw. hörte man tagelang lediglich von »völlig planmäßigen«[19] Fortschritten, und erst am Sonntag, dem 29. Juni, wurde über den Rundfunk im Stundenrhythmus ein ganzes Dutzend Sondermeldungen über die Anfangserfolge veröffentlicht. Im Führerhauptquartier »Wolfsschanze« wurde an diesem Tag der ranghöchste Soldat der deutschen Wehrmacht, Reichsmarschall Göring, nunmehr auch öffentlich zum Nachfolger des Führers ernannt.

Bereits am 5. Juli stießen Hitlers Truppen bis zur sogenannten Stalin-Linie[20] am Dnjepr vor, der sowjetischen Staatsgrenze bis 1939 und dem letzten künstlichen Hindernis vor Moskau. Fünf Tage später vermeldete das OKW den erfolgreichen Abschluß der Doppelschlacht von Bialystok und Minsk als der »größten Material- und Umfassungsschlacht der Weltgeschichte«[21]. Die Wehrmacht hielt nunmehr – mit Unterstützung von finnischen, rumänischen, slowakischen und ungarischen Verbänden – Litauen, Lettland, den Süden Estlands, den Westen Weißrußlands und der Ukraine sowie große Teile Bessarabiens besetzt. Überall waren die Deutschen von der einheimischen Bevölkerung als Befreier jubelnd empfangen worden. Hitler glaubte tatsächlich, daß der Ostfeldzug schon gewonnen und die Sowjetunion niedergeworfen wäre, und gab deshalb am 14. Juli in der »Wolfsschanze« Richtlinien für die Verkleinerung des Heeres aus.[22]

Vormarsch der deutschen Truppen im Sommer 1941.

Jagdflieger Werner Mölders (Mitte) schildert einen Luftkampf in der »Wolfsschanze« am 24. Juli 1941. Links: General Bodenschatz, Görings Verbindungsmann im Führerhauptquartier; rechts vorn: von Below, Hitlers Luftwaffenadjutant.

Von den gewaltigen Geländegewinnen seiner Armee sichtlich beflügelt und des baldigen Sieges gewiß, empfing Hitler am Abend, von 17 bis 19 Uhr, als ersten ausländischen Gast im ostpreußischen Hauptquartier den Botschafter des Kaiserreiches Japan in Deutschland, Graf Hiroshi Ôshima. Der Japaner gratulierte dem Führer pflichtgemäß und drückte seine Bewunderung für die »Todesverachtung und Tapferkeit der deutschen Soldaten«[23] aus. Hitler seinerseits erging sich während des zweistündigen Gesprächs in langen Ausführungen über seine glorreichen Kämpfer an der Ostfront, die »nun schon 650 bis 700 Kilometer zurückgelegt«, und seine Pioniere, die die Eisenbahn bereits bis Minsk »auf die deutsche Spurweite umgenagelt« hätten. Außerdem verlieh Hitler seinem Glauben Ausdruck, daß »der Widerstand im europäischen Rußland [nicht] noch länger als sechs Wochen dauern würde« und unterstrich freudig, daß es dieses Mal gelungen sei, »ganz Europa für unseren Kampf zu begeistern«.[24] Hitler drängte bei Ôshima darauf, daß auch das verbündete Japan die Sowjetunion angreifen solle, da ihre »Vernichtung« das »politische Lebenswerk« beider Länder sein müsse.[25] Der »Gröfaz« ahnte nicht, daß sich die Führungsstäbe des Tenno bereits am 2. Juli dafür entschieden hatten, ihrerseits erst dann gegen die UdSSR vorzustoßen, wenn deren Zusammenbruch feststehe, und das war nach ihrer Auffassung noch längst nicht der Fall. Diese Vorgehensweise war für das Verhältnis dieser beiden »Achsen«-Partner durchaus symptomatisch.

Noch immer in gehobener Stimmung begann Hitler am folgenden Dienstag, dem 15. Juli, in seinem Bunker verdiente Kämpfer zu empfangen. Den Anfang machte Oberstleutnant Mölders. Dem Kommodore des Jagdgeschwaders 51 wurde nach 101 Luftsiegen im »großdeutschen Freiheitskampf« als erstem Wehrmachtsoffizier die höchste deutsche Tapferkeitsauszeichnung, der Brillant zum Ritterkreuz mit Eichenlaub und Schwertern, verliehen.[26]

Der 16. Juli war mit einer über fünfstündigen Führerkonferenz praktisch einer einzigen Angelegenheit gewidmet, »den riesenhaften Kuchen handgerecht zu zerlegen, damit wir ihn erstens beherrschen, zweitens verwalten und drittens ausbeuten können«,[27] wie Hitler das Ziel einer deutschen Verwaltung in den »neu besetzten Ostgebieten« zynisch nannte. In die »Wolfsschanze« geladen waren Göring, (noch) der »zweite Mann« im Reich, Keitel, Chef des OKW, Lammers, Chef der Reichskanzlei, Bormann, »zweiter Mann« in spe, sowie Rosenberg, Chefideologe und Feind Bormanns. Das Ergebnis der Beratung schlug sich in einem Erlaß des Führers am folgenden Tag nieder, in dem die Schaffung eines Ministeriums für die besetzten Ostgebiete unter Reichsminister Rosenberg angeordnet wurde.[28] Die »früheren Freistaaten Litauen, Lettland und Estland sowie der von Weißruthenen bewohnte Raum« hießen fortan »Ostland«.[29] Der neuernannte Ostminister triumphierte abends: »Der Führer schenkte mir heute einen Kontinent.«[30]

Doch Rosenberg war schwach, ein unpraktischer Theoretiker und saß in Berlin; in der Parteikanzlei Bormanns sprach man bald höhnisch vom »Cha-os(t)-Ministerium«.[31] Die Macht im »Ostland« übten die »kleinen Vizekönige«[32] aus, deren korrupte Zivilverwaltung es durch ein sinnlos-brutales Vorgehen binnen kurzem vollbrachte, das anfängliche Wohlwollen der einheimischen Bevölkerung gegenüber den Deutschen zu zerstören: Es wurde einerseits »angesiedelt, abgesiedelt, umgesiedelt, wurde gesäubert, ausgeschaltet, liquidiert, bereinigt«[33], andererseits in Saus und Braus gelebt.

Mit dem Durchbruch der »Stalin-Linie« zwischen Mogilew und Witebsk bis vor Smolensk am 19. Juli sowie dem Fall der unter schwersten Verlusten von Rotarmi-

Als einen der ersten Staatsgäste in der »Wolfsschanze« empfing Hitler am 21. Juli den stellvertretenden Staatschef des Unabhängigen Staates Kroatien, Marschall Kvaternik. Beim Gespräch im Führerbunker von links: Reichsaußenminister von Ribbentrop, sein Verbindungsmann im Führerhauptquartier Walter Hewel, Kvaternik und OKW-Chef Keitel.

sten verteidigten weißrussischen »Heldenfestung« Brest-Litowsk am Tag darauf schien der Weg nach Moskau, dem Herz Rußlands und des Sowjetstaates, frei. Der deutsche Triumph war – wie nicht anders zu erwarten – ein wesentlicher Punkt der »herzlichen« Unterredung des Führers mit dem stellvertretenden Staatschef, Minister für Landesverteidigung und Oberbefehlshaber der (im Aufbau befindlichen) Wehrmacht des Unabhängigen Staates Kroatien[34], Marschall Sladko Kvaternik, am Montag, dem 21. Juli, in der »Wolfsschanze«.

Ungeachtet dessen geriet der deutsche Vormarsch zu dieser Zeit erstmalig auf der gesamten Linie ins Stocken, woran zum einen die beginnenden Aktivitäten sowjetischer Partisanen an allen Frontabschnitten beitrugen.[35] Zum anderen war es die Schlüsselfrage, auf welchem Weg der Angriff fortzusetzen sei: Das Oberkommando des Heeres (OKH) sprach sich – gemäß »Barbarossa«-Plan – für die Stoßrichtung Moskau aus, vor allem um die Hauptmacht der sowjetischen Streitkräfte zu vernichten. Stratege Hitler hingegen wollte nunmehr im Norden zunächst Leningrad erobern, um die Verbindung mit der finnischen Armee herzustellen; Hauptthema seiner Unterredung mit General Oehquvist am 30. Juli im Führerhauptquartier. Zugleich wünschte Hitler, im Süden über Kiew in Richtung Kaukasus und Krim vorzudringen. Der Chef des Wehrmachtführungsstabes Jodl kommentierte dies in seinem »Wolfsschanzen«-Bunker privat mit den Worten: »Im übrigen scheut er sich instinktiv, den gleichen Weg wie Napoleon zu gehen. Moskau hat etwas Unheimliches für ihn. Er befürchtet dort einen Kampf auf Leben und Tod mit dem Bolschewismus.«[36] Man einigte sich auf den Kompromiß, zunächst den Durchbruch in der Ukraine zu erzielen, um daraufhin weiter gen Moskau vorzustoßen.

Am Mittwoch, dem 6. August, um fünf Uhr früh,[37] flog Hitler nach einer seiner plötzlichen Eingebungen in der Begleitung der Generalfeldmarschälle Keitel und von Rundstedt sowie General Jodls und ihrer engsten Mitarbeiter zur Heeresgruppe Süd in das ukrainische Berditschew, um dem rumänischen Conducator und Oberbefehlshaber, General Ion Antonescu, das Ritterkreuz zu verleihen. Antonescu erhielt diese Auszeichnung, »mit der das deutsche Volk die Tapferkeit, den Heldenmut und die Führereigenschaften seiner Männer belohnte« – als erster Ausländer –, für die »Befreiung Bessarabiens«[38]; seit 1940 von der Sowjetunion besetzt. Außerdem war Rumänien der Hauptöllieferant des Reiches. Nach Rückkunft in der »Wolfsschanze« um 13.40 Uhr konnte dem Führer mit der Einnahme von Smolensk endlich wieder ein Sieg gemeldet werden, und das OKW gab nach immerhin vierwöchiger Pause einen seiner langatmigen Berichte zum Kriegsgeschehen heraus. Gleichzeitig veröffentlichte Fotos aus der »Wolfsschanze« zeigten Hitler und seine »Getreuen«, Göring, Keitel, Brauchitsch sowie Halder, allerdings mit höchst nachdenklichen Mienen.[39] Generaloberst Halder, Chef des Generalstabes des Heeres, trug am 51. Tag des Ostfeldzuges, dem 11. August – angesichts des massiven und aufopferungsvollen sowjetischen Widerstandes von Leningrad über Gomel, Kiew und Uman bis Odessa –, düster resümierend in sein Tagebuch ein: »Unsere letzten Kräfte sind ausgegeben. In der gesamten Lage hebt sich immer deutlicher ab, daß der Koloß Rußland ... mit der ganzen Hemmungslosigkeit, die totalitären Staaten eigen ist, von uns unterschätzt worden ist. Diese Feststellung bezieht sich ebenso auf die organisatorischen wie auf die wirtschaftlichen Kräfte, auf das Verkehrswesen, vor allem aber auf rein militärische Leistungsfähigkeit.«[40] Anstatt aber entsprechend zu handeln, erging sich Hitler – »bis zur physischen Unerträglichkeit« der Anwesenden, unter ihnen Halder – bei den täglichen Lagen in einem »Redefluß«, »in dem Altes und Neues, Wichtiges und Unwichtiges, sich ständig wiederholend, in hemmungslos dahinrauschendem Strom die nächstliegenden, konkreten Fragen und Vorschläge hinwegschwemmte«.[41] Für den obersten Feldherrn standen die Schuldigen daran, daß der Rußlandfeldzug noch nicht siegreich beendet worden war, ohnehin fest – es waren die Generäle seiner Wehrmacht. General Erich von Manstein notierte: »Hitler ... glaubte von seinem Schreibtisch aus alles weit besser ersehen zu können als die Führer an der Front. Obwohl es doch selbstverständlich war, daß auf seiner Lagenkarte, die – leider – bis ins Detail ging, vieles bereits überholt sein mußte. Ganz abgesehen davon, daß er aus der Ferne gar nicht beurteilen konnte, was an Ort und Stelle zu tun richtig und notwendig war.«[42]

Bereits am 14. August hatten der britische Premier Churchill und der amerikanische Präsident Roosevelt die »Atlantik-Charta« als Grundlage ihrer zukünftigen Zusammenarbeit verkündet. Gegenstand der Charta war sowohl die »endgültige Vernichtung der nationalsozialistischen Tyrannei« als auch ein (indirektes) Hilfsangebot an die Sowjetunion gewesen.[43] Hitler hatte vor Wut geschäumt und beschlossen, als »Gegenmaßnahme« umgehend eine Zusammenkunft mit dem Duce des verbündeten Italien, Benito Mussolini, zu arrangieren.

Staatsbesuch im Führerhauptquartier

Um 6.05 Uhr am Montagmorgen des 25. August gingen bei Schwarzstein und Masehnen »zwei schwere Batterien der Res. Flak-Abt. 136, Königsberg« zum Schutz der »Wolfsschanze« für die Zeit des Mussolini-Besuches in Stellung.[44] Um acht Uhr wurden die Sicherungen am Bahnhof Görlitz durch die 4. Kompanie aufgezogen, wo sich knapp drei Stunden später, um 10.45 Uhr, Hitler in Begleitung von Reichsaußenminister von Ribbentrop, Generalfeldmarschall Keitel, General Jodl, Reichsleiter Bormann und Reichspressechef Dietrich einfand, um den Gast aus Rom zu erwarten. Um 11.05 Uhr traf der Gästesonderzug mit dem Duce dort ein, woraufhin dieser von Hitler begrüßt wurde. Anschließend erfolgte ein Rundgang durch die Anlage und eine erste Besprechung der »Achsen«-Partner im Führerbunker.

Zu 13 Uhr begaben sich Mussolini und Hitler zum Lagevortrag in den Kartenraum des OKW im Keitelbunker, um sich über das Frontgeschehen zu informieren, und daraufhin zur Mittagstafel. Am Nachmittag fuhren Gast und Gastgeber mit »engster Begleitung im Sonder-Schienen-Wagen«[45] zum Hauptquartier des Oberbefehlshabers des Heeres im Mauerwald, um einen Rundgang durch die Anlage zu unternehmen. Zurück in der »Wolfsschanze«, gegen 19 Uhr, nahm man das Abendessen »im engsten Kreise im Führerbunker«[46] ein. Als Krönung des ersten Tages erlebten die beiden Diktatoren und ihre Gefolgschaften »ein Biwak auf einer Waldwiese im Führerhauptquartier«[47]. Die bei den Planungen erwartete fröhliche Stimmung dieses romantischen Feldlagers im Freien wurde allerdings durch die Nachricht getrübt, daß am Morgen sowjetische und britische Truppen – seit dem 12. Juli in einem Militärpakt verbündet – gemeinsam damit begonnen hatten, den Iran zu besetzen. Hitler war über diesen »Willkürakt« um so mehr erzürnt, als er gerade die »kleinen« Staaten für seine Domäne hielt, dabei aber nicht einkalkuliert hatte, daß die angelsächsischen Mächte und ihr neuer Freund, die UdSSR, diese Ansicht nicht teilen könnten.

Am nächsten Morgen, um 7.50 Uhr, starteten die Führermaschine sowie fünf Begleitflugzeuge vom Flugplatz der »Wolfsschanze« in Richtung Osten und trafen um 9.10 Uhr in Terespol, westlich von Brest-Litowsk, ein. Nachdem der Duce zwei Exemplare des neuen deutschen Riesengeschützes vom Kaliber 60 Zentimeter ausgiebig begutachtet hatte, besichtigten er und der Führer die Festung und ließen sich kurz die Kämpfe darstellen. Im Anschluß an ein Feldküchenessen von 12 bis 12.35 Uhr auf dem Flugplatz Terespol erfolgte der Rückflug nach Rostken in Ostpreußen. Nach der Landung um 13.40 Uhr fuhr der Troß von neun Automobilen zum Stabsquartier der Luftwaffe im Wald von Groß Kummetschen bei Goldap, um sich nach einer Schilderung der Luftlage und einer Teegesellschaft um 16 Uhr weiter zum Führerhauptquartier zu begeben. Auch hier hielt man sich nur für kurze Zeit auf, da bereits um 19 Uhr die Sonderzüge Mussolinis und – eine halbe Stunde später – Hitlers zum Hauptquartier »Süd« nach Galizien abfuhren.

Am späten Nachmittag des 27. August, um 17 Uhr, traf der Führersonderzug in Stryzow ein, von wo aus sich Hitler und sein engstes Gefolge im Wagen zum Feldhauptquartier »Süd« bei Krosno begaben. Um 17.30 Uhr kam auch Mussolini dort an, wurde vom Führer begrüßt und durch die Anlage geführt. In der Zwischenzeit war Hitlers

Hitler und Mussolini beim Eintreffen im »Mauerwald«; im Hintergrund der Verbindungstriebwagen zur »Wolfsschanze« (oben); beim Rundgang durch die Anlage (Mitte); Besuch der eroberten Festung Brest-Litowsk am 26. August 1941 (unten).

An der Ostfront: Mussolinis Sonderzug in der Anlage »Süd« bei Krosno (oben); Abfahren des Spaliers italienischer Soldaten (Mitte); der Duce am Steuer der Führermaschine neben Generalfeldmarschall Kesselring (unten).

Schienengefährt von Stryzow nachgezogen worden, und die Staatschefs nahmen als Tagesabschluß ein »Essen im kleinsten Kreise im Führersalon des Sonderzuges«[48] ein. »Wenn sich die beiden Diktatoren einmal eine Stunde gegenübersaßen, spielte Hitler die jeweils von ihm bevorzugte Grammophonplatte über unsere Siegesaussichten, über die Stärke unserer Stellung und über die Schwäche Rußlands und Englands sowie über den unausbleiblichen Endsieg, überschüttete seinen Besucher mit Zahlen und technischen Einzelheiten ...«, beschrieb Dolmetscher Schmidt diese recht einseitige Kommunikation.

Um sieben Uhr am nächsten Morgen flogen die Teilnehmer des Frontausfluges in das ukrainische Uman. Nach der Landung um 9.50 Uhr, Meldung und Kurzvortrag durch Generalfeldmarschall von Rundstedt sowie Generaloberst Löhr, begaben sich Führer und Duce mit Begleitungen in »Geländewagen, die sich auch mit den höchsten ›Herrschaften‹ oft wie der bekannte ›Wackeltopf‹ in den Vergnügungsparks bewegten«[49], – so Dolmetscher Schmidt – an eine »Weggabel 40 Kilometer südlich Uman«.[50] Dort wollte Kriegsherr Mussolini eine Division seiner Soldaten treffen. Das italienische Kontingent unterstützte die deutsche Wehrmacht an der Ostfront eher symbolisch, vielmehr diente es als Pufferzone zwischen den Truppen Antonescus und Horthys: Rumänien und Ungarn hatten zwar einen gemeinsamen Feind, die Sowjetunion, und einen gemeinsamen Freund, das Deutsche Reich, konnten einander aber wegen gegenseitiger Gebietsansprüche nicht leiden.

Als die Fahrzeugkolonne an besagter Weggabelung anlangte, war dort aber niemand, so daß sich die Staatsführer aufmachten, die italienischen Soldaten zu suchen. Nach längerem Herumfahren fand der »römische Feldherr« schließlich seine Mannen, die den verabredeten Punkt »wegen der schlechten Wegeverhältnisse«[51] nicht rechtzeitig erreicht hatten. Beim Abfahren der Front ließ es sich der »Gröfaz« nicht nehmen, sich selbst in Szene zu setzen und den Duce lediglich eine untergeordnete Rolle spielen zu lassen. »Mussolini rächte sich, indem er auf dem Rückflug ... die Steuerung des Flugzeugs selbst übernahm und Hitler dadurch angstvolle Stunden bereitete.«[52] Nach der Rückkehr in die Anlage »Süd« und einer letzten Besprechung der Diktatoren im Salonwagen des Duce trennten sich ihre Wege um 20 Uhr – in Richtung Rom bzw. in Richtung »Wolfsschanze«. Am 29. August

Bis Mitte Dezember 1941 gerieten etwa 3,4 Millionen sowjetische Soldaten in deutsche Kriegsgefangenschaft. Entsprechend ausdrücklicher Befehle lebten sie unter äußerst schlechten Bedingungen, meist unter freiem Himmel, und wurden bewußt dem Hungertod preisgegeben, wie hier in Glubokoje. Über zwei Millionen von ihnen kamen bis zum 1. Februar 1942 um.

wurde im Führerhauptquartier ein Kommuniqué über das Treffen veröffentlicht, in dem vom »Geiste der engen Kameradschaft und der Schicksalsverbundenheit«[53] und ähnlichen Dingen die Rede war.

Spätestens aufgrund dieses Staatsbesuches wußte man in Rastenburg und Umgebung darüber Bescheid, was in der Görlitz geschah,[54] und die »Wolfsschanze« wurde hier zur »alltäglichen Selbstverständlichkeit«.[55]

Am Tag darauf meldete das finnische Oberkommando die Einnahme von Viipuri, wie Wiborg vor der sowjetischen Besetzung 1940 geheißen hatte; Hitler war Leningrad wieder ein Stück näher. Mit der Weisung Nr. 35 vom 6. September forderte er dann die Einschließung der Newa-Stadt bis »spätestens 15. September« sowie die Vernichtung des Gegners im Raum Kiew und Smolensk-Wjasma, damit das Heer möglichst noch zum Ende des Monats auf Moskau »lospreschen« könne. (Diese Operation gegen die Heeresgruppe Timoschenko erhielt am 19. September den Decknamen »Taifun«.)

Vom 8. bis 10. September fand eine weitere »denkwürdige« Zusammenkunft im Führerhauptquartier statt: Auf Einladung Hitlers besuchten der Reichsverweser des Königreiches Ungarn, Admiral Nikolaus von Horthy, sein Ministerpräsident und Außenminister, László von Bárdossy, sowie der Chef des ungarischen Generalstabes, Feldmarschall-Leutnant Ferenc Szombathelyi, die »Wolfs-

Dieselbe Prozedur: Ungarns Reichsverweser von Horthy bei seinem Besuch der »Wolfsschanze« Anfang September 1941 (oben), der slowakische Staatspräsident, Prälat Dr. Tiso, nach seinem Eintreffen auf dem Bahnhof Ende Oktober (unten).

schanze«. Nach dem Eintreffen der Delegation auf dem Bahnhof Görlitz um elf Uhr folgte das bereits mit Mussolini »erprobte« Programm: Begrüßung, Besichtigung der Anlage, erste Besprechung im Führerbunker, Lagevortrag im Kartenraum des OKW, Mittagstafel beim Führer, dann Tee, später die Abendtafel. Für 17.08 Uhr wurde im Kriegstagebuch des Führerhauptquartiers notiert: »Die geplanten Frontfahrten fallen aus, da der Reichsverweser nicht fliegt. Die Aufträge der Frontgruppen [die Sicherheit des Gastes zu gewährleisten] werden durch Funksprüche rückgängig gemacht. Die Frontgruppen bleiben zunächst in ihren Unterbringungsräumen.«[56]

Am nächsten Tag, dem 9. September, erfolgte der obligatorische Abstecher in den Mauerwald samt Rundfahrt und Mittagessen. Für Mittwoch, den 10. September, stand eine Besichtigung der Marienburg auf dem Programm, dann eine Stippvisite bei Göring in dessen Reichsjägerhof Rominten. Der Führer zog es dagegen vor, nach der Mittagstafel auf der Burg mit seinem Sonderzug nach Geierswalde und von dort mit dem Kraftwagen zum Reichsehrenmal Tannenberg bei Hohenstein zu fahren; nach Göring stand ihm der Sinn nicht. Am Abend erhielt Horthy in seiner Eigenschaft als Oberster Befehlshaber der Königlich-Ungarischen Wehrmacht das Ritterkreuz, immerhin erst einen Monat nach seinem rumänischen Rivalen Antonescu. Das folgende Kommuniqué wußte – trotz des bekanntermaßen distanzierten Verhältnisses beider Herrscher – vom »Geist der traditionellen Waffenbrüderschaft« zu berichten, der »im gemeinsamen Kampf gegen den Bolschewismus [seine] erneute Bewährung«[57] finde.

Am 18. September empfing Hitler den Reichskommissar für die besetzten norwegischen Gebiete in Oslo, Josef Terboven. Wegen der Aktivitäten der heimischen Widerstandsbewegung hatte Terboven am 1. August 1941 den Ausnahmezustand über Norwegen verhängt und die gesamte Regierungsgewalt selbst übernommen. Damit waren der deutsche Zugriff auf die norwegischen Ressourcen und der Nachschub im Norden abgesichert, der für die Schläge gegen Murmansk und Leningrad notwendig war.[58] Die »Anstrengungen« der letzten Zeit veranlaßten Hitler am selben Tag, sich sowie seinen 21 Reichsministern und 23 Reichsstatthaltern eine Erhöhung der »Tagegelder und Entschädigungen für Reisekosten« zu genehmigen – eine Art »Buschzulage« für den Rußlandfeldzug.[59] Goebbels' Ansinnen, Winterbekleidung für die Frontsoldaten zu beschaffen, hatte der Kriegsherr dagegen kurz zuvor entschieden abgelehnt.[60]

Der Abschluß einer weiteren »größten Vernichtungsschlacht aller Zeiten« bei Kiew, wie sie der Völkische Beobachter am 24. September verkündete, bestärkte den Führer in seinem irrigen Glauben an ein baldiges Ende der Kampfhandlungen. Für ihn wurde es nun Zeit, den »letzten gewaltigen Hieb«[61] zu führen und Moskau zu erobern. Die Offensive wurde – entgegen den Bedenken des Oberbefehlshabers der Heeresgruppe Mitte, Generalfeldmarschall von Bock – vom »Gröfaz« auf Donnerstag, den 2. Oktober, festgelegt.

Im selben Atemzug erörterte Hitler seine paranoiden Vorstellungen eines Umgangs mit der Hauptstadt des Sowjetreiches: »Diese Stadt dürfe von keinem deutschen Soldaten betreten werden. Sie sei in weitem Bogen einzuschließen. Kein Soldat, kein Zivilist, ob Mann, Frau oder Kind, dürfe sie verlassen. Jeder Versuch sei mit Waffengewalt zurückzuweisen. Er habe Vorkehrungen getroffen, um Moskau und seine Umgebung mittels riesiger Anlagen zu fluten und im Wasser zu ertränken. Wo bisher Moskau stehe, werde ein gewaltiger See gebildet, der die Metropole des russischen Volkes den Blicken der zivilisierten Welt für immer entziehen werde.«[62] Für Leningrad hatte Hitler einen ähnlichen Entschluß gefaßt: »Der Führer ist entschlossen, die Stadt Sankt Petersburg vom Erdboden verschwinden zu lassen. Es besteht nach der Niederwerfung Sowjetrußlands keinerlei Interesse an dem Fortbestand dieser Großsiedlung. Auch Finnland hat gleicherweise kein Interesse an dem Weiterbestehen der Stadt unmittelbar an seiner neuen Grenze bekundet«[63], wurde am 29. September bekanntgegeben. Auf den Tag zuvor datiert der »Wunsch« Hitlers, den Personenkreis »mit der Erlaubnis zum Abhören ausländischer Sender« im staatlichen Bereich umgehend auf zehn Personen zu beschränken.[64] Der Führer schien bereits zu ahnen, daß die Zeit der Siegesmeldungen ihrem Ende zuging.

Vernichtung hieß die Parole für die »letzte große Entscheidungsschlacht« zur »Rettung des wertvollsten Kulturkontinents«[65], in die Hitler seine Soldaten der Ostfront am Morgen des 2. Oktober 1941 vom Kartentisch der »Wolfsschanze« aus schickte. An diesem Tag meldete die sowjetische Nachrichtenagentur TASS erste Schneefälle.[66]

Die »letzte Entscheidungsschlacht« – Menetekel Moskau

Am 9. Oktober verkündete Reichspressechef Dietrich aus seinem verbunkerten Büro in der »Wolfsschanze« im Auftrage des Führers und mit Blick auf das noch immer zögernde Japan, daß die »Entscheidung im Ostfeldzug« praktisch gefallen sei, auch wenn den deutschen Truppen »noch eine Reihe mehr oder weniger schwerer Kämpfe bis zur völligen Besiegung des Gegners« bevorstünden.[67] Nun, da mit der »Zertrümmerung der Heeresgruppe Timoschenko«[68] das Gros der russischen Feldarmeen beseitigt sei, könnten die eigenen Panzerarmeen nach Moskau vorrücken. Spaniens Caudillo, General Francisco Franco, sandte seiner »Exzellenz« Hitler in der »Wolfsschanze« umgehend ein begeistertes Glückwunschtelegramm zum Sieg über den »Feind der Zivilisation«.[69] Tatsächlich hatte die Wehrmacht zu diesem Zeitpunkt gerade drei Kessel, bei Melitopol, Brjansk sowie Wjasma, gebildet, und die erbitterten Kämpfe waren noch bis zum 20. Oktober in vollem Gange. Gleichzeitig stießen die deutschen Truppen jedoch weiter ins Landesinnere vor.

Pünktlich zum Abschluß der Kesselschlachten bei Brjansk und Wjasma fand am Montag, dem 20. Oktober, ein ausgesprochen skurriler Besuch in der Bunkerstadt im Wald bei Rastenburg statt: In Begleitung seines Ministerpräsidenten Dr. Tuka hatte sich der slowakische Staatspräsident Dr. Tiso aus Preßburg in die »Wolfsschanze« begeben. Dolmetscher Schmidt erinnerte sich: »Es war ein eigenartiges Bild, diesen katholischen Geistlichen von Hitler freundlich begrüßt zu sehen. Klein und rundlich stand der geistliche Herr vor dem Manne, den man nicht gerade als einen Freund der katholischen Kirche bezeichnen konnte. Aber wenn Tiso etwas für seine Slowakei erreichen wollte, wäre er wohl selbst zum Teufel persönlich gegangen. ›Wenn ich mich aufgeregt habe‹, erzählte er uns einmal, ›esse ich ein halbes Pfund Schinken, das beruhigt meine Nerven wieder.‹«[70] Auch Tiso und seiner Begleitung wurde das mittlerweile bewährte Touristenprogramm des Führerhauptquartiers zuteil,[71] weiterhin gab es Besprechungen »im Geiste der herzlichen Freundschaft … und … der Waffenbrüderschaft«; so auch beim Nachmittagstee in Steinort.[72] Gegenstand der dortigen Unterredung war der Wunsch der deutschen Führung, daß der slowakische Vasallenstaat der Deportation der europäischen Juden in den Osten zustimmte, was Tiso tat und 1942 für sein Land verwirklichen ließ.[73] Das obligatorische Kommuniqué ließ keinen Zweifel daran, daß gerade mit diesem Besuch »der siegreiche Ausgang des Krieges endgültig gesichert« sei.[74]

Ähnlich verlief fünf Tage darauf die Unterredung zwischen dem Führer und dem Königlich-Italienischen Außenminister Graf Ciano. Hitler erging sich in schwelgerischen Beschreibungen der »unvorstellbaren« sowjetischen Verluste und beschwor ein neuentstehendes Europa, Ciano unterbreitete die persönliche Bitte des Duce, sich stärker an den militärischen Leistungen beteiligen zu wollen.[75] An seinen Chef und Schwiegervater Mussolini schrieb Ciano im Anschluß wenig respektvoll: »In der Vergangenheit haben wir gesehen, wie eine Reihe von Schlagworten, die dem Gehirn des Führers entsprossen, auftauchten und versanken, nachdem sie bis hinab zu seinen letzten Mitarbeitern wiederholt worden waren. Jetzt ist das Schlagwort ›Europäische Solidarität‹ in Mode.«[76]

Der Gauleiter von Berlin, Reichspropagandaminister Dr. Goebbels, war bereits Ende August 1941 in die »Wolfsschanze« geeilt, um seinem Führer die Idee einer unverzüglichen »Ausweisung« der noch etwa 70000 Juden in der Reichshauptstadt zu unterbreiten. Hitler hatte eine Lösung in »großzügiger Weise« für das Reich jedoch erst für die Zeit nach Beendigung des Rußlandfeldzugs versprochen.[77] Der Holocaust allerdings war bereits in vollem Gange – im Osten. Gleich am 24. Juni 1941, dem Tag, als Feldherr Hitler seine »Wolfsschanze« bezog, führten Gestapo- und Polizeieinheiten aus Tilsit und Memel im litauischen Garsden, direkt an der früheren deutsch-litauischen und seit der Annexion Litauens durch die Rote Armee 1940 deutsch-sowjetischen Grenze, die erste Massenerschießung von jüdischen Männern durch.[78] In den folgenden Wochen wurde der gesamte Grenzstreifen nördlich der Memel von Juden »gesäubert«; hier wie in ganz Litauen und überall hinter der Front suchten mobile SS-Kommandos Ort für Ort heim, ermordeten bereits ab Ende Juli 1941 ausnahmslos jüdische Männer, Frauen sowie Kinder, löschten ganze jüdische Gemeinden und mithin eine jahrhundertealte Tradition aus. Bis Ende 1941 erschossen SS und einheimische Helfer über 500000 Juden auf erobertem sowjetischem Gebiet. Über ihre »Aktionen« erstatteten die Mörder detailliert Bericht in sogenannten Ereignismeldungen[79], die »streng geheim« nicht

Hitler und der italienische Außenminister Ciano Ende Oktober 1941 vor dem Führerbunker. Hitler erging sich in ausführlichen Schilderungen über die Tapferkeit seiner Soldaten, Ciano überbrachte die Bitte Mussolinis, sich stärker an diesem Kampf gegen den »Bolschewismus« beteiligen zu können.

nur an das Berliner SS-Reichssicherheitshauptamt und Himmlers Feldkommandostelle bei Possessern, sondern auch an die »Wolfsschanze« gingen.

Ob und wann es einen zentralen Befehl Hitlers zu dieser Form des Massenmords an Juden gegeben hat, ist strittig.[80] Seiner bedurft hätte es jedenfalls nicht. Vage Weisungen der Zentrale zur »Beseitigung« unliebsamer, vermeintlich oder tatsächlich gefährlicher »Elemente« wurden im »Einsatzgebiet« eindeutig interpretiert.[81]

Am Abend des 25. Oktober 1941 trafen nun zwei Herren in schwarzer Uniform bei Hitler in der »Wolfsschanze« ein – und zwar das einzige Mal gemeinsam: Reichsführer-SS Himmler und sein Adlatus, der Chef des SS-Sicherheitsdienstes Heydrich. Es ging »um eine Reihe von grundsätzlichen Fragen und verschiedenen Einzelheiten«, darunter um die »Judenfrage«.[82] Göring hatte Heydrich bereits am 31. Juli 1941 auf Grundlage eines Befehls Hitlers vom 11. November 1938 mit Planungen für eine »Endlösung« beauftragt, und sein Vorgesetzter Himmler sollte sich bis zum 20. Januar 1942 noch 19 Mal mit seinem Führer in der »Wolfsschanze« treffen. Der ursprüngliche Termin für das Treffen, das als »Wannsee-Konferenz« in die Geschichte eingegangen ist, war der 9. Dezember 1941.[83] Doch schon am Tag zuvor hatte das Vernichtungslager Kulmhof am Ner im Warthegau seinen Betrieb aufgenommen,[84] und auch die systematischen Verschleppungen aus dem Großdeutschen Reich in den Osten waren seit Oktober im Gange, etwa – ganz wie

Überall hinter der Front führten deutsche SS-Einsatzkommandos und einheimische Freiwillige Massenerschießungen von Juden durch, so im moldauischen Dubossary am 14. September 1941 (oben) und im litauischen Kowno, wo das IX. Fort – eine frühere Wehranlage – von Sommer 1941 bis Frühjahr 1944 als Vernichtungsstätte diente (rechts).

Nicht nur der erbitterte Widerstand der Roten Armee, auch die schlechten Witterungsbedingungen brachten die deutschen Truppen ans Ende ihrer Kräfte und führten zum Scheitern der Offensive gegen Moskau.

von Goebbels gefordert – der erste von über 180 »Judentransporten« aus Berlin am 18. Oktober 1941.[85] Ebenfalls Ende 1941 unterbreitete der Höhere SS- und Polizeiführer im Raum Lublin, Odilo Globocnik, dem Berliner SS-Reichssicherheitshauptamt seinen Wunsch, stationäre Vernichtungsstätten für Juden im Generalgouvernement zu errichten, den Himmler guthieß. Globocnik, von seinem Reichsführer-SS nachgerade liebevoll »mein Globus« genannt, schritt daraufhin umgehend beherzt zur Tat und ließ Belzec, Sobibor und Treblinka bauen, wo 1942/43 Hunderttausende – vor allem – Juden durch Motorabgase ermordet wurden.[86]

Bei besagter Konferenz am 20. Januar 1942 mit dem malerischen Blick auf den Großen Wannsee bei Berlin ging es somit nicht mehr um eine Grundsatzentscheidung, sondern nur noch um Fragen einer ganz Europa umspannenden Logistik und das Einschwören der Teilnehmer.[87] Die von Hitler gegenüber Goebbels versprochene »großzügige« Lösung hatte längst begonnen, ohne daß das Sowjetreich besiegt war.

Im November 1941 war die Wehrmacht noch immer nicht in Moskau einmarschiert; sie steckte statt dessen im Schlamm. Am 6. November überflogen »russische Maschinen die Anlage ›Wolfsschanze‹« – ohne »Gefechtstätigkeit«[88]; die Tarnung wirkte.

Die schwierige Lage an der Front führte im Reich zu einer solch sonderbaren Anordnung wie der Goebbelsschen Verfügung, aufgrund von Beschwerden »das bestehende Tanzverbot auch auf die Tanzstundenzirkel auszudehnen« (vom 11. November),[89] und für das Führerhauptquartier zur Beschränkung der Kurierflüge von Berlin-Staaken zur »Wolfsschanze« und zurück mit Wirkung vom 22. November auf »nur noch einmal täglich«.[90]

Ende 1941 riß Hitler auch den Oberbefehl über das Heer an sich: Lagebesprechung in der »Wolfsschanze« 1942 mit Oberstleutnant Christian, General Jodl und Generalfeldmarschall Keitel (von links).

Dennoch wähnte Hitler in einem Gespräch mit Generalstabschef Halder am 19. November, einem Mittwoch, im Führerhauptquartier den Sieg über die UdSSR zum Greifen nahe und fuhr, wie um dies zu unterstreichen, zusammen mit Halder und Brauchitsch sechs Tage später ins nahegelegene Arys, »um sich dort von 14 bis 16 Uhr neueste Waffen vorführen zu lassen«.[91] Am selben Abend noch bestieg der Führer seinen Sonderzug mit dem Ziel Berlin, um an einem »Staatsakt von weltgeschichtlicher Bedeutung« teilzunehmen – der Verlängerung des »Antikominternpaktes« von 1936 um weitere fünf Jahre.[92] Für den 27. November stand aus diesem Anlaß ein regelrechter Audienzenmarathon Hitlers und von Ribbentrops für die »Staatsmänner der in der antibolschewistischen Front vereinigten Mächte« im Gebäude der Neuen Reichskanzlei auf dem Programm.[93] Ausnahmslos alle ausländischen Vertreter weihte Visionär Hitler in seine Vorstellungen von einem »neuen« Europa ein. Gleichzeitig waren im Verlaufe dieses einen Tages 1053 Berliner Juden in das Ghetto Riga deportiert worden. Um Platz für sie und weitere Transporte aus dem Reich mit etwa 25 000 deutschen, österreichischen und tschechischen Juden zu schaffen, ließ der Höhere SS- und Polizeiführer in Riga, Friedrich Jeckeln, ungefähr 25 500 lettische Juden aus dem Ghetto am 29./30. November und 8./9. Dezember im nahen Wald Rumbula erschießen. Tausende der deportierten Juden fielen dem Massenmord dann Anfang 1942 zum Opfer.[94] Auch das war Hitlers »neues« Europa.

An der militärischen »Kampffront gegen den Bolschewismus« ging der Vormarsch gen Moskau zu dieser Zeit zwar noch immer voran, doch 40 Grad unter Null bei fehlender bzw. mangelhafter Winterbekleidung, Nachschubschwierigkeiten der Heeresgruppe Mitte und ein unerwartet starker Feinddruck beeinträchtigten Moral und Leistungsfähigkeit der kämpfenden Truppe unter Generalfeldmarschall von Bock in hohem Maße. General Wagner, Oberquartiermeister des OKW, vermerkte: »Wir sind am Ende unserer personellen und materiellen Kraft.«[95] Am 30. November ließ Generalfeldmarschall von Rundstedt das unter schwersten Verlusten eine Woche zuvor eroberte Rostow am Don räumen und die Front zurückverlegen. Als Hitler nach seinem Eintreffen in der »Wolfsschanze« vom ersten strategischen Zurückweichen seiner Armee in diesem Krieg erfuhr – offiziell eine »Frontbegradigung« –, telegraphierte er umgehend an Rundstedt: »Bleiben Sie, wo Sie sind! Kein Rückzug mehr!«[96] Der kampferprobte Generalfeldmarschall bezeichnete Hitlers Stoppbefehl als »Wahnsinn«, bot seinen Rücktritt an und wurde umgehend seines Amtes enthoben.[97]

Der Führer entschloß sich, unverzüglich selbst nach dem Rechten zu sehen, und flog am 2. Dezember von Rastenburg für zwei Tage in das (sichere) rückwärtige Operationsgebiet der Heersgruppe Süd bei Mariopol. Zurückgekehrt, erfuhr Hitler am 6. Dezember, daß General Schukow, der im Oktober Timoschenko abgelöst hatte, mit 100 frischen Divisionen eine große Offensive zur Entlastung Moskaus gestartet hatte, der die entkräfteten Deutschen nicht gewachsen waren. Der »Nacht-und-Nebel-Erlaß« aus dem Führerhauptquartier vom 7. Dezember, welcher die Todesstrafe auf praktisch alle »Straftaten von nichtdeutschen Zivilpersonen, die sich gegen das Reich oder die Besatzungsmacht richten, und deren Sicherheit oder Schlagfertigkeit gefährden«[98], ausdehnte, offenbarte in seiner Brutalität eine weitere Schwäche der deutschen Krieger: Die Besatzer vermochten das riesige Gebiet und vor allem den anwachsenden Widerstand anders nicht mehr unter Kontrolle zu halten. Die deutsche Militärverwaltung ging dazu über, unbeteiligte Menschen festzunehmen und sie als Vergeltung für Anschläge zu ermorden. Opfer dieser Verbrechen waren vor allem Juden. Im serbischen Teil des zerschlagenen jugoslawischen Staates etwa weitete vor allem die Wehrmacht diese Politik im Herbst 1941 zu einem Krieg gegen die Zivilbevölkerung aus. Binnen weniger Wochen wurden nahezu alle jüdischen Männer und Tausende männlicher Roma Opfer von Massenerschießungen.[99] Auch in Weißrußland gingen deutsches Militär und SS mit Razzien, Folterungen, kollektiven Gewaltmaßnahmen und »präventiver Bekämpfung« immer schärfer gegen Zivilisten und insbesondere Partisanen vor.[100]

In der Nacht von Sonntag zu Montag, dem 8. Dezember, kam die »Schicksalswende«: Japanische Bomberverbände griffen völlig unerwartet und ohne Kriegserklä-

Mit dem Überfall auf die amerikanische Pazifik-Flotte in Pearl Harbor eröffnete Japan am 7. Dezember 1941 den Krieg gegen die USA, hier das beschädigte US-Flaggschiff »Pennsylvania«, davor die Wracks zweier Zerstörer.

rung den US-Stützpunkt Pearl Harbor auf Hawaii an. »Ein Freudentaumel erfaßte, soweit man sehen konnte, das gesamte Hauptquartier bis in den Sperrkreis II hinein«, notierte General Warlimont.[101]

Hitler nutzte die unverhoffte Gelegenheit, von der sich anbahnenden Ostfrontkatastrophe abzulenken, indem er noch am Abend mit seinem Sonderzug nach Berlin fuhr und am 11. Dezember vor dem Reichstag die gemeinsame Kriegserklärung Deutschlands und Italiens an die USA abgab. Nach seiner Beratung mit dem Oberbefehlshaber der Kriegsmarine, Großadmiral Erich Raeder, entsandte Hitler als Konsequenz sechs große U-Boote an die Ostküste der Vereinigten Staaten. Wieder in der »Wolfsschanze«, diktierte der Führer am Donnerstag, dem 18. Dezember,[102] Himmler seine Begründung für die Notwendigkeit der Ermordung der europäischen Juden und nahm am folgenden Tag das wiederholte Rücktrittsgesuch seines Heereschefs von Brauchitsch an. Dieser war es endgültig leid, als Sündenbock für die Fehlschläge im Osten herhalten zu müssen; offiziell machte ihm ein »Herzleiden« zu schaffen. Hitler selbst übernahm den Oberbefehl über das Heer[103] und widmete sich fortan vollends den Belangen seines Krieges im Osten. Die erste Amtshandlung als neuer Heereschef war am 20. Dezember das kategorische Verbot jeglicher Rückzugsmanöver an der Ostfront.[104] Seine Regierungsgeschäfte als Reichskanzler und »Führer der Nation« nahm der »Gröfaz« von nun an praktisch uneingeschränkt »aus dem militärischen Gesichtsfeld des Hauptquartiers«[105] wahr und erledigte sie quasi nebenberuflich noch mit.

Im Januar 1942 berichtete das OKW fortwährend von »Abwehrkämpfen in unverminderter Stärke«, was im Klartext hieß, daß es die deutschen Soldaten gerade noch vermochten, die Frontlinie zu halten. Im deutschen Generalstab machten die von Caulaincourt überlieferten Gespräche mit Napoleon auf der Fahrt von Moskau nach Paris im Winter 1812/13 die Runde und wurden lebhaft erörtert.[106]

Am 24. Januar, einem Sonnabend, gab das Oberkommando der Roten Armee in einem Sonderkommuniqué dann bekannt, daß die eigenen Truppen um »100 Kilometer« vorgerückt seien.[107] Der Führer kommentierte beim Mittag drei Tage später gegenüber seinen Tischgästen, unter ihnen Himmler, verachtungsvoll: »Da bin ich auch hier eiskalt: Wenn das deutsche Volk nicht bereit ist, für seine Selbsterhaltung sich einzusetzen, ganz gut: Dann soll es verschwinden.«[108]

Die Operation »Taifun« war mit diesem Rückzug fehlgeschlagen. Das Blatt des Krieges hatte sich für Hitlers Wehrmacht zum ersten Mal seit dem Angriff auf Polen im September 1939 gewendet.

Der Weg nach Stalingrad

Geschönte Frontberichte und »radikale Lösungen«

»In soldatischer Pflichterfüllung ist am Sonntag Reichsminister Dr. Todt bei Durchführung seiner militärischen Aufgaben durch Flugzeugabsturz tödlich verunglückt. Der Führer hat für Reichsminister Dr. Todt ein Staatsbegräbnis angeordnet.«[1] Mit dieser amtlichen Todesmeldung wurde die deutsche Öffentlichkeit noch am Abend des 8. Februar 1942 bzw. am folgenden Montagmorgen überrascht.

Fritz Todt, Gründer der nach ihm benannten Organisation, Minister für Bewaffnung und Munition, »Erbauer« der Reichsautobahnen, des Westwalls und der Führerhauptquartiere, war am 6. Februar für zwei Tage zu Gesprächen mit Hitler über sein Rüstungsprogramm in die »Wolfsschanze« gereist. Nach einem sechsstündigen Streit mit seinem Führer hatte er – »angestrengt und übermüdet« – am Abend des 7. Februar in Anwesenheit von Chefarchitekt Speer, der hier nach einer Inspektionsreise durch die eroberten Sowjetgebiete zu Gast war, »schweigsam ein Glas Wein« getrunken. Speer hatte dabei von Todts Absicht, anderntags nach Berlin zurückzukehren, erfahren und wollte die günstige Chance nutzen. Weil aber Hitler seinen Architekten noch spät in der Nacht für Stunden zu sich gerufen hatte, war dieser am nächsten Morgen in seinem Bett geblieben und Todt ohne ihn gegen acht Uhr früh vom Flugplatz Wilhelmsdorf aufgebrochen.[2] Kurz nach dem Start mußte seine zweimotorige »He 111« wieder umkehren und explodierte beim Landeanflug in der Luft;[3] alle fünf Insassen waren sofort tot, ihre Leichen wurden zunächst in die Kapelle des SS-Lazaretts Carlshof überführt. Sein Adjutant der Luftwaffe, Oberst von Below, berichtete, daß sich Hitler nach der Mitteilung über Todts Tod »sehr betroffen und ... lange still«[4] verhalten habe; beim Staatsakt wenige Tage später in Berlin hatte der Führer sogar Tränen in den Augen, als er von seinem »lieben und unvergeßlichen Parteigenossen«[5] sprach. Er entschied als unmittelbare Folge der Meldung Belows ohne Zögern, den Generalinspektor für die Reichshauptstadt, Albert Speer, zu Todts Nachfolger zu küren – und nicht etwa den Chef der deutschen Wirtschaft, den im Sonderzug aus Rominten herbeigeeilten Beauftragten für den Vierjahresplan Hermann Göring, der schon vor Todts Berufung im März 1940 auf das Ministeramt spekuliert hatte. Göring begriff den Fingerzeig und zog sich ab diesem Tage systematisch von seinen politischen Ämtern zurück.

Anfänglich mußte sich der neuberufene Minister Speer noch ein ums andere Mal freundlich, aber bestimmt, vom Chef der Reichskanzlei Lammers darauf hinweisen lassen, daß er »in Zukunft den Wortlaut ... geplanter Führererlasse und -verordnungen vor der Vorlage beim Führer« mit ihm abstimmen möge.[6] Doch der Zurechtgewiesene, »instinktiv ein Meister des politischen Taktierens«[7], mauserte sich innerhalb weniger Wochen zu einem »würdigen Erben« Todts, wobei er es vortrefflich verstand, dessen Vorarbeiten zu nutzen und zugleich seine Umgebung für sich einzunehmen. »Von den Nazigrößen war nur Bormann immun gegen Speers manipulatorischen Charme«[8], aber der hatte in Wirtschaftsfragen wenig zu vermelden. Speer vermochte es, zum einen die Industrie massiv für die Front einzuspannen und zum anderen die ihm unterstellte bauliche »Exekutive«, die Organisation Todt, expandieren zu lassen. Unter seiner Ägide stieg das Liefervolumen der Rüstungsproduktion bis Juli 1942 um über 50 Prozent.[9] Speer mobilisierte die deutsche Wirtschaft in einer Weise, daß Hitler bald überrascht und zufrieden davon sprach, er habe Todt »schon überflügelt«.[10]

Angesichts der Frontlage blieb im Februar 1942 für eine längere Trauer um den Getreuen Todt ohnehin keine Zeit. Das stärkste nichtdeutsche Kontingent – im Kampf wie beim Sterben – stellten dabei die Rumänen, weshalb Hitlers Hauptverbündeter im Krieg gegen die Sowjetunion, Conducator Antonescu, auch als einziger ausländischer Regierungschef während der Winterschlacht 1941/42 in die »Wolfsschanze« gebeten wurde. Am 11. Februar um elf Uhr traf der Sonderzug aus Bukarest auf dem Bahnhof Görlitz ein,[11] gleich darauf fand die

Düstere Mienen beim Besuch Boris' III. von Bulgarien. Hitler mühte sich vergeblich, den König für eine Unterstützung seines Krieges gegen die UdSSR zu gewinnen.

erste Besprechung beider Kriegsherren im Führerbunker statt. Hitler lamentierte über die harten Witterungsbedingungen, versprach aber für das Frühjahr Operationen »mit dem Ziel der endgültigen Zerschlagung der russischen Macht«. Auf Antonescus Einwurf, er hoffe, daß man bis zum Spätherbst gesiegt haben würde, erwiderte der Führer sibyllinisch, er bereite alle Möglichkeiten vor – auch die eines neuen Winterfeldzuges. Der Marschall zeigte sich darüber aber keineswegs beunruhigt, sondern voller Vertrauen auf den gemeinsamen Sieg, und erging sich im folgenden lieber und mit zunehmender Erregung in längeren Attacken gegen die Magyaren. Hitler ließ sich Antonescus Schmähungen des Verbündeten nur noch teilweise übersetzen – nicht ohne sich insgeheim über sie zu freuen – und schloß die Unterredung mit dem Versprechen, »Ungarn zu zwingen, auch seinerseits Opfer zu bringen und nicht faul im Kampf abseits zu stehen«.[12]

Vor der Mittagstafel begaben sich Hitler und Antonescu in den Kartenraum des Oberkommandos der Wehrmacht (OKW) im Keitelbunker, wo dem Gast eine »Schaulage«, also ein geschönter Frontbericht, dargeboten wurde. Am Nachmittag erfolgte der unumgängliche Abstecher in den Mauerwald, und schon um 22.10 Uhr verließ Antonescu die »Wolfsschanze« wieder – »mit neuem Mut« und dem Großkreuz des Ordens vom Deutschen Adler.[13] Die verbleibenden Wochen des Monats Februar beschäftigte sich der Führer mit Problemen der Sittlichkeit bei Heer und SS. Diese Überlegungen schlugen sich in einem Erlaß nieder, durch den der »geschlechtliche Verkehr« der in Polen stationierten deutschen Soldaten mit Polinnen unter Strafe gestellt wurde, und in einem zweiten, durch den Verbrechen gegen § 175 (Homosexualität) in der SS mit dem Tode bestraft würden.[14] Zugleich genehmigte er nach einem Vortrag Himmlers im Führerhauptquartier am 17. Februar, daß »für die Waffen-SS während der Dauer des Krieges auch minderjährige Freiwillige angenommen werden dürfen, bei denen die Genehmigung des gesetzlichen Vertreters nicht vorliegt«.[15]

Ungeachtet der allgemeinen Lage schien Hitler außerdem Zeit und Muße dafür zu haben, über seine großangelegten Neugestaltungspläne deutscher Städte nachzudenken; vor allen Dingen beschäftigte ihn dabei sein Projekt des Neuen Kunstmuseums in Linz. Mit dem Führererlaß vom 1. März erklärte er die »planmäßige geistige Bekämpfung« von Juden, Freimaurern und »mit ihnen verbündeter weltanschaulicher Gegner des Nationalsozialismus« als Urheber des Krieges zur »kriegsnotwendigen Aufgabe« und beschloß, deren Besitz und Eigentum, vor allem Kulturgüter und Kunstschätze, beschlagnahmen zu lassen.[16] Zügeweise wurde das Geraubte fortan zu großen Teilen nach Linz verbracht. Die postulierte »geistige« Bekämpfung war dabei ein Synonym für Hitlers »radikale Lösung«[17], die gleichzeitig ablaufende Judenvernichtung – vor allem in den ehemals sowjetischen Gebieten.

Ebenso sollten – meist durch systematisches Verhungernlassen – die internierten Rotarmisten »beseitigt« werden: Einem deutschen Bericht zufolge waren von den vier Millionen in deutsche Gefangenschaft geratenen

Sowjetsoldaten zu diesem Zeitpunkt nur noch eine Million am Leben.[18]

»Die Monate März und April verliefen im großen und ganzen verhältnismäßig ruhig. Auch die Russen schienen entweder soweit angeschlagen, daß sie keine Kraft für neue Angriffe mehr hatten, oder sie bereiteten Angriffsunternehmen vor, die längere Vorbereitungszeiten benötigten. Hitler war ruhig und ausgeglichen und legte den Schwerpunkt seiner Arbeiten auf Rüstungsfragen, gemeinsam mit Speer«, erinnerte sich Adjutant von Below.[19] Neben wehrwirtschaftlichen Überlegungen standen dabei auch die Vorbereitungen für die Sommeroffensive auf dem Plan. So empfing Hitler am 2. März den Oberbefehlshaber der Heeresgruppe »Nord«, Generaloberst von Küchler, am 10. März den (kommissarisch wieder eingesetzten) Oberbefehlshaber der Heeresgruppe »Süd«, Generalfeldmarschall von Rundstedt, sowie am Tag darauf den Oberbefehlshaber der Heeresgruppe »Mitte«, Generalfeldmarschall von Kluge.[20]

Der prominenteste Gast, den Feldherr Hitler in seine Sommerpläne einweihte, war König Boris III. von Bulgarien, der am Dienstag, dem 24. März, um elf Uhr in der »Wolfsschanze« eintraf. Nach Erledigung der allgemeinen Begrüßungsformalitäten begaben sich die Staatsoberhäupter zum Führerbunker, wo Hitler sich eifrig, aber vergeblich darum bemühte, Boris dafür zu gewinnen, die bulgarische Neutralität gegenüber der Sowjetunion aufzugeben und eigene Truppen an der Südfront einzusetzen. Bereits nach der Mittagstafel verabschiedete der sichtlich verstimmte Führer den König aus Sofia. Wie üblich, hatte auch diese Unterredung offiziell »im Geiste der im [Ersten] Weltkrieg begründeten Waffenbrüderschaft und Freundschaft« stattgefunden, Hitler hingegen äußerte im nachhinein, daß die Türkei, der Erzfeind Bulgariens, als Bundesgenosse wohl doch »wesentlich wertvoller« wäre.[21]

Am 28. März fuhr dann endlich auch Generalstabschef Halder vom Hauptquartier »Mauerwald« in die »Wolfsschanze«, um Hitler den Kriegsplan des Heeres für das Jahr 1942 zu überbringen.[22] Wenige Tage darauf, am 5. April, erließ Hitler die Weisung Nr. 41 für

Rumäniens Conducator, Marschall Antonescu, bei einer »Schaulage« in der »Wolfsschanze«. Die ermutigende Wirkung solcher geschönten Frontberichte hielt nicht lange vor.

die Sommeroperationen. Ursprünglich unter dem Decknamen »Siegfried«, machte der Führer daraus den Fall »Blau«, weil sich verpflichtende Mythenfiguren wie »Barbarossa« im Kampf als wenig glückhaft erwiesen hatten.[23] Die Lage im Osten war in jenen Tagen »grotesk«[24], weil vergleichsweise ruhig, und die »Eintönigkeit« des Lebens in der »Wolfsschanze« lastete schwer auf ihren Bewohnern. Diese nutzten die Zeit daher für Spaziergänge in den umliegenden Wäldern oder Ausritte, unternahmen Bootsfahrten oder angelten auf den Seen der Umgebung.[25] Eine Abwechslung in das Hauptquartier brachte erst wieder der 20. April 1942.

Der Geburtstag Hitlers in der »Wolfsschanze« am 20. April 1942 wurde mit vergleichsweise wenig Aufwand inszeniert: »Jungs und Mädels« aus Rastenburg überbrachten Glückwünsche und gaben ein Ständchen. Im Hintergrund filmte ein Angehöriger der Propagandakompanie.

Führergeburtstag im Hauptquartier

Der Geburtstag Adolf Hitlers nahm bekanntlich einen zentralen Platz im nationalsozialistischen Feierjahr ein, das mit dem Tag der »Machtergreifung« am 30. Januar begann und mit der »Deutschen« bzw. »NS-Volksweihnacht« im Dezember endete.[26] Entsprechend aufwendig wurde der Geburtstag begangen, genauer: inszeniert. Um die Regie kümmerten sich Hitlers »Allzwecksekretär« Bormann und Deutschlands »oberster Zeremonienmeister« Goebbels, die nun – mitten im Rußlandfeldzug – dafür Sorge zu tragen hatten, daß die Show zum 53. Geburtstag »medienwirksam, aber dem Ernst der Lage angepaßt«[27], ablief. Am Sonntag, dem 19. April, vermerkte das Kriegstagebuch des Führerhauptquartiers: »Im Sperrkreis I werden unter Leitung des Kommandanten Vorbereitungen für den Geburtstag des Führers getroffen. Die Wiese vor dem Führerbunker wird mit Blumen bepflanzt.«[28] Um Mitternacht erschienen als erste Gratulanten die Mitarbeiter seines persönlichen Stabes bei ihrem Chef – an der Spitze Generalmajor Schmundt und SS-Gruppenführer Schaub,[29] am Morgen folgten OKW-Chef Keitel und Generalstabschef Halder. Da sich das Deutsche Reich mittlerweile mit den meisten Staaten der

Nicht nur die Jugend und die engsten Getreuen beglückwünschten ihren Führer, auch die übrige NS-Prominenz trat zur Gratulationscour im Hauptquartier an: der Gauleiter und Reichstatthalter in Wien, Baldur von Schirach, beim Händeschütteln mit Hitler. Rechts: der wachsame Bormann.

Erde im Kriegszustand befand, sah es mit hochrangigen ausländischen Glückwünschen allerdings mager aus. Weil aber das veröffentlichte Kommuniqué über die im Hauptquartier eingetroffenen Geburtstagstelegramme nicht kleiner werden durfte, wurden darin dieses Mal auch Namen genannt, von denen zuvor niemals die Rede gewesen wäre – etwa der Kaiser von Äthiopien, Haile Selassie I., der Fürst von Liechtenstein, Franz Joseph II., und der Präsident des Thailändischen Regierungsrates, Prinz Dibaba.[30]

Für den kulturellen Teil der Feierlichkeiten in der »Wolfsschanze« sorgten am Vormittag des 20. April jeweils zehn ausgesuchte Jungen und Mädel, die auf Bormanns Veranlassung mit den typischen dreiachsigen Mercedes-Kompressor-Automobilen aus Rastenburg herbeigeschafft worden waren, um Hitler die Grüße »seiner« Jugend zu überbringen. Sie überreichten Blumen und gaben ein Ständchen, wobei sie nicht – wie zu erwarten – das Horst-Wessel-Lied oder ähnliche Kampfesweisen intonierten, sondern – nicht unpassend – die zweite Strophe von »Alle Vögel sind schon da!« trällerten: »Wie sie alle lustig sind, flink und froh sich regen«. Als Dank reichte man dem Jungvolkchor zum Abschluß Kakao und Makronenplätzchen bzw. Biskuit im Speisewagen von Hitlers Sonderzug in Anwesenheit seines Adjutanten Schaub. Als die Beteiligten ihre Darbietung zwei Tage später in der Deutschen Wochenschau sahen, staunten sie nicht schlecht: Statt ihres Vogelliedes boten sie einer (nie gesehenen) Prominenz die Weise »In der schönen Rosenzeit, tralalalala« dar; besonders beglückt zeigte sich in einer Großaufnahme der zu diesem Zeitpunkt noch abwesende Reichsmarschall Göring, in heller Uniform und ordensbehängt.[31]

Dem Gesang folgte der Gratulationsreigen der offiziellen Repräsentanten von Partei und Regierung, die Bormann für den Ehrentag erwählt hatte. Der wichtigste unter ihnen war der neue Rüstungsminister Speer, der mit einem besonderen Geschenk aufwartete: Um zwölf Uhr wurden dem Führer zwei der später legendären »Tiger«-Panzer aus der ersten Fertigung auf der Straße nach Partsch vorgeführt,[32] woran auch der Chef des konkurrierenden »Volkswagen«-Imperiums, Professor Ferdinand Porsche,[33] teilnahm. Zu diesem Zweck waren extra acht Mitarbeiter des Henschel-Panzerbaus in einem Sonderzug samt »Tiger«-Flachwagen und angehängter Werkstatt von Kassel in die »Wolfsschanze« beordert worden, die für den reibungslosen technischen Ablauf der Vorführung zu sorgen hatten. Beim obligatorischen Fototermin forderte Hitler die Techniker dazu auf, daß der neue Kampfwagen möglichst bald zum Fronteinsatz käme.[34]

Gegen 13 Uhr traf Reichsmarschall Göring ein, um herzliche Wünsche zu überbringen, anschließend Goebbels, Himmler und der Chef der Deutschen Arbeitsfront Ley. Hinzu kamen OKW-Chef Keitel, Außenminister von Ribbentrop und der Oberbefehlshaber der Kriegsmarine, Großadmiral Raeder. Nachdem auch Hauptquartier-Kommandant Kurt Thomas die Glückwünsche des Begleitbataillons überbracht hatte, fand um 14.30 Uhr die Geburtstagsmittagstafel beim Führer statt, bei der sich der Reichsführer-SS und Generalstabschef Halder ganz unfeierlich angifteten.[35] Dem Mahl schlossen sich die führergeburtstagsüblichen Beförderungen und Dekorierungen an; insgesamt wurden 36 Kriegsverdienstkreuze II. Klasse mit Schwertern an Angehörige der Hauptquartierseinheiten verliehen.[36] Den Nachmittag widmete Hitler demonstrativ seiner Arbeit »für Volk und Vaterland«, aber vor allem für den Krieg. Nach dem Abendessen um 20 Uhr wurde in geburtstäglicher Runde die Wochenschau angesehen, die der Jubilar genehmigte.

Eine Woche später, am 26. April, spendierte sich der Führer noch ein nachträgliches Geschenk: Er ließ sich in der Berliner Krolloper zu Deutschlands oberstem Gerichtsherrn mit »Blankovollmacht« deklarieren;[37] es war zugleich die letzte Sitzung des Reichstages überhaupt.

Vormarsch nach Süden

Am Sonnabend, dem 9. Mai, begann die Rote Armee ihre Frühjahrsoffensive gegen Charkow, die nach acht Tagen durch einen massiven deutschen Gegenschlag zunächst in einer Kesselschlacht endete. An jenem Tag, dem 17. Mai, berief Hitler in der »Wolfsschanze« den Chef der Kriegsgeschichtlichen Abteilung des OKW, Oberst Scherff, zum »Beauftragten des Führers für die militärgeschichtliche Geschichtsschreibung«. Scherff sollte eine »grundlegende Darstellung des großdeutschen Freiheitskampfes« verfassen und das »gesamte militärische Schrifttum« dementsprechend auf Linie bringen.[38] Der übereifrig-untertänige und als Intrigant bekannte Scherff hatte sich bereits anläßlich des 20. April mit einer »Zusammenstellung von Aussprüchen großer Deutscher«, einer »Apotheose des Führers«[39], wärmstens für eine solche Verwendung empfohlen. Mochte der Geschichtsschreiber an der Kampffront Heroisches finden – tatsächlich brachte er niemals auch nur eine Zeile zu Papier –[40], so hätte er von der »Heimatfront« wenig Ruhmvolles zu berichten gehabt: Dort hatten die Bomber der Royal Air Force mit Systematik begonnen, deutsche Städte in Schutt und Asche zu legen. Der notwendige Bunkerbau war auch eines der beiden Themen im Gespräch Hitlers mit dem saarländischen Großindustriellen Geheimrat Hermann Röchling am 18. Mai in der »Wolfsschanze«, bei dem auch Speer anwesend war. Das andere, für Hitler offensichtlich interessantere Thema waren Eisenbahnkonstruktionen; denn die geplanten Rieseneisenbahnen zur Erschließung der eroberten Territorien im Osten besprachen er und Speer abermals am 24. Mai mit Reichsverkehrsminister Dorpmüller.[41] Wenige Tage später siegte die Wehrmacht bei Charkow und marschierte weiter in Richtung Krim auf Sewastopol zu.

Am Donnerstag, dem 4. Juni, um acht Uhr flog Hitler zusammen mit Pressechef Dietrich, dem Gesandten des Auswärtigen Amtes Hewel und OKW-Chef Keitel

Der oberste deutsche Feldherr war gern auf dem aktuellen Stand der Waffentechnik für seinen Krieg, wobei er stets forderte, daß die Neuentwicklungen umgehend an der Front eingesetzt werden sollten. Hier bei einer Waffenvorführung mit Generaloberst Rudolf Schmidt und Albert Speer (von links) im März 1942.

nach Finnland. Er wollte den 75. Geburtstag des Oberbefehlshabers der finnischen Streitkräfte, Freiherr von Mannerheim, nutzen, um dem Partner, der sich standhaft weigerte, einen verpflichtenden Bündnisvertrag mit dem Reich abzuschließen,[42] die eigene Verbundenheit zu demonstrieren. Hitler hatte den Besuch von langer Hand vorbereiten lassen; lediglich die finnische Regierung unterrichtete man erst am Abend zuvor um 20 Uhr. Der Führer wurde um 11.15 Uhr am Flugplatz Immola, etwa 60 Kilometer nördlich von Viipuri, von Staatspräsident Ryti empfangen und fuhr von dort aus zu einer Landzunge im Saimaasee, nahe der Industriestadt Kaukopää. Dort befand sich der vom greisen finnischen Armeechef – wegen der Schönheit der Natur und eines Eisenbahnanschlusses – ausgewählte Platz für die Entgegennahme der Geburtstagsglückwünsche. Hitler machte bei strömendem Regen seine Aufwartung mit warmen Worten der Bewunderung für das finnische Volk und seinen Feldherrn, aber auch des Dankes für die erwiesene Gastfreundschaft; die überrumpelten Finnen dankten höflich.[43] Um 20.30 Uhr war Hitler wieder in seinem ostpreußischen Hauptquartier,[44] wo er anderthalb Stunden später SS-Führer Himmler empfing, der ihn – aus Prag kommend – vom Tod Heydrichs, Chef des Sicherheitsdienstes (SD) und des Reichssicherheitshauptamtes, unterrichtete.[45]

Himmler nahm dieser Tage in seiner Feldkommandostelle »Hegewald« den Entwurf zum Generalplan Ost, der Gesamtkonzeption zur Germanisierungspolitik in den bereits besetzten und noch zu erobernden Gebieten,

Hitler setzte alles daran, Finnlands Marschall von Mannerheim (rechts) bei dessen Besuch in Ostpreußen Ende Juni 1942 zu beeindrucken und für seine Ziele zu gewinnen; etwa während der Stippvisite bei der Heeresführung in »Mauerwald«.

entgegen, welcher die Ansiedlung von etwa vier Millionen »Germanen«, meist Volksdeutschen, und die Umsiedlung bzw. Vernichtung »unerwünschter« Ostvölker innerhalb von 20 Jahren vorsah. In seinem Antwortschreiben an den Reichskommissar für die Festigung des deutschen Volkstums, Ulrich Greifelt, aus dem Führerhauptquartier erklärte Himmler, daß »in diesem Zwanzigjahrplan ... die totale Eindeutschung von Estland und Lettland sowie des gesamten Generalgouvernements mit enthalten sein« müsse. Für Litauen hingegen könne man mit »einer Eindeutschung der vorhandenen Bevölkerung weniger rechnen«, hier müsse man »die Gesamtbesiedlung ins Auge fassen«. Ansonsten sei er der »Überzeugung, daß es zu schaffen ist«.[46] Die übrigen Völker wurden nicht einmal erwähnt, an ihrem Schicksal gab es keine Zweifel.

Die folgenden Wochen verliefen für die Deutschen siegreich: Am 3. Juni wurde nach schwersten Abwehrkämpfen der Roten Armee Sewastopol erobert. »Wüstenfuchs« Rommel startete eine neue Offensive in Nordafrika, »entzückte« seinen Führer mit der Einnahme der britischen Festungen Bir Hachein, am 11. Juni, sowie Tobruk, am 21. Juni, und wurde sofort zum Generalfeldmarschall ernannt. Daß es Taktik der Briten war, ihn auf diese Weise ins Innere Ägyptens zu locken, ahnte Rommel freilich nicht.

Mittwoch, den 24. Juni, faßte der Verantwortliche für das Kriegstagebuch, Helmuth Greiner, in einem einzigen lakonischen Satz zusammen: »Ein Jahr in Wolfsschanze! O Gott!«[47] Am selben Tag verschleppten Gestapo und SS 465 Juden aus Königsberg und vermutlich 100 weitere jüdische Ostpreußen nach Minsk, wo sie nach ihrer Ankunft fast ausnahmslos getötet wurden.[48] Ebenfalls zeitgleich wurde auf einer Führerkonferenz die Entwicklung der Atombombe besprochen, die Hitler wie Speer aber (noch) für uninteressant hielten.

Ende Juni erfolgte bereits der Gegenbesuch Marschall von Mannerheims aus Helsinki in der »Wolfsschanze«. Hitler zog alle Register, und der Finne erlebte ein eigens für ihn komponiertes Touristenprogramm: Ehrenfront und Nationalhymne am Flugplatz, intimes Frühstücks-

Tête-à-tête mit Hitler im Teehaus, Lagevortrag im OKW-Kartenraum durch Halder, Mittagstafel – verstärkt durch von Ribbentrop, Himmler und Lammers –, Präsentation des Führers als Oberbefehlshaber des Heeres in »Mauerwald«, Weiterfahrt zu Reichsmarschall Göring nach Rominten.[49] Ob ihn Hitlers Imponiergehabe beeindruckte, ließ Mannerheim allerdings nicht durchblicken.

Am Tag danach, dem 28. Juni, begann im Süden der Ostfront die Sommeroffensive zur Eroberung des Dons bei Woronesch, des Donezgebiets und der Ölquellen des Kaukasus.[50] Für die Operation »Blau« bezog Hitler Mitte Juli ein eigens gebautes Feldhauptquartier bei Winniza in der Ukraine.

Führerfeldhauptquartier »Wehrwolf«

Als offensichtlich geworden war, daß der Kampf gegen die Sowjetunion kein Blitzkrieg werden würde, hatten am 17. November 1941 in einem Wald 15 Kilometer nördlich des ukrainischen Städtchens Winniza erste Erkundungen für ein weiteres Hauptquartier im Osten stattgefunden; Deckname »Eichenhain«. Für den 4. März 1942 vermerkte das Kriegstagebuch des Führerhauptquartiers dann bereits: »Acht Uhr fliegt Kommandant mit Adjutant, Generalmajor Schmundt und Oberbaurat Dr. Henne zu den neuen Anlagen im Osten.«[51] »Eichenhain« wurde durch zwei weitere Anlagen, »Bärenhöhle« bei Smolensk und »Wasserburg« bei Pleskau nahe dem Peipussee, ergänzt.[52]

Die Anlage in der Ukraine war – ähnlich dem ostpreußischen Hauptquartier – in einen Sperrkreis I, allerdings mit lediglich zwei Bunkern und mehreren Blockhäusern, sowie einen Sperrkreis II mit Barackenbauten aufgeteilt und von einer Anzahl versenkter Postenstände durchzogen.[53] Das Feldhauptquartier verfügte über einen Flugplatz in der Nähe von Winniza, eine bestens ausgestattete Fernmeldeeinrichtung sowie eine eigene »Wasser-, Licht- und Kraftversorgung«. Ebenso wie in der Umgebung von Rastenburg hatte sich in der Nähe der ukrainischen Anlage ein »Spinnennetz der Macht« ausgebreitet: Einige Stellen des OKH quartierten sich direkt in Winniza ein, einem »am Bug malerisch gelegenen großen Kurort«[54], der Großteil mußte allerdings zwischen Ostpreußen und der Ukraine pendeln. Luftwaffenchef Göring ließ sich für zwei Millionen RM eine Großanlage in Kalinowka, unmittelbar bei Winniza, erbauen, nutzte diese entsprechend seinem abnehmenden Machteinfluß aber höchst selten.[55] Außenminister von Ribbentrop residierte »zwei Stunden davon entfernt«[56] bei Shitomir, wo sich auch Himmlers Feldkommandostelle »Hegewald«, zugleich Lammers' Quartier, befand.[57]

Am 14. Mai flog Schmundt zusammen mit »allen Chefs der Einheiten« des Führerhauptquartiers »zu Besprechungen und zur Einweisung« nach »Eichenhain«,[58] erste Bewachungseinheiten bezogen ihre dortigen Unterkünfte ab dem 20. Juni.[59] Einen Monat später, am 17. Juli, trafen Hitler und sein Gefolge im neuen Führerfeldhauptquartier ein, das noch am selben Tag den Namen »Wehrwolf«[60] erhielt. Der Alltag im neuen Hauptquartier, zu diesem Zeitpunkt bereits fern der vordringenden Front, wurde statt vom Schlachtenlärm von brütender Hitze sowie Fliegen- und Stechmückenschwärmen bestimmt.[61]

Wegen der »vorzüglichen« Entwicklung seiner Sommeroffensive im Süden der Ostfront erließ Hitler als eine seiner ersten Amtshandlungen in »Wehrwolf« am 23. Juli die Weisung Nr. 45 über die Fortsetzung der Kämpfe: Deutschlands oberster Feldherr bestimmte, daß die Heeresgruppe A den Kaukasus, die Ölfelder bei Baku sowie Grosny (Operation »Edelweiß«) und die Heeresgruppe B Stalingrad sowie Astrachan (Operation »Fischreiher«) nehmen solle. Der Heeresgruppe Nord oblag es, Leningrad zu erobern (Operation »Feuerzauber«)[62] – ohne daß

Eine »Ju 52« auf dem Flugplatz der »Wolfsschanze« bei Wilhelmsdorf vor dem Abflug in die Ukraine.

eine der Operationen Vorrang besessen hätte. Für Wochen schien die Wehrmacht dann abermals unaufhaltsam zu sein, wie Hitler einem jeden seiner Gäste, vornehmlich Diplomaten, etwa Italiens Botschafter Dino Alfieri am 4. August und dem neuen türkischen Botschafter Saffet Arikan am 15. August, ausführlich schilderte.[63] Auch Alfried Krupp, Juniorchef und designierter Nachfolger der deutschen Traditionsfirma, kam zu dieser Zeit zu Verhandlungen in das Führerhauptquartier und konnte sich im Ergebnis Hoffnungen auf einen Erbschaftssteuererlaß bei Übernahme des Familienunternehmens machen.[64]

Anfang September gerieten die deutschen Truppen im Kaukasus jedoch ins Stocken, die Schuld daran trugen für Hitler die Generäle. Am 7. September entsandte er deshalb Jodl, den Chef des Wehrmachtführungsstabes, als Revisor nach Stalino zum Oberbefehlshaber der Heeresgruppe A, Feldmarschall von List. Noch in der Nacht erstattete Jodl seinen Bericht in »Wehrwolf«, in dem es hieß, daß der gescholtene List lediglich die Befehle seines Vorgesetzten, also Hitlers, ausgeführt habe und die verfahrene Lage im Kaukasus auf diese Weisungen zurückzuführen sei, die der Führer wie üblich »aus dem Stehgreif«[65] erteilt hatte. Dieser offenbare Zweifel an seinem militärischen Genie verursachte einen Tobsuchtsanfall des Führers, er bezichtigte Jodl der Lüge und zog sich schmollend in seinen Bunker zurück. Für eine Weile drohte er sogar, Keitel und Jodl durch den Oberbefehlshaber Süd, Generalfeldmarschall Kesselring, und den Oberbefehlshaber der 6. Armee, General Paulus, zu ersetzen.[66]

Geburtstagsfeier für Hitlers Luftwaffenadjutanten Below im Kasino von »Wehrwolf« am 20. September 1942. Von links: Hitlers Adjutanten Albert Bormann und Julius Schaub, Marineadjutant von Puttkamer, Heeresadjutant Engel, SS-Hauptsturmbannführer Schulze-Kossens, Hitlers Sekretärin Johanna Wolf sowie Below selbst.

Als Konsequenz der Auseinandersetzung gingen am Morgen des 8. September Fernschreiben nach Berlin und München, um einige Stenographen des Reichstages, der als Parlament nur noch auf dem Papier bestand, nach Winniza zu beordern. Sie hielten – vom Führer persönlich vereidigt, Bormann unterstellt und in eigens kreierte Uniformen gesteckt – ab dem 12. September als »Stenographischer Dienst im Führerhauptquartier« jedes Wort der beiden täglichen Lagen sowie die »Sonderbesprechungen« Hitlers fest – Tag für Tag etwa 100 A4-Seiten, auf daß die Verantwortlichkeiten in diesem Krieg für Nachwelt und Geschichte erhalten blieben.[67] Außerdem nahm der eingeschnappte Hitler fortan nicht mehr an den gemeinsamen Mahlzeiten im Speiseraum teil; seinen vakanten Platz bei Tisch nahm wenige Tage später Bormann ein. Zu guter Letzt zwang Hitler List zum Rücktritt und übertrug sich selbst nun auch noch den Oberbefehl über die Heeresgruppe A. Jodls Stellvertreter, General Warlimont, beobachtete: »Das ganze Wesen und Wirken des Hauptquartiers schien wie gelähmt. Hitler verließ sein sonnenloses, dunkles Blockhaus angeblich nur noch bei Dunkelheit und auch dann nur auf verborgenen Wegen. Der Lageraum, die Stätte seiner täglichen, stundenfüllenden Reden und aller Spannungen der vergangenen Tage und Wochen, lag verödet. Die Lagebesprechungen fanden nur noch in Hitlers enger Wohnhütte statt, beschränkt auf die geringste Zahl der unentbehrlichen Berichterstatter und bar aller sonstigen Formen – oder auch Formlosigkeiten. Kein Wort mehr als notwendig wurde gesprochen, die Stimmung war eisig.«[68]

Im Mittelpunkt des nächsten »Ungewitters« in »Wehrwolf«, der Abendlage des 24. September, standen die seit dem 13. September tobenden Kämpfe bei Stalingrad: Als Generalstabschef Halder den Abbruch des verlustreichen Angriffs auf die Wolga-Stadt forderte, weil die Soldaten mit den Vorgaben des Führers überfordert seien, setzte ihn der brüllende Hitler kurzerhand ab – schließlich könne er auf vier Jahre Fronterfahrung im Ersten Weltkrieg zurückgreifen und wisse, was man einem einfachen Soldaten abverlangen könne. Sofort berief Hitler Halders Nachfolger, den noch am selben Tag zum General ernannten Kurt Zeitzler – Spitzname »Kugelblitz«.

Nach außen blieb alles wie gehabt: Der OKW-Bericht verbreitete wie in den vergangenen Septemberwochen auch im Oktober ununterbrochen Meldungen über die

Hitler am 24. Juli 1942 im Feldhauptquartier »Wehrwolf« im Gespräch mit General Schmundt (oben), Bunker im dortigen Sperrkreis I (Mitte), Kaminromantik im Führerblockhaus (unten).

herausragenden Erfolge der Wehrmacht bei Stalingrad, das – wie vom Führer befohlen – unentwegt »berannt«[69] werde. Doch jeder neu verkündete Sieg offenbarte im Grunde nur eines: Die deutschen Truppen kämpften verzweifelt und mit großen Verlusten schon wochenlang gegen die unerwartet starke sowjetische Verteidigungslinie, ohne der Stadt wesentlich näherzukommen. Kriegstagebuchschreiber Greiner notierte in jenen Tagen symptomatisch für das deutsche Hauptquartier: »Die Eintönigkeit und Ungemütlichkeit meines Daseins fällt mir einmal wieder schwer aufs Gemüt. So bringt man seine besten Jahre hin. Und der Krieg schleppt sich unabsehbar weiter ohne irgendwelche Entscheidungen. Was haben wir schon vom Leben. Arbeit, Mühen und Sorgen, wenn die letzteren auch noch zu ertragen sind. Und um sich sieht man immer nur Speichelleckerei und Augendienerei. Das Lesen ist noch das Beste, aber es füllt auch nichts aus.«[70]

Hitler hielt es ob der allgemeinen Umstände am 31. Oktober für geraten, wieder in das noch frontferne Ostpreußen überzusiedeln. Die Verlegung des gesamten Führerhauptquartiers im Eisenbahntransport dauerte 48 Stunden.[71]

Vorboten des Untergangs

»Am 1. November kehrten wir in die Wolfsschanze zurück. Hier überraschte uns eine große Annehmlichkeit. Alle Betonbunker hatten räumlich weite und helle Holzbaracken-Anbauten erhalten, die die Arbeit erleichterten. An Hitlers Baracke war ein großer Arbeitsraum angebaut, in dem künftig die Lagebesprechungen stattfinden konnten«[72], notierte Adjutant Below.

Auf Befehl des grollenden Führers hatte die Organisation Todt außer diesen Bauten in den vorangegangenen sechs Wochen eine zusätzliche große Holzbaracke für den neugeschaffenen Stenographendienst des Führerhauptquartiers errichtet. Dieses Gebäude unterstand einer besonderen Sicherung und war mit einem eigenen Drahthindernis, an dem ein bewaffneter RSD-Beamter Tag und Nacht Wache stand, umfriedet. Hier übertrugen Schreibkräfte die geheimen stenographischen Aufzeichnungen der Lagebesprechungen bei Hitler in Reinschrift und archivierten sie. Den Stenographenraum mit den Protokollen durften nur er sowie sein Adjutant Schaub und Diener Linge betreten.[73]

Heerführer Hitler fand keine Zeit, die offensichtliche Freude seines Adjutanten von Below über die neuen Bequemlichkeiten zu teilen: Die Afrikafront brach unter massivem britischen Trommelfeuer und pausenlosen Luftbombardements gerade zusammen, die »uneinnehmbare« Festung El Alamein stand vor dem Fall. Da ein prinzipieller Rückzug für den Feldherrn Hitler aber undenkbar war, beschloß er, daß Generalfeldmarschall Rommel und seine Wüstenkämpfer aufrechten Hauptes sterben und den Stoff für ein neues, ruhmreiches Heldenepos abgeben mögen. Diese »erstrebenswerte Aussicht«, Sieg oder Tod, unterbreitete Hitler Rommel in einem Telegramm, das dieser am Nachmittag des 3. November erhielt. Rommel dagegen, dem nichts an einer sinnlosen Vernichtung seiner Truppe lag, hatte bereits am Vortag eine Rückzugsbewegung eingeleitet, deren telegraphische Meldung jedoch erst am späten Abend des 2. November in der »Wolfsschanze« eingetroffen und der obersten Führung nicht mehr zur Kenntnis gekommen war.

Der Offizier vom Dienst, der Rommels fünf Stunden alte Nachricht bei Dienstbeginn um drei Uhr früh entgegennahm, sah darin keine wesentliche Veränderung der Lage, die er seinem Vorgesetzten hätte melden müssen. Das sah sein allerhöchster Chef allerdings ganz anders und witterte Verrat seitens des dem Nationalsozialismus wenig gesonnenen Wehrmachtführungsstabes. »Knapp zwölf Stunden später verließ derselbe Offizier, ein über 50jähriger, im Dienst des Wehrmachtführungsstabes ebenso wie im bürgerlichen Leben hoch bewährter Major d. R. [Dr. Borner], aschfahlen Gesichts Hitlers Wohnbaracke. Nur mit knapper Not war er der Erschießung – ›innerhalb zehn Minuten‹ – entgangen, weil Hitler sich hatte überzeugen lassen müssen, daß entgegen seinem Verdacht ein abgekartetes Spiel zwischen dem Sperrkreis II und Rommel nicht vorlag. Stattdessen fand der Major sich in den Mannschaftsstand und zu einem ›Bewährungsbataillon‹ versetzt.« Sein Vorgesetzter, der stellvertretende Chef des Wehrmachtführungsstabes Warlimont,

Beim Morgenspaziergang durch »Wehrwolf« – im Gleichschritt: Reichsaußenminister von Ribbentrop, Hitler und Reichsleiter Bormann.

wurde – ohne daß Hitler ihn gesprochen hatte – strafweise »seiner Dienststelle enthoben« und verabschiedete sich am 4. November aus dem Führerhauptquartier. Keitel drückte darüber sein Bedauern aus; Jodl, Warlimonts langjähriger direkter Vorgesetzter, beschränkte sich beim Abschiedsessen auf die Bemerkung: »Des Führers Wille ist für uns alle höchstes Gebot.« Lediglich Hitlers Chefadjutant Schmundt machte sich für den Ausgewiesenen stark und erreichte am Vormittag des 5. November neben einer Strafmilderung für Borner auch die Wiedereinsetzung Warlimonts.[74] Das notorische Mißtrauen des höchsten Feldherrn gegen die Berufssoldaten im Sperrkreis II und an den Fronten war durch diese Vorgänge weiter genährt worden.

Am 7./8. November landeten angloamerikanische Verbände unter General Eisenhower in Marokko und Algerien (Operation »Torch«), woraufhin die Wehrmacht, um ein weiteres Vordringen der Alliierten zu verhindern, am 11. November in den bisher unbesetzten Teil Frankreichs einmarschierte. Rommel und sein Afrikakorps mußten in den nächsten Tagen trotz gegenteiligen Führerbefehls systematisch bis zur Ausgangsstellung am Beginn ihres Feldzuges, der Buerat-Linie, zurückweichen – ein Rückzug, den Hitler Rommel nie verzieh.

Die obersten deutschen Kriegsherren, Hitler, Keitel und Jodl, begaben sich für die folgenden drei Wochen zunächst einmal nach Bayern, wo der Führer einige Ruhetage auf dem Obersalzberg genoß. Erst als die Situation an der Ostfront durch eine Gegenoffensive Schukows mit zwei neuen Heeresgruppen bei Stalingrad derart prekär geworden war, daß Oberbefehlshaber Zeitzler sich entschloß, seinen Führer zu alarmieren, fuhr dieser am 22. November mit seinem Zug zurück in die »Wolfsschanze«. Am folgenden Tag begann die Rote Armee, Paulus' 6. Armee einzuschließen. Die erste Lagebesprechung nach der langen Abwesenheit des »Ersten Soldaten« seines Heeres am 24. November verlief entsprechend unruhig: »Große Diskussion über Funkspruch General Paulus: Antrag, gesamte Nordfront zurückzunehmen, da inzwischen Lage unhaltbar. Paulus schreibt, daß er Aufbau Südfront und Halten Nordfront nicht könne. Führer lehnt Vorschlag kraß ab, obwohl Zeitzler ihn befürwortet. Begründung ist, daß dann alles in Bewegung komme, man wisse ja, wie das aussähe. Zeitzler betont aber eindeutig, daß nunmehr die, wenn auch hoffentlich vorübergehende, Einschließung der 6. Armee Tatsache werde. Führer sagt Prüfung zu, weitere Verbände aus dem Westen heranzuholen, und betont immer wieder, daß Stalingrad auf keinen Fall aufgegeben werden dürfe ...« Die Schuldfrage am Schicksal der Paulus-Armee blieb »ungeklärt«, die Stimmung war »grauenhaft«.[75]

Hitler beharrte geradezu selbsthypnotisch auf seiner Sicht der Dinge, zumal Reichsmarschall Göring, der gelegentlich »mit allem Pomp« und von seinen Stäben »immer bestens unterrichtet«[76] bei den Lagebesprechungen erschien, ihm vollmundig zugesichert hatte, daß seine »Adler« den Kessel komplett aus der Luft versorgen würden. Eine etwaige Kapitulation war dem Führer ein unerträglicher Gedanke, und wenn sich ein Sieg als unmöglich erweisen sollte, dann wäre eben abermals ein todesmutiges Heldenepos fällig. Die Menschen hinter den Frontsoldaten wurden bei diesem Planspiel am Kartentisch der hermetisch abgeschlossenen Welt von Sperrkreis I einmal mehr zur verfügbaren Manövriermasse.

Die Krise bei Stalingrad verschärfte sich von Tag zu Tag. Am 12. Dezember verkündete der zwar uneinsichtige, aber auf seine Weise »wirklichkeitsangewandelte« Hitler während der Mittagslage gegenüber Zeitzler: »Wenn wir das [Stalingrad] preisgeben, geben wir eigentlich den ganzen Sinn dieses Feldzuges preis. Sich einzubilden, daß ich das nächste Mal noch hierher komme, ist ein Wahnsinn. (...) Daher dürfen wir auch hier nicht mehr weggehen. Dazu ist auch zu viel Blut vergossen worden.«[77] Angesichts der sich entwickelnden Lage, des Kampfes »um Sein oder Nichtsein« auch der 8. italienischen Armee, reiste Außenminister Ciano am 18. Dezember zu dreitägigen Besprechungen in den »feuchten Wald«[78] bei Rastenburg; der Duce war wegen eines Magengeschwürs unpäßlich. Der Heerführer des Großdeutschen Reiches belehrte den Gast aus Rom eingangs darüber, daß die Erfolge der Roten Armee vor allen Dingen »durch eine mangelhafte Zusammenarbeit zwischen den verbündeten Armeen an der Ostfront zu erklären« seien. Ciano seinerseits lenkte das Gespräch auf Mussolinis Pläne für einen neuen »Brest-Litowsk-Frieden«.[79] Konkret bedeutete dies Waffenstillstandsverhandlungen mit den Sowjets und Aufbau einer Defensivlinie, um Kapazitäten für den Kampf gegen die Alliierten in Nordafrika, Südost- und Westeuropa zu gewinnen – ein Gedanke, den auch Außenminister von Ribbentrop hegte. Der Führer

Unterredung mit dem Ministerpräsidenten des »État Français«, Pierre Laval, am 19. Dezember 1942 im Kartenraum der »Wolfsschanze«, wo gewöhnlich die Lagebesprechungen stattfanden; im Hintergrund der große Kartentisch mit Lampe. Zwischen Hitler und Göring: Italiens Außenminister Graf Ciano.

wies diese Avance strikt von sich, weil erstens keine Einigung über die gegenseitigen Interessensphären erreichbar sei und zweitens man den Russen keine Atempause für eine Reorganisation ihrer Kräfte geben wolle. Eine Landung im Westen wünsche er sogar, da sich diese »für die Angelsachsen zu einer Katastrophe auswirken« würde,[80] versicherte Hitler unter Anspielung auf den seit September betriebenen umfangreichen Ausbau der Küstenbefestigungsanlagen im Westen und seinen berüchtigten »Kommando-Befehl« vom Oktober.[81]

Bei der Unterredung mit dem Ministerpräsidenten des »État Français«, Pierre Laval, am Tag darauf – in Anwesenheit Cianos, von Ribbentrops und Görings, hier in seiner Eigenschaft als Wirtschaftsexperte – machte der Führer aus seiner Geringschätzung des Franzosen und seines Vasallenstaates keinen Hehl. Trotz dessen anbiedernder, ja unterwürfiger Haltung unterbrach Hitler Lavals Versuche, über die ökonomische Lage seines Landes zu sprechen, immer wieder, um dem Gast »das ganze Sündenregister Frankreichs«[82] herunterzuleiern.

In einem weiteren Gespräch am 20. Dezember kamen Ciano und der Führer dann überein, »die Fiktion einer französischen Regierung aufrechtzuerhalten und Pétain als Staatschef zu belassen, weil dies die Operationen in Nordafrika erleichtere«. Denn Nordafrika, so Hitler, sei als Lebensraum für die Zukunft des italienischen Volkes von größter Bedeutung, so wie der Osten für das Reich. Es folgte ein »besonders herzlicher« Abschied.[83]

Solche »Schattenspiele im dunklen Walde bei Rastenburg«[84], wie Dolmetscher Schmidt diese Unterredungen treffend bezeichnete, halfen den bei Stalingrad eingekesselten Soldaten wenig. Am 21. Dezember mußte Manstein seine Entsatzaktion »Wintergewitter« aufgeben, weil der sowjetische Gegendruck so stark geworden war, daß neue Durchbrüche auf der gesamten deutschen Verteidigungslinie drohten. Eine Rettung der 6. Armee lehnte Hitler weiterhin ab; der Heeresadjutant beim Führer, Major Engel, vertraute am 22. Dezember seinem Tagebuch an: »Tiefste Depression bei uns. Fast alle hatten gehofft, daß Paulus bei allem Risiko nunmehr selbständig ausbrechen würde.«[85] Paulus aber gehorchte den Befehlen aus der »Wolfsschanze«.

In diesen Tagen kam Hitler Goebbels' Vorschlag, »den Krieg radikal und unter Aufbietung aller Kräfte« zu führen, wieder in den Sinn. Bereits im März, nach dem Rückzug vor Moskau, hatte der Propagandaminister dem Führer unter sechs Augen – das heißt in Gegenwart des unvermeidlichen, lauernden Bormann – in der »Wolfsschanze« seine diesbezüglichen Ideen detailliert vorgetragen und der Kriegsherr hatte sie »ohne Widerrede« akzeptiert. Doch sein Vorstoß war zur Bearbeitung an den Goebbels' verhaßten Dreierausschuß der »Bürovorsteher« Bormann, Keitel und Lammers gegeben worden und hatte sich dort lediglich in einen Aktenstoß verwandelt. Mit Argusaugen verfolgte Goebbels seit längerem den wachsenden Einfluß dieser »Heiligen Drei Könige«, die das von Hitler bewußt herbeigeführte Chaos in den Zuständigkeiten von Staat wie Partei und die damit verbundenen permanenten Rivalitäten geschickt zu nutzen verstanden. Der »Doktor«, wie Hitler seinen Volksmanipulator abschätzig zu nennen pflegte, bemühte sich daher um eine Art Bündnis zur Entmachtung Bormanns, »dieses primitiven GPU-Typen«[86], wie der »Feingeist« und Literat Goebbels seinen Kontrahenten privatim bezeichnete. Rüstungsminister Speer, Wirtschaftsminister Funk sowie der Chef der Deutschen Arbeitsfront Ley waren einer solchen Partnerschaft durchaus zugeneigt, die Hoffnung auf Göring als Bundesgenossen erwies sich dagegen als trügerisch.

Im Oktober zeigte sich der Führer dem Ansinnen der Verbündeten Speer und Goebbels nach einer vollständigen Mobilisierung des Reiches abermals aufgeschlossen. Doch den Startbefehl zum totalen Krieg gab er in seinem Hauptquartier am 27. Dezember – an Martin Bormann. Für seine Verhältnisse erstaunlich prosaisch vermerkte dieser: »Nach verschiedenen Rücksprachen beim Führer fährt M. B. nach Berlin, um am 28.12. mit Dr. Lammers und danach mit Dr. Goebbels den totalen Einsatz des deutschen Volkes zur Erhöhung des Kriegspotentials zu besprechen.«[87] Der von den »Verschwörern« beabsichtigte »Coup de Bormann« war nicht nur fehlgeschlagen, er hatte dessen Machtposition sogar noch gestärkt. Nach Rückkehr in die »Wolfsschanze« konnte Bormann für die Silvesternacht voller Stolz in seinen Kalender eintragen: »31.12. M. B. allein beim Führer bis 4.15 Uhr.«[88] Die traute Zweisamkeit dieser Nacht war Bormanns endgültiger Ritterschlag.

Gemeinsam »erfreuten« sich der Führer und Bormann an Himmlers Bericht Nr. 51, der – am letzten Tag des Jahres vorgelegt – das Ergebnis von Aktionen der SS-Einsatzgruppen auf sowjetischem Territorium für den Herbst 1942 festhielt: »363211 Juden liquidiert.«[89] Vor allem in den ehemals ostpolnischen Gebieten Podolien und Wolhynien töteten SS-Einheiten im Laufe des Jahres Juden als »unnütze Esser« in einer zweiten Welle von Massenerschießungen. Gleichzeitig gingen umfangreiche Lebensmitteltransporte zur Versorgung der Bevölkerung direkt in das Deutsche Reich.[90] Insgesamt wurden bis zum Jahresende 1942 vier Millionen Juden ermordet, davon etwa 1,7 Millionen im Generalgouvernement[91] und allein 70000 im Großraum Rowno, wo Erich Koch in seiner Eigenschaft als Reichskommissar für die Ukraine erbarmungslos wütete.[92]

Das neue Jahr begann, wie das alte geendet hatte: katastrophal. Nachdem Paulus am 8. Januar 1943 gemäß Hitlers kategorischem Verbot eine Aufforderung der Sowjets, unter ehrenvollen Bedingungen zu kapitulieren, abgelehnt hatte, eröffnete die Rote Armee zwei Tage darauf eine Großoffensive zur Vernichtung der eingeschlossenen deutschen und rumänischen Truppen. Am selben Tag empfing Hitler Conducator Antonescu aus Bukarest in der »Wolfsschanze« und stellte ihn ab 11.30 Uhr »stehend 3,5 Stunden lang zur Rede«.[93] Es begann ein regelrechtes Feilschen um die Schuld an der militärischen Niederlage bei Stalingrad, die Hitler den Rumänen zusammen mit den anderen Verbündeten, Ungarn und Italien, zuschieben wollte. Stratege Antonescu verwahrte sich unter Hinweis auf die eigenen Verluste energisch

Eine von der Roten Armee zerschlagene Kolonne der Wehrmacht im Kessel von Stalingrad. Sowohl der unerbittliche Kampfeswille der Soldaten Stalins als auch die Eiseskälte sowie die mangelnde Ausrüstung der Deutschen führten zum Untergang der 6. Armee von General Paulus.

dagegen und kritisierte im Gegenzug die deutsche Führung, also Hitler, heftig. Bei der Abendbesprechung ab 19.30 Uhr fanden die Staatsführer dann aber wieder zur »vollen Übereinstimmung« ihrer Auffassungen zurück, indem sie mit Blick auf die Westalliierten gemeinsam feststellten, daß Stalin »der einzige große Gegner« sei. Er regiere jedoch – ganz im Gegensatz zu ihnen – »allein mit Brutalität, ohne irgendwelche Vergeistigung der Massen«.[94]

Hitlers Anliegen, die »Vergeistigung« seines Volkes zu vertiefen, schlug sich im »Erlaß über den umfassenden Einsatz von Männern und Frauen für Aufgaben der Reichsverteidigung« vom 13. Januar nieder.[95] Doch die Ursache für die vergleichsweise plötzliche Notwendigkeit einer maximalen Leistungsfähigkeit in einem totalen Krieg war bisher wohlweislich verschwiegen worden: Erst einen Tag später erfuhr die deutsche Öffentlichkeit aus einem OKW-Bericht vom Debakel bei Stalingrad, verbrämt als »heldenhafte, schwere Kämpfe«.[96]

Die Ereignisse überschlugen sich in den kommenden Tagen und Wochen – zuungunsten des Deutschen Reiches und seiner Wehrmacht. Der »Wolf« im Wald zu Rastenburg konnte nur noch gebannt zuschauen: In Afrika nahmen die alliierten Truppen am 23. Januar Tripolis, am selben Tag erklärten Churchill und Roosevelt zum Abschluß eines Treffens in Casablanca die bedingungslose Kapitulation Deutschlands zu ihrem Hauptkriegsziel. In der »Wolfsschanze« wurde diese Forderung nicht bekanntgegeben.[97] Zeitgleich begann die Rote Armee mit der Rückeroberung Woroneschs und Rostows. Die Heimatfront wurde durch Flammenstürme verheert, allein die Reichshauptstadt Berlin war in den vier Mona-

Neben den Soldaten trug die Zivilbevölkerung das meiste Leid bei den Kämpfen von Stalingrad.

ten dieses Winters das Ziel von insgesamt 16 schweren nächtlichen Bombenangriffen.

Angesichts des bevorstehenden zehnten Jahrestages der »Machtergreifung« verbot Hitler erneut eine Kapitulation der 6. Armee, die am 20. Januar von sowjetischen Verbänden in zwei Teile zersprengt worden war – zur »Rettung des Abendlandes«, wie er meinte. Hitler ließ dafür aus dem Nachrichtenbunker seines Sperrkreises in der »Wolfsschanze« »Aufmunterndes« nach Stalingrad funken: »Der Führer kennt die Lage seiner Soldaten. Er wird es schon schaffen. Wir müssen nur gehorchen. Wir haben nichts zu fragen, sondern blind zu gehorchen.«[98] Der oberste deutsche Kriegsherr, durch ihm vorgelesene Briefe aus dem Kessel über die Lage sehr wohl informiert,[99] ignorierte die offensichtliche Not an der Front ganz bewußt.

Weil der Führer durch Stalingrad im Hauptquartier unabkömmlich war, hielt in diesem Jahr Reichsmarschall Göring die übliche offizielle Ansprache zum »Tag der nationalen Erhebung« in Berlin. Göring – den reichverzierten Marschallstab wirkungsvoll schwingend – nannte Hitler einen »gottgesandten Mann« und erging sich tönend in flammender Siegesgewißheit. Er verschwieg, daß die Luftwaffe entgegen seinen großspurigen Versicherungen vorab lediglich zehn Prozent der Verwundeten evakuiert hatte. Den hungernden, frierenden und ausgebluteten deutschen Soldaten im Osten brachte Görings Durchhalteaufforderung die versprochene Stärkung ohnehin nicht: Am 31. Januar kapitulierte der »Südkessel« der 6. Armee. Paulus, noch am Vormittag des Tages – quasi als Empfehlung für »Walhall« – von der »Wolfsschanze« aus zum Generalfeldmarschall ernannt, begab sich in sowjetische Gefangenschaft, wie auch die meisten Offiziere, nachdem sie das Fußvolk großenteils bis zum letzten Atemzug hatten kämpfen lassen. Der ehemalige Gefreite Adolf Hitler, der sich allzu gern auf seine Fronterfahrung berief, tobte während der Mittagslage vom 1. Februar in seinem Hauptquartier über Paulus' »Weg der Charakterlosigkeit«; am Tag darauf mußte sich auch der »Nordkessel« ergeben.

In seinem Schlußkommuniqué lobte Hitler dann aber die »vorbildliche Führung des Generalfeldmarschalls«, der einer »Übermacht des Feindes und der Ungunst der Verhältnisse« erlegen sei und betonte gleichermaßen die »treue Waffenbrüderschaft« der verbündeten Rumänen und Kroaten. Natürlich sei das Opfer der 6. Armee nicht umsonst gewesen: »Sie starben«, log er, weil es Gefangenschaft in seinem Heldenepos nicht geben durfte, »damit Deutschland lebe. Ihr Vorbild wird sich auswirken bis in die fernsten Zeiten, aller unwahren bolschewistischen Propaganda zum Trotz. Die Divisionen der 6. Armee aber sind bereits im neuen Entstehen begriffen.«[100] Den Befehl zur Neuaufstellung dieser Einheiten hatte der Führer in weiser Voraussicht bereits knapp eine Woche vor der Kapitulation, am 25. Januar, gegeben.[101]

Wenige Tage später, bei der Abendlage des 6. Februar, demonstrierte dann Hitler einmal mehr seine Fähigkeit, »sich kalt planend auf ein bevorstehendes Gespräch einstellen zu können«: »Die Anwesenden gruppierten sich stehend um den hell beleuchteten Kartentisch. Hitlers Platz in der Mitte der Breitseite war noch frei. Eine goldumrandete Brille lag dort für ihn bereit. General Schmundt erschien in der Tür und verkündete laut: ›Meine Herren – der Führer.‹ Die Gespräche der Wartenden verstummten, und Hitler grüßte wortlos mit angewinkeltem Arm. Er blickte einmal in die Runde, um dann nur Feldmarschall Manstein mit Handschlag zu begrüßen. Eine lähmende Stille war im Raum. (...) Was ich jetzt miterlebte, war ein Meisterstreich Hitlerscher Psychologie: ›Meine Herren‹, begann er, ›vorweg möchte ich ein Wort zu Stalingrad sagen. Für Stalingrad trage allein ich die Verantwortung. Und nun‹, zu General Zeitzler gewandt, ›bitte die heutige Lage im Osten.‹ (...) Der Wirkung dieser fast wie ein Schuldbekenntnis klingenden Worte Hitlers folgte dann auch einen kurzen Augenblick betretenes Schweigen. Offenbar war Manstein, ebenso wie Zeitzler, überrascht«, wie Mansteins Ordonnanzoffizier Alexander Stahlberg notierte.[102]

Als sich anderntags alle Reichs- und Gauleiter im Führerhauptquartier einfanden – jeder einzelne der meist beleibten Beamten vom Führer und Brotherrn mit Handschlag begrüßt, baute Hitler seine ausschweifende Rede über das Geschehen der vergangenen Monate so auf, »daß keiner der Zuhörer auch nur den geringsten Hinweis auf die katastrophale Lage mit nach Hause nahm«.[103] Statt dessen verstrahlte der Führer »größte Entschlossenheit und absolute Siegeszuversicht«.[104] Generaloberst Guderian hingegen vermerkte über Hitlers physischen Zustand nach einem Besuch in der »Wolfsschanze«: »Die linke Hand zitterte, die Haltung war gebeugt, der Blick starr, die Augen quollen leicht hervor, sie waren glanzlos; die Wangen zeigten rote Flecken. Seine Erregbarkeit hatte zugenommen. Er verlor leicht jede Haltung in seinem Jähzorn und war dann unberechenbar in seinen Worten und Entschlüssen. Die äußeren Anzeichen einer Erkrankung steigerten sich immer mehr, der täglichen Umgebung infolge Gewöhnung kaum wahrnehmbar.«[105] Kammerdiener Linge konstatierte, daß sein Herr »übergangslos ... körperlich plötzlich ein Greis ge-

Für die Wehrmacht markierte die Niederlage den entscheidenden Wendepunkt des deutschen Eroberungsdranges. Von der 6. Armee überlebte nur knapp ein Drittel der Soldaten.

Proklamation des »totalen Krieges« durch Propagandaminister Goebbels am 18. Februar 1943 in Berlin.

worden«[106] sei. Auch die Schallplattenvorführungen, die Hitler seinem engsten Kreis von Zeit zu Zeit abendlich im Führerhauptquartier geboten hatte, vor allem Beethovens Symphonien und Partituren aus Wagners Monumentalopern, wurden ein Opfer der Niederlage; sie hatten mit der Kapitulation ein jähes Ende gefunden, der Führer vertrug keine Musik mehr.

Doch wenigstens einem bot die Katastrophe von Stalingrad endlich eine langersehnte Möglichkeit: Goebbels, der selbsternannte »Dolmetsch der Gefühle« zwischen dem Führer und den Massen, konnte sein Konzept der vollständigen Mobilmachung nunmehr auch unter das Volk bringen. Wider Willen zum Trommler Bormanns degradiert, hielt der Propagandaminister als Gauleiter der Reichshauptstadt am 18. Februar 1943 im Berliner Sportpalast – »mit dem ganzen heiligen Ernst und dem offenen Freimut« eines virtuosen Trugbildners – seine wohl berühmteste Rede: »Der Ansturm der Steppe gegen unseren ehrwürdigen Kontinent ist in diesem Winter mit einer Wucht losgebrochen, die alle menschlichen und geschichtlichen Vorstellungen in den Schatten stellt.« Einzig die »stärkste Militärmacht der Welt, das Deutsche Reich«, sei in der Lage, die Drohung des Bolschewismus und damit das »internationale Judentum als das teuflische Ferment der Dekomposition«, die »Weltpest«, zu brechen, verkündete der Rufer. Die Konsequenz: »*Das Radikalste* ist heute *gerade radikal,* und *das Totalste* ist *gerade total* genug, um zum Siege zu führen!«, fand Bravorufe und den Beifall des ausgewählten Publikums. Der Jubel brach sich endgültig Bahn, als der »Sprecher des Volkes« in seiner vielzitierten Befragung der Menge entgegenrief: »Wollt Ihr den totalen Krieg? [Stürmische Rufe: ›Ja! ‹ Starker Beifall.] Wollt Ihr ihn [Rufe: ›Wir wollen ihn!‹], wenn nötig, *totaler und radikaler, als wir ihn uns heute überhaupt erst vorstellen können?* [Stürmische Rufe: ›Ja!‹ Beifall.]«

Der »Doktor mit dem Hinkefuß« schloß die »Stunde der Idiotie«, wie er seinen massenhypnotischen Meisterauftritt anschließend selbst bezeichnete, mit der »Parole: Nun, Volk, steh' auf – und Sturm, brich los!«[107] Das hatte der beschworene Sturm bereits getan, allerdings aus der Gegenrichtung.

Rückzug an allen Fronten

Kriegs- und Schattenspiele

Die Niederlage bei Stalingrad hatte die russische Front in Bewegung gesetzt, die Rote Armee sozusagen »beflügelt«. Aus diesem Grunde startete der Führer in Begleitung seiner Generäle Jodl und Zeitzler am 17. Februar 1943 um zwei Uhr früh vom Flugplatz der »Wolfsschanze« gen Osten. Hitler hielt es für geboten, die Heeresgruppe Süd vor Ort, in ihrem Hauptquartier bei Saporoshe, zu neuen Taten anzutreiben. Während der dreitägigen Besprechungen mit Oberbefehlshaber von Manstein und dem unlängst ernannten Chef der Luftflotte 4, Generalfeldmarschall Freiherr von Richthofen, verfügte er die Wiedereroberung des Donezgebietes und der Stadt Charkow. In der Proklamation an seine Soldaten vom 19. Februar tönte der Kriegsherr dann von »immer neuen Divisionen«, die im Anrollen begriffen, und erstmalig auch von »unbekannten, einzigartig dastehenden Waffen«, die auf dem Wege zu den Fronten seien.[1] Den Endsieg praktisch in der Tasche, schied Hitler schleunigst von Saporoshe, da die russischen Panzer unterdessen seinem Flugzeug so nahe gekommen waren, daß es fast in Schußweite lag. Allein Benzinmangel hatte sie an der Weiterfahrt gehindert. Der Führer flog weiter in sein Feldhauptquartier »Wehrwolf« bei Winniza, wohin ihn dieses Mal lediglich »eine kleine Gruppe Vertrauter« begleitete, wie Reichsleiter Bormann, der dazugehörte, triumphierend an seine Gattin Gerda (»Mutti-Mausi«) schrieb. »Lammers, Himmler, Ribbentrop usw. müssen auf ihren Winterquartieren bleiben«[2], höhnte er beglückt; dieses Schicksal teilten die Feldstaffel des Wehrmachtführungsstabes sowie OKW-Chef Keitel und der Generalstab des Heeres.

In »Wehrwolf« erließ Hitler am 24. Februar den Befehl Nr. 7, nach dem ein militärischer Vorgesetzter »Ungehorsame auf der Stelle zu erschießen« habe. Für innenpolitische Gegner ersann er am 4. März eine Weisung, die den »zur Bestätigung eines kriegsgerichtlichen Todesurteils berufenen Befehlshaber« zur Wahl ermächtigte, »ob die Strafe durch Erschießen, Enthaupten oder Erhängen vollzogen werden soll«.[3] Beim Speer-Besuch am 7. März stand das »800000-Mann-Programm« auf der Tagesordnung, durch das Arbeitskräfte im Reich für den Frontdienst »freigemacht« werden sollten; die Goebbels-Visite am Tag darauf war hauptsächlich den verheerenden Folgen des Luftkrieges in Deutschland gewidmet. Für den 10. März hatte Hitler Generalfeldmarschall Rommel aus Tunis in sein Hauptquartier geladen. Um den Ungeliebten endlich loszuwerden, entschied der Kriegsherr entgegen allen strategischen und sachlichen Argumenten, daß Rommel dringend eine Kur antreten solle. Zur Erleichterung des Abschieds gab es für den Entthronten das Eichenlaub-Ritterkreuz mit Schwertern und Brillanten.

Nach drei Wochen »im Felde« stand für den 13. März der Rückflug in die »Wolfsschanze« auf dem Plan. Unterwegs machte Hitler beim Hauptquartier der Heeresgruppe Mitte in Smolensk Station, wo er sich mit Generalfeldmarschall von Kluge besprach. Währenddessen gelang es einem Offizier im Generalstab des Oberbefehls-

Im März 1943 erhielt »Wüstenfuchs« Rommel einen der höchsten deutschen Tapferkeitsorden. Im Jahr darauf sollte Hitler den prominenten Soldaten in den Selbstmord treiben.

Der Frontarbeiter OT

ILLUSTRIERTE ZEITUNG FÜR DIE FRONTARBEITER DER ORGANISATION TODT

20. APRIL 1943 FOLGE 142

Der Führer, der am 20. April seinen 54. Geburtstag vollendet, im Gespräch mit Reichsminister Speer, dem Chef der OT und genialen Vollender des Schutzwalls am Atlantik, im Führerhauptquartier

Aufnahme: Presse-Hoffmann

habers der Heeresgruppe Mitte, Oberst Henning von Tresckow, zwei als Brandyflaschen getarnte britische Sprengladungen in Hitlers »Focke-Wulf« zu schmuggeln. Das Flugzeug hob am frühen Nachmittag auch planmäßig in Richtung Ostpreußen ab; Tresckow selbst blieb in Smolensk. Die nach einer halben Stunde erwartete Detonation blieb wegen Vereisung des Zünders allerdings aus, und die Maschine landete unversehrt in Wilhelmsdorf. Ein mitverschworener Offizier eilte umgehend dorthin und barg die Bombe, bevor sie entdeckt wurde.[4]

Feldherr Hitler hielt es nicht für lange in seinem Wald bei Rastenburg: Bereits am Abend des 19. März setzte sich der Sonderzug mit dem Ziel Berlin in Bewegung, wo er zum Heldengedenktag sprach, den er eine Woche zuvor wegen der angespannten Frontlage per Erlaß vom 14. auf den 21. März verlegt hatte. Am 29. März entschwand der Führer in den Süden, wo er sich die nächsten Wochen abwechselnd in seinem »Berghof« bei Berchtesgaden oder im Barockschloß Kleßheim – einstmals Sitz der Fürstbischöfe von Salzburg – aufhielt und den April über die Chefs der meisten seiner Satelliten-Staaten empfing.[5] Während der Führer der deutschen Nation solchen »Schattenspielen« frönte, leistete er »offiziell« weiterhin Dienst in seinem ostpreußischen Hauptquartier.[6] Deutschlands Öffentlichkeit war in jenen Tagen ohnehin abgelenkt. Ab Mitte April liefen die Propagandamaschinerien der braunen wie der roten Diktatur heiß: Im Wald von Katyn, unweit der Stadt Smolensk, hatten die Deutschen Massengräber mit den Leichen von Tausenden offensichtlich durch die Sowjets getöteten Polen gefunden und teilweise exhumieren lassen. Moskau sprach dagegen von einer »niederträchtigen Erfindung«, wetterte gegen die »deutsch-faschistischen Mörder«, und die »freie« Welt schenkte den Beteuerungen des GULag-Staates Glauben. In diesem Falle zu Unrecht: Von Anfang April bis Mitte Mai 1940 hatte Stalins NKWD auf direkten Befehl der Moskauer Parteispitze fast 24000 polnische Häftlinge – internierte Offiziere und Mitglieder »konterrevolutionärer Gruppen« – aus verschiedenen Lagern kaltblütig ermordet und die meisten Leichen in Katyn verscharrt.[7]

Ende April 1943 flogen sowjetische Jagdflieger in den Raum Danzig – Elbing – Rastenburg – Goldap ein, warfen Brandbomben ab und verursachten »Sachschaden an einzelnen Gehöften«; Städte waren nicht betroffen.[8] Ein Luftangriff auf die »Wolfsschanze« lag nun zumindest im Bereich des Möglichen. Deshalb erhielten die Holzbaracken des Führerhauptquartiers zu dieser Zeit eine Ummantelung aus Backsteinen und Beton. Zeitgleich entstanden neue massive Unterkünfte für Gäste, die Verbindungsstellen zu Marine, Auswärtigem Amt sowie Luftwaffe und Speer-Ministerium am Rand von Sperrkreis III, in Richtung Wache Ost.

Die Monate Mai und Juni verbrachte Hitler weiterhin fern der Front, entweder im »Berghof« oder in der Berliner Reichskanzlei. Als am 13. Mai die deutschen und italienischen Afrikaverbände ihr »ehrenvolles Ende« gefunden hatten, war Hitler stumm geblieben; die blutige Niederschlagung des Aufstandes im Warschauer Ghetto am 16. Mai hatte ihn darüber nicht »hinwegtrösten« können. Zum Ende der Auszeit schwang er sich aber noch zu einem bemerkenswerten Erlaß auf. Am 26. Juni gab das »Feldquartier« bekannt: »Der Führer wünscht, in Zukunft im innerdeutschen Verkehr durchweg, also auch in Gesetzen, Erlassen und Verordnungen, ausschließlich als ›Der Führer‹ bezeichnet zu werden. (...) Der Führer hat ferner angeordnet, daß im formellen Verkehr mit dem Ausland in Zukunft die Bezeichnung ›Der Führer des Großdeutschen Reichs‹ verwendet werden soll. Als Anrede sollen Deutsche ausschließlich die Anrede ›Mein Führer‹, Ausländer die Anrede ›Führer‹ gebrauchen. (...) Eine Veröffentlichung dieses Rundschreibens in Gesetz- und Verordnungsblättern sowie durch Presse und Rundfunk hat zu unterbleiben.«[9]

Panzerschlacht und »Achsen«-Bruch

Nun, Ende Juni, kam Hitler nicht mehr umhin, sich zurück in die »Wolfsschanze« zu begeben. Bereits am 15. April hatte der Führer den Befehl Nr. 6 für die Operation »Zitadelle«, den Angriff auf den Eisenbahnknotenpunkt Kursk, 250 Kilometer nördlich von Charkow, erlassen. Nachdem die Offensive auf seine Veranlassung

Titelblatt des offiziellen Presseorgans der Organisation Todt anläßlich des 54. Geburtstages von Hitler. Rüstungsminister Speer und sein Führer in der »Wolfsschanze« beim Passieren der Bahngleise; im Hintergrund ein Flakturm.

hin dreimal verschoben worden war, kam ein weiterer Aufschub nun nicht mehr in Frage. Aus diesem Grunde empfing der »Erste Soldat« seines Reiches am 1. Juli alle beteiligten Oberbefehlshaber und Kommandierenden Generäle im Führerhauptquartier, hielt ihnen einen längeren Vortrag und gab seinen Entschluß bekannt, nicht länger warten zu wollen und endlich am 4./5. Juli loszuschlagen. In seiner Proklamation zu Beginn der Kampfhandlungen verkündete Hitler: »Der Schlag, den die deutschen Streitkräfte austeilen werden, muß von entscheidender Bedeutung sein und eine Wendung des Krieges mit sich bringen. Der Schlag muß die letzte Schlacht für den Sieg der deutschen Waffen sein.«[10]

Heimatfront: Hamburg nach den »Gomorrha«-Angriffen.

Die Oberbefehlshaber der Heeresgruppen Mitte und Süd, Kluge und Manstein, befehligten eine Streitmacht von einer Million Soldaten mit schwerer Artillerie und 2700 Panzern, darunter erstmals die neuen Typen »Panther« und »Tiger«; der weitblickende Führer hatte bereits am 25. Januar 1943 eine »sofortige Erhöhung der Panzerproduktion« verfügt.[11] Außerdem standen auf deutscher Seite 1800 Flugzeuge bereit, mehr als je zuvor an der Ostfront. Doch die Rote Armee war inzwischen nicht untätig gewesen: Sie hatte ihr Panzerkontingent im Kursker Bogen von 1200 auf rund 4000 Stück erhöht, weitere Truppen herangeführt und eine Reihe befestigter Linien angelegt.[12] Der deutsche Sturm gegen den sowjetischen Frontbogen bei Kursk, die größte Panzerschlacht der Geschichte und die letzte militärische Initiative der Wehrmacht gegen die UdSSR, brach im Morgengrauen des 5. Juli ungestüm los, lief sich alsbald fest und mußte bereits am 13. Juli erfolglos eingestellt werden. Diese Niederlage mit ihren hohen personellen Verlusten war der Beginn der endgültigen und tödlichen Krise des deutschen Ostheeres.

In diese Situation fiel die Nachricht von der Landung alliierter Verbände auf Sizilien. Hitler verfügte ein sofortiges Treffen mit Mussolini, das am 19. Juli im oberitalienischen Feltre bei Belluno stattfand. Ohne Unterbrechung kanzelte der schäumende Führer seinen desolaten »Achsen«-Partner drei Stunden lang ab. Dann kehrte er umgehend in die »Wolfsschanze« zurück, der Duce nach Rom, wo ihm Ungemach bevorstand. Am 24. Juli begann die erste Sitzung des Großen Faschistischen Rates seit Kriegsbeginn, der Mussolini absetzte. Am nächsten Vormittag wurde er in Haft genommen. Am selben Tag, dem 25. Juli, begannen die verheerenden »Gomorrha«-Angriffe alliierter Bomber auf Hamburg, die bis zum 3. August fast 40 000 Menschen das Leben kosteten.

Von den Nachrichten aus Rom wie Hamburg überrascht und angesichts der Furcht, daß es ihm möglicherweise wie Mussolini ergehen könnte, berief Hitler einige aufgeregte Konferenzen in seinem Hauptquartier ein. Die Hauptsorge galt dem Sturz des Duce. Der Führer gab Himmler den Auftrag, daß »eventuell auftauchende Gefahren« der Zersetzung in Deutschland »mit schärfsten Mitteln polizeilicher Art beantwortet werden«, notierte der per Flugzeug in die »Wolfsschanze« herbeigeeilte Goebbels am 27. Juli in sein Tagebuch. Auch während

Die Panzerschlacht am Kursker Bogen, die größte ihrer Art in der Kriegsgeschichte und die letzte militärische Offensive der Wehrmacht an der Ostfront im Zweiten Weltkrieg, begann am 5. Juli 1943 und endete am 13. Juli in einem Desaster für die deutschen Truppen.

des Mittagessens herrschte das Thema Italien bei den Tischgesprächen zwischen Hitler, Goebbels, Göring, von Ribbentrop, Rommel, Dönitz, Speer, Keitel und Bormann vor. Ebenso abends, als Hitler seine Paladine nacheinander zu entsprechenden Beratungen empfing, denen sich eine ausgedehnte Lagebesprechung mit ca. 35 Personen bis weit nach Mitternacht anschloß.

Am Folgetag gab Goebbels aus dem Nachrichtenbunker des Führerhauptquartiers seine Anweisungen über die verbindliche Propagandastrategie zum italienischen Staatsstreich nach Berlin durch.[13] Außerdem empfing Hitler am 26. und 27. Juli die italienischen Faschistenführer Giovanni Preziosi und Roberto Farinacci zu Besprechungen.

In den deutschen Medien wurde – gemäß der gewohnten Lug-und-Trug-Methode des Demagogen Goebbels – aus dem Sturz des Duce und der Einsetzung seines Nachfolgers Marschall Badoglio ein unspektakulärer Regierungswechsel aufgrund des schlechten Gesundheitszustandes Mussolinis. Demonstrativ schenkte der Führer dem Abgehalfterten zu seinem 60. Geburtstag am 29. Juli »als persönliches Geschenk die Gesammelten Werke von Nietzsche in einer besonders gefertigten einmaligen Ausgabe mit einer herzlichen Widmung«.[14] Im geheimen plante Hitler dagegen bereits die künftige Besetzung Italiens – die Aktion »Alarich«, später »Achse« genannt.

Doch nicht Italien oder den Einbrüchen an der Ostfront, wo die Rote Armee seit dem Abbruch der

Flüchtlingsfamilie, irgendwo in der Sowjetunion im Jahre 1943. Unzählige Dörfer und Siedlungen waren während bzw. nach Beendigung der Kampfhandlungen von der Wehrmacht und den Einsatzkommandos ausgelöscht worden. Die Überlebenden hausten in Wäldern und im Hinterland.

»Zitadelle«-Operation ihrerseits fortwährend schwere Offensiven eröffnete, galt Hitlers momentane Sorge, sondern dem Krisenherd Balkan, wo er weitere feindliche Unternehmungen erwartete. Er entsandte Generalfeldmarschall Rommel nach Saloniki und ließ König Boris III. von Bulgarien für den 14./15. August in das Führerhauptquartier holen, um dessen Haltung bezüglich der Alliierten zu überprüfen. Hitler mißtraute dem Gast aus Sofia, der sich bisher immer geweigert hatte, gegen die Sowjetunion vorzugehen, ohnehin. Nunmehr kam aber ein neuer Faktor hinzu: Boris war mit Prinzessin Giovanna, einer Tochter des italienischen Königs, verheiratet. Das machte ihn für Hitler zusätzlich suspekt. Entsprechend unerfreulich verlief die Unterredung in der »Wolfsschanze«, bei der Boris, dem bewußt war, daß ein sowjetischer Vormarsch gegen den Balkan auch das Ende seiner Herrschaft bedeutete, allerdings einwilligte, seinerseits acht bulgarische Divisionen an die Front zu schicken. Der Gesandte des Auswärtigen Amtes Sonnleithner berichtete über den Besuch von König Boris: »In den Gesprächspausen ging er ... seinem Hobby nach: Er kroch auf der Zuglokomotive herum. Wir wußten schon, daß er sich für alles, was mit Dampfloks zusammenhing, sehr interessierte, und es wurde dafür gesorgt, daß immer ein Experte da war, mit dem er Fachgespräche führen konnte, und auch eine Lok unter Dampf stand, mit der er selbst fahren konnte.«[15] Ein Novum allerdings war, daß über die Beratung nicht einmal das kürzeste Kommuniqué veröffentlicht wurde.

Allein, auf dem Balkan blieb es entgegen Hitlers Vermutung vergleichsweise ruhig – im Gegensatz zu den Kriegsschauplätzen Italien und Ukraine. Für den 17. August vermeldete das OKW die »planmäßige Räumung« Siziliens vor den einrückenden Alliierten – ein letzter

Anstoß für den Führer, endlich sicherzustellen, daß die italienischen Ereignisse keine Nachahmung in Deutschland finden mögen. Am 20. August ernannte er in seinem Bunker den Reichsführer-SS Himmler zum Innenminister des Großdeutschen Reiches, der bisherige Amtsinhaber Frick wurde »weggelobt«[16] und fand sich auf dem unbedeutenden Posten des Reichsprotektors in Prag wieder.

Die schweren Angriffe der Roten Armee im Südabschnitt der Ostfront veranlaßten Hitler am 27. August, für ein letztes Mal nach Winniza zu fliegen. Bei seinem eintägigen Aufenthalt im Feldhauptquartier »Wehrwolf« forderte er Generalfeldmarschall von Manstein lediglich dazu auf, das Donezgebiet weiter zu verteidigen. In die »Wolfsschanze« zurückgekehrt, erreichte ihn einen Tag später die Nachricht vom plötzlichen Tode König Boris' III.; angeblich war dieser vergiftet worden. Hitler, dem die despektierlichen Äußerungen des italienischen Königs Viktor Emanuel III. über seine Person schon lange ein Dorn im Auge gewesen waren, behauptete bedenkenlos, daß dessen andere Tochter, Prinzessin Mafalda, vom italienischen Königshaus den Auftrag erhalten habe, ihren deutschfreundlichen Schwager heimtükkisch zu ermorden. Als die Prinzessin und ihr Gatte, der Oberpräsident von Kassel, SA-Obergruppenführer Prinz Philipp von Hessen, kurze Zeit danach der Bitte Hitlers entsprachen und in das ostpreußische Führerhauptquartier fuhren, wurden beide höflich, aber entschieden bis auf weiteres im Sperrkreis I festgehalten. Dessen Angehörige mieden den vom Führer verstoßenen Prinzen daraufhin, »als sei er von einer ansteckenden Krankheit befallen«.[17]

Die letzten Ereignisse, der Staatsstreich in Italien und seine Folgen sowie der Tod Boris' III., die den Führer persönlich stark getroffen hatten, bildeten den Auftakt seiner Unterredung mit Rumäniens Conducator, Marschall Antonescu, am 2. September. Im weiteren Verlauf des Gesprächs ging es dann jedoch um das Eigentliche: die Fronten. Hitler schilderte die Vorgänge an der Ostfront und betonte, daß er für alle Eventualitäten vorsorglich einen Ostwall, die »Pantherstellung«, bauen ließe, dessen genauen Verlauf er seinem Gast auf der Karte zeigte.[18] Im Westen sei man auf eine Landung der Alliierten durch den Atlantikwall[19] vorbereitet, diesbezüglich hege der Führer aber nicht die geringste Sorge: »Nur im Osten stehe ein gefährlicher Gegner.« Ohnehin, bekräftigte im Gegenzug Antonescu, seien die Truppenkontingente der Angelsachsen für einen militärischen Sieg »natürlich völlig unzureichend«. Dann gab es Tee. Bei einem zweiten Treffen am nächsten Vormittag dankte der Conducator dem Führer für die Ausführungen des Vortages und bemerkte, er sei nach reiflichem Überlegen zu dem Schluß gekommen, »daß die Lage ziemlich schwierig sei«. Aber, so unterstrich Antonescu pathetisch, Rumänien werde »treu an der Seite seines deutschen Verbündeten weiterkämpfen«.[20] Das war angesichts der zugespitzten Lage an der Ostfront auch dringend notwendig: In typischer Manier hatte Hitler seine Entscheidung über die Zuführung weiterer Kräfte für die Heeresgruppen Mitte und Süd immer wieder hinausgezögert, weshalb am Nachmittag dieses 3. September die Kommandeure Kluge und Manstein in der »Wolfsschanze« vorstellig wurden. Zugleich wollten beide die »Notwendigkeit einer vernünftigen Gesamtführung, das heißt die Beseitigung des Dualismus OKW-Kriegsschauplätze – [OKH-]Ostkriegsschauplatz, zur Sprache bringen«, wie Manstein

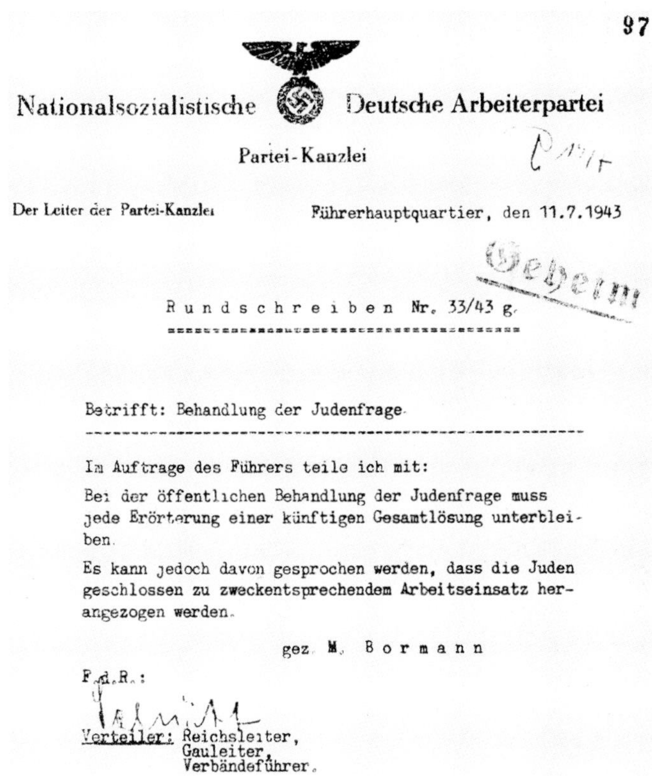
97

Nationalsozialistische Deutsche Arbeiterpartei

Partei-Kanzlei

Der Leiter der Partei-Kanzlei

Führerhauptquartier, den 11.7.1943

Geheim

Rundschreiben Nr. 33/43 g.

Betrifft: Behandlung der Judenfrage.

Im Auftrage des Führers teile ich mit:

Bei der öffentlichen Behandlung der Judenfrage muss jede Erörterung einer künftigen Gesamtlösung unterbleiben.

Es kann jedoch davon gesprochen werden, dass die Juden geschlossen zu zweckentsprechendem Arbeitseinsatz herangezogen werden.

gez. M. Bormann

F.d.R.:

Verteiler: Reichsleiter, Gauleiter, Verbändeführer.

Rundschreiben über die »Behandlung der Judenfrage«.

später niederschrieb.[21] Doch weder wollte der Schlachtenlenker Kräfte von anderen Kampfabschnitten abziehen, noch auf seine Führung von Operationen, vor allem im Osten, verzichten, um einen einheitlichen Oberbefehl für alle Kriegsschauplätze zuzulassen. Unverrichteter Dinge verließen Kluge und Manstein das Führerhauptquartier; beinahe zeitgleich begann die 8. Armee Montgomerys, in Kalabrien zu landen und damit als erste westalliierte Einheit den Fuß auf das europäische Festland zu setzen.

Es ging weiter Schlag auf Schlag – mit ständig wechselnden Schauplätzen: Im Osten mußte die Wehrmacht den Rückzug antreten, dabei sollte rücksichtslos die »Strategie der verbrannten Erde« angewandt werden, wie sie Reichsführer-SS Himmler in »Hochwald« ausgegeben hatte: »Es muß erreicht werden, daß bei der Räumung von Gebietsteilen in der Ukraine kein Mensch, kein Vieh, kein Zentner Getreide, keine Eisenbahnschiene zurückbleiben; kein Haus stehenbleibt, kein Bergwerk vorhanden ist, das nicht für Jahre zerstört ist, kein Brunnen vorhanden ist, der nicht vergiftet ist. Der Gegner muß wirklich ein total verbranntes und zerstörtes Land vorfinden.«[22]

Hierbei fand auch der sogenannte Schienenwolf zur Zerstörung der Holzschwellen im Gleisbett Anwendung, den Hitler kurz zuvor bei einer Vorführung unweit des Führerhauptquartiers, auf dem Truppenübungsplatz des masurischen Städtchens Arys, unter 35 Modellen erwählt und in Serie gegeben hatte.[23] Die Krise im Osten nötigte Hitler am 8. September, wieder einmal in Richtung Front zu fliegen – zu Mansteins Heeresgruppe Süd nach Saporoshe. Zwar stimmte der Führer dort gewissen Rückzugsbewegungen sogar zu, doch vermochte er es im gleichen Atemzug, seine Generäle durch die Ankündigung neuer Verbände zu beeindrucken und zum Durchhalten anzufeuern.

Der Kurzbesuch in Saporoshe war der letzte Auftritt des Feldherrn im östlichen Kampfgebiet, von nun an sollte die Front nur noch näher zu ihm kommen. In sein ostpreußisches Hauptquartier zurückgekehrt, erhielt Hitler die Nachricht vom separaten Waffenstillstand Italiens mit den Alliierten und gebärdete sich wie wild über »Badoglios Verrat«. Seine Wut ließ er zunächst an den einzig verfügbaren Opfern aus, seinen »Zwangsgästen«[24] in Sperrkreis I: Philipp von Hessen und Prinzessin Mafalda wurden noch am 8. September beim Heraustreten aus Hitlers Bunker vom Sicherheitsdienst der SS (SD) verhaftet,[25] nach Königsberg gebracht und – voneinander getrennt – in Konzentrationslager eingeliefert. Mafalda verstarb am 27. August 1944 in Buchenwald bei Weimar.

Als nächsten Schritt seiner Rache am abgefallenen Bundesgenossen ordnete Hitler Maßnahmen zur Besetzung Italiens an und gab die entsprechenden Befehle für die Operation »Achse« an Kesselring (Süd- und Mittelitalien) und Rommel (Oberitalien) – ohne die provisorische italienische Regierung, deren Vertreter Alessandro Pavolini, Renato Ricci und Vittorio Mussolini zur Vorbereitung ihres künftigen Einsatzes buchstäblich auf der Wartebank im Führerhauptquartier saßen, in diese Aktivitäten einzuweihen. Bereits am Tag darauf kapitulierte das italienische Militär zu 90 Prozent vor der einmarschierenden Wehrmacht; »planmäßig« wurden in den folgenden Tagen und Monaten Tausende Offiziere und Mannschaften des ehemaligen Verbündeten erschossen sowie härteste Vergeltungsmaßnahmen gegen Zivilisten bei jedwedem Widerstand eingeleitet.[26] Die SS begann umgehend mit den Vorbereitungen für die Deportation der im Land befindlichen Juden, die Mussolini immer abgelehnt hatte.

Am 10. September hatte der Reichsminister für Volksaufklärung und Propaganda Goebbels – schon drei Tage lang befohlener Gast in der »Wolfsschanze« – seinen Führer endlich so weit, daß dieser wieder einmal an ein Mikrophon trat und eine seit Tagen vorbereitete Rede an das deutsche Volk las. Daraufhin ließ Goebbels den Mitschnitt »auf Magnetophonband nach Berlin über Leitung schicken« und fuhr anschließend selbst dorthin zurück. Noch im Zug hörte er bereits im Radio die ihn sehr zufriedenstellende Radioübertragung dieser Rede.[27] Die Ansprache des Führers über den »Ausfall Italiens« gipfelte im Bekenntnis zu Treue sowie Pflichterfüllung gegenüber dem »Bundesgenossen« und endete groschenheft-pathetisch mit den ungewöhnlichen Worten: »Dem Volke, das diese Prüfungen vor der Vorsehung besteht, wird am Ende der Allmächtige als Lohn den Lorbeerkranz des Sieges und damit den Preis des Lebens reichen. Dies muß und wird aber unter allen Umständen Deutschland sein.«[28]

Dem hellsichtigen »Doktor« war durch die Ereignisse von Rom und ihre Folgen endlich, aber zu spät, das

Mussolini beim Abschied auf dem Flugplatz der »Wolfsschanze« bei Wilhelmsdorf am 18. September 1943. Der frühere Duce trat seinen Flug als Chef der Faschistischen Republik von Salò, einem Kunstgebilde von Hitlers Gnaden, an. Links bzw. rechts mit Deutschem Gruß: Botschafter Hewel und Kammerdiener Linge.

grundlegende Dilemma der Beziehungen zwischen dem Reich und seinen Verbündeten klargeworden: »Wir treiben zuviel Kriegsführung und zuwenig Politik.«[29] Und tatsächlich gab es außer Hitlers vager Europa-Idee und seiner irrationalen Aversion gegen den »jüdischen Bolschewismus« kein Konzept für eine dauerhafte politische Kriegs- und Nachkriegsordnung in den Satellitenstaaten und den besetzten Gebieten. Die deutsche Position beruhte allein auf militärischer Stärke, ohne die jeweiligen nationalen Interessen zu berücksichtigen. Wenn der Vasall aus dem Pakt ausscherte und überlief, blieben nur zwei Alternativen: die (undenkbare) Freigabe an den Gegner oder abermals Gewalt – wie am Beispiel Italien vorexerziert.

Der 12. September stand im Zeichen der Befreiung des Duce: In einer kühnen Luftlandeaktion befreite der österreichische SS-Sturmbannführer Otto Skorzeny Mussolini aus seinem Hotelgefängnis im Gran-Sasso-Gebirge.[30] Am selben Tag saßen Hitler, Himmler, Bormann, Lammers und Speer sowie die Gauleiter von Tirol und Kärnten, Franz Hofer und Friedrich Rainer, in der »Wolfsschanze« zusammen, um einen weiteren Schachzug gegen Italien zu beraten: Als Ergebnis der Besprechung verleibte der Führer dem Reich ostentativ Südtirol ein – erweitert

»Idylle« im Sperrkreis I, Herbst '43: Geburtstagsglückwünsche für Himmler am 7. Oktober (oben), Speer, Göring und Bodenschatz (Mitte), die Adjutanten Szymonski, Below und Freyend, dahinter das Teehaus (unten).

bis vor Verona, jenes Gebiet nördlich von Trient, das er dem Duce beim »Anschluß« Österreichs 1938 zum Dank für die Unterstützung des faschistischen Italien großzügig überlassen hatte. Außerdem wurden große Teile Venetiens, einschließlich Triests, dem Reichsgau Kärnten eingegliedert.

Aufgrund dieser »kosmetischen Operationen« traf Mussolini, ein »gebrochener Mann«[31] in dunklem Zivilanzug und schwarzem Mantel, erst zwei Tage später auf dem Flugplatz der »Wolfsschanze« ein. Hitlers Leibarzt Morell konstatierte nach eingehender Untersuchung, wie Goebbels vermerkte, »nur eine Kreislaufstörung, eine Überarbeitung und eine Störung der Darmflora ..., also die typische Krankheit der modernen revolutionären Politiker, an der wir ja alle etwas leiden. Sie ist beim Duce in einem fortgeschrittenen Stadium«.[32]

Bis zum 18. September berieten die »Freunde« Adolf und Benito über die für Mussolini geschaffene Faschistische Republik im norditalienischen Salò. »Gestört« wurden diese intimen Beratungen lediglich durch den Besuch Mansteins am 15. September, der über die bedrohliche Lage seiner Heeresgruppe Süd berichtete und dringend Unterstützung verlangte, die ihm Hitler (rein verbal) gewährte. Der leidlich gestärkte Duce fuhr ab, und der Führer empfing noch am selben Tag den Ministerpräsidenten des serbischen Satellitenstaates, Generaloberst Milan Nedić aus Belgrad; der Balkan ließ ihn augenscheinlich nicht los.

Eine angenehme Abwechslung in die freudlose und stumpfe Eintönigkeit in Sperrkreis I brachte der 22. September, wenigstens für OKW-Chef Keitel, der seinen 61. Geburtstag beging. Nach einem »sehr üppigen« Frühstück mit den Adjutanten sowie dem Kommandanten und einem privaten Gratulationstermin beim Führer unternahm Keitel einen Jagdausflug in das Elchrevier des Reichsjägermeisters Göring nahe dem Kurischen Haff nordwestlich von Tilsit;[33] am späten Abend gab es noch einen Tee im Führerbunker zusammen mit Hitler, Goebbels und einigen Generälen. Als sich die Gäste aus seinem Bunker verabschiedet hatten, bat der Führer seinen Propagandatribun »um eine Unterredung unter vier Augen«. Goebbels notierte: »Wir gehen noch stundenlang in seinem Kartenzimmer auf und ab und besprechen vor allem die italienische Frage von den intimsten Seiten aus.«[34]

Die Mussolini-Affäre hatte nicht nur außen- und innenpolitisch ihre Wirkung gezeigt, auch in der Machtzentrale des Dritten Reiches, der »Wolfsschanze«, wurden die Sicherheitsvorkehrungen abermals verstärkt. Der besorgte Goebbels: »Ich stelle in diesem Zusammenhang an den Führer die Frage, ob das Führerhauptquartier auch genügend gegen einen etwaigen Fallschirmjägerüberfall gesichert ist. Man sieht an der Befreiung Mussolinis, wie leicht so ein Manöver, wenn es gänzlich unerwartet kommt, durchgeführt werden kann. Der Führer kann mir Gott sei Dank mitteilen, daß die Sicherungsmaßnahmen im Hauptquartier wesentlich verstärkt worden sind; aber immerhin, es gibt gewisse Eventualitäten, auf die man sich gar nicht vorbereiten kann.«[35]

Am 20. September hatte Generalleutnant Schmundt in Zusammenarbeit mit Albert Bormann, dem Bruder der »grauen Eminenz«, Adjutant Hitlers und Gruppenführer des Nationalsozialistischen Kraftfahrerkorps[36], neue Direktiven zur Erhöhung der Sicherheit in Sperrkreis I ausgegeben. Aufgrund dieser Anordnung wurde zwei Tage darauf um 17 Uhr innerhalb des Sperrkreises I ein zusätzlicher Sperrkreis A geschaffen, zu dem die Bunker und Anbauten Hitlers, Bormanns, Keitels, der Persönlichen Adjutantur des Führers, des Kasinos I mit Teehaus sowie des Heerespersonalamtes und der Wehrmachtsadjutantur des Führers unter Schmundt gehörten. Nur wer beim höchsten Chef persönlich bzw. in einer der im neuen Sondersperrkreis liegenden Dienststellen beschäftigt war, durfte dort hinein – wenn er über einen der neuen Sonderausweise verfügte. Zur Ausgabe von Tagesausweisen waren die zuständigen Wachen nur dann befugt, wenn ein persönlicher oder militärischer Adjutant des Führers seine Zustimmung gegeben hatte. Automobile erhielten eine Zufahrtsberechtigung, wenn sie Reichsministern, Reichsführern oder Feldmarschällen gehörten; Fahrer und Mitfahrende jedoch mußten ebenfalls im Besitz gültiger Dokumente für den Sperrkreis A sein. Die drei Tore zur neuen Sonderzone wurden mit je einem Unteroffizier des Führerbegleitbataillons und einem Beamten des Reichssicherheitsdienstes (RSD) besetzt; ein RSD-Posten ging unentwegt Streife im Bereich des Führersperrkreises. Die Liste der zugangsberechtigten ständigen Essensgäste im Speiseraum I des Kasino I wurde auf Hitlers unmittelbare Umgebung beschränkt, insgesamt 38 Personen. Weitere Gäste konnten auf Einladung des Führers bzw. seiner Adjutanten Schaub und Schmundt teilnehmen, wenn die entsprechenden Anträge rechtzeitig gestellt worden waren. Im Speiseraum aßen ebenso festgelegte 43 Untergebene. Außerdem gab man neue Anweisungen für Alarme im Führerhauptquartier aus.[37]

Scheingefechte

Zu Beginn des Monats Oktober verschärfte sich die Lage an den Fronten zusehends: In Finnland und Norwegen bröckelte der deutsche Rückhalt weiter, in Neapel zogen am 1. Oktober die Alliierten ein. Im Osten bezog der Stab der Heeresgruppe Süd während ihres Rückzugs das vormalige Führerhauptquartier bei Winniza,[38] und ein weiterer Verbündeter bewies seine »Treulosigkeit«: Am 3. Oktober entsprach Spaniens Caudillo Franco dem Drängen der Briten und forderte telegraphisch im Hauptquartier den Rückzug seiner 13700 Mann starken »División Azul« (die Blaue) aus dem Krieg gegen die Sowjetunion.

Für den 7. Oktober befahl der Führer seine Reichs- und Gauleiter in die »Wolfsschanze«, um ihnen die Kriegssituation zu erklären. Ihren Empfang besorgte Martin Bormann, der sich – seit seiner Ernennung zum Persönlichen Sekretär des Führers im April 1943 – zum alleinigen Mittler zwischen dem Diktator und seiner Partei, seinem Staat und Volk aufgeschwungen hatte. Selbst die Haushaltung der Führerhauptquartiere unterstand ihm; lediglich die Wehrmacht blieb von seinem Zuständigkeitsbereich ausgeklammert.[39] Zielstrebig hatte Erfüllungsgehilfe Bormann eine »Mauer« um seinen Herrn errichtet, die es den Reichs- und Gauleitern unmöglich machte, an Hitler direkt heranzukommen.[40] So unbeliebt Hitlers »Schatten« bei den selbstherrlichen Territorial- und altgedienten Parteifürsten jedoch war, sie alle kämpften zwangsweise gemeinsam für den Endsieg. Mehr als dies hatte der Führer in seiner Rede an die Gäste auch nicht zu verkünden. Drei Tage später bombardierten die Amerikaner die Marienburg, Sitz des Deutschen Ordens und Symbol der Ostkolonisation – etwa 160 Kilometer von der Rastenburg entfernt.

Den Besuch der Mitglieder des bulgarischen Regentschaftsrates, Prinz Cyrill und Exzellenz Bogdan Filoff, am 18./19. Oktober in der »Wolfsschanze« nutzte Hitler, um nochmals über Italien und seine »jammervollen«

Weihnachtsfeier in der »Wolfsschanze«, Dezember 1943. Für die Festtage erhielten die Mitarbeiter im Hauptquartier »Führerpakete«, die auch französischen Cognac enthielten. An der Tafel nahmen Reichsleiter Martin Bormann (rechts, 4. von vorn) und SS-Brigadeführer Hermann Fegelein (rechts vorn) teil.

Truppen zu lamentieren. Auch Titos »kommunistische Banden« auf dem Balkan, die sich einschleichende Kriegsmüdigkeit und die neue Situation in Sofia nach dem Tode von Boris III. wurden behandelt.[41] Am selben Tag begann in Moskau eine Konferenz der Außenminister des Vereinigten Königreiches, Anthony Eden, der USA, Cordell Hull, und der Sowjetunion, Wjatscheslaw Molotow, in deren Schlußkommuniqué vom 30. Oktober die Verbündeten abermals ihre Absicht betonten, so lange weiterzukämpfen, bis die »Achsen«-Mächte die Waffen gestreckt hätten.

Eine Woche später mußten die Deutschen nach schweren Gefechten Kiew räumen. Als Manstein am folgenden Tag, dem 7. November, bei seinem Feldherrn in der »Wolfsschanze« eigens deshalb erschien, entgegnete ihm dieser, daß die – durch die letzten Vorgänge abgeschnittene – Krim um vieles wichtiger sei.[42] Nachmittags fuhr der Führer dann in seinem Sonderzug »Brandenburg« nach München zur jährlichen Gedenkfeier für die »Opfer der Bewegung« ab, wo er zwei Wochen blieb. In dieser Zeit erlebte die deutsche Hauptstadt zahlreiche schwere Luftangriffe, bei denen auch die Reichskanzlei in Mitleidenschaft gezogen wurde. Als Gauleiter von Berlin berichtete Goebbels umgehend persönlich dem in sein Hauptquartier zurückgekehrten Führer, und dieser – voller Wut gegen die Luftwaffe – machte seiner Verbitterung vor den versammelten Verantwortlichen, unter ihnen Göring, Messerschmitt und Speer, bei einer Flugzeugvorführung am 26. November in Insterburg Luft.[43]

Wie prekär sich die personelle Situation der Soldatenschaft durch seine Weisungen entwickelt hatte, offenbarte ein Befehl Hitlers aus jenen Tagen über die »Wiederherstellung der Kampfkraft der Front«, in dem die Wehrmachtsteile und die Waffen-SS zu sofortigen Maßnahmen aufgefordert wurden, um »mindestens eine Million Männer« aus dem eigenen Bestand zu erfassen und dem Fronteinsatz zuzuführen.[44] Um des Volkes Stimmung wenigstens für das anstehende Weihnachtsfest zu heben, brauchte Hitler Siegesmeldungen. Er überwand seine allseits (im stillen) beklagte »Inaktivität« – Bormann greinte noch am 30. November: »Es ist so schwer, vom Führer Entscheidungen zu bekommen, und allein mit der Kriegsmoral können wir den Krieg nicht gewinnen«[45] – und befahl eine neue Offensive an der Ostfront zur Rückeroberung Shitomirs, die am Nikolaustag des Jahres 1943 begann. Außerdem verfügte der Führer an diesem Tage die »Steigerung der Zulieferungs-Industrie« für die Rüstungsproduktion, denn: »Das Fehlen von einigen kleinen, unscheinbaren Einzelheiten kann die Fertigstellung wichtigster Waffen verzögern.«[46]

OKW-Berichte, Rundfunk- und Pressemeldungen mühten sich redlich, der Shitomir-Operation eine kriegsentscheidende Bedeutung beizumessen, und vermeldeten am 14. Dezember den deutschen Triumph. Dieser »Weihnachtszauber« wirkte nicht ganz drei Wochen. Hitler verbrachte die Feiertage im ostpreußischen Hauptquartier und machte seinem Persönlichen Sekretär Bormann, der in diesen Monaten damit beschäftigt war, das Wort Führer »im Wege einer behutsamen Sprachlenkung« aus dem Deutschen auszuschalten und für »die einmalige Persönlichkeit« seines Chefs zu reservieren,[47] ein dem Fest angemessenes Geschenk: Er beauftragte ihn per Erlaß mit der Bildung eines NS-Führungsstabes im OKW, um fortan die Truppe weltanschaulich korrekt zu erziehen.[48] Der Führer prophezeite – aller Vernunft zum Trotz – bei der Lagebesprechung vom 27. Dezember noch immer den baldigen Zusammenbruch des Sowjetreiches.[49] Den Nachmittag dieses dritten Weihnachtstages widmete er einer seiner Lieblingsbeschäftigungen, dem Entwerfen neuer Orden und ihrer Satzungen, und erließ eine Änderung der Satzung des Verdienstordens

Unterkünfte der Nachrichtenleute. Das Führerhauptquartier blieb vom Kriegsgeschehen »draußen« unbehelligt.

vom Schwarzen Adler.[50] Bei der Lage des folgenden Tages wiederum verfügte Hitler, daß sich der Oberbefehlshaber in der Ukraine Manstein wegen der Frontsituation aus dem von ihm als Gefechtsstand genutzten Führerhauptquartier »Wehrwolf« baldigst zurückziehen solle: »Er muß von Winniza weg, das hat keinen Sinn! In Winniza muß ein Kommando sein, das den ganzen Laden niederbrennt und sprengt!«[51] Die Silvesternacht, die dritte und letzte des Führers in seiner »Wolfsschanze«, verlief ohne besondere Vorkommnisse. Lediglich in der Stube der Nachrichtenzentrale stimmten Unteroffiziere und Mannschaften sturztrunken die »Internationale« an, bis der wachhabende Offizier, Rittmeister von Möllendorff, Adjutant des Kommandanten, dem wehrkraftzersetzenden »Völker hört die Signale«-Gegröle brüllend ein jähes Ende bereitete: »Seid Ihr verrückt geworden? Was meint ihr, was mit Euch passiert, wenn das ein Unberufener hört?« Allein, eine Bestrafung, »Bewährung im Strafbataillon« als günstigste Variante, blieb zum Erstaunen der Beteiligten aus[52] – wenngleich Möllendorff damit Kopf und Kragen riskierte.

Führer Hitler und Sekretär Bormann verbrachten die Nacht zum neuen Jahr 1944 abermals ganz privat zu zweit: »Was dort gesprochen wurde, hat niemand erfahren.«[53]

Der totale Krieg – das Jahr '44

Einbrüche im Osten

Je länger der Krieg dauerte und je aussichtsloser er wurde, um so mehr Anstrengungen mußten besonders bei der Truppe im Felde unternommen werden, den Glauben an Führer und Endsieg zu festigen. Auf weltanschaulichem Gebiet sollte hierzu das Buch »Wofür kämpfen wir?« beitragen, das Anfang Januar 1944 erschien und sich vornehmlich an das Offizierskorps richtete. Zum Geleit war diesem »Wegweiser« ein Führerbefehl vorangestellt, den Hitler am 8. Januar in seinem Bunker ersonnen hatte. Das deutsche Volk ringe »um die Freiheit seines Daseins und seiner Lebensgestaltung und um seinen Lebensraum«, hieß es dort. Der Offizier sei daher nicht nur »Waffenträger der Nation«, er sei »in gleichem Maße auch politischer Willensträger seines Volkes«, das bedeute: Er müsse seine Soldaten »zu überzeugten und unüberwindbaren Kämpfern für unser großes germanisch-deutsches Reich« im nationalsozialistischen Sinne erziehen. Denn: »Diese politische Bildung ist ebenso kriegsentscheidend wie die Ausbildung an der Waffe.«[1]

Die Oberbefehlshaber an den Fronten, die die Durchführung dieses Befehls zu überwachen hatten, kamen ihrem Auftrag sicherlich nach, aber sie hatten andere, nämlich praktische Sorgen: Den Oberbefehlshaber West, Generalfeldmarschall von Kluge, ermächtigte Hitler am 17. Januar, an den belgischen und französischen Küsten »Kampfzonen« zu bilden. Häufig genug hatte der Schlachtenlenker in der kleinen Runde seiner Getreuen von Sperrkreis I geunkt: »Wenn die Invasion nicht abgeschlagen wird, dann ist der Krieg für uns verloren.«[2] Nun, da eine alliierte Landung akut zu befürchten war, galt es, siegreich zu sein. In Italien landeten weiterhin die Alliierten; an der Ostfront kämpfte Mansteins Heeresgruppe Süd verbissen am Dnjeprbogen bei Nikopol, und die Rote Armee eröffnete ebenfalls am 17. Januar von Oranienbaum und Puschkin aus ihre Großoffensive zur endgültigen Befreiung Leningrads. Zehn Tage später stand nach 900 Tagen grausamer Blockade mit etwa einer Million verhungerter Zivilisten im Umkreis von 50 Kilometern um die Newa-Metropole kein deutscher Soldat mehr.

Hitler befahl für diesen 27. Januar alle Oberbefehlshaber im Osten und weitere höhere Militärs in sein Hauptquartier, um ihnen »persönlich einen Vortrag über die Notwendigkeit nationalsozialistischer Erziehung innerhalb des Heeres« zu halten und sie gleichzeitig nochmals auf seine Person einzuschwören: «In der letzten Konsequenz müßte ich, wenn ich als oberster Führer jemals verlassen sein würde, als letztes um mich das gesamte Offizierkorps haben, das müßte dann mit gezogenem Degen um mich geschart stehen. Genau wie jeder Feldmarschall, jeder Generaloberst, jeder kommandierende General, jeder Divisionär und Regimentskommandeur erwarten muß, daß die ihm Untergebenen in der kritischen Stunde bei ihm stehen.« Manstein erdreistete sich, Hitler an dieser Stelle mit dem Ausruf zu unterbrechen: »Das wird auch der Fall sein, mein Führer!« Dieser fuhr irritiert fort: »Das ist schön. Wenn das so sein wird, dann werden wir diesen Krieg nie verlieren können.«[3] Doch innerlich raste Hitler über Mansteins vorlauten Einwurf.

Der oberste Feldherr Großdeutschlands trug in der »Wolfsschanze« das Seine bei, um eine solche »kritische Situation« von sich abzuwenden: Anläßlich des 11. Jahrestages der »Machtergreifung« am 30. Januar hielt Hitler eine metapherndurchsetzte Rundfunkrede; längst scheute er die Öffentlichkeit. Weiterhin stiftete der Führer einen neuen Orden für das Heer, die Ehrenblattspange, und das Bandenkampfabzeichen, das der Reichsführer-SS verleihen sollte.

Am selben Tag begannen die Kämpfer Stalins, bei Kriwoj Rog und Nikopol voranzustürmen, und hatten die Heeresgruppe Nord drei Wochen später, am 18. Februar, bis zum (unfertigen) Ostwall gedrängt. Bei Tscherkassy war es den Deutschen währenddessen wenigstens gelungen, ein eingeschlossenes Armeekorps zu entsetzen; widerwillig hatte Hitler im sicheren Hauptquartier den Ausbruch aus dem Kessel genehmigt. Einige der beteiligten Kommandeure erhielten zwei Tage darauf in

Durchbrechung der Belagerung Leningrads nach 900 Tagen: getötete deutsche Soldaten, Leningrader Gebiet, Januar 1944.

der »Wolfsschanze« trotz des unheroischen Abganges ihre Dekorierungen; dafür verlieh der Führer allzugern Orden. Obwohl er körperlich immer kränker und die Lage zunehmend brenzliger wurde, vertraute Hitler noch immer autosuggestiv der Kraft seines Willens und blieb »bei seinem Prinzip des starren Haltens um jeden Preis«. Generalfeldmarschall von Manstein klagte: »Es war nicht möglich, von ihm eine operative Weisung zu erhalten, wie denn eigentlich – über den Tag und über das Festhalten hinaus – die Operationen auf weitere Sicht geführt werden sollten.«[4] Da der Führer negative Themen von sich aus nur dann aufgriff, »wenn sie nicht mehr länger ignoriert werden konnten«,[5] wie sein Diener Linge bemerkte, schien die Frontlage für ihn noch immer nicht bedrohlich genug zu sein.

Anfang März startete die Rote Armee ihre Frühjahrsoffensive zwischen Luzk und Dnepr-Mündung und marschierte unaufhaltsam von Osten der »Stalin-Linie«, der UdSSR-Grenze vor 1939, entgegen. Die rumänischen Ölfelder, die das Reich versorgten, waren akut bedroht. Angesichts der näher rückenden Rotarmisten schien es der ungarischen Regierung unter Nikolaus von Kallay geraten, ihre Fühler nach den Alliierten auszustrecken. Hitler witterte »Verrat« und befahl am 12. März die Besetzung Ungarns, »um die schwerste Gefahr für die kämpfenden Truppen aller verbündeten europäischen Staaten und für den Bestand der ungarischen Nation selbst abzuwenden«.[6]

Hitler verließ die »Wolfsschanze« am 14. März, um der Gefährdung und Unruhe während der anstehenden Verstärkungsarbeiten an den Bunkern seines Führerhauptquartiers zu entfliehen. Er widmete sich in den nächsten Wochen – wie schon im Vorjahr – seiner Berchtesgadener und Salzburger »Saison«. Der Generalstab des Heeres dagegen verblieb im ostpreußischen »Mauerwald«.[7]

Am Sonntag, dem 19. März 1944, um zwei Uhr früh, überschritt die Wehrmacht die Grenze zu Ungarn, wo es bis auf einige Schießereien, so in Fünfkirchen, Neusatz und Ödenburg, wider Erwarten ruhig blieb. Sofort reiste aber Adolf Eichmann, Referent für Judenfragen im Reichssicherheitshauptamt, nach Budapest, um die Deportation der letzten intakten jüdischen Gemeinschaft in Europa zu organisieren. Innerhalb weniger Wochen verschleppten Eichmanns Leute im Frühsommer 1944 Hunderttausende ungarische, slowakische und rumänische Juden aus Groß-Ungarn in die Gaskammern von Auschwitz-Birkenau.[8]

Einen Tag nach dem deutschen Einmarsch in Ungarn, am 20. März 1944, eroberten die Sowjets das ukrainische Winniza zurück – und mit ihm den ersten Führerhauptquartiersstandort.

»Sonderbauvorhaben Rastenburg«

Im Frühjahr und Sommer 1943 tobte der Luftkrieg über dem Deutschen Reich mit besonderer Heftigkeit, und die Alliierten setzten alles daran, die Wirkung ihrer Fliegerbomben zu erhöhen und zu effektivieren. Die bestehenden Bunkerbauten boten keinen ausreichenden Schutz mehr,[9] ebenso hätten die Bauten der »Wolfsschanze« einem Luftangriff nicht standgehalten. Ab Mitte 1943 häuften sich Durchschlagungen von Bunkerabschlußwänden und -decken im Reich in einem Maße, daß selbst dem Führer im fernen und vergleichsweise ruhigen Ostpreußen angst und bange wurde. Allerdings galt seine Sorge nicht dem deutschen Volk, sondern der eigenen Sicherheit und damit der gefährdeten Verwirklichung seiner Visionen.

Propagandaminister Goebbels notierte für den 20. August 1943: »1,5 stündiger Spaziergang durch die Anlagen des FHQ [Führerhauptquartiers]. Thema: Luftkrieg. Der Führer meint auch, ›daß demnächst das HQ angegriffen würde‹ und hat dafür die entsprechenden Vorbereitungen treffen lassen.«[10] Hinzu kam, daß Hitler – nach eigenem Dünken nicht nur genialer Feldherr, sondern zugleich begnadeter Bauplaner – die für die »Wolfsschanze« mittlerweile begründete Angst vor tödlichen Bombenteppichen nur allzugern nutzte, die Fachleute über den Luftschutzbau zu belehren. Reichspressechef Dietrich urteilte: »Bunkerbauten waren Hitlers Steckenpferd in den letzten Kriegsjahren gewesen. Seine Hauptquartiere wurden in diesem Sinne ausgebaut und ihre Bunker auf seine persönliche Anordnung hin immer wieder mit neuen Betonschichten verstärkt. Er erwartete ständig Luftangriffe und sagte, er verstünde seine Gegner nicht, wenn sie sich die Gelegenheit, ihn in seinem Hauptquartier anzugreifen und auszuschalten, entgehen lassen würden. (...) Hitler verlangte bei der geringsten Luftgefahr das Aufsuchen der Bunker.«[11] Bekanntermaßen fühlte sich der lichtscheue Diktator im Halbdunkel dieser Betongrüfte geradezu wohl.

Für den Bunkerbau im Reich und für Hitlers Großprojekte war die Organisation Todt (OT) mit ihrem »Heer von Arbeitsmannen« unter Xavier Dorsch verantwortlich, die inzwischen zu Speers Rüstungsministerium gehörte. Doch mit zunehmender Größe der Bauaufgaben und Verschärfung der Probleme bei der Arbeiterbeschaffung ging die OT verstärkt dazu über, Privatfirmen und deren Belegschaften »dienstzuverpflichten«. Dieser staatliche Zwang war für die betroffenen »zivilen« Betriebe jedoch durchaus attraktiv, da sie mit sicheren Staatsaufträgen versorgt wurden und seitens ihres Bauherrn, der OT, mit einer hohen Zahlungsmoral rechnen konnten. Für die von den Firmen gestellte Bau- und Transporttechnik zahlte die OT sogar Miete. Die Baufirmen befanden sich prinzipiell in keiner Bittstellerposition, sondern waren durch Institutionen wie dem Reichsinnungsverband des Bauwesens vertreten, die sie auch bei den zähen Vertragsverhandlungen mit der OT über Entlohnungen, Vergütungen und dergleichen unterstützten. In der Praxis dagegen konnten diese Interessenvertreter gegen die Nichteinhaltung bestehender Verträge seitens der OT immer weniger ausrichten.

Noch im August 1943 fanden die ersten Verhandlungen der OT-Oberbauleitung Rastenburg mit Baufirmen für eine großangelegte Erweiterung und Verstärkung der Bunkerbauten des ostpreußischen Führerhauptquartiers statt. Gleichzeitig sollten auch die Bunker anderer umliegender Hauptquartiere wie »Hochwald« und

»Mauerwald« den neuen alliierten Bomben angepaßt werden. Dies geschah zu einer Zeit, da für den zivilen Luftschutz Baumaterial und Personal kaum bzw. nicht mehr vorhanden waren und nur unter größten Mühen »den primitivsten Anforderungen auf Unterbringung der deutschen werktägigen Bevölkerung, der ausländischen Arbeiter und der Wiederherstellung unserer Rüstungsfabriken gleichzeitig entsprochen werden«[12] konnte. Selbst Rüstungsminister Speer kämpfte, um die benötigten 100 000 Arbeiter für sein Notstandsprogramm zur Beseitigung der Bombenschäden an den Industrieanlagen im Ruhrgebiet zu organisieren. Auch dieser Einsatz wurde von der staatlichen OT koordiniert, die aber denjenigen Privatfirmen, die Arbeiter aus ihren Stammbelegschaften an die Ruhr entsandten, zusicherte, diese sofort nach Beendigung der Aufgaben – spätestens Anfang 1944 – zurück in die Betriebe zu entlassen. Aufgrund des zunehmenden Arbeitskräftemangels sah sich die OT veranlaßt, ihre Zusage zu brechen und Scharen im Ruhreinsatz nicht mehr benötigter Arbeiter ohne Wissen und Wollen ihrer Betriebe anderen Vorhaben zuzuführen, so beispielsweise der anstehenden Erweiterung des Führerhauptquartiers »Wolfsschanze« in Ostpreußen.

Für das »Sonderbauvorhaben Rastenburg« – auf eine Tarnbezeichnung wie »Chemische Werke Askania« beim 1940/41er Bau der Anlage wurde verzichtet – erhielt Ende August 1943 die Firma Wayss & Freytag, die sich bereits beim Aufbau der »Wolfsschanze« profiliert hatte, den alleinigen Auftrag; zunächst zur Errichtung zweier Bunker zu je 3000 Kubikmeter. Doch schon wenige Wochen später zeigte sich, daß die Firma dem Bauvolumen der ständig umfangreicher werdenden Pläne nicht

Als Hitler sein ostpreußisches Hauptquartier im März 1944 verlassen hatte, begannen im Sperrkreis I die Bauarbeiten an den Bunkern der Führungsriege und im Sperrkreis III an einem Allgemeinen Bunker für die Angehörigen der »Wolfsschanze«. Dieser Betonkoloß mit 60 Metern Länge, 23 Metern Breite und einer Höhe von 9,5 Metern wurde praktisch nie genutzt.

Viele vorhandene Bauten, hier eine Holzbaracke, wurden durch Arbeiter der Organisation Todt mit Betonmänteln verstärkt – gegen Bomben, die nie fielen. Tausende von Beschäftigten aus über 500 Firmen waren für Monate Tag und Nacht in der Görlitz tätig, während es im gesamten Reich an Arbeitern und Material zur Beseitigung der Kriegsschäden mangelte.

gewachsen war. In einem Sitzungsprotokoll über die »Firmenorganisation auf der OT-Baustelle Rastenburg« vom 18. November hieß es: »Es sind 246 Firmen eingesetzt mit einer Gesamtkapazität von rund 2500 Mann. Als ›Führungsfirmen‹ sind bestimmt: Wayss & Freytag und [Heinrich] Butzer ... sowie [Walter] Kaiser aus Rastenburg. Diese dirigieren die zahlreichen Firmen, welche recht klein sind und ›aufgrund der Anordnung des GB-Bau [Generalbevollmächtigter für das Bauwesen] über den Abzug von Arbeitskräften für den Ruhreinsatz‹ nach Rastenburg ›umverpflichtet‹ wurden.« Zu diesen kamen noch ebenfalls »umverpflichtete« Bauleute aus dem »Einsatz Rußland« und verschiedener Firmen, etwa der Philip Holzmann AG, die aufgrund der geringen Anzahl ihrer hier beteiligten Arbeiter den »Führungsfirmen« untergeordnet wurden. Eine klare Organisation aller Firmen im Rahmen der OT sollte einen reibungslosen Bauablauf garantieren. Bei einer weiteren Besprechung in Rastenburg am folgenden Tag wurde zudem geklärt: »Im Einsatz Rastenburg gelten die allgemeinen Bestimmungen der Reichsversicherung. Sämtliche Arbeitskräfte (reichsdeutsche und ausländische) sind gegen Krankheit, Unfall, Invalidität und Alter zu versichern.«[13]

Auf Anforderung der OT schickte Wayss & Freytag, Niederlassung Königsberg, ihre Geschäftungsbedingungen an die Oberbauleitung Rastenburg, die die Grundlage für einen gemeinsamen Vertrag bilden sollten. Beigefügt wurde eine von der OT angeforderte Leistungsbeschreibung der Firma, die ihre Arbeiten im generellen Tag- und Nachtbetrieb anbot, zugleich jedoch Sondervergütungen wegen bald »vorherrschender winterlicher Verhältnisse« einforderte und »Ausfallstunden infolge Schlechtwetter, Dienst- und Urlaubsreisen, Musterung, Quarantäne, Materialmangel, Feindeinwirkung oder dgl.« zu bedenken gab.[14] Erst Mitte Dezember, also nach Beginn der Baustelleneinrichtung und der Arbeiten, erhielten die beteiligten Firmen von der OT einen »Entwurf für Leistungsvertrag Wolfsschanze«, der zwischen »dem Deutschen Reich vertreten durch die Organisation Todt« und den drei federführenden Betrieben als »Unternehmer« geschlossen wurde. Die vorwiegend polnischen Zwangsarbeiter erhielten einen nur geringfügig niedrigeren Stundenlohn für ihre Arbeit als ihre deutschen Kollegen – zumindest besagen dies Abrechnungen für den Lagerplatz der Firma Wayss & Freytag in Schwarzstein: Lag der Satz eines deutschen OT-Hilfsarbeiters laut namentlich quittierter Nachweisliste dort bei 0,90 RM, so bekam ein polnischer 0,80 RM bzw. als Angehöriger des Rastenburger Tief- und Straßenbauunternehmens Walter Kaiser sogar 0,98 RM. Zum Vergleich: Ein OT-Facharbeiter bezog bei Kaiser 1,19 RM pro Stunde, ein OT-Meister 2,31 RM; ein firmeneigener Vorarbeiter 1,53 RM. Bei den Hilfsarbeiten stellten die Polen allerdings rund 95 Prozent der Beschäftigten, insgesamt etwa 85 Prozent.[15]

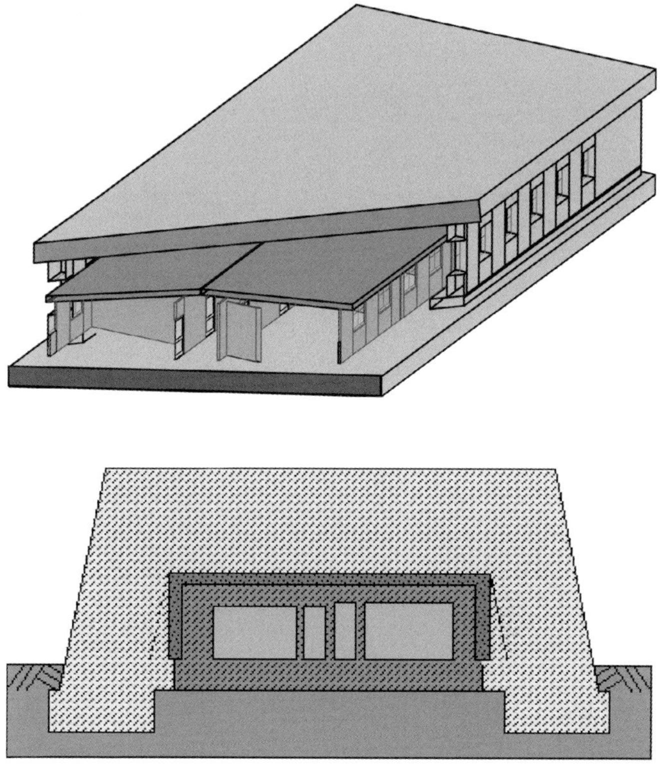

Schematischer Schnitt durch eine nachträglich ummantelte Holzbaracke (oben) und einen Bunker (unten). Der alte Bunkerkern wurde 1944 mit einer Verstärkung aus Beton (in der Abbildung helle Fläche) versehen.

Bereits während der laufenden Vertragsverhandlungen waren bis Mitte November in kürzester Zeit derart viele Arbeiter zur OT-Oberbauleitung Rastenburg abgestellt worden, daß diese sich außerstande sah, ihre »ordnungsgemäße Durchschleusung durch das Lager Eichkamp«, wo die Aufnahme der Personalien erfolgte, zu gewährleisten. In und um den ehemaligen Stadtwald wurden für die Scharen hinzugezogener Arbeiter weitere OT-Lager, so in Queden, eingerichtet, das Verpflegungsdepot an der Rastenburger Zuckerfabrik ausgebaut. In Mohrungen gab es ein eigenes OT-Lazarett.

Neben der Bewältigung der Vielzahl eintreffender Arbeiter gab es »erhebliche Schwierigkeiten in der Lohnzahlung«, da sich die »abgebenden Firmen« – die Stammbetriebe, die über Aufenthaltsort und Verwendungszweck ihrer »dienstverpflichteten« Beschäftigten nicht einmal informiert wurden – weigerten, deren Arbeitspapiere an die OT-Verwaltung abzugeben. Sie »befürchteten, daß sie ihre Leute nicht zurückbekommen«. Weil die OT die Betriebe zur Herausgabe der Unterlagen nicht zwingen konnte und dadurch gewaltige organisatorische Probleme in Kauf nehmen mußte, war sie bestrebt, die einzelnen Arbeiter auf sich direkt »dienstzuverpflichten«, das bedeutete, aus ihren zivilen Beschäftigungsverhältnissen herauszulösen und für die OT zu rekrutieren. Die OT-Zentrale in Berlin stellte eigens 15 Lohnbuchhalter »zum Einsatz Rastenburg« ab, um eine Liste derjenigen Arbeiter zu erstellen, für die solch eine »Dienstverpflichtung« ausgesprochen werden könnte. Dennoch erwies sich die Durchführung des Vorhabens als rechtlich schwierig.

Zeitgleich trafen zunehmend Beschwerden von Firmen ein, die ihre von der OT nach Rastenburg »umverpflichteten« Ruhrarbeiter zurückhaben wollten. Am 9. Dezember forderte zum Beispiel die Königsberger Beton- und Tiefbau KG Collin & Co. »drei Gefolgschaftsmitglieder« zurück, die von der Ruhr nach Rastenburg beordert worden waren und dem Betrieb fehlten. Die Firma August Fricke aus Halle beklagte am 13. Januar 1944, daß einer ihrer

Stammarbeiter »bei seiner Rückkehr aus dem Urlaub angehalten und bereits seit Oktober vorigen Jahres nach Rastenburg überwiesen worden« und »dortselbst bei der Firma Butzer beschäftigt« sei. Da es für diese Zwangsrekrutierungen keine rechtliche Grundlage gab, blieb der OT und den ihr angeschlossenen »Führungsfirmen« nichts weiter übrig, als das Problem auszusitzen. Ein Beispiel: Am 12. November 1943 teilte Wayss & Freytag der verwunderten Firma Gebrüder Lessmann, Hoch-, Tief- und Eisenbetonbau aus dem oberschlesischen Krappitz, mit, daß fortan sie die Entlohnung des Poliers Gojoweczyk und des Maurers Cebulla »z. Z. Rastenburg« übernehme. Umgehend unternahm die Firma Lessmann alles ihr Mögliche, ihre unfreiwilligen »Leiharbeiter« aus Ostpreußen loszueisen. Zunächst versuchte sie, die OT-Oberbauleitung Dortmund dafür zu gewinnen, die beiden wenigstens zum »Ruhreinsatz« zurückzubeordern, wo die Firma Lessmann selbst »dienstverpflichtet« tätig war – »zumal uns bekannt geworden ist, daß z. B. der Maurerpolier Gojoweczyk bei der Fa. Wayss & Freytag in der Küche mit Essentragen beschäftigt wird, während bei unseren ausländischen Arbeitskräften im Ruhrgebiet das Führungspersonal fehlt«. Zugleich wandte sich der schlesische Betrieb an die Vertrags- und die Hauptabteilung der Wirtschaftsgruppe Bauindustrie in Berlin. Die Hauptabteilung – wegen Ausbombung nunmehr in der »Ausweichstelle« Teltow ansässig – forderte deshalb am 17. Dezember 1943 auf kriegsbedingt beidseitig beschriebenem A 5-Dünndruckpapier eine Stellungnahme von Wayss & Freytag: »Wie Sie sicher wissen werden, sind sämtliche Akten der Hauptgeschäftsstelle beim Terrorangriff verbrannt. Wir wären Ihnen sehr verbunden, wenn Sie uns die notwendigen Vertragsunterlagen nochmals zustellen könnten.« Doch Wayss & Freytag schien das Schreiben zu ignorieren. Am 5. Januar 1944 beklagte Teltow höflich, daß eine Antwort auf den Brief noch immer ausgeblieben sei: »Da die Möglichkeit besteht, daß dieses Schreiben durch Feindeinwirkung verlorengegangen ist, fügen wir eine Abschrift nochmals bei und bitten Sie nunmehr um baldmöglichste Rückäußerung.« Doch weder der »Feind« noch Wayss & Freytag waren an der Verzögerung schuld, sondern die Deutsche Reichspost. Bereits am 29. Dezember 1943 hatte Wayss & Freytag mitgeteilt, daß Gojoweczyk und Cebulla von der »Frontführung Rastenburg« beschäftigt würden, doch seien sie krank und könnten deshalb nur leichte Küchenarbeiten verrichten. Wayss & Freytag habe das Schreiben aus Teltow bereits an die Oberbauleitung Rastenburg weitergeleitet und hoffe, daß die beiden Fachkräfte alsbald wieder einsatzfähig seien und zur Arbeitskolonne auf die Baustelle »Wolfsschanze« überstellt werden könnten. Am 6. Januar 1944 wurde auch die Firma Lessmann in Krappitz, Oberschlesien, von dieser Sachlage in Kenntnis gesetzt und wußte nun offiziell, wohin man ihre Stammbeschäftigten quasi »entführt« hatte. Gojoweczyk und Cebulla allerdings blieben in der Görlitz.

Ende Januar 1944 berieten Firmenvertreter von Wayss & Freytag sowie Butzer, der OT-Dachverband und die Oberbauleitung Rastenburg in der OT-Zentrale Berlin-Charlottenburg, Avus-Nordschleife in Nähe des Funkturms, weiter über die »Wolfsschanzen«-Leistungsverträge. Auf deren Grundlage sollten zwei Baugruppen gebildet werden: die Baugruppe Butzer mit etwa 14 sowie die Baugruppe Wayss & Freytag mit etwa 13 untergeordneten Firmen, deren Arbeiter »auf die OT dienstverpflichtet« werden sollten. Es wurde beschlossen, daß den Firmen lediglich garantiert werde, ihre »Gefolgschaftsmitglieder nach Beendigung des Bauvorhabens« unverzüglich zurückzubekommen, eine Entschädigung für die Ausfälle gebe es nicht. Die Praktiken der Zwangsverpflichtung zur OT und die »Überweisung« von Bauarbeitern nach Rastenburg stieß allmählich auf solch breite Kritik, daß sich die OT zu Beginn des Monats Februar zu einer offiziellen Rechtfertigung ihrer Vorgehensweise genötigt sah: »Die Dringlichkeit und Wichtigkeit der Bauarbeiten Rastenburg haben außergewöhnliche Maßnahmen notwendig gemacht. Da aus Abwehrgründen nur deutsche Arbeitskräfte beschäftigt werden können, mußten alle irgendwie verfügbaren Kräfte eingesetzt werden. Aus diesen übergeordneten Arbeitseinsatzgründen konnte auf vertragliche Bindungen keine Rücksicht genommen werden.« Im Baualltag standen die Belange der Abwehr allerdings im Hintergrund, und es gab deutsche wie ausländische Arbeiter.

Am 5. Februar empfing Hitler Reichsleiter Ley zu einem mehrstündigen und wahrhaft erschöpfenden Vortrag in der »Wolfsschanze«, dessen Themenspektrum vom Wohnungsbau über Windkrafträder bis zu Lebensfeiern reichte. Unter Punkt IV wurde die Frage »Hochbunker oder Tiefbunker« erörtert. Der Führer äußerte sich dabei kritisch über Hochbunker und plädierte dafür, »auch in Zukunft unter den Häusern Bunker« zu bauen, »deren Decken aber stark genug sein müßten. Als Dr. Ley nach der Deckenstärke fragte, erwiderte ihm der Führer, dies sei zunächst noch nicht genau zu sagen; die weitere Kriegserfahrung müsse abgewartet werden. (...) Bei größeren Häuserblöcken wäre es das beste, große Gemeinschaftsbunker mit wirklich starken Decken zu schaffen«, notierte der Persönliche Sekretär des Führers Bormann.[16] Hitler selbst wollte keine »weitere Kriegserfahrung« abwarten, er hatte die zusätzliche meterdicke Verstärkung der Abschlußdecken für die vorhandenen Bunker seines Hauptquartiers längst verfügt und für die »notwendigen« Neubauten eigens den Konstrukteursbleistift gezückt: Weil er die im Reich übliche »Braunschweiger Bewehrung« für Bunkerdecken und -wände kategorisch ablehnte, sollten auf seinen Wunsch die anstehenden Verstärkungen in der »Wolfsschanze« zweischalig mit einer zwischenliegenden Kiesschicht gegossen werden, die einen etwaigen Volltreffer abfedern sollte. Der Führer ignorierte, daß sich seine Variante bei entsprechenden Tests nicht bewährt hatte.[17]

Nach der Abreise Hitlers gen Süden im März 1944 wurden die Bauarbeiten im Sperrkreis I massiv vorangetrieben: Gemäß den Vorstellungen des Bauherrn verstärkte man die Abschlußdecken und -wände von Gäste-, Nachrichten- und Führerbunker – letzterer »mit bestehendem Blockhausanbau«[18] – und setzte um diese Gebäude einen bis zu fünf Meter dicken Stahlbetonmantel. Auch die »Betonburg« für Göring und zwei

Nordostecke des neuentstandenen Göringbunkers. Auch hier wurden künstliche Bäume zur Tarnung aufgestellt. Die »Betonburg« befand sich in unmittelbarer Nähe des Reichsmarschallhauses, dessen Fenster im Hintergrund zu sehen sind.

allgemeine Bunker – einer neben der Unterkunft Bormanns in Sperrkreis I sowie ein noch gewaltigerer in Sperrkreis III – wurden nach diesem Prinzip der Ummantelung eines inneren Bunkerkerns neu errichtet. Zur Tarnung dieser riesigen Gebäude grub man – wie schon 1940/41 – »Hunderte von Bäumen mit riesigen Ballen im Walde aus und pflanzte sie ... an die Bunker«[19] bzw. stellte künstliche auf.

Anfang April waren rund 3600 Beschäftigte aus mittlerweile ca. 500 Firmen mehr oder weniger unkontrollierbar auf dem Gelände der »Wolfsschanze« tätig, unzählige von ihnen in Hitlers Sperrbezirk.[20] Der Bahnhof »Görlitz« diente als Umschlagplatz für Baustoffe, an dem das Material von Eisenbahnwaggons auf die Loren einer Kleinbahn bzw. auf LKW verladen und mit diesen zu den verschiedenen Baustellen gebracht wurde. Nicht nur Propagandaminister Goebbels sah in diesem Wirrwarr ein eklatantes Sicherheitsrisiko.[21]

Noch Anfang des Jahres hatte das OKW »Richtlinien für den vorsorglichen Abwehrschutz der besonders geheimhaltungsbedürftigen Bauten der OT« aufgestellt, in denen vor allem die erhöhte Geheimhaltung aller mit den Bauten zusammenhängenden Aktivitäten und die Sicherung der Baustellen geregelt worden war. Hierzu sollte der OT auch die Unterstützung zuständiger Abwehrdienststellen zuteil werden.[22] Allein, der Bauablauf in der »Wolfsschanze« unterlief solche Vorgaben geradezu zwangsläufig.

Außerdem wurden die äußeren Absperrmaßnahmen gegen feindliche Fallschirmjäger und Spione in diesen Wochen rings um die Bauarbeiten verstärkt: »Das um die ganze Anlage herumgeführte Drahthindernis [wurde] in einem Abstand von etwa 100 Metern durch einen zweiten Drahtverhau ergänzt, der Zwischenraum mit Minen gespickt. Die Zugangstore zur Anlage an der Straße Rastenburg–Partsch und Görlitz–Queden wurden stark verschanzt und bewacht.«[23] Das Kriegstagebuch des OKW bemerkte, »daß zu dem Stacheldraht noch mannshohe Palisaden aus Baumstämmen und Erde kamen, da der feuchte Boden die Anlage von Gräben nicht zuließ«.[24] Die wichtigsten Bunker wurden in einen verteidigungsfähigen Zustand versetzt, indem sie – meist in Stellungen auf ihren Abschlußdecken – Nahverteidigungswaffen wie Maschinengewehre, aber auch Flakgeschütze erhielten. Selbst jetzt waren die Verhandlungen über die Arbeitsverträge für das »Sonderbauvorhaben« noch immer nicht beendet: So fanden vom 3. bis 5. April in Rastenburg zehn weitere Sitzungen statt, in deren Konsequenz alle beteiligten Firmen dann endlich den »Rastenburg Vertrag« abschlossen.[25] Aber auch dieser mühsam errungene Kompromiß wurde sofort »Gegenstand von Beschwerden und Ärgernissen«. Nach anfänglicher Weigerung der OT, die Betriebe für ihre »dienstverpflichteten Leiharbeiter« zu bezahlen, gestand man Firmen, denen mehr als 20 Beschäftigte abgezogen worden waren, nunmehr eine Entschädigung zu. Die kleinen Betriebe liefen Sturm, und es hagelte ab dem Monat Mai reichsweit Eingaben an die Rechtsabteilung der OT. Der Reichsinnungsverband des Bauwesens stärkte seinen Mitgliedern den Rücken und erklärte die OT im Oktober gegenüber allen Firmen für schadensersatz- und zahlungspflichtig.

Zu diesem Zeitpunkt sah sich die OT bereits weiterer heftiger Kritik ausgesetzt: Wie beim »Ruhreinsatz« hatte sich die Organisation trotz aller Zwangsmaßnahmen auch beim Projekt »Wolfsschanze« dazu verpflichtet, daß die für sie »abgestellten Arbeitskräfte ... spätestens bei Beendigung des Einsatzes vollständig zurückgegeben werden«. Die Oberbauleitung Rastenburg hatte diesen Passus im nachhinein eigenmächtig dahingehend eingeschränkt, daß die »Kriegserfordernisse ... eine andere Regelung bringen« könnten. In der Baupraxis bestand das Problem jedoch darin, daß der vorgesehene Fertigstellungstermin, zu dem die Firmen ihre Angestellten zurückerhalten sollten, im Vertrag sehr vage auf April 1944 festgelegt, aber dann im Mai auf Juli/August verschoben worden war. Nun, im Oktober, wurde er in die Monate November/Dezember verlegt. Die Ursache für die Verzögerungen lagen im chronischen Beschäftigten- und Baustoffmangel, in den wegen Kriegseinwirkung eingeschränkten Transportmöglichkeiten sowie – nicht zuletzt – in der mäßigen Arbeitsmoral der Zwangsverpflichteten.

Ungeachtet der Engpässe standen Ende September die aufwendigsten Bauarbeiten im und um das Führerhauptquartier »Wolfsschanze« vor dem Abschluß. Die Rastenburger Firma Walter Kaiser hatte im Rahmen des »Sonderbauvorhabens« eine Verbindung zwischen den Landstraßen Rastenburg–Rosengarten und Masehnen–Partsch hergestellt sowie einen Fahrweg von der Görlitz zum Moysee angelegt.[26] Insgesamt waren bis zu diesem

Nach seiner Rückkehr in die »Wolfsschanze« Mitte Juli 1944 befand sich Hitler noch immer inmitten einer Baustelle – hinter der Abzäunung für den Führerbunker stehen Arbeiter der Organisation Todt.

Zeitpunkt etwa 36 Millionen RM verbraucht worden.[27] Ab Ende August wurden auf Weisung der OT-Zentrale in Berlin weit über tausend Arbeitskräfte sowie einige Baufachleute aus dem Rastenburger Bauvorhaben für die Oberbauleitung »Riese«, die gleichzeitige Errichtung einer weiteren und noch größeren Führerhauptquartiersanlage im Gebiet des niederschlesischen Waldenburg, abgezogen, die auf der Görlitzer Baustelle eine entsprechende Lücke rissen. Ab dem 18. September setzte man daher auch Kräfte der OT-Einsatzgruppe »Tannenberg«, die – vom Baueinsatz an der Ostfront abgezogen – nunmehr für Ostpreußen zuständig war, im Rahmen des »Notstandseinsatzes Ost« für Arbeiten an der »Wolfsschanze« (unter der Bezeichnung »F« wie Führerhauptquartier) und für Bauten in Rastenburg (»RV«) ein. Im Oktober verlegte die Einsatzgruppe dann sogar ihr Hauptquartier von Königsberg nach Rastenburg.[28] Doch der Terminverzug blieb.

Im Juli 1944 kehrte der oberste Bauherr des Reiches in sein unfertiges Hauptquartier zurück. Hitler verstand es geschickt, seinen Zorn über nicht eingehaltene Fristen – vor allem in Rastenburg, wo es ihn direkt betraf – als väterliche Fürsorge um »seine Mannen« auszugeben. Anfang Oktober, als die Befestigung seines Führerbunkers

Walter Kaiser, Rastenburg

TIEF- UND STRASSENBAUUNTERNEHMEN

MITGLIED DER WIRTSCHAFTSGRUPPE BAUINDUSTRIE UND DES BAUGEWERBEBUNDES OSTPREUSSEN E. V.

An die

Organisation T o d t
Oberbauleitung

R a s t e n b u r g

Sembeckstrasse

RASTENBURG OSTPR.
Hippelstraße 3
Fernruf 298, 344

DRAHTANSCHRIFT: WALTER KAISER · RASTENBURG
BANK: REICHSBANK-GIRO-KONTO RASTENBURG 938/82
BANK DER OSTPR. LANDSCHAFT RASTENBURG
VOLKSBANK RASTENBURG
POSTSCHECKKONTO: KÖNIGSBERG (PR) 10547

DEN 13. Oktober 1944

F.

Rechnung Schlussrechnung

	Betr.: Herstellung einer Strasse zwischen				
	Görlitz und Moysee				
Pos.1	1.471,00 lfdm Planum herstellen je lfdm	7	12	10.473	52
Pos.2	1.876,26 cbm Kies anliefern und einbauen je cbm	12	99	24.372	62
Pos.3	876,88 cbm Packlage liefern und transportieren je cbm	13	71	12.022	02
Pos.4	5.655,97 qm Packlage setzen je qm	1	26	7.12~~6~~ 5	~~52~~ 83
Pos.5	2.655,54 lfdm Borde setzen je lfdm	0	39	1.035	66
Pos.6	653,76 cbm Schotter liefern und einbauen je cbm	14	17	9.263	78
Pos.8	1.874,00 lfdm Rigolen einbauen 30/30 je lfdm	0	44	824	56
Pos.9	10,00 lfdm Tonrohre einbauen je lfdm	10	68	106	80
				65 224	79
				~~65.229~~	~~46~~
	Tagelohnstunden				
	~~361,5~~ 291,5 OT-Polier- u.Schachtmeisterstd.	2	31	~~835~~	~~07~~
	~~40,0~~ OT-Facharbeiterstunden	1	19	~~47~~	~~60~~
	Übertrag:		RM	~~66.108~~	~~15~~
				65 851	96

A/0115

ERFÜLLUNGSORT FÜR LIEFERUNG UND ZAHLUNG: RASTENBURG OSTPR.

endlich abgeschlossen wurde, ließ er OT-Chef Dorsch durch Rüstungsminister Speer mitteilen, daß die Betreuung der Arbeiter vor Ort zu wünschen übrig lasse. Seine Sekretärin, Fräulein Wolf, habe das Essen der Männer probiert und es »ganz außerordentlich schlecht« gefunden. Die Arbeiter seien »in einer Lebenshaltung« tätig, »die durchaus nicht dem entspreche, was er sich hier vorstelle«. Der Führer bemängelte, die Leute sähen »außerordentlich schlecht und verfallen« aus, auf jeden Fall machten sie »in ihrer sozialen Betreuung in keiner Weise einen guten Eindruck« auf ihn. Am meisten jedoch verstörte den Führer des Großdeutschen Reiches die mürrische und gleichgültige Grundhaltung der Beschäftigten, die grußlos vorübergingen, wenn sie ihm begegneten.[29]

Bis Ende 1944 wurde in und um die »Wolfsschanze« gebaut. Mitte Dezember 1944 wurde bei der Oberbauleitung Rastenburg angefragt, ob »infolge der augenblicklichen Verhältnisse« der Einbau einer Kampfstoffprüfanlage im Bunker Hitlers noch »erwünscht« sei, »da Arbeiten nur noch auf besonderes Verlangen ausgeführt« würden. Eine »Atemmaske mit Zubehör« stehe bereits zur Verfügung«. Die Anfrage wurde abschlägig beantwortet.[30] Anfang Januar 1945 ergaben Routineüberprüfungen, »daß die Bedienung der Kampfstoffilteranlage im Führerbunker in Frage gestellt wird durch Kleinigkeiten, welche nicht in Ordnung sind«.[31] Letzte Abrechnungen zum »Sonderbauvorhaben Rastenburg« gingen noch Anfang März 1945 in der OT-Rechnungsstelle »Tannenberg« ein, die sich nunmehr schon bis in das brandenburgische Belzig zurückgezogen hatte. Die Abrechnungsunterlagen für das Führerhauptquartiersprojekt waren nach Altentreptow gebracht worden – ein letzter Versuch, die inzwischen zerstreuten Bautruppen zu strukturieren.[32] Zu diesem Zeitpunkt tobte der Krieg bereits etwa 700 Kilometer westlich der »Wolfsschanze«, bei Berlin.

Schlußrechnung der Rastenburger Firma Walter Kaiser über die »Herstellung einer Straße zwischen Görlitz und Moysee« vom 13. Oktober 1944.

Auszeit fern der Front

Im späten Frühjahr 1944 stand die Front noch ungefähr 100 Kilometer vor dem ostpreußischen Führerhauptquartier, und Hitler verfolgte während seiner Abwesenheit von dort die Kriegsereignisse hauptsächlich vom »Berghof« auf dem Obersalzberg aus: Am 30. März berief er dort seine Generalfeldmarschälle Kleist und Manstein in die »Führerreserve« ab und versüßte ihnen den Abschied mit den Schwertern zum Eichenlaub des Ritterkreuzes. Die Zeit größerer Operationen sei vorbei, meinte der Heerführer, von nun an brauche er »Steher«. Am 10. April mußte sich Mansteins ehemalige Heeresgruppe Süd aber dennoch aus Odessa und Bessarabien zurückziehen – trotz ihres neuen, Hitler ergebenen Oberbefehlshabers Generalfeldmarschall Model. Mitte Mai fiel die Krim in sowjetische Hände; zeitgleich durchbrachen die Amerikaner die »Gustav-Linie«, die deutsche Cassino-Stellung in Italien, und eroberten am 4. Juni Rom. Der 6. Juni 1944 stand im Zeichen des »D-Day«; die Westalliierten begannen am frühen Morgen mit ihren Landungsoperationen in der Normandie. Hitler gab sich eher erleichtert und wollte die Möglichkeit nutzen, die Schlagkraft seiner Wehrmacht und seines Reiches unter Beweis zu stellen. Eine Woche später wurden die ersten seiner Wunderwaffen vom Typ »V 1« (V für Vergeltung) gegen die englische Hauptstadt London eingesetzt; Hitler hoffte, die Briten »friedenswillig« zu bomben.[33]

Am 17. Juni flog der Führer an die Westfront, um angesichts der kritischen Situation persönlich nach dem Rechten zu schauen. Während der eintägigen Konferenz mit den Generalfeldmarschällen Rommel und von Rundstedt im durch Heer und SS hermetisch abgeriegelten Hauptquartier »Wolfsschlucht II« bei Margival schwärmte Hitler zunächst ausgiebig von seiner »V 1«, um daraufhin Rommels Küstenverteidigungsmaßnahmen die Schuld für die Invasion zuzuschieben. Als dieser die Vorwürfe zurückwies und seinerseits Hitler aufforderte, eine Beendigung aller Kampfhandlungen in Erwägung zu ziehen, erwiderte der Feldherr brüsk: »Kümmern Sie sich nicht um den Weitergang des Krieges, sondern um Ihre Invasionsfront!«[34]

Das Unheil nahm also seinen Lauf: Im Westen landeten die Alliierten bis Ende des Monats auf ihrem Brückenkopf in der Normandie über 850000 Soldaten und etwa

Wie bereits 1942 und 1943 erholten sich Hitler und sein Gefolge auch im Frühjahr 1944 fern der Front: Im »Berghof« auf dem Obersalzberg sah die Lage um vieles freundlicher aus als im Wald bei Rastenburg. Während die Bunker der »Wolfsschanze« massiv verstärkt wurden, verschlimmerte sich die Situation an allen Fronten dramatisch.

150 000 Fahrzeuge an; die stärkste deutsche Festung im Invasionsgebiet, Cherbourg, kapitulierte. Das Heimatkriegsgebiet wurde Nacht für Nacht und Tag für Tag bombardiert. Im Osten machte sich die Rote Armee die vom Führer zugunsten der Westfront verfügte Reduzierung der Kräfte zunutze und holte anläßlich des dritten Jahrestages des deutschen Angriffs auf die Sowjetunion, dem 22. Juni, zu einer weiteren Großoffensive gegen die Heeresgruppe Mitte aus. Am 4. Juli fiel das weißrussische Minsk, am 13. Juli das litauische Wilna. Gleichzeitig wurden Angriffe gegen die Heeresgruppe Nord in Richtung Dünaburg und Ponewjesch sowie gegen die Heeresgruppe Nordukraine (bisher Süd) auf Lemberg gestartet. Der unaufhaltsame Vormarsch der Roten Armee auf die alte Reichsgrenze zu verursachte in Ostpreußen Panik; trotz strikten Verbots der Parteileitung setzten sich spontane Trecks gen Westen in Bewegung.

Wieder einmal war es die Ostfront, die den Feldherrn Hitler zwang, den »Berghof« (dieses Mal für immer) zu verlassen und in sein noch nicht fertig ausgebautes ostpreußisches Führerhauptquartier zurückzukehren. Auch er konnte sich dem Ernst der Kriegslage nicht mehr verschließen und gab einen Tag vor seiner Abreise, am 13. Juli, zwei praktisch hochverräterische Erlasse aus, die Anordnungen »für den Fall eines Vordringens feindlicher Kräfte auf deutsches Reichsgebiet« enthielten; beide selbstverständlich noch als »Geheim! Kommandosache! Geheime Reichssache!« deklariert. Der erste Erlaß behandelte »die

Befehlsgewalt in einem Operationsgebiet innerhalb des Reiches«, wobei die zivilen Dienststellen von Staat und Gemeinden ihre Tätigkeit fortsetzen sollten. Im zweiten Erlaß ging es um »die Zusammenarbeit von Partei und Wehrmacht«.[35] Ein Bericht des Sicherheitsdienstes der SS (SD) desselben Tages offenbarte Hitler, daß sein Volk ähnlich dachte und »nur ein kleiner Teil der Bevölkerung eine unbeirrt zuversichtliche Stimmung bewahrt«.[36]

Der Mann der »Vorsehung«, der sich als Schlachtenlenker und militärischer Stratege für den legitimen Erben Friedrichs des Großen und Hindenburgs hielt, rechnete im Frühsommer 1944 allmählich mit dem Äußersten.

Illusionsstrategien

In der Nacht zum 15. Juli landete Hitler auf dem inzwischen erweiterten Flugplatz Wilhelmsdorf und fuhr in die »Wolfsschanze«. Dort fand er am nächsten Vormittag »ein völlig verändertes Bild vor«, wie sein Kammerdiener Linge niederschrieb. »Die Umbauten waren zum größten Teil fertiggestellt. Ich fühlte mich ›nach Ägypten versetzt‹, da die Bunker Pyramiden glichen. Der Führerbunker war noch nicht fertig, und Hitler bezog Quartier im sogenannten Gästebunker, der bereits durch Eisenbeton verstärkte Wohnräume hatte. Die Lagebesprechungen mußten in einer Baracke stattfinden, die nur notdürftig gegen Bombensplitter geschützt war.« Diese lag in einem Sondersperrkreis, der in Sperrkreis I um den Gästebunker, die SS- und Lagebaracke herum geschaffen worden war.

Der Bauherr befand sich durch seine frontbedingte vorzeitige Rückkehr noch für die folgenden Monate inmitten einer Baustelle, um ihn herum waren weiterhin tagtäglich Hunderte Beschäftigte tätig: »Durch den Lärm und den Ausfall vieler Gebäude sowie durch Aus- und Umbauarbeiten wurden die Arbeitsmöglichkeiten stark beeinträchtigt«, ärgerte sich Linge.[37] Im fertigen, aber noch nicht trockenen Nachrichtenbunker von Sperrkreis I taten die Techniker bei einer Raumtemperatur um die 35 Grad Celsius im Turnzeug Dienst; die Ablösung erfolgte alle drei Stunden. Die Beschäftigten wurden »alle Augenblicke untersucht«, und es standen ihnen Kisten mit Apfelsaft und Mineralwasser zur Verfügung, ebenso wie die stärkenden »Vitamultintäfelchen« von Hitlers Leibarzt Morell.[38]

Chefdolmetscher Schmidt bedrückte die düstere Atmosphäre zwischen den entstandenen »sieben Meter starken, fensterlosen Betonmauern«, die »wie vorweltliche Ungeheuer, grau und grün getarnt, in dem Walde zu hocken schienen. Wie die Stollen eines Bergwerks zogen sich niedrige Korridore durch diese ›montagnes synthétiques‹ oder synthetischen Berge, wie der rumänische Außenminister Mihai Antonescu diese Gebilde einmal sehr treffend bezeichnet hatte. Die Räume waren recht klein. Man fühlte sich in ihnen immer irgendwie beengt. Die feuchten Ausstrahlungen der Betonmassen, das dauernde künstliche Licht und das ständige Sausen der Belüftungsanlagen erhöhten die Unwirklichkeit dieses Milieus, in dem ein bleicher und aufgedunsener werdender Hitler seine ausländischen Besucher empfing. Das Ganze wirkte wie der Schlupfwinkel eines sagenhaften, bösen Geistes. Beobachter, denen die düstere Sagenwelt ferner lag, fühlten sich ins Filmland versetzt. ›Der Märchenwald für den soeben beendeten Hänsel-und-Gretel-Film wird morgen abgebaut‹, erklärte mir einmal ein witziger Kollege, ›und übermorgen fangen wir mit den Aufnahmen zu Antonius und Cleopatra an, die Pyramiden stehen schon da‹.«[39]

Als einen der ersten Gäste empfing Hitler in dieser Kulisse am 15. Juli Oberst Stauffenberg, Stabschef beim Befehlshaber des Ersatzheeres in Berlin, zu einer Besprechung über die Verstärkung der sogenannten Heimatarmee und die Aufstellung von Volksgrenadierdivisionen. Am selben Tag verfügte er »mit Rücksicht auf die bedrohte Lage Ostpreußens und Schlesiens«, die Ostbefestigungen in Verteidigungszustand zu setzen und »unter Heranziehung aller verfügbaren Mittel« mit dem Stellungsbau zu beginnen. Umgehend wurden 5000 Zivilisten, Hitler- sowie Jungvolkjungen aus dem Kreis Angerburg, »ausgehoben« und zu Schanzarbeiten in das Gebiet südlich von Heydekrug und nach Suwalki »notdienstverpflichtet«. Auch im Gebiet der masurischen Seen, zwischen Kruglanken und Heidenberg, begann der Bau betonierter Stellungen – offensichtlich zur Unterstützung der Schutzlinie von der Feste Boyen bei Lötzen zur SS-Feldkommandostelle »Hochwald« bei Possessern.[40]

Auch Reichsführer-SS Himmler war am 15. Juli 1944 bei seinem Führer in der »Wolfsschanze« und sprach mit ihm über »Ungarn. Judenfrage«[41]. Wenige Tage zuvor hatte die Budapester Regierung unter Horthy und Sztójay vor allem aus Angst vor angedrohten alliierten Bombenangriffen die Deportationen der Juden aus Groß-Ungarn gestoppt. Gegenüber Hitler wollte Budapest jedoch aus taktischen Gründen den Eindruck vermitteln, daß diese vorerst nur ausgesetzt worden seien. Der Führer reagierte scharf, drohte gar indirekt mit einem erneuten Einmarsch. Es begannen Wochen absurder Verhandlungen zwischen Ungarn und Deutschen – bis Horthy nach Verkündigung des Kriegsaustritts seines Landes am 15. Oktober von der SS gestürzt und eine genehme Regierung installiert wurde.[42] Organistor des Putsches war der bewährte »Chef der Bandenkampfverbände des Reichsführers-SS«, Erich von dem Bach-Zelewski.

Vier Tage nach Hitlers Treffen mit Stauffenberg und Himmler, am 19. Juli, folgte der Befehl zur »Aufstellung von zwei Ostpreußen-Divisionen (Landwehr) aus älteren Jahrgängen«.[43] Hitler überreichte an diesem Tag Generalfeldmarschall Kesselring, dem Oberbefehlshaber Südwest (Mittelmeerraum), für sein unerbittliches Vorgehen gegen die Alliierten in Italien eine der höchsten Auszeichnungen des Großdeutschen Reiches, das Eichenlaub mit Schwertern und Brillanten zum Ritterkreuz des Eisernen Kreuzes. Die Spitzen der Roten Armee erreichten an diesem Mittwoch Augustow, etwa 100 Kilometer östlich des Hauptquartiers. Für den folgenden 20. Juli 1944 standen ein weiterer Vortrag Stauffenbergs sowie ein Staatsbesuch Mussolinis auf dem Programm der »Wolfsschanze«. Stauffenbergs zweiter Besuch im ostpreußischen Hauptquartier sollte dort zum aufregendsten Ereignis in seiner Geschichte werden.

Der 21. Juli, ein Freitag, war ein ebensolcher Sommersonnentag wie der 20. Juli. Der Führer, der Licht ohnehin nicht ertragen konnte, verbrachte ihn zeitweise im Bett, um die Folgeschäden des mißglückten Attentats auszukurieren. Doch der Schock der Explosion hatte auch sein Gutes gezeitigt: Es war, wie Hitler ausführte, »das Wunder eingetreten, daß durch diesen Schlag mein Nervenleiden fast verschwunden ist«. Bald aber sollte das Gliederzittern heftiger als zuvor wieder einsetzen.[44] Der Führer beantwortete an diesem Tag danach auch Glückwunschtelegramme, die ihm zu seiner Errettung zugegangen waren. Gegen Mittag empfing er Guderian und übertrug ihm die Geschäfte des Generalstabschefs. Dann hatte Hitler »die wichtigsten Minister zur Gratulationscour in das Führerhauptquartier gebeten«.[45] Bormann hatte die Nacht zum Freitag über hektisch Unmengen von Fernschreiben teils widersprüchlichen Inhalts an den Parteiapparat verschickt und deshalb lediglich für 90 Minuten Schlaf gefunden; er setzte seine Tätigkeit an diesem Tag fort. Im frühen Morgengrauen waren SS-Einheiten in der »Wolfsschanze« eingetroffen, um ohne Rücksicht auf die bestehenden Wachen für einige Wochen eine hermetische Abriegelung der Anlage, besonders des Sperrkreises I, vorzunehmen.[46] Die Wachmannschaften des Führerbegleitbataillons wurden zur Brigade aufgestockt, umliegende Militär- und Sicherheitsorgane dem Kommandanten des Hauptquartiers Streve unterstellt bzw. zur Zusammenarbeit verpflichtet.[47] Jeder, der fortan zum Führer vorgelassen werden wollte, mußte sich auf Waffen untersuchen lassen. Aber immerhin 60 Personen, »deren Namen Hitler selbst notiert hatte«, konnten weiterhin ohne Leibesvisitation zu ihm.[48]

Innenminister Himmler hatte sich zusammen mit seinem Polizeichef Kaltenbrunner bereits am Abend des 20. Juli mit dem Flugzeug nach Berlin begeben, um den Aufstand erfolgreich niederzuschlagen und nun, wie es Goebbels nannte, »den ganzen Generalsclan, der sich gegen uns gestellt hat, mit Stumpf und Stiel auszurotten, um damit die Wand niederzubrechen, die von dieser Generalsclique künstlich zwischen dem Heer einerseits und Partei und Volk andererseits aufgerichtet worden ist«. Goebbels wollte das Seinige bei der anstehenden »Reinigung« für das »zivile Leben« leisten.[49]

Im Reich geriet an diesem 21. Juli ob des »ruchlosen« Mordanschlages »ein Millionenvolk in Wallung«, bei Treuekundgebungen allerorts äußerte »sich ein heißes Glücks- und Dankgefühl über das Mißlingen der Tat«, die beglückende Nachricht »Unser Führer lebt!« bewegte die Deutschen »in einer beispiellos spürbaren Tiefe«. Chefideologe Rosenberg schrieb unter der mit wuchtigen Lettern gesetzten Schlagzeile »Es lebe der Führer!« im Völkischen Beobachter, daß der Anschlag gegen Adolf Hitler – neben der Feldschlacht in der Normandie, dem Andrängen des Bolschewismus im Osten, dem Vordringen der Westalliierten im Süden und der Bomberoffensive im Heimatkriegsgebiet – »nichts anderes ... als die Kampferöffnung auf der fünften Front – auf Kopf und Herz der deutschen Kriegsleitung« darstelle.[50] Am Tag darauf titelte das »Kampfblatt der nationalsozialisti-

Sommer 1944: SS-Aufnahme der Ankunft im Vernichtungslager Auschwitz-Birkenau. Nachdem die Wehrmacht im März Groß-Ungarn besetzt hatte, wurden auch Hunderttausende ungarische, slowakische und rumänische Juden deportiert und zum größten Teil durch Giftgas ermordet.

schen Bewegung Großdeutschlands«: »Antwort der Nation: Bedingungslose Treue«.[51]

Für diesen Sonnabend, den 22. Juli, bat Reichsminister Lammers die Spitzen der NS-Hierarchie zu einer Vorbesprechung in sein Possesserner Feldquartier »Hochwald«, und ein gewaltiges Aufgebot reiste an: Bormann, Hitlers rechte Hand; Goebbels, Reichsminister für Volksaufklärung und Propaganda; Körner, Görings Vertreter als Beauftragter für den Vierjahresplan; Himmler, Reichsminister des Innern; Keitel, Chef des OKW, und Speer, Reichsminister für Rüstung und Kriegsproduktion, sowie Wirtschaftsminister Funk, Generalfeldmarschall Milch, Generalinspekteur der Luftwaffe, und Gauleiter Sauckel, Generalbevollmächtigter für den Arbeitseinsatz. Einziger Gegenstand der folgenden Mammutsitzung war der »umfassende Einsatz von Männern und Frauen für Aufgaben der Reichsverteidigung«, über den am nächsten Tag der Dreierausschuß, Bormann, Keitel und Lammers, beim Führer referieren sollte.[52]

Da Hitler selbst, besonders aber sein Gehör, durch das Attentat doch erheblicher angeschlagen war, als es zunächst geschienen hatte, ließ er an diesem Sonnabend einen Hals-Nasen-Ohren-Spezialisten aus Lötzen kommen. Dr. Erwin Giesing berichtete: »Mein erster Eindruck bei meinem ersten Zusammentreffen mit Hitler am 22. Juli 1944 war nicht der, daß ich diesen ›gewaltigen und gefürchteten Mann‹ mit seinem ›faszinierenden‹ oder sogar ›hypnotisierenden‹ Wesen vor mir sah.

Trauerakt für den am 20. Juli 1944 getöteten General der Flieger Korten im Reichsehrenmal Tannenberg. Angetreten sind: Großadmiral Dönitz für die Marine, Reichsmarschall Göring für die Luftwaffe und Generalfeldmarschall Keitel für die Wehrmacht.

Hitler und Bormann vor dem Lazarett Carlshof. Der Jubel der Menge war Hitler zu dieser Zeit bereits eher lästig.

Er machte sogleich auf mich den Eindruck eines gealterten, fast verbrauchten und erschöpften Mannes, der mit dem Rest seiner Kräfte haushalten muß.«[53] Auch Propagandaminister Goebbels war dadurch bedenklich gestimmt, »daß der Führer sehr alt geworden ist«, konstatierte aber zugleich, daß sein Wesen nun »von einer außerordentlichen Güte gekennzeichnet« sei: »Man muß ihn direkt liebhaben.«

Bei der sonntäglichen »Chefbesprechung« am 23. Juli im Teehaus der »Wolfsschanze« überraschte Hitler die Minister Speer und Goebbels mit seiner Freudigkeit, umgehend Entscheidungen zu treffen, um die beide seit über einem Jahr gerungen hatten. Immer wieder brach er dabei in Haßtiraden gegen die »Schweine« und »Offiziersverbrecher« aus, die ausgemerzt und ausgerottet würden.[54] Zwei Tage darauf folgte der »Erlaß des Führers

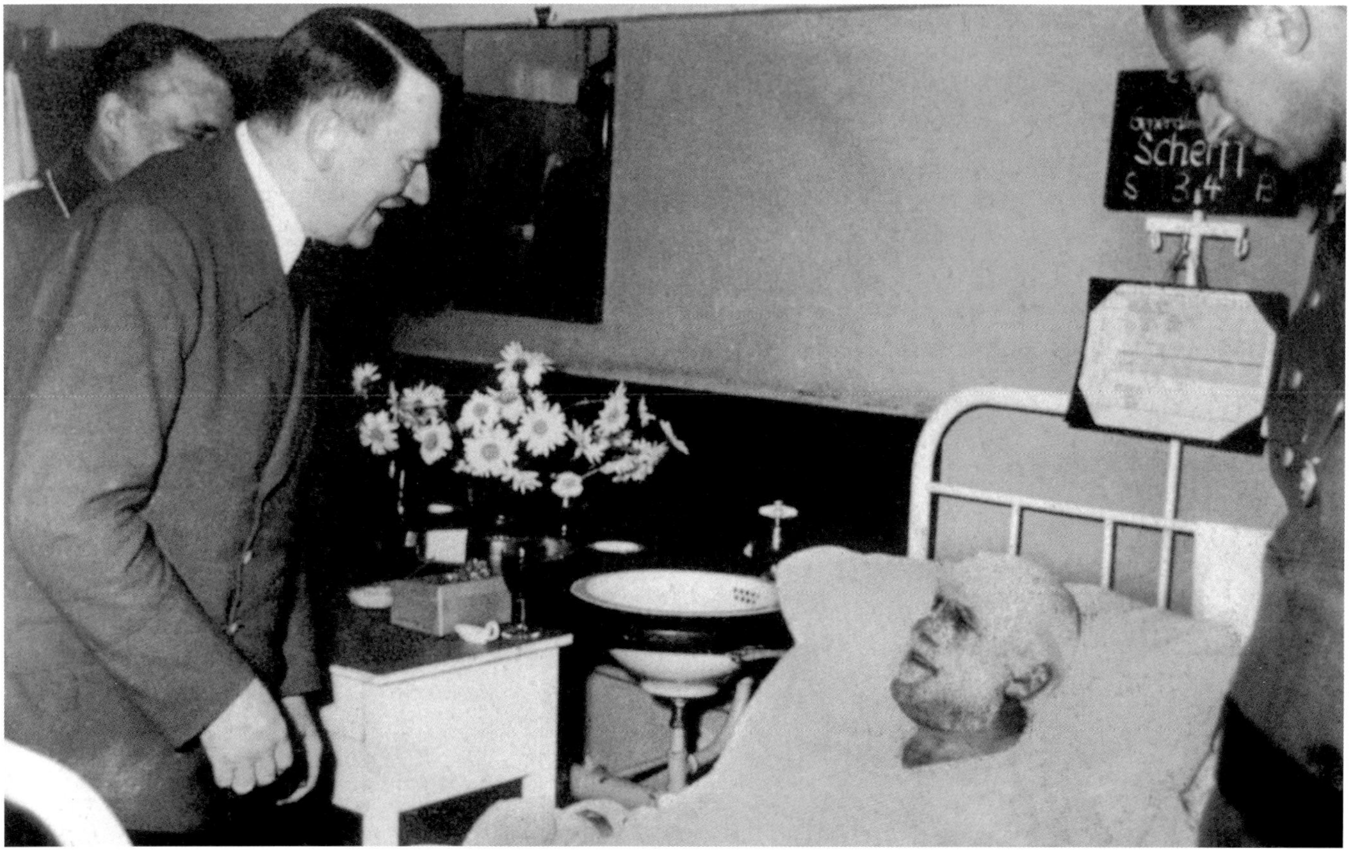

Hitler beim Gespräch mit dem verletzten Generalmajor Scherff, seit April 1942 »Beauftragter des Führers für die militärgeschichtliche Geschichtsschreibung«, im Lazarett Carlshof.

über den totalen Kriegseinsatz« aus dem Hauptquartier, in dem Hitler verfügte, daß der Vorsitzende des Ministerrats für die Reichsverteidigung, Reichsmarschall Göring, »das gesamte öffentliche Leben den Erfordernissen der totalen Kriegsführung in jeder Beziehung anzupassen« habe. Göring solle einen Reichsbevollmächtigten für den totalen Kriegseinsatz vorschlagen, der dafür Sorge zu tragen habe, »daß alle öffentlichen Veranstaltungen der Zielsetzung des totalen Krieges angemessen sind und Wehrmacht und Rüstung keine Kräfte entziehen. Er hat den gesamten Staatsapparat einschließlich Reichsbahn, Reichspost und aller öffentlichen Anstalten, Einrichtungen und Betriebe zu überprüfen, durch einen restlosen rationellen Einsatz von Menschen und Mitteln, durch Stillegung oder Einschränkung minder kriegswichtiger Aufgaben und durch Vereinfachung der Organisation und des Verfahrens das Höchstmaß von Kräften für Wehrmacht und Rüstung freizumachen.« Zum Reichsbevollmächtigten wurde Goebbels bestellt; der triumphierte.[55]

Der Führer besuchte an diesem 23. Juli noch die beim Attentat Verwundeten im SS-Lazarett Carlshof, sprach ermutigende Besserungswünsche aus und mußte wohl oder übel den Jubel der Menge, die er längst scheute, über sich ergehen lassen. Etwa zeitgleich befreite die Rote Armee Majdanek bei Lublin als erstes SS-Lager auf polnischem Gebiet.[56]

In Ostpreußen bemühte sich Gauleiter und Oberpräsident Koch mit geradezu vorauseilendem Gehorsam, den totalen Kriegseinsatz für seine Provinz zu erproben. Noch Ende Juli befahl Koch den Ausbau vorhandener Befestigungen zu einem Ostwall, der in mehreren verbundenen

Für die beim Attentat Verwundeten stiftete Hitler ein eigenes Ehrenabzeichen des 20. Juli 1944 (oben), das er etwa 100mal, teilweise postum, verlieh (unten).

Stellungen entlang der Provinzgrenze – von der Kurischen Nehrung und Memel über Georgenburg, Suwalki und Augustow, den Narew entlang über Lomsha und Rozan bis Modlin bei Warschau – reichte und die anstürmende Rote Armee in Schach halten sollte.[57] Da Koch die gesamte arbeitsfähige männliche Bevölkerung der Regierungsbezirke Allenstein und Gumbinnen zur Befestigung der Ostgrenze beorderte und Verweigerer drakonisch bestrafen ließ, mußten Kommandos der Wehrmacht beim Einbringen der Ernte helfen.

Aller Propaganda zum Trotz kam die Ostfront den Reichsgrenzen immer näher. In Ostpreußen begannen – zu spät – die Arbeiten an den Verteidigungsanlagen.

In den ersten Tagen des Monats August 1944 begann man schließlich, die Bewohner der grenznahesten ostpreußischen Kreise Lyck und Treuburg zu evakuieren. Die ersten Flüchtlinge aus dem Suwalker und dem Memelgebiet, ebenso wie viele Volksdeutsche aus Litauen, trafen nunmehr auch im Kreis Rastenburg ein; die meisten von ihnen jedoch kamen in einem Sammellager im 50 Kilometer entfernten Heilsberg unter. Über der »Wolfsschanze« wurden in diesen Tagen von sowjetischen Flugzeugen Flugblätter abgeworfen, die die Insassen des Führerhauptquartiers namentlich aufführten. Aufgrund einer entsprechend höheren Gefährdung wurden diese – als Geheimnisträger – vorerst nicht mehr an die Ostfront versetzt.[58]

Parteileiter Bormann schien es angesichts der Volksstimmung zu diesem Zeitpunkt geraten, von seinem Bunker aus die ihm unterstellten »Reichsleiter, Gauleiter und Verbändeführer« einmal mehr zu ermahnen, ihr Verhalten im Alltag den hochtrabenden Postulaten der Parteipropaganda anzupassen. In einem Rundschreiben vom 1. August hieß es: »1.) Nach dem Attentat auf den Führer muß unser Volk, muß die breite Masse stärker denn je die Überzeugung gewinnen, daß seine nationalsozialistische Führerschaft die beste ist, die unser Volk haben kann. Engste Volksverbundenheit aller irgendwie führend tätigen Männer ist notwendiger denn je. Führung und Volk sind – und das muß in jeder Beziehung zum Ausdruck kommen – eine verschworene Gemeinschaft. (...) 2.) In Friedenszeiten waren gegen eine Teilnahme führender Männer an Volksfesten Einwände nicht zu erheben. Heute liegen die Dinge anders. Keinesfalls darf der völlig falsche Eindruck erweckt werden, daß irgendwel-

Empfang der Reichs- und Gauleiter am 4. August 1944 in der »Wolfsschanze«; ganz rechts: Propagandaminister Goebbels und links neben ihm der Chef der Deutschen Arbeitsfront, Robert Ley. An Hitlers rechter Seite stand – wie ein Schatten – Reichsleiter Bormann (verdeckt).

che führenden Männer Zeit und Muße haben, stundenlang Schaudarbietungen zuzusehen.

Ab sofort dürfen daher Politische Leiter etc. nicht mehr als Zuschauer bei Fußballspielen, Pferderennen etc. teilnehmen. In dieser Zeit wird nicht mehr gefeiert, sondern unermüdlich und unablässig gearbeitet. Zuwiderhandlungen gegen diese Anordnung des Führers werden mit sofortiger Amtsenthebung beantwortet.«[59]

Zur nervlichen Entspannung und zur abendlichen Zerstreuung beorderte Hitler seinen zweitliebsten Architekten, Hermann Giesler, zu sich in die »Wolfsschanze«, der – nachdem er von Bormann instruiert worden war, keine Fragen im Zusammenhang mit dem 20. Juli zu stellen – mit seinem Auftraggeber »über städtebauliche Fragen, über Linz und München« plauderte.[60] Der Führer genoß die Abwechslung, sinnierte er doch seit dem Attentat vor knapp zwei Wochen darüber, auf welche Weise er mit den Verschwörern verfahren sollte. »Wie Schlachtvieh wolle er sie hängen sehen«[61], äußerte er des öfteren seinem Diener Linge gegenüber. Dafür allerdings mußten die mitverschworenen Militärs zunächst in einer »rücksichtslosen Säuberungsaktion« aus den Reihen der Wehrmacht entfernt werden, um sie dann der zivilen »Volksjustiz« überantworten zu können. Am 2. August befahl der Führer in seiner »Wolfsschanze« die Bildung eines Ehrenhofes zur Überprüfung der Beteiligten vom 20. Juli 1944, dessen Vorsitz OKW-Chef Keitel übertragen wurde. Hitler verfügte: »Soldaten, die ich ausstoße, haben keine Gemeinschaft mehr mit den Millionen ehrenhafter Soldaten des Großdeutschen Reiches, die die Uniform des Heeres tragen, und mit den Hunderttausenden, die ihre Treue mit dem Tode besiegelten.«[62] Die Verfemten sollten vom Volksgerichtshof unter seinem Vorsitzenden Roland Freisler, einem eiskalten Sadisten in Richterrobe, abgeurteilt werden. Der Ehrenhof trat erstmalig zwei Tage später zusammen, entsprach Hitlers Wünschen und verstieß in dieser Runde die führenden Köpfe des Umsturzversuches aus der Wehrmacht, als ranghöchsten unter ihnen Generalfeldmarschall von Witzleben. An diesem »Triumphtag« scharte der Rächer das »politische Führungskorps«, die Reichs- und Gauleiter, im Hauptquartier um sich. Er erzählte ihnen, die in seinem Rücken noch mehr als zuvor »absolute Sicherheit, gläubiges Vertrauen und treue Mitarbeit« garantieren sollten, vom Anschlag auf seine Person und entließ sie – zuversichtlich wie noch nie – mit der Prophezeiung, daß »wir ... diesen Krieg am Ende ... siegreich bestehen« werden.[63] Mit der Einschränkung: »Sollte das deutsche Volk in diesem Ringen besiegt werden, dann war es zu schwach, die Prüfung der Geschichte zu bestehen und nur der Vernichtung würdig!«[64]

In den nächsten Wochen fällte Freislers Volksgerichtshof nach grausamen Verhören und entwürdigenden Verhandlungen 200 Todesurteile. Weitere 5000 Personen, darunter sämtliche Verwandte der Hauptverschwörer, wurden im Zuge der Sippenhaftung enteignet und in Konzentrationslager eingewiesen. Hitler erhielt täglich die Berichte Kaltenbrunners über neue Enthüllungen, ebenso Fotografien der Hingerichteten – an Fleischerhaken aufgehängt. Hitler »betrachtete sie sich so wenig, wie er widerwillig die Aufnahmen zerstörter Städte zur Kenntnis nahm, geschweige denn, daß er imstande gewesen wäre, eine brennende Stadt oder ein in Schutt und Asche liegendes Wohnviertel unmittelbar nach einem Bombenangriff zu besuchen.«[65] An den Abenden wurde »im Kinoraum die Exekution der Verschwörer vorgeführt«.[66]

Eine detaillierte Schilderung des Attentats bildete auch den Auftakt der Unterredung des Führers mit Conducator Antonescu am 5. August, der für diesen (letzten) Besuch mit großem Gefolge eigens von Hitlers Chefpilot Baur aus Bukarest eingeflogen worden war: Bereits seit 1942 hätte diese »Offiziersclique« den »Geist der Front« zu vergiften versucht, und vor allem die Katastrophen in diesem Jahr seien eine Folge ihres Wirkens gewesen. Nunmehr, da ein zweiter »Dolchstoß im Rücken der Nation« abgewendet worden sei, die kommandierenden Marschälle fest hinter ihm stünden und gegen die Hochverräter hart vorgegangen würde, konsolidiere sich die Front »von Stunde zu Stunde«. Lange referierte Hitler anschließend über Fragen der Rüstungsproduktion und dergleichen, bis endlich Antonescu zu Wort kam, um sein Leid über die kritische wirtschaftliche Lage Rumäniens zu klagen, die vor allem auf alliierte Luftangriffe und mangelnde Unterstützung seitens des Reiches zurückzuführen sei. Der Führer riet seinem Gast daraufhin, vornehmlich »daran zu denken, daß der Krieg unter allen Umständen gewonnen werden müsse« und daß keine Nation so viele Opfer erbracht habe wie die deutsche. Offensichtlich stark verärgert, sah sich Antonescu zum Schluß des Gespräches aber dennoch genötigt, seine Bündnistreue mit den Worten zu betonen, daß »kein Verbündeter Deutschlands so loyal« wie sein Land sei, denn man wisse: Das Ende des Reiches bedeute auch das Ende Rumäniens. Die gewünschte Hilfe für den Bundesgenossen gewährte Hitler – mit Hinweis auf die angeschlagene Heeresgruppe Mitte – allerdings nicht.[67]

Zwei Wochen später, am 20. August, begann die sowjetische Großoffensive gegen die Heeresgruppe Süd-Ukraine in Bessarabien. Angesichts dieser Bedrohung wurde drei Tage darauf Antonescus Regime gestürzt. Der von solchem »Verrat« überraschte Führer befahl noch für die Nacht ein Bombardement Bukarests; am 25. August erklärte daher Rumänien dem Reich den Krieg. Zeitgleich kapitulierte der deutsche Stadtkommandant von Paris, General Choltitz, obwohl Hitler noch zwei Tage zuvor angeordnet hatte: »Paris darf nicht oder nur als Trümmerfeld in die Hand des Feindes fallen.«[68]

In den Nächten vom 26. zum 27. August und vom 29. zum 30. August warfen die Briten unzählige Phosphorbomben über Königsberg ab, die einen Feuersturm entfachten, der weite Teile der alten Hauptstadt Ostpreußens zerstörte. Hitler jedoch beharrte weiterhin auf seiner Art der Kriegsführung: »Um H.s Illusionsstrategie entgegenzuwirken, wurden von der zuständigen die Lagebesprechungen vorbereitenden Stelle des WFSt [Wehrmachtführungsstabes] auf den H. vorgelegten Karten die roten Pfeile, die die feindlichen Angriffe darstellten,

Tatsächlich war der Führer des Großdeutschen Reiches infolge des Attentats vom 20. Juli merklich gealtert. Trotz der Verwendung von extragroßen Typen in den für ihn bestimmten Schreiben mußte Hitler eine Lupe benutzen. Er wurde mißtrauischer und nervöser als zuvor, seine Gesundheit verschlechterte sich rapide.

übertrieben groß und deutlich eingezeichnet. Auf denselben Lagekarten wurde außerdem stets eine übersichtliche Aufschlüsselung der diesen Angriffen entgegengestellten tatsächlich vorhandenen deutschen Kräfte verzeichnet, um so eine möglichst realistische Lagebeurteilung geradezu zu erzwingen. Diese Bemühungen des WFSt hatten jedoch keinen Erfolg«, vermerkte das Kriegstagebuch des OKW.[69]

Am vorletzten Augusttag des Jahres 1944 befahl der Führer – durch die Frontlage gezwungen – die »Herstellung der Verteidigungsbereitschaft des Westwalls« durch »feldmäßigen Ausbau«[70]; die Soldaten der Anti-Hitler-Koalition näherten sich in Ost wie West unaufhaltsam den Grenzen des Großdeutschen Reiches.

Die zunehmende Besorgnis des Führerhauptquartiers über die Frontlage schlug sich in der Ernennung eines zusätzlichen Kampfkommandanten für die »Wolfsschanze«, Oberst Remer, am 1. September nieder. Um so bizarrer war es, daß Hitler an diesem Tag die neue Nationale französische Regierung in der »Wolfsschanze«

Bei den englischen Bombenangriffen auf das ostpreußische Königsberg im Sommer 1944 wurde vor allem die historische Altstadt mit dem Königlichen Schloß verwüstet (oben). Seine Ruine wurde in den 1960er Jahren auf Anweisung sowjetischer Behörden gesprengt; die zerstörte Münzstraße (unten).

empfing. Eine Woche lang hatte sich Reichsaußenminister von Ribbentrop in Schloß Steinort bemüht, die angereisten rivalisierenden »Kollaborationsgruppen« zu einem »Kabinett« mit Exilsitz im süddeutschen Sigmaringen zusammenzufügen. In »operettenhaftem Stil« hatten die zukünftigen Minister um die einzelnen Posten gestritten und ihre »persönlichen Rivalitäten« gegeneinander ausgespielt.[71] Zu guter Letzt konnte von Ribbentrop die Regierung ohne Volk und Staat unter ihrem Chef Fernand de Brinon dann doch seinem Führer präsentieren. Der überraschte seine Gäste eingangs mit der Bemerkung, daß der »jetzt tobende Krieg ... in einer Hinsicht etwas Gutes [habe]: Er erbringe einmal den Beweis, daß überall da, wo die deutschen Truppen abzögen, der Bolschewismus einrücke, wenn auch vielleicht nicht sofort ungetarnt, so doch nach wenigen Wochen mit seiner ganzen Brutalität.« Damit meinte Hitler unterschiedslos alle Gegner. Um so mehr hoffe er, daß es den Herren aus Frankreich gelingen möge, »ihr Land aus dem Strudel der jetzigen Katastrophe zu retten«. Der Großdeutsche Feldherr versicherte, er sei kein »Mann der Defensive« und die Stunde komme, »wo auf Grund der deutschen Anstrengungen mit Hilfe anderer und neuer Waffen das Steuer wieder herumgeworfen werden würde«. Zum Abschied widmete Hitler einem jeden der fünf anwesenden Franzosen einige persönliche Worte.[72] Chefdolmetscher Schmidt resümierte: »Die Unwirklichkeit dieses ganzen Spieles wurde in eindrucksvoller Weise durch den russischen Kanonendonner unterstrichen, der von der ... nur 80 Kilometer von Hitlers Hauptquartier entfernt verlaufenden Front bei Augustow drohend herüberklang, während man nachts am ganzen südöstlichen Horizont das Mündungsfeuer der Geschütze aufleuchten sah.«[73] Zwei Wochen später brach die deutsche Militärverwaltung in Frankreich zusammen – »eine besonders unerfreuliche Erscheinung im Rahmen des Rückzuges im Westen«, wie der Tätigkeitsbericht des Chefs des Heerespersonalamtes vermerkte.[74] Nach der Kriegserklärung der Sowjetunion an Bulgarien begab sich das Königreich zu dieser Zeit gezwungenermaßen in die Hände des großen slawischen Bruders, auch Finnland wechselte endgültig die Fronten, und selbst die bisher neutrale Türkei kündigte ihre diplomatischen Beziehungen zu Deutschland. Am 11. September stießen dann die Amerikaner bei Trier bis zur Westgrenze des Reiches vor.

Vorstoß russischer Panzerverbände und motorisierter Korps gegen den deutschen Südflügel im August 1944; gegen Monatsende wurde der Wehrmacht das rumänische Erdölgebiet von Plojeschti entrissen.

Der Krieg kehrt an seinen Ausgangspunkt zurück

Als Propagandaminister Goebbels in diesen ersten Septemberwochen in die »Wolfsschanze« kam, schrieb er in sein Tagebuch: »Im übrigen herrscht im Führerhauptquartier eine etwas deprimierte Stimmung. Jedenfalls habe ich das Gefühl, daß sehr viele hier die Köpfe hängen lassen und sich durch die von den Fronten eintreffenden Nachrichten zu stark beeindrucken lassen. Bormann gehört zwar nicht zu diesen schwächlichen Naturen, aber man merkt doch, daß er durch die letzten Vorgänge auch etwas angegriffen worden ist.« Nach einigen Lagebesprechungen, die Hitler aus Angst vor weiteren Anschlägen »im Besprechungszelt vor seinem Bunker« abhielt, obwohl die am 20. Juli zerstörte Lagebaracke bereits wieder hergerichtet war,[75] konstatierte Goebbels dann – realistischer – »eine sehr starke Angeschlagenheit«.[76] Dieses Symptom wies auch die Abendlage des 17. September auf, die von der Angst vor einem Handstreich sowjetischer Fallschirmjäger gegen die »Wolfsschanze«, für Hitler eine »Schweinerei«, geprägt war: »Der Führer: ›Die Sache ist immerhin so gefährlich, daß man sich klar sein muß: Wenn hier eine Schweinerei passiert – hier sitze ich, hier sitzt mein ganzes Oberkommando, hier sitzt der Reichsmarschall, es sitzt hier das OKH, es sitzt hier der Reichsführer-SS, es sitzt hier der Reichsaußenminister! Also, das ist der Fang, der sich am meisten lohnt, das ist ganz klar. Ich würde hier ohne weiteres zwei Fallschirmdivisionen riskieren, wenn ich mit einem Schlag die ganze russische Führung in die Hand kriegte.‹
Keitel: ›Die ganze deutsche Führung!‹ (...)
Der Führer: ›Man muß jetzt wirklich vorsichtig sein. Wenn eine Viecherei passiert, nützt es hinterher nichts, wenn man sagt: das hat man geahnt, das hat man gewußt! Die Meldungen, die jetzt kommen, darf man nicht auf die leichte Schulter nehmen. (...) [Wir wollen lieber auf Nummer] Sicher gehen.‹«[77]

Nicht unbeachtet bei diesen Überlegungen dürfte die alliierte Luftlande-Operation in Holland, bei Arnheim, Eindhoven und Nimwegen, gewesen sein, die im Morgengrauen dieses Tages begonnen hatte. Außerdem häuften

Der letzte Staatsgast in der »Wolfsschanze«, Kroatiens Poglavnik Ante Pavelič, am 18. September 1944; rechts: Großadmiral Karl Dönitz.

sich die Fliegeralarme in Rastenburg und Umgebung. Für einen solchen Ernstfall rüstete sich die »Wolfsschanze« zunehmend »kriegsmäßig«[78]: Fallschirmjäger wurden in den Hauptabsprunggebieten sowjetischer Einsatzkommandos, den Wäldern bei Labiau, Goldap, Wehlau und Sensburg sowie im Raum Ortelsburg – Willenberg – Neidenburg, bereitgestellt, Gräben ausgehoben und weitere Minensperren gebaut. Hitler verfügte, einen potentiellen Angreifer rücksichtslos zu bekämpfen: »Bei Fallschirmjägerabsprung in den Kern der Anlage werden Abwehrwaffen auch mit Schußrichtung nach innen eingesetzt.« Das Führerhauptquartier, so die Weisung, werde »bis zum letzten Mann verteidigt«.[79]

Durch den Sturz Antonescus und das Umschwenken Bulgariens war die Position des Reiches auf dem Balkan geschwächt – zugunsten des verbündeten Unabhängigen Staates Kroatien, dem nunmehr eine Schlüsselrolle innerhalb der deutschen Strategie im Südosten zufiel. Aus diesem Grund empfing Hitler am 18. September den Poglavnik aus Agram zu einer zweieinhalbstündigen Unterredung im Hauptquartier. Zunächst klagte der Führer sein Leid über den Abfall der beiden wichtigen Verbündeten, dann berichtete Pavelić von seinen Sorgen: den Krisen von außen als Folge der Ereignisse in Bukarest und Sofia sowie den inneren Feinden, den Partisanen Titos und den serbischen Tschetniks. Die Deutschen könnten zur Stabilisierung der Lage in Kroatien vor allem durch zwei Dinge beitragen: Waffenlieferungen an die Ustaschas und die völlige Einstellung jeglicher Unterstützung der Tschetniks, die beim Eintreffen der Russen ohnehin sofort gegen die Deutschen kämpfen würden. Man blieb sich in vielen Fragen uneinig, auch was die vom Poglavnik beharrlich angemahnten Waffenlieferungen für Kroatien betraf; doch das Kommuniqué dieses letzten Besuches eines ausländischen Gastes in der »Wolfsschanze« wußte wie gewöhnlich vom »Geist der aufrichtigen und treuen Freundschaft« zu berichten.[80] Bormann als Leiter der Parteikanzlei erließ an diesem Tag in seinem Bunker eine Anordnung über die rechtzeitige »Sicherung des parteiamtlichen Aktenmaterials in den bedrohten Grenzgauen«, in der eine sofortige Sichtung aller vorhandenen Papiere und der Abtransport nicht dringend benötigter Unterlagen in weiter zurückliegende Gebiete angewiesen wurde. Die übrigbleibenden Akten sollten »ständig zugriffssicher unter Verschluß« gehalten, »bei Gefahr im Verzug« zum Abtransport bereitgestellt und bei Unmöglichkeit »rechtzeitiger Wegschaffung« in »geeigneter Weise vernichtet« werden.[81]

Auch Hitler machte sich Gedanken über das Eindringen des Feindes und verfügte – unter Aufhebung der Befehle vom 13. Juli – zwei Erlasse über die »Zusammenarbeit von Partei und Wehrmacht« sowie über die »Befehlsgewalt« in einem »Operationsgebiet innerhalb des Reiches«, in denen die Befugnisse des Gauleiters bzw. eines zu bestellenden Reichsverteidigungskommissars für eine solche Situation behandelt wurden.[82] Am selben Tag wurden dem Führer »die Verluste der Wehrmacht während des Krieges« (1. September 1939 bis 31. August 1944) vorgetragen. Die traurige Bilanz: insgesamt 71 706 tote, 110 455 verwundete und 26 327 vermißte Offiziere sowie 1 614 617 tote, 3 673 785 verwundete und 899 457 vermißte Unteroffiziere bzw. Mannschaften.[83] Hitler war am frühen Abend dieses 19. September so unwohl, daß er sich in das Lazarett Carlshof chauffieren ließ: Zu den Kopf- und Magenschmerzen wurde eine Gelbsucht diagnostiziert.[84] Zwei Tage später überreichte Rüstungsminister Speer seinem angeschlagenen Führer in der »Wolfsschanze« eine Denkschrift, in der er sich gegen die erfolgte Beschneidung seiner Befugnisse durch Bormanns Parteiapparat und gegen dessen gezielte Diffamierungen seiner Mitarbeiter zur Wehr setzen wollte. Speer verlangte »Klarheit über die Befehlsverhältnisse und über die Zuständigkeit« sowie Hitlers Rückendeckung für seine »Prinzipien der Rüstungslenkung«. Doch der Adressat des Hilferufes gab das Gesuch ungelesen an seinen Persönlichen Sekretär weiter. Einige Stunden später wurde Speer dann in Bormanns Bunkerkanzlei gerufen, wo dieser ihn »in Hemdsärmeln, die Hosenträger über dem dicken Oberkörper«, empfing. Auch der Reichsbevollmächtigte für den totalen Kriegseinsatz, Dr. Goebbels, war – »gepflegt gekleidet« – anwesend. Bormann bestimmte, Speer hätte sich dem Reichsbevollmächtigten »unterzuordnen«, außerdem verbat er sich in »rüpelhafter Weise« jede Kritik an der Partei und jegliche direkte Einflußnahme auf Hitler. Goebbels hörte der Tirade »drohend und mit zynischen Einwürfen« zu. Der gewitzte Demagoge hatte sich längst mit seinem früheren Feind Bormann arrangiert, um in diesem Zweierbund der Partei ihre führende Rolle und damit den eigenen Machteinfluß zurückzuerobern – zum Nachsehen Speers. Der Führer stand eher »hilflos« zwischen dem »Zusammenschluß Goebbels–Bormann« einerseits und Speer andererseits, »bestätigte den einen wie den anderen, nickte Zustimmung zu einander widersprechenden Befehlen«, wie der Rüstungsminister meinte.[85] Das Parteiduo hatte Hitler dagegen praktisch schon so weit für sich eingenommen, daß er im September verfügte: »Der entscheidende Einsatz der NSDAP. im Großdeutschen Freiheitskampf ist heute schon in geeigneter Form für die spätere Geschichtsschreibung festzuhalten«, und mit der Durchführung der notwendigen Vorarbeiten den Leiter der Parteikanzlei, Martin Bormann, beauftragte.[86]

Wenige Tage nach dem Speer-Besuch bekam Parteigenosse Bormann »auch noch einen offiziellen Einfluß auf den militärischen Sektor« und ließ bei den Lagebesprechungen, an denen er nun teilnahm, »die Militärs deutlich fühlen, daß er allgegenwärtig und für den Führer unentbehrlich sei«.[87] Am 25. September unterzeichnete Hitler in der »Wolfsschanze« den »Erlaß über die Bildung des deutschen Volkssturms«: Infolge »des Versagens aller unserer europäischen Verbündeten« stehe der Gegner »in der Nähe oder an den deutschen Grenzen«. Dem »uns bekannten totalen Vernichtungswillen unserer jüdisch-internationalen Feinde setzen wir den totalen Einsatz aller deutschen Menschen entgegen«. Zur »Verstärkung der aktiven Kräfte unserer Wehrmacht und insbesondere zur Führung eines unerbittlichen Kampfes

In Bessarabien, bei Kischinew, ging eine Viertelmillion Soldaten der deutschen Heeresgruppe Südukraine in Gefangenschaft.

Luftaufnahme des Gebiets um Rastenburg vom Sommer 1944; die Umgebung der »Wolfsschanze« ist markiert (oben). Gut erkennbar ist die Bahnlinie Rastenburg–Angerburg, die das Waldgebiet Görlitz durchschneidet; beiderseits liegen die Gebäude der »Wolfsschanze« (vgl. Plan S. 198/199). 1 – Carlshof, 2 – Schwarzstein, 3 – Moysee, 4 – Bahnhof Görlitz, 5 – Gut Görlitz, 6 – Zeisersee.
Göring demonstriert Hitler »Umfassungspläne« im Führerhauptquartier (rechte Seite).

überall dort, wo der Feind den deutschen Boden betreten will, rufe ich daher alle waffenfähigen Männer [im Alter von 16 bis 60 Jahren] zum Kampfeinsatz auf«. Die militärischen Ausführungsbestimmungen für dieses letzte Aufgebot oblagen Himmler, die politischen und organisatorischen – im »Auftrage« Hitlers – Reichsleiter Bormann.[88] Zu diesem Zeitpunkt standen über die gesamte Länge der deutschen Ostfront verteilt noch immer drei Millionen Soldaten den schier unabwendbar vorrückenden Angreifern gegenüber.[89]

Als Reaktion auf weitere Enthüllungen der SS über das Ausmaß der Verschwörung vom 20. Juli und einen Streit mit Luftwaffenchef Göring reagierte der so abgebrühte Großdeutsche Feldherr »mit einem gesundheitlichen Zusammenbruch« und lag, in ein Wehrmachtsnachthemd und einen grauen Flanellmorgenrock gekleidet, »mit schweren Magen- und Darmkoliken« tagelang auf seinem Feldbett im nunmehr fertiggestellten Führerbunker »teilnahmslos« darnieder.[90] Speer befand, daß der düstere Koloß ein Sinnbild der Situation Hitlers, eines seinen Illusionen erlegenen Untoten, darstelle: »Von außen einer altägyptischen Grabstelle ähnlich, war er eigentlich nur ein großer Betonklotz ohne Fenster, ohne direkte Luftzufuhr, im Querschnitt ein Bau, dessen Betonmassen den nutzbaren Raum um ein vielfaches überstiegen. In diesem Grabbau lebte, arbeitete und schlief er. Es schien, als trennten ihn die fünf Meter dicken Betonwände, die ihn umgaben, auch im übertragenen Sinne von der Außenwelt und sperrten ihn ein in seinem Wahn.«[91]

Bormann schrieb beinahe verzweifelt an seine Frau Gerda: »Der Führer … lebt drunten in seinem Bunkerraum, hat nur elektrisches Licht, nur die abgestandene Luft von dem Raum – wo der Luftdruck ständig zu hoch ist, weil Frischluft hineingepumpt werden muß –, und es ist genau so, als ob er in einem Keller ganz ohne Licht leben würde. (…) Er nörgelt auch an unseren Hütten mit den gemauerten Wänden herum, die, wie er sagt, beim ersten schweren Luftangriff zerstört werden, und dann müßte jeder mit sehr viel weniger Platz auskommen! Ich bin ziemlich unglücklich über diese Einstellung und über die Krankheit des Führers. Schließlich hängt alles von seiner Gesundheit ab! (…) Die Lagebesprechung mußte heute [am 1. Oktober] schon den dritten Tag hintereinander abgesagt werden.«[92] Erst Tage danach nahm Hitler »die Arbeit wieder, allerdings erst sehr langsam, auf«.[93]

Am 2. Oktober hatten die Deutschen unter dem General der Waffen-SS Erich von dem Bach-Zelewski nach einem Vierteljahr den Warschauer Aufstand mit einer selbst für die SS außergewöhnlichen Brutalität endgültig niedergeschlagen: Zehntausende polnischer Zivilisten waren gemeuchelt, die polnische Hauptstadt dem Erdboden gleichgemacht; Hitler gratulierte vom Krankenbett aus. Die Rote Armee, seit Ende Juli am rechten Weichselufer und Mitauslöser der Erhebung, war tatenloser Zuschauer gewesen und marschierte nun, da die deutschen Polizei- und SS-Truppen ihre »Arbeit« erledigt hatten, weiter. Generalissimus Stalin war kein Freund selbstbewußter und national gesinnter Polen.

Am 5. Oktober begann die sowjetische Memel-Offensive, die nach vier Tagen bei ihrem Vormarsch zwischen Tauroggen und Georgenburg die nördliche Reichsgrenze, das Memelland, erreichte und am 11. Oktober erstmalig in Ostpreußen einbrach. »Die Front … brachte – leibhaftige – Wölfe mit. Seit Jahrzehnten waren sie in Ostpreußen nur noch als Wechselwild beobachtet worden. Nun wurde ihre neuerliche Anwesenheit zum Zeichen für wilde, barbarische Zustände.«[94]

Doch nicht die kritische Lage im Osten beunruhigte den Rekonvaleszenten Hitler, vielmehr plante er »eine große Offensive« im Westen, wo sich die Front etwas stabilisiert hatte. Nach der Lagebesprechung am 12. Oktober nahm der Führer Rüstungsminister Speer beiseite, verpflichtete ihn zum Schweigen und forderte eine »Bautruppe …, die genügend motorisiert ist, um selbst bei einer Unterbrechung des Eisenbahnverkehrs noch Brückenbauten aller Art durchführen zu können«. Auf die Bemerkung Speers, er hätte kaum mehr genügend Lastwagen, entschied der Feldherr mit Nachdruck: »Für diesen Fall muß alles andere zurückstehen, ganz gleich, welche Folgen entstehen. Das wird der große Schlag, der gelingen muß.«[95] Am Tag darauf verfügte Hitler die Bildung einer »Front-OT« innerhalb der Organisation Todt »zur Durchführung wichtiger operativer Bauvorhaben« mit immerhin 80 000 Mann.[96] Speer mußte zusehen, wie er diese Vorgabe aus dem Hauptquartier umsetzte.

Den Führer kümmerte das wenig, er war anderweitig beschäftigt: Zum einen plagten ihn starke Zahnschmerzen, und er bestellte am 14. Oktober seinen Zahnarzt, Dr. Hugo Blaschke, zu sich in das Hauptquartier.[97] Zum anderen galt es noch, den »Fall R.« zu lösen. Nach-

Vom 1. August bis 2. Oktober tobte der Warschauer Aufstand gegen die deutschen Besatzer. Nach seiner blutigen Niederschlagung wurde die polnische Hauptstadt auf Befehl Himmlers »pazifiziert«: Die Infrastruktur und die Bausubstanz der Altstadt wurden systematisch vernichtet, im NS-Jargon: »ausradiert«.

dem sich herausgestellt hatte, daß auch Generalfeldmarschall Rommel mit den Verschwörern vom 20. Juli sympathisierte, nutzte Hitler an diesem Wochenende die Gelegenheit, den ihm wegen seiner Popularität und Aufmüpfigkeit unsympathischen Heerführer auszuschalten. Er entsandte seinen neuen Chefadjutanten, General Burgdorf, und Generalleutnant Ernst Maisel aus der »Wolfsschanze« nach Herrlingen bei Ulm, dem Wohnsitz Rommels. Vor die Wahl zwischen Volksgerichtshof und Selbstmord gestellt, entschied sich der Generalfeldmarschall für die soldatische Ehre und den Pensionsanspruch seiner Familie und nahm das offerierte Gift. Hitler war trotz heftiger Zahnwehattacken zufrieden und »spendierte« für den Folgsamen ein Staatsbegräbnis.

Zwei Tage nach Rommels Tod, am 16. Oktober, begann die Rote Armee eine neue Großoffensive gegen die Ostgrenze Ostpreußens. Am Abend des 18. Oktober drangen die Soldaten Stalins bei Eydtkuhnen, dem früheren deutsch-russischen bzw. deutsch-litauischen Eisenbahngrenzübergang an der Strecke Sankt Petersburg–Paris, tief auf Reichsgebiet vor. Hitler ließ zur selben Stunde anläßlich des Jahrestages der Völkerschlacht bei Leipzig im Jahre 1813 seinen »Erlaß über die Bildung des deutschen Volkssturms« im Rundfunk verlesen. Als sowjetische Vorkommandos am Freitag, dem 20. Oktober, die Rominte bei Walterkehmen überschritten, setzte der alleingelassene Hausmeister Görings Reichsjägerhof in der Rominter Heide in Brand.

Die Sowjets marschierten weiter – in Richtung Gumbinnen, Nemmersdorf und Darkehmen – und waren nur noch etwa 70 Kilometer vom Hauptquartier entfernt. Hitler zitierte am späten Abend dieses 21. Oktober den Gauleiter und Reichsverteidigungskommissar von Ostpreußen, Erich Koch, in die »Wolfsschanze«. Koch, ganz höriger Fanatiker, lehnte noch immer jegliche Räumungsmaßnahmen für seine Provinz ab. Erst nach der Unterredung im Führerbunker gab er widerwillig nach und genehmigte die Evakuierung der Zivilbevölkerung bis 30 Kilometer

hinter die Front – viel weniger, als Wehrmacht und zivile Verwaltungen gefordert hatten und benötigten.

Im Morgengrauen des 23. Oktober befahl der sowjetische Frontoberbefehlshaber Tschernjachowskij angesichts des hartnäckigen deutschen Widerstandes einen taktischen Rückzug seiner Rotarmisten. Der Führer, für den die Defensive ohnehin keine statthafte Art der Kriegsführung darstellte, atmete auf und wandte sich während der Lage des nächsten Tages wieder seinem aktuellen Lieblingsthema zu – den Vorbereitungen für die Ardennenoffensive im Westen, dem 1944er »Weihnachtszauber«. Hierzu waren eigens Vertreter der drei Wehrmachtsteile in die »Wolfsschanze« geladen worden: Generalstabschef Guderian und General Wenck für das Heer, Generalmajor Christian für die Luftwaffe sowie Admiral Voß für die Marine, und »so drehte sich alles um diese Operation«, vermerkte Adjutant Below.[98]

»Der Führer: ›Es ist auch sofort ein Hauptqu.[artier] sicherzustellen, das nicht weit weg ist, am ehesten in den Vogesen; wenn das nicht möglich ist, im Schwarzwald. In den Vogesen würde es am allerbesten sein.‹

v. Below: ›Das bei Diedenhofen [›Brunhilde‹] ist fertig.‹

Der Führer: ›Ist das gegen die heutigen Bomben halbwegs sicher?‹

v. Below: ›Gegen die 6000er glaube ich nicht, mein Führer.‹

Der Führer: ›Das glaube ich auch nicht. – Ist das so getarnt, daß kein Mensch es sehen kann?‹

v. Below: ›Von oben überhaupt nicht sichtbar, liegt absolut unter der Erde. Es sind die alten Forts der Maginot-Linie, die von oben nicht zu sehen sind.‹

Der Führer: ›Kann ich nicht einmal sofort Aufnahmen von denen sehen?!‹

Jodl: ›Man muß irgend etwas nehmen, was schon vorhanden ist. Man kann das in der Zeit jetzt nicht mehr bauen.‹

Der Führer: ›Ich möchte da noch einmal Unterlagen haben. Dann, wie gesagt einen OT-Baustab, der die Arbeiten zu machen hat, dann eine, ich möchte sagen: eine Zerstörungsorganisation für alle Fälle beizeiten aufziehen, auch wieder mit Hilfe der OT, denn wir haben bisher nichts zerstört, das ist lächerlich.‹«[99]

Der zerstörte Bahnhof im litauischen Kowno, vermutlich August 1944 (linke Seite); das letzte Aufgebot an der Reichsgrenze, die nun Frontgebiet war, laut offiziellem Bildtext: »Volkssturmsoldaten im bedrohten Ostpreußen in voller Ausbildung« (oben); das ostpreußische Grenzstädtchen Schirwindt nach der Eroberung durch die Rote Armee, Ende Oktober 1944 (unten).

Keitel und Jodl drängten Hitler seit längerem, die »Wolfsschanze« wegen der Nähe der russischen Front und den Vorbereitungen für die Westoffensive zu verlassen, doch der weigerte sich aus taktischen Gründen, wie Bormann notierte: »Der Führer hat mir gestern [25. Oktober] nach meinem Bericht gesagt, daß er in keinem Fall von hier fortgehe, solange die Krise in Ostpreußen andauert. (...) Er denkt, daß seine Anwesenheit vielen Ostpreußen die nötige Ruhe und das Vertrauen gibt und die Divisionen zu entsprechenden Anstrengungen zwingt. (...) Das Führerhauptquartier hier ist jedenfalls schon ›aufgelöst‹ worden, wie der Fachausdruck dafür lautet, das heißt alles, was nicht unbedingt nötig ist, wurde weggeschickt. Das gilt sowohl für die Ausrüstung als auch für die Leute.«[100]

Die Krise im Osten dauerte an. Am 27. Oktober titelte die Freitagsausgabe des Völkischen Beobachters: »Das Wüten der sowjetischen Bestien – Furchtbare Verbrechen in Nemmersdorf – Auf den Spuren der Mordbrenner in den wiederbefreiten ostpreußischen Gebieten«. Der detaillierte Bericht über Greueltaten an der Zivilbevölkerung bildete den Auftakt eines Propagandafeldzuges gegen die »tierische Blutgier der Bolschewisten«, bei dem die Furcht vor dem Grauen in der deutschen Bevölkerung ganz bewußt zur psychologischen Mobilisierung der letzten Abwehrkräfte geschürt wurde. Die Stalinsche Propaganda ihrerseits erklärte zeitgleich Ostpreußen zur »Heimstätte der deutschen Militärclique« und »wichtigsten Stütze des Hitlerfaschismus«.[101] Die Deutschen seien »Wölfe« gewesen und sie blieben es, glaubte Schriftsteller Ilja Ehrenburg.[102]

Ein Aufruf der Krasnoarmejskaja Prawda vom 16. Oktober hatte die Vergeltungsgefühle der Rotarmisten nach Hunderten von Kilometern »verbrannter Erde« ihrer Heimat und Millionen getöteter Landsleute noch einmal zusätzlich geschürt: »Merke Dir, Soldat! Dort in Deutschland versteckt sich der Deutsche, der Dein Kind gemordet, Deine Frau, Braut und Schwester vergewaltigt, Deine Mutter, Deinen Vater erschossen, Deinen Herd niedergebrannt hat. Geh mit unauslöschlichem Haß gegen den Feind vor! Deine heilige Pflicht ist es, um der Gerechtigkeit willen und im Namen des Andenkens der von den faschistischen Henkern Hingemordeten, in die Höhle der Bestie zu gehen und die faschistischen Verbrecher zu bestrafen. Das Blut unserer im Kampf gefallenen Kameraden, die Qualen der Gemordeten, das Stöhnen der lebendig Begrabenen, die unstillbaren Tränen der Mütter rufen Euch zu schonungsloser Rache auf.«[103] Nun, da sich die Sowjets zum ersten Mal auf dem Territorium des verhaßten Gegners befanden, brachen sich Wut und Trauer ungezügelt Bahn; Ostpreußen als östlichste deutsche Provinz traf es am härtesten. Die etwa 65 zivilen Toten von Nemmersdorf und Umgebung waren lediglich das Fanal einer Revanche ohne Erbarmen.[104]

Hitler jedoch sorgte sich an diesem 27. Oktober um etwas ganz anderes: Er erließ die Verfügung 14/44 zur »Vermeidung von Auto- und Flugzeugunfällen führender Persönlichkeiten« in Partei, Staat und Wehrmacht, denn: »1. Das Leben und die Gesundheit des einzelnen gehören nicht ihm, sondern allein dem Vaterland. 2. Es ist daher ein Zeichen der Verantwortungslosigkeit gegenüber Volk und Vaterland, wenn jemand seine Dienst- und Arbeitsfähigkeit leichtfertig aufs Spiel setzt.« Der Führer wünschte, keine leichtfertigen Dienstfahrten und -flüge zu unternehmen und sich stets vor Augen zu halten, »daß es besser ist, das Ziel etwas später zu erreichen, als überhaupt nicht anzukommen«.[105]

Hitlers letzte Tage in der »Wolfsschanze«

Nach der Rückeroberung Goldaps durch einen deutschen Gegenangriff, an dem auch eine Kampfgruppe aus dem Führerhauptquartier beteiligt war,[106] stabilisierte sich die Front im Osten ab dem 5. November, wobei Teile der ostpreußischen Kreise Pillkallen, Gumbinnen sowie Goldap, der gesamte Kreis Stallupönen und das Memelland bis auf die Stadt Memel (endgültig) in sowjetischer Hand blieben. Der oberste deutsche Kriegsherr entschied trotz der drohenden Gefahr neuer Schläge der Roten Armee, mehrere Divisionen aus Ostpreußen und von der Weichsel abzuziehen, um sie für die geplante Offensive nach Westen zu verlegen. Wie bedrohlich die Situation in und um Rastenburg war, wußte jedoch auch Hitler; selbst in den Sperrkreis III seines Hauptquartiers waren bereits Bomben gefallen, ohne allerdings Schaden anzurichten.[107] Als er General Wenck nach der Mittagslage vom 6. November in den Mauerwald verabschiedete, warnte er diesen eindringlich vor sowjetischen Tieffliegern: »Der Führer: ›Alles Gute! Wie kommen Sie denn hin?‹ Wenck: ›Ich fahre mit dem Zug und zum Teil mit dem Wagen.‹ Der Führer: ›Gehen Sie beizeiten aus dem Zuge heraus, damit Sie …‹«[108] Am Freitag, dem 10. November, unterschrieb Hitler seinen letzten Befehl in der »Wolfsschanze«, den Aufmarschplan der deutschen Armeen für den Ardennendurchbruch. Abends unterzog er sich der Extraktion jenes eitrigen Zahnes, der ihn seit dem 14. Oktober gequält hatte. Befreit sann der Führer über das Kriegsgeschehen nach. Adjutant Below hielt fest: »Wir waren am Ende dieses großen Kampfes, und es blieb für H. nur die Frage, wie er selbst sich verhalten sollte. Er beschäftigte sich verschiedentlich mit dem Problem. In den letzten Tagen in der ›Wolfsschanze‹ … hörte ich ihn darüber sprechen. Als Jodl vorschlug, das FHQ [Führerhauptquartier] wegen der Ardennenoffensive nach Berlin zu verlegen, sagte er, daß er aus Ostpreußen nicht mehr fortginge. Der Krieg sei verloren.«[109] Am 19. November wurde dennoch die Abfahrt festgelegt – nicht zuletzt wegen eines am Tag zuvor bei Hitler diagnostizierten Stimmbandpolypen, der in der Hauptstadt operiert werden mußte.

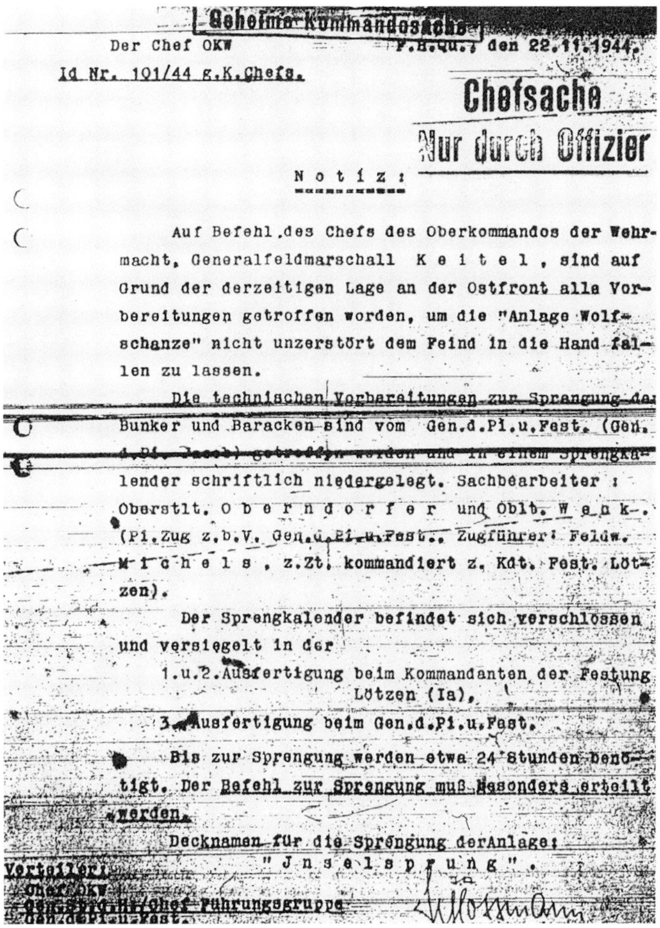

Geheime Kommandosache

Der Chef OKW — F.H.Qu., den 22.11.1944.

Id Nr. 101/44 g.K.Chefs.

Chefsache

Nur durch Offizier

N o t i z :

Auf Befehl des Chefs des Oberkommandos der Wehrmacht, Generalfeldmarschall K e i t e l , sind auf Grund der derzeitigen Lage an der Ostfront alle Vorbereitungen getroffen worden, um die "Anlage Wolfschanze" nicht unzerstört dem Feind in die Hand fallen zu lassen.

Die technischen Vorbereitungen zur Sprengung der Bunker und Baracken sind vom Gen.d.Pi.u.Fest. (Gen.d.Pi. Jacob) getroffen worden und in einem Sprengkalender schriftlich niedergelegt. Sachbearbeiter: Oberstlt. O b e r n d o r f e r und Oblt. W e n k. (Pi.Zug z.b.V. Gen.d.Pi.u.Fest., Zugführer: Feldw. M i c h e l s , z.Zt. kommandiert z. Kdt. Fest. Lötzen).

Der Sprengkalender befindet sich verschlossen und versiegelt in der

1.u.2. Ausfertigung beim Kommandanten der Festung Lötzen (Ia),

3. Ausfertigung beim Gen.d.Pi.u.Fest.

Bis zur Sprengung werden etwa 24 Stunden benötigt. Der Befehl zur Sprengung muß besonders erteilt werden.

Decknamen für die Sprengung der Anlage:

" J n s e l s p r u n g ".

Verteiler:
Chef OKW
Gen.St.d.H./Chef Führungsgruppe
Gen.d.Pi.u.Fest.

Sprengbefehl für die »Wolfsschanze«, Deckname »Inselsprung«, vom 22. November 1944.

Letztes Erinnerungsfoto eines Mitarbeiters vor dem Führerbunker, November 1944.

Am Montag, dem 20. November, ließ sich der Führer um elf Uhr wecken, empfing ab 12.15 Uhr der Reihe nach seinen Adjutanten Schaub, seinen Leibarzt Professor Morell, seinen Persönlichen Sekretär Bormann sowie die Wehrmachtsoberen Keitel und Jodl. Für 13.40 Uhr war die Lage angesetzt. Um 15.15 Uhr fuhr Hitler von seinem Bunker ab zum Bahnhof »Görlitz«, wo der Sonderzug »Brandenburg« bereitstand.[110] Dann verließ der Führer den Wald bei Rastenburg »mit seinen kaum trokken gewordenen Betontürmen«[111] in Richtung Berlin.

Am nächsten Tag, dem 22. November, wurde Hitler der Polyp auf seinen Stimmbändern entfernt. Bis zum Jahreswechsel 1944/45 sollte der Führer deshalb nur flüstern können.

»Wolfswahn« – das Führerhauptquartier im Endkampf

Vergebliche Mühen

Anfang Dezember 1944 wurde das Führerhauptquartier ein letztes Mal in die Nähe einer der Fronten verlegt. Seit geraumer Zeit hatte Hitler unter strengster Geheimhaltung die Offensive im Westen geplant und Vorschriften für alle Details des Aufmarsches in den Ardennen erlassen – bis hin zu einem genauen Zeitplan für den Einsatz und die Dauer der Artilleriebombardements. Immerhin stand Weihnachten vor der Tür, und der Führer wollte seinem geplagten Volk auch in diesem Jahr einen »Feiertagszauber« bereiten.

Da sich der Feldherr bewußt war, daß seine führenden Militärs versuchen würden, ihn auf begrenztere Ziele festzulegen, hatte er den Operationsbefehlen eigenhändig hinzugefügt: »Änderungen nicht zulässig.«[1] Als Generalstabschef Guderian ihn auf die Bedrängnis der Ostfront hinwies, fauchte Hitler: »Sie brauchen mich nicht zu belehren! Ich führe seit fünf Jahren die deutschen Heere im Felde und habe in dieser Zeit so viel praktische Erfahrungen gesammelt, wie die Herren im Generalstab sie nie haben sammeln können. Ich habe Clausewitz und Moltke studiert und alle Aufmarschpläne Schlieffens gelesen. Ich bin besser im Bilde als Sie!«[2] In seinem chronischen Mißtrauen gegen die Generäle derart bestärkt, fuhr der Heerführer am 10. Dezember von Berlin nach Ziegenberg bei Bad Nauheim, um sein Hauptquartier »Adlerhorst« zu beziehen und von dort aus die Ausführung seiner Verfügungen genauestens zu kontrollieren. General Warlimont notierte: »Anders jedoch wie im Frühjahr 1940, als die O.T. das Gutshaus von Ziegenberg eigens – und vergebens – für eine hochgemute, auf leichten Sieg gestimmte ›nächste Umgebung‹ eingerichtet hatte, fand der ›Sperrkreis I‹ dort nunmehr an einem Waldhang in tiefen Unterständen seinen Platz. Stab und Sperrkreis II waren fernab in Friedberg untergebracht. Der Generalstab des Heeres hatte wieder seine Unterkunft aus der Anfangszeit des Krieges in Zossen bei Berlin bezogen.«[3] Das neue Hauptquartier »Adlerhorst« war etwa zwei Kilometer von der ursprünglichen Anlage errichtet worden, im alten hatten der Oberbefehlshaber West, Feldmarschall von Rundstedt, und sein Stab ihren Befehlsstand eingerichtet.[4] Die zu »Adlerhorst« gehörige Nachrichtenzentrale »Gisela«, zweimal zwei als Gutshäuser getarnte oberirdische Bunker, lag in Gießen.

An einem nebligen, dunklen Morgen, dem 16. Dezember, begann unter dem Decknamen »Herbstnebel« die letzte große Gegenoperation der Wehrmacht, die Ardennen-Offensive. Da Hitler das Überraschungsmoment auf seiner Seite hatte und das schlechte Wetter die alliierte Luftwaffe vorerst daran hinderte, in das Kampfgeschehen einzugreifen, konnte die Goebbelssche Propaganda – fast wie früher – die außergewöhnlichen Anfangserfolge bejubeln. Zum Weihnachtsfest allerdings klarte der Himmel auf, die angloamerikanischen Bomber schlugen mit voller Wucht zu, und binnen weniger Tage brach die Angriffsoperation zusammen. Das für eine weitere geplante Neujahrsoffensive in den Vogesen erbaute Führerhauptquartier »Brunhilde« nahe dem lothringischen Diedenhofen fand daher keine Verwendung mehr.[5] Die Lage der Wehrmacht an der Westfront war nach dem Mißlingen von »Herbstnebel« schlimmer als zuvor.

Während der Lagebesprechung am Heiligen Abend des Jahres 1944 hatte der Mahner Guderian erneut auf die dräuende Gefahr im Osten hingewiesen und eine Übersicht der aufmarschierten sowjetischen Armeen geboten. Hitler, der die bisherige Ruhe weidlich mißdeutete, herrschte ihn abermals an: »Das ist der größte Bluff seit Dschingis Khan! Wer hat diesen Blödsinn ausgegraben? (...) Wissen Sie, lieber Generaloberst, ich glaube nicht, daß die Russen überhaupt angreifen. Das ist alles nur ein Riesenbluff. Die Zahlen Ihrer Abteilung ›Fremde Heere Ost‹ sind maßlos übertrieben. Sie machen sich viel zu viel Gedanken. Ich bin fest überzeugt, daß im Osten nichts passiert.«[6]

Am Abend des 15. Januar 1945 jedoch wurde das Führerhauptquartier wegen der eingetretenen katastrophalen Lage an der Ostfront – nunmehr endgültig – in die Hauptstadt zurückverlegt. Hitler und Bormann bezogen die Bunkeranlagen unter der Neuen Reichskanzlei,[7] Kei-

Der letzte Neujahrsempfang Adolf Hitlers am 1. Januar 1945 im Hauptquartier »Adlerhorst« bei Bad Nauheim. Ihre Glückwünsche sprachen aus (von links): Rüstungsminister Speer, die Chefs der Wehrmacht, Jodl und Keitel, sowie Reichsaußenminister von Ribbentrop.

tel und Jodl ihre Quartiere in Berlin-Dahlem, der Wehrmachtführungsstab und die Heeresleitung die Anlagen »Maybach I und II« in Zossen. Da die Lagebesprechungen beim Führer vorerst noch im Obergeschoß der Alten Reichskanzlei stattfanden, mußten die Militärs zwischen diesen drei Standorten zeitaufwendig pendeln.

Die Rote Armee in Ostpreußen

Im Winter 1944/45 herrschte in Ostpreußen »Wolfswetter« – strenger Frost, Schnee und Eis. Die Front verharrte, wo sie im Spätherbst 1944 stehengeblieben war. Am 4. Dezember befahl Generalfeldmarschall Keitel zwar, die Anlage »Wolfsschanze« so zu sichern und instandzuhalten, daß sie jederzeit belegbar blieb.[8] Doch bereits am 22. November 1944, zwei Tage nach Abfahrt Hitlers, war ein »Sprengkalender«[9] für die Bunker des Führerhauptquartiers aufgestellt worden und die Ausräumarbeiten hatten umgehend begonnen: Man demontierte Einrichtungen und Bewaffnungen, vor allem Flakgeschütze, ließ aber einen großen Teil der Ausstattung wie Lebensmitteldepots und Munition noch zurück. Das Leben in Rastenburg und Umgebung nahm weiterhin seinen gewöhnlichen friedlichen Lauf, wenngleich sich eine gewisse Unruhe in der Bevölkerung breitmachte. Die Idylle hatte etwas Gespenstisches an sich; sie war in der Tat trügerisch.

Am 12. Januar 1945 geschah das Unvermeidliche: Die Rote Armee startete – von Memel bis Bessarabien – ihre vorhergesagte Großoffensive gegen das Deutsche Reich. Mit sechs Millionen Mann, über 91 000 Artilleriegeschützen und schweren Granatwerfern, 11 000 Panzern und Sturmgeschützen sowie 14 500 Kampfflugzeugen war es die gewaltigste Offensivoperation des Zweiten Weltkrieges.[10] Am Tag darauf setzte Marschall Tschernjachowskij seine 3. Weißrussische Front in Bewegung und marschierte auf Königsberg zu, zwei Tage später stieß die 2. Weißrussische Front unter Marschall Rokossowskij aus dem Brückenkopf Pultusk gegen Thorn und Elbing zur Abschnürung Ostpreußens vor. Diesen beiden sowjetischen Fronten standen gerade einmal drei deutsche Armeen gegenüber.[11] Unaufhaltsam drangen die Soldaten Stalins in den folgenden Tagen vorwärts, der Untergang des deutschen Ostheeres war von Anfang an lediglich eine Frage der Zeit. Darüber waren sich auch Reichsverteidigungskommissar Koch und seine Parteileute in Königsberg durchaus im klaren, dennoch erklärten sie großspurig, daß Ostpreußen gehalten werde und eine Räumung nicht in Frage komme.

Da gemäß solcher Durchhalteparolen amtlicherseits jedoch keinerlei Evakuierungsmaßnahmen getroffen wurden, begann ab dem 19. Januar eine wilde Fluchtbewegung nach Westen und in Richtung Küste[12] – im Treck oder auf dem Schienenwege, bis der Eisenbahnverkehr drei Tage später eingestellt wurde. Auch in Rastenburg strömten die Flüchtlinge zusammen, doch noch immer wurden keinerlei Vorbereitungen für eine Räumung der Kreisstadt und der umliegenden ländlichen Gemeinden getroffen.

Dafür erging am 20. Januar – dem Tag, an dem Tilsit genommen wurde – der Befehl, die Särge Hindenburgs und seiner Frau zusammen mit den Nachbildungen der Fahnen der ost- und westpreußischen Regimenter aus dem Reichsehrenmal Tannenberg bei Hohenstein zu evakuieren und auf einem Schiff ins Reich zu bringen. Tags

Mit dem Durchbruch der Roten Armee zum Frischen Haff Ende Januar 1945, wie hier in Mühlhausen, waren die Fluchtwege der Zivilbevölkerung nach Westen abgeschnitten und Ostpreußen im Zangengriff der Sowjets. Die östlichste deutsche Provinz erlebte Wochen des Schreckens und der Zerstörung.

darauf wurde der Komplex teilgesprengt; Hitler verkündete: »Das Tannenbergdenkmal wird, wenn dieses Gebiet durch die deutschen Truppen wieder befreit ist, an der gleichen Stelle erneut aufgebaut werden.«[13] Hohenstein fiel am 22. Januar, im Siegestaumel sprengten die stark alkoholisierten Kämpfer Stalins die Altstadt. Am Abend desselben Tages kam der Räumungsbefehl des Reichsverteidigungskommissars für Lötzen, das sich allerdings bereits seit zwei Tagen von der Feste Boyen aus verbissen eines sowjetischen Ansturmes der 3. Weißrussischen Front erwehrte. Dort hatte man noch Mitte des Monats gegen das Anlanden sowjetischer Flugzeuge Löcher in das Eis des Löwentinsees geschlagen, Eisenbahnschwellen bis zur Hälfte in ihnen versenkt, um sie einfrieren zu lassen.[14] Doch die vordringende Front konnte dadurch nicht im geringsten gestoppt werden.

In diesen Tagen mußte das Armeeoberkommando 4 der Heeresgruppe Mitte unter General Hoßbach seinen Gefechtsstand im einstigen SS-Hauptquartier »Hochwald« bei Possessern räumen, das der Stab seit Mitte November 1944 genutzt hatte. Die Einheit zog für eine Nacht in das ehemalige Hauptquartier des Oberkommandos des Heeres »Mauerwald«.[15] Dort wurden Posten aufgestellt, und die Soldaten räumten auf: »Sie hatten draußen eine Feuerstelle angelegt und verbrannten viele Akten und Papier. Auch große Haufen Papiergeld wurden mitverbrannt«, beobachtete man aus einem vorüberfahrenden Treck am 22. Januar.[16]

Im 30 Kilometer entfernten Rastenburg herrschte am Vormittag des 23. Januar scheinbar noch immer ein unwirklicher Frieden: »Die Geschäfte waren geöffnet, und die Hausfrauen kauften ein«[17], eine Lähmung der Ausweglosigkeit machte sich breit. Die großen Betriebe hingegen wurden stillgelegt, die Behörden schlossen ihre Amtsräume. Polizei und Gestapo zogen es vor, sich schleunigst in Richtung Königsberg abzusetzen. Zeitgleich traf ein Pionierzug z.b.V. der Kampfgruppe General Hausers aus Lötzen in der »Wolfsschanze« – gemäß dem Befehl des Chefs des OKW, die »Anlage nicht unzerstört dem Feind in die Hand fallen zu lassen« – die technischen Vorbereitungen für die Aktion »Inselsprung«, die Sprengung der Bunker und Baracken des Führerhauptquartiers.[18] Die bisher hier stationierten, hastig zusammengestellten, aber bestens ausgerüsteten Eliteeinheiten der Division »Hermann Göring« und der

Kapitulation der deutschen Besatzung von Allenstein am 22. Januar 1945; am selben Tag fiel Insterburg, und Memel wurde geräumt.

Leibstandarte »Adolf Hitler«, die einen Vormarsch der Roten Armee aufhalten und so die Flucht der Zivilbevölkerung sichern sollten, zogen fort.

Tags darauf begannen die Explosionen, die tiefe Schneisen in den Stadtwald Görlitz rissen und so heftig waren, daß die meterdicken Eisschichten der umliegenden Seen zerbarsten, und selbst Rastenburg derart erschütterten, daß viele Fensterscheiben klirrend zersplitterten. Tonnenschwere Betonblöcke der Bunker wurden bis zu 20 Meter weit durch die Luft geschleudert. Stoßtrupps der Roten Armee »in Schneehemden und auf Skiern« näherten sich zeitgleich bereits dem Mauerwald.[19] Eine Bewohnerin des nahegelegenen Rößel erinnerte sich anschaulich der in diesen Tagen für die Provinz Ostpreußen typischen Situation:

»Mittwoch, 24. Januar 1945.

Der Rundfunk bringt um 14 Uhr vernichtende Gewißheit. Um Elbing wird gekämpft, auf Königsberg drängt der Feind, russische Fallschirmtruppen auf der Frischen Nehrung! Also gänzlich eingekesselt! Völlig abgeschlossen von aller Welt! Den Russen preisgegeben! Wie in all den Wochen vorher ziehen über die verschneiten Straßen Tag für Tag, Nacht für Nacht, unaufhörlich, ohne Unterbrechung Ziviltrecks. Sie sind schwer beladen, kaum können die Pferde weiter. Die Wagen knarren und ächzen und – brechen. Dann gibt es Aufenthalte, Verkehrsknäuel, Verwirrungen. Und durch all den Jammer fährt die weichende deutsche Truppe, von sich stän-

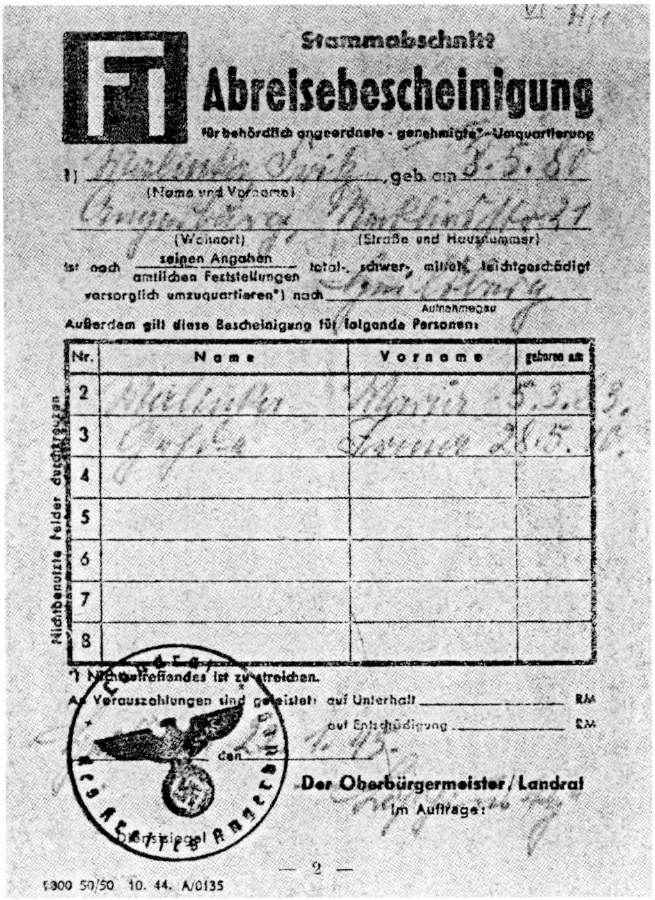

Stammabschnitt

FT

Abreisebescheinigung

für behördlich angeordnete · genehmigte*) Umquartierung

1) ______________________, geb. am 3.5.80

(Name und Vorname)

(Wohnort) (Straße und Hausnummer)

ist nach seinen Angaben / amtlichen Feststellungen total-, schwer-, mittel-, leichtgeschädigt

vorsorglich umzuquartieren*) nach ______________________

Aufnahmegau

Außerdem gilt diese Bescheinigung für folgende Personen:

Nr.	Name	Vorname	geboren am
2			
3			
4			
5			
6			
7			
8			

Nichtbenutzte Felder durchkreuzen

*) Nichtzutreffendes ist zu streichen.

Vorauszahlungen sind geleistet: auf Unterhalt ______________ RM

auf Entschädigung ______________ RM

den ______________

Der Oberbürgermeister / Landrat

Im Auftrage:

— 2 —

5800 50/50 10. 44. A/0135

Die Bürokratie arbeitete weiter: »Abreisebescheinigung für behördlich angeordnete, genehmigte Umquartierung« von Angerburg nach Heilsberg vom 22. Januar 1945.

dig mehrenden russischen Fliegern in dauerndem Wechsel angegriffen, Bomben fallen auch in die Ziviltrecks. Die Toten, die Wagentrümmer, die Pferde werden in die Chausseegräben geschoben, ohne Aufenthalt soll es weitergehen, nach dem Westen. (...)

Donnerstag, 25. Januar 1945.

(...) Draußen herrschen Kälte und Frost und Schnee und Hunger und der sichere Tod. Man vernimmt fernes Dröhnen, dumpfen Schall von großen Sprengungen. Es sollen die Anstalten von Carlshof, das Führerhauptquartier (die Wolfsschanze) bei Rastenburg sein.«[20]

Das Oberkommando der Wehrmacht gab an diesem Tag bekannt, daß »unsere Verteidigungsfront an die Masurische Seenplatte zwischen Ortelsburg, Lötzen und Angerburg zurückgenommen und gefestigt«[21] worden sei. Das Kriegstagebuch des OKW kommentierte im nachhinein verwundert: »Nicht ersichtlich ist bisher, weshalb der starke Seenriegel bei Lötzen so schnell aufgegeben worden ist.«[22] In Rastenburg wurde der Luftschutzbunker vor dem Rathaus zum Gefechtsstand. Ursprünglich war sogar geplant gewesen, daß sich die Stadt von der Roten Armee einschließen lassen und einen »Igel« à la Stalingrad bilden sollte. Nicht umsonst verbreitete die Goebbels-Propaganda an diesem Tag die gezielte Lüge von der geglückten Wiedereinnahme Allensteins durch die Wehrmacht.

Am nächsten Morgen, dem 26. Januar, erreichte die Rote Armee über die zugefrorenen masurischen Seen, von Lötzen und Angerburg kommend, den Osten des Kreises Rastenburg. Für eine Evakuierung waren bisher noch immer keinerlei Vorkehrungen getroffen worden, »jedes eigenmächtige Verlassen des Wohnsitzes war mit strengsten Strafen bedroht«. Um 16 Uhr wurde der Rastenburger Volkssturm zwar zum Sammeln befohlen, eine Stunde später aber erfolgte der Räumungsbefehl für die überfüllte Stadt und den Ostteil des Kreises, der die ländlichen Gemeinden der Umgebung erst spätabends bzw. nachts erreichte: »Jetzt hieß es: Rette sich, wer kann. Ein Strom zahlloser Fußgänger, Fahrzeuge, Kraftwagen, vermischt mit militärischen Abteilungen, ergoß sich vor allem auf die Hauptchaussee nach Königsberg, bei 15 Grad Kälte und eisigem Wind. Der größte Teil der Bevölkerung [über 50 Prozent] blieb jedoch zurück, da er sich so Hals über Kopf nicht zur Flucht entschließen konnte. Wenige Stunden später war es schon zu spät; in den Morgenstunden des 27. Januar rückten die bolschewistischen Truppen in die Stadt ein. Es begann nun eine Schreckenszeit, wie sie die Stadt in den 600 Jahren ihres Bestehens nicht gesehen hatte. (...) Zahlreiche Bürger, vor allem die sogenannten Kapitalisten, aber auch Arbeiter, Angestellte und kleine Beamte wurden erschossen. Andere zogen es vor, beim Anblick der schrecklichen Grausamkeiten freiwillig aus dem Leben zu scheiden. Eine große Anzahl aber, vor allem Frauen, wurde nach Sibirien verschleppt. 4000 sollen schätzungsweise den Todesmarsch nach Osten angetreten haben.«[23] Türen wurden mit Gewehrkolben eingeschlagen, Menschengruppen aus den Häusern auf die Straße getrieben, Uhren und Schmuck von den Leibern gerissen, die Wohnungen geplündert.

Nach Beginn der Großoffensive der Roten Armee am 12. Januar 1945 setzten sich unter härtesten Witterungsbedingungen in Ostpreußen zahllose, meist ungeordnete Flüchtlingstrecks in Bewegung, die hauptsächlich aus Alten, Frauen und Kindern bestanden. Tausende starben durch die Strapazen und Angriffe sowjetischer Tiefflieger.

Ebenfalls an diesem 27. Januar 1945 waren durch einen Vorstoß der Roten Armee über Elbing bis zur Haffküste, bei Tolkemit, die Eisenbahn- und Straßenverbindungen Ostpreußens mit dem Reichsgebiet endgültig abgeschnitten worden und dadurch lediglich noch zwei Fluchtmöglichkeiten für die Zivilbevölkerung geblieben: auf dem Seeweg per Schiff von Pillau oder über das Eis des Frischen Haffs auf die Nehrung und von dort aus über Kahlberg und die Weichselmündung nach Danzig. Der Großdeutsche Rundfunk verlautbarte angesichts dieser Lage: »Zwischen dem Frischen Haff und der Masurischen Seenplatte wurden sowjetische Durchbruchsversuche in wechselvollen Kämpfen vereitelt und verlorenengegangenes Gelände wiedergewonnen.«[24]

Bei einem Angriff im Süden Polens erreichten Stalins Truppen an diesem Tag die Trümmer und Leichenberge des von der SS teilzerstörten Lagerkomplexes Auschwitz–Birkenau–Monowitz. Bereits seit Wochen waren Himmlers Mannen dabei, die restlichen Lager im Osten aufzulösen und die Häftlinge auf Todesmärsche in das noch verbliebene Innere des Deutschen Reiches zu schicken. Stutthof bei Danzig und seine ostpreußischen Außenlager wurden nach der Offensive der Roten Armee Mitte Januar 1945 geräumt und etwa 13000 Häftlinge in Königsberg konzentriert. Am 26. Januar, einen Tag bevor die Russen Auschwitz erreichten, führten SS-Verantwortliche etwa 7000 Jüdinnen – meist aus Litauen, Polen und Ungarn – durch die Stadt auf den fünfzig Kilometer langen Weg nach Palmnicken an der Ostseeküste. 2000 bis 2500 kamen auf diesem Marsch um oder wurden ermordet. Deutsche SS-Leute und ihre ausländischen Helfer trieben die übrigen 4500 bis 5000 Jüdinnen in der

Nacht zum 1. Februar 1945 auf die vereiste Ostsee bei Palmnicken und ermordeten sie mit Maschinengewehren; nur etwa 15 Frauen überlebten. Es war eines der letzten großen Massaker in diesem Vernichtungskrieg.[25] In der Nacht zuvor, vom 30. auf den 31. Januar, wurde die »Wilhelm Gustloff« von drei Torpedos des »S-13«, einem U-Boot der sowjetischen Rotbannerflotte unter Kapitän Marinesko, in der Ostsee vor der Halbinsel Hela schwer getroffen und sank innerhalb von einer Stunde. An Bord befanden sich mindestens 6600, möglicherweise über 10 500 Passagiere – vor allem ostpreußische Flüchtlinge, unter ihnen Tausende Kinder. Schätzungen gehen von bis zu 9300 Toten aus; der Untergang der »Gustloff« gilt als das größte Schiffsunglück der Seefahrtsgeschichte.[26]

Das »Inferno der Unmenschlichkeit«[27], das sich ab dem 27. Januar 1945 nun auch über Rastenburg entlud, mag an der Nähe der »Wolfsschanze« gelegen haben; den Soldaten der 3. Weißrussischen Front, die die Kreisstadt eroberten, soll zur Motivation gesagt worden sein: »Hier war Hitler, der den furchtbaren Krieg verschuldet hat.«[28] Die dortigen Erschießungen, die zahllosen brutalen Vergewaltigungen und groben Mißhandlungen bildeten indes keine Rastenburger Besonderheit, sie versetzten ganz Ostpreußen in Angst und Schrecken.[29] Den durchziehenden Rotarmisten folgten die eigene Nachhut, befreite russische und polnische Zwangsarbeiter sowie Gefangene aus der Landesstrafanstalt Wartenburg, die sich allesamt ebenso benahmen.[30] Wie die meisten ostpreußischen Städte war auch Rastenburg ohne Kampfhandlung unbeschädigt in die Hände der Sowjets gefallen: Die mittelalterliche Altstadt samt dem Ordensschloß ging am 31. Januar als »Fejerwerk« siegestaumelnder und sturztrunkener Rotarmisten in Flammen auf und wurde nahezu vollständig vernichtet – ebenso wie Allenstein, Insterburg, Lötzen und viele Städte mehr. Die Rotarmisten verstießen mit ihrem Handeln jedoch gegen strenge Befehle der eigenen oberen Führung, »die Zivilbevölkerung schonend zu behandeln, insbesondere Besitz nicht geflohener Einwohner nicht anzutasten«. Selbst der Auslandsnachrichtendienst der SS kam in einem Bericht für die Abteilung Fremde Heere im Februar 1945 zu dem Resümee, »das bestialische Verhalten einzelner Gruppen von Rotarmisten [sei] nicht auf den Befehl vorgesetzter Dienststellen zurückzuführen, sondern eine Folge der fanatischen Deutschenhetze in der UdSSR«.[31] Hinzu kamen die Verheerung ihrer Heimat durch Wehrmacht und SS, die Toten in den eigenen Familien, die Verrohung nach Jahren des Krieges, die Unmengen an erbeuteten Spirituosen und der Kulturschock, der die Sowjetpropaganda vom roten Paradies ad absurdum führte. Das Ausmaß der sinnlosen Gewalt und Zerstörung sowie die Gefahr des Überhandnehmens marodierender Elemente untergrub Disziplin und soldatisches Ansehen der Roten Armee in einer Weise, die ihre Führung noch Ende Januar zu härtesten Gegenmaßnahmen veranlaßte.

Ende März 1945: Rotarmisten in Heiligenbeil, dem letzten deutschen Stützpunkt im Raum Braunsberg. Die wochenlangen Kämpfe hatten 80 000 Soldaten das Leben gekostet, 50 000 gerieten in Gefangenschaft, wo die meisten starben.

Gleich nach Beendigung der eigentlichen Kampfhandlungen am 27. Januar wurden in der Gegend um Rastenburg wie in weiteren bald über 20 ostpreußischen Orten von den Sowjets inhaftierte Flüchtlinge, zu großen Teilen Frauen und Kinder, sowie Kriegsgefangene, sogenannte

Im März 1945 passierten amerikanische GIs die Absperrungen des Hauptquartiers »Adlerhorst« im Taunus.

Reparationsverschleppte, zusammengetrieben. Von dort aus deportierte man sie – in LKW oder Züge gepfercht – zur Zwangsarbeit in das Innere der Sowjetunion. Ungefähr die Hälfte dieser rund 250 000 Gefangenen starb aufgrund von Hunger, Entkräftung, Infektionen und Mißhandlung vor, bei bzw. nach den Transporten.[32]

In den letzten Januartagen des Jahres 1945 stießen Einheiten der Roten Armee bis zur Oder nördlich und südlich von Küstrin vor. Die Hauptstadt des Großdeutschen Reiches, das Zentrum des »Hitlerfaschismus«, lag nicht einmal mehr 100 Kilometer entfernt. Dort saß der Führer in bzw. unter seiner Reichskanzlei und nahm bei den tagtäglichen Lagen teilnahmslos Kenntnis von den Ereignissen an der Front. Oft genug hatte er wiederholt, daß ein Volk, das zu schwach sei, getrost untergehen solle.

Seine Besprechungen mußte Hitler wegen Bombenalarms immer häufiger aus den großzügigen Arbeitsräumen der Alten und Neuen Reichskanzlei in den unterirdischen Bunkerkomplex verlagern. »Die Menschen, die täglich zur Besprechung der militärischen Lage kamen, trafen sich dort in dem sehr kleinen Lageraum. Er war ungefähr drei mal vier Meter groß. Darin waren eine Wandbank, zwei oder drei Stühle und ein kleiner Tisch, auf dem zwei Lampen standen und auf dem die Karten ausgebreitet wurden. Alle Leute standen um diesen Tisch herum, wo Hitler in einem Stuhl saß. (...) Man war zusammengequetscht, 18 oder 20 Menschen standen auf dieser kleinen Fläche, und trotz der Klimaanlage war die Luft in dem Raum sehr schlecht. (...) Der Raum wurde von einer Glühbirne in der Mitte des Zimmers beleuchtet.«[33] So unerfreulich die Räumlichkeit 37 Stufen unter der Erde, so katastrophal waren die Lage an den Fronten und die Verfassung des obersten Feldherrn selbst. »Mit schlotternden Beinen und zitternder Hand« verließ Hitler die abendlichen Besprechungen, die mittlerweile gegen sechs Uhr morgens endeten. In seinem Zimmer sank er »erschöpft« auf das Sofa und lag »völlig apathisch« da, »erfüllt nur von dem Gedanken ...: Schokolade und Kuchen. Sein Heißhunger auf Kuchen war geradezu krankhaft geworden. (...) Er sprach so gut wie nichts«, wie eine Sekretärin berichtete. Gedächtnis und Konzentration ließen rasant nach, die Absencen häuften sich. Der liebste Zeitvertreib war ihm die Dressur eines Rüden aus dem jüngsten Wurf seiner Schäferhündin Blondie, den er Wolf nannte.[34]

Indes der Führer derart zerrüttet in seinem Reichskanzleibunker hockte und dem Untergang entgegensah, entwickelten seine Getreuen eine hektische Aktivität.

Hoffnung auf die Ewigkeit – Betonfestungen für das Führerhauptquartier

Bereits parallel zum Ausbau der »Wolfsschanze« waren weitere Anlagen für das Führerhauptquartier projektiert und begonnen worden, deren Gestalt und Verteidigungssystem eine neue Dimension darstellten. Die Stärke der gegnerischen Bombardements versetzte Hitler im Laufe des Jahres 1944 zunehmend in Panik, und er faßte den Plan, alle kriegswichtigen neuralgischen Führungs-, Produktions- und Militäreinrichtungen des Reiches bis 1947 unter die Erde verlegen zu lassen.[35] An die Stelle der Biwakromantik der Hauptquartiersbarackenlager im Wald während der Zeit der kriegerischen Erfolge waren Planungen für betonierte Festungen mit kilometertief gestaffelten, verbunkerten Verteidigungsanlagen um mehrere Zentren massiver Führungsschutzbauten getreten. Die Bedenken seines Rüstungsministers Albert Speer ignorierte der Führer und bestand auf seinen gigantomanischen Projekten, die die deutsche Bauindustrie endgültig überforderten und dazu führten, daß Massen von KZ-Häftlingen als Arbeitssklaven eingesetzt wurden.

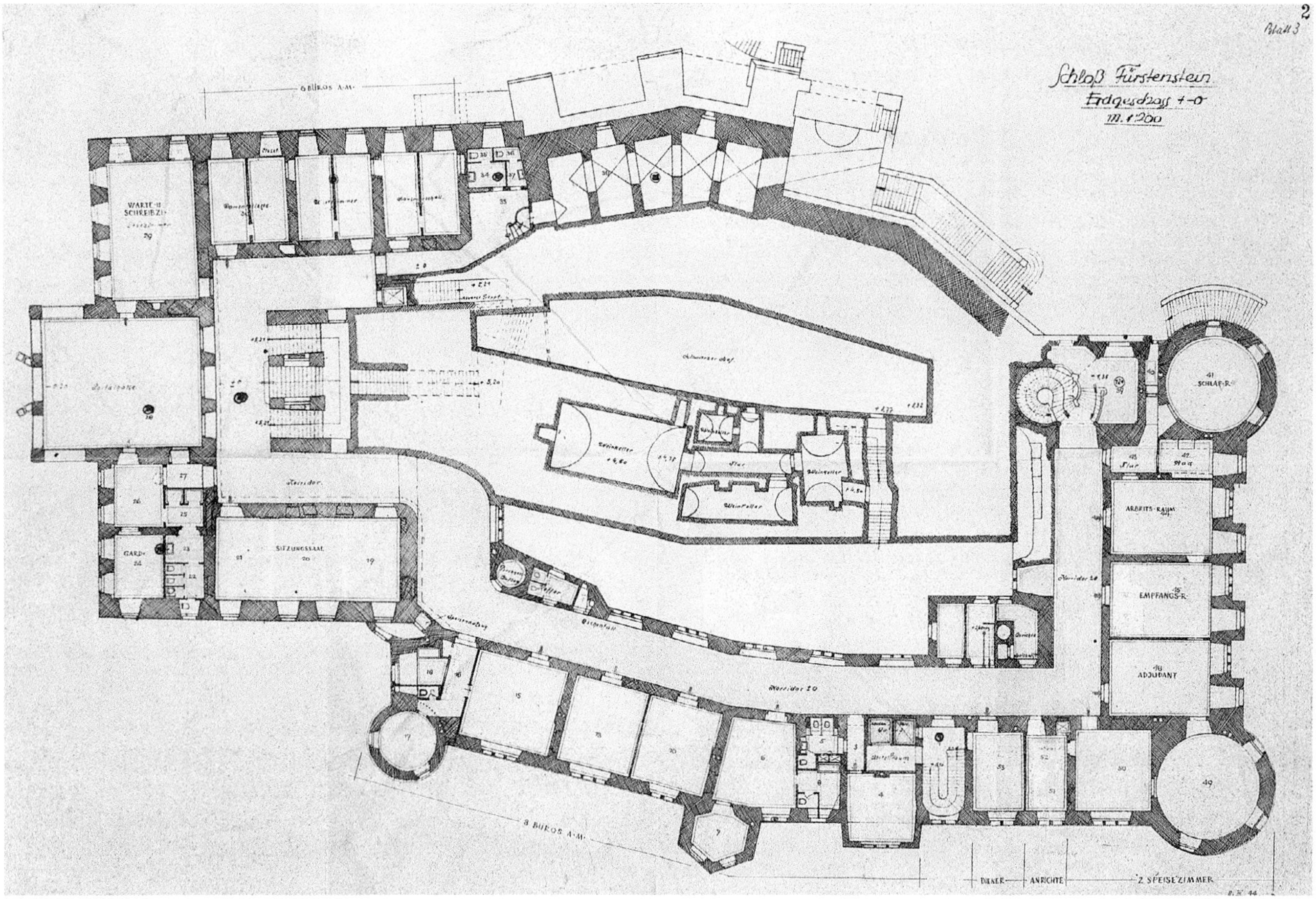

In die gigantische Anlage des Führerhauptquartiers »Riese« im niederschlesischen Waldenburger Gebiet sollte Schloß Fürstenstein einbezogen werden: Plan für die Unterbringung des Gefolges von Hitler im Erdgeschoß. Millionen von Reichsmark waren verbraucht worden, als das Projekt im Herbst 1944 unvollendet aufgegeben wurde.

Eine zentrale Einrichtung in diesem deutschlandweiten unterirdischen Bunkernetz sollte die seit 1943 unter dem Decknamen »IG Schlesien« im Bau befindliche gigantische Anlage eines Führerhauptquartiers in Niederschlesien, zwischen Eulengebirge und dem Zobten, sein. Diese Anlage umfaßte mehrere unterirdische Standorte: »Riese« bei Bad Charlottenbrunn und »Rüdiger« bei Waldenburg für Hitler und seinen engsten Stab, »Lothar« und »Eule« für das Oberkommando der Wehrmacht, den Generalstab des Heeres wie der Luftwaffe und für die Seekriegsleitung. Below, dessen Adjutantur für die Einrichtung der Führerhauptquartiere verantwortlich war, bemerkte: »Ein Plan, den wir immer wieder kritisierten, war der Bau eines großen neuen FHQ in Schlesien … unter Einbeziehung des Schlosses Fürstenstein aus dem Besitz des Fürsten Pless. Hitler verteidigte seine Anweisungen und ließ den Bau durch KZ-Häftlinge unter der Regie von Speer weiterführen. (…) Ich versuchte, Speer zu beeinflussen, er möge doch auf H. einwirken, daß dieser Bau eingestellt werde. Speer bezeichnete dies als unmöglich. Die aufwendigen Arbeiten liefen zu einer Zeit weiter, wo jede Tonne Beton und Stahl an anderen Stellen dringend gebraucht wurden.«[36] Anfang August 1944 waren jedoch gerade einmal die Fundamente gegossen worden, und die Arbeiten am Schloß stagnierten, wie Below, der sich dort auf Genesungsurlaub von den Lädierungen durch das

Attentat am 20. Juli aufhielt, feststellen mußte. Führerhauptquartier-Kommandant Streve verfügte: »Alle oberirdischen Bauten werden zurückgestellt, dagegen sollen mit eingesparten Arbeitskräften die unterirdischen Bauten forciert werden, daß die unterzubringenden Stäbe voll arbeitsfähig sind und gleichzeitig wohnungsmäßig untergebracht sind.«[37] Bis Mitte September waren »257 000 Kubikmeter Stahlbeton (einschließlich geringer Mengen Mauerwerk), 213 000 Kubikmeter Stollenbau, 58 Kilometer Straßenbau mit sechs Brücken, 100 Kilometer Rohrverlegungen benötigt« worden – zum Gesamtpreis von 150 Millionen RM, etwa viermal soviel wie für den 1944er Ausbau der »Wolfsschanze«. Die unvollendete Anlage »Riese« hatte mehr Beton verbraucht, »als 1944 der gesamten Bevölkerung für Luftschutzbauten zugestanden werden konnte«, erinnerte sich Speer.[38]

Nachdem der Bau von »Riese« aufgegeben worden war, begannen Ende November 1944, zeitgleich mit dem Abzug aus der »Wolfsschanze«, die Arbeiten an einem weiteren Führerhauptquartier namens »Olga«.[39] Für dieses Projekt »Sondermaßnahme III« (»S III«) im thüringischen Jonastal bei Arnstadt wurde auf den umliegenden Bergen schwere Flak stationiert, die Straße von Arnstadt nach Oberhof gesperrt, weiter östlich tätige Firmen zwangsverpflichtet. Für die Stollenarbeiten und deren Ausbau zog die OT KZ-Häftlinge heran, für die bereits im Herbst 1944 nahe Ohrdruf das Sonderlager »S III« als Ableger des Konzentrationslagers »Buchenwald« bei Weimar errichtet worden war. Die sie bewachende SS zog in die Kasernen von Ohrdruf ein, wo auch die Fernmeldezentrale »Amt 10« stand. Alle in den Bereich des künftigen Hauptquartiers einbezogenen Ortschaften erhielten Decknamen: »Alma« für Arnstadt, »Günther« für Gotha, »Ilse« für Ilmenau, »Olga« für Ohrdruf, »Rudi« für Ruhla, »Werner« für Weimar usw. usf.[40] Ab Januar 1945 begann man damit, Teile der Führungsstellen des Dritten Reiches, einschließlich des gesamten Verwaltungs- und Dienstbereiches Adolf Hitlers, nach Thüringen zu verlagern – wie in Ostpreußen einem Spinnennetz gleich: Die Reichskanzlei mietete sich im Golfhotel von Oberhof ein, die Parteikanzlei legte man nach Stadtroda. Reichsführer-SS Himmler bezog ein Quartier bei Nordhausen, in der Nähe des riesigen Rüstungsunternehmens Mittelbau-Dora. Außenminister von Ribbentrop erhielt sein Domizil im Hotel »Schmücke« bei Gehlberg auf dem Rennsteig. Der Kommandant des Führerhauptquartiers Streve richtete seine Befehlsstelle auf dem Reinhardsberg bei Friedrichroda ein, das Gebiet um die Kleinstadt erhielt die Tarnbezeichnung »Wolfsturm«. Die unterirdische Anlage »Wolfsberg« für Hitler war durch einen Eisenbahntunnel unter dem Reinhardsberg zu erreichen, wurde aber nicht fertiggestellt. Ohnehin verspürte der Führer wenig Lust, in das grüne Herz Deutschlands umzusiedeln. Im Friedrichroder Jagdschloß Reinhardsbrunn – von der Reichskanzlei für monatlich 4000 RM angemietet[41] – kam Generalfeldmarschall Kesselring, ab März Oberbefehlshaber West, unter, das Oberkommando des Heeres in Rudolstadt und der Großdeutsche Rundfunk in Luisenthal. Für Propagandachef Goebbels und Reichsmarschall Göring wurden Unterkünfte in Schwarzburg und Sitzendorf vorbereitet. Selbst der symbolträchtige Eisenbahnwagen von Compiègne, in dem Frankreich 1940 seine Kapitulation unterzeichnet hatte, wurde nach Thüringen geholt und auf einem Nebengleis vor Crawinkel, Richtung Ohrdruf, abgestellt.[42]

Doch bevor sich alle im Jonastal versammelt hatten, erreichten die motorisierten Spitzen der Amerikaner das Gebiet. Aus Berlin erging die Order, vom thüringischen »Olga«-Projekt auf die Festungen in Bayern auszuweichen. Dort war – vor allem auf Betreiben und Drängen Martin Bormanns, der im Dezember 1944 Hitlers Aufenthalt in »Adlerhorst« ausnutzte – auf zwei Großbaustellen mit erheblichem finanziellen Aufwand für das

Baustelle der Betonfestung des geplanten Führerhauptquartiers »Olga« im thüringischen Jonastal (Herbst 1945).

Der letzte Standort des Führerhauptquartiers war die Neue Reichskanzlei mit der zugehörigen Bunkeranlage. Anläßlich seines letzten Geburtstages am 20. April 1945 konnte Hitler in Begleitung von Adjutant Schaub nur noch ihre Trümmer betrachten; die Rote Armee stand bereits in Berlin.

Führerhauptquartier gearbeitet worden: an der Anlage »Siegfried« (bzw. »Hagen«) in Pullach, wo Hitler bei einem Luftangriff Schutz gesucht hätte, wenn er sich in der »Stadt der Bewegung« München bzw. seiner dortigen Wohnung am Prinzregentenplatz aufhielt, und im Raum Berchtesgaden, wo das Gebiet um den Obersalzberg samt Hitlers »Berghof« zur »Alpenfestung« erweitert werden sollte, Deckname »Serail«. Fern der gefährlichen und gefährdeten Reichshauptstadt sollten hier die Wende im Krieg und der Endsieg abgewartet werden.[43] Die »Alpenfestung« blieb weitgehend ein Papiertiger. In die vorhandenen Bunker bei Berchtesgaden und München jedoch wurden bis Ende März 1945 wichtiges Material der Reichs- und Parteikanzlei, aber auch etliche Kunstschätze verbracht. Ihnen folgten Führerhauptquartier-Kommandant Streve und sein Stab sowie bis Ende April der größte Teil der Oberkommandos von Wehrmacht und Heer. Nach einer Bombardierung des Obersalzberges am 25. April rückten die Amerikaner kurze Zeit später in Bayern ein.

»Im Befehlsstand gefallen«

Am 20. April – die Rote Armee hatte Berlin praktisch eingeschlossen – feierte Hitler seinen 56. Geburtstag. Der Führer des Großdeutschen Reiches war seit Wochen ein »Wrack«. Seine rechte Hand zitterte immer stärker, die blutunterlaufenen Augen blickten müde, aus den Mundwinkeln »troff häufig der Speichel«, kurzum: ein »Bild des Jammers und des Grausens«.[44] In diesem Zustand empfing Hitler anläßlich der Geburtstagslagebesprechung im Führerbunker der Reichskanzlei letztmalig die Spitzen seines Tausendjährigen Reiches: Reichsmarschall Göring, Reichsführer-SS Himmler, Außenminister von Ribbentrop, Propagandaminister Goebbels, Rüstungsminister Speer sowie hohe Militärs und natürlich seinen Persönlichen Sekretär Bormann. Eilig brachten die meisten seiner Paladine ihre Gratulationen vor, um sich gleich darauf abzusetzen. Hitler war über diese Untreue »tief enttäuscht, ja erschüttert«, wie sein Adjutant Schaub später aussagte.[45] Der Führer seinerseits betonte: »Ich werde Berlin nie verlassen – nie!« Das Ende sei da, er könne nicht mehr weiter, ihm bleibe nur der Tod. Er werde auf den Stufen der Reichskanzlei fallen, äußerte er pathetisch und wiederholte den Satz fast 20mal. Alle Überzeugungsversuche seiner Getreuen schlugen fehl: Er lasse sich nicht mehr weiterschleppen.[46]

Je mehr sich die Soldaten Stalins dem Zentrum näherten, um so enger wurde der Spielraum für Hitler und die wenigen verbliebenen Teile seines Hauptquartiers. An Kapitulation war für Hitler nicht zu denken, auf Verhandlungen ließen sich die Gegner nicht mehr ein. Der Führer verkündete, er wolle kämpfen bis zum Letzten. Dann jedoch gab sich der selbsternannte Verteidiger der Reichshauptstadt die Kugel. Das deutsche Volk erhielt am Abend des nächsten Tages, dem 1. Mai 1945, einem Dienstag, über den Sender Hamburg die Mitteilung: »Aus dem Führerhauptquartier wird gemeldet, daß unser Führer Adolf Hitler heute nachmittag in seinem Befehlsstand in der Reichskanzlei, bis zum letzten Atemzug gegen den Bolschewismus kämpfend, für Deutschland gefallen ist.«[47] Der »Wolf« im Bunker war tot, der »Wolfswahn« aber noch nicht zu Ende. Erst Tage später wehte die rote Fahne auf dem Berliner Reichstagsgebäude.

Bereits eine Woche vor seinem Selbstmord hatte Hitler geäußert, daß er in Berlin aus dem Leben scheiden werde, und betont: »Ich hätte den Entschluß, den wichtigsten meines Lebens, schon im November 1944 fassen sollen und das Hauptquartier in Ostpreußen nicht mehr verlassen dürfen.«[48]

Ende des Größenwahns: Unterzeichnung der bedingungslosen Kapitulation der deutschen Wehrmacht in Berlin-Karlshorst am 8. Mai 1945. Von links: Generaloberst Stumpff für die Luftwaffe, Generalfeldmarschall Keitel für das Heer, Admiral von Friedeburg für die Marine.

Exkurs II: Das Ende der deutschen Provinz Ostpreußen

Als die Wehrmacht am 8. Mai 1945 in Berlin bedingungslos kapitulierte und das geschlagene Deutsche Reich daraufhin in die nahezu absolute Verfügungsgewalt der Alliierten überging, waren die Grenzen im Osten längst neu abgesteckt worden und der umfangreichste »Bevölkerungstransfer« der Weltgeschichte, wie der diplomatische Euphemismus hieß, beschlossene Sache.

Bereits im Juli 1944 hatten Stalin und Vertreter des (kommunistischen) »Polnischen Komitees der Nationalen Befreiung« über den künftigen Grenzverlauf zwischen der Sowjetunion und Polen konferiert. Am 27. Juli war die nach langem Ringen getroffene Übereinkunft in vertraglicher Form fixiert worden. Artikel 1 des Abkommens legte als polnische Ostgrenze die sogenannte Curzon-Line fest.[1] Das bedeutete für Polen die Abtretung seiner Ostgebiete an die Ukraine, Litauen und Weißrußland,[2] was im Grunde der Beute entsprach, die sich der rote Diktator als sowjetische »Interessensphäre« bei seinem Pakt mit den Nazis im August 1939 gesichert hatte. Um diese beschlossene Rückgliederung auch ethnisch legitimieren zu können, sollten die etwa zwei Millionen dort lebenden Polen »ausgesiedelt« werden, beschloß der selbsternannte »Lenker der Völker«.[3]

Der neue polnische Staat brauchte eine Kompensation für diesen Verlust: Er erhielt auf Kosten des besiegten Deutschland Ostbrandenburg, den Großteil Schlesiens und Pommerns sowie das südliche Ostpreußen. Artikel II des Grenzabkommens bestimmte, »daß der nördliche Teil Ostpreußens mit der Stadt und dem Hafen Königsberg an die UdSSR, der ganze übrige Teil Ostpreußens sowie der Danziger Bezirk mit der Stadt und dem Hafen Danzig dagegen an Polen übergehen.« Artikel III beschrieb den Verlauf der Demarkationslinie »vom Schnittpunkt der Grenzen der Litauischen SSR, der Republik Polen und Ostpreußens in westlicher Richtung nördlich von Goldap–Braunsberg zur Küste der Danziger Bucht«.[4] Hierfür sollte die nach dem Kriegsende noch verbliebene deutsche Bevölkerung, bis zu 15 Millionen Menschen, vor allem aus den Ostgebieten des Reiches, Polen, der Tschechoslowakei und Ungarn vollständig »umgesiedelt« werden. Die Westmächte wurden von diesen Beschlüssen erst im nachhinein, Ende 1944, unterrichtet, stimmten ihnen aber zu. Der britische Premierminister Churchill äußerte: »Denn die Vertreibung ist, soweit wir in der Lage sind, es zu überschauen, das befriedigendste und dauerhafteste Mittel.«[5] Hitler wußte um diese Pläne, doch auch diese Opfer seiner verbrecherischen Politik kümmerten ihn kaum. Am 2. August 1945 verabschiedeten die großen Drei, Churchill, Truman und Stalin, das Potsdamer Abkommen. Unter den Punkten VI. »Stadt Königsberg und das anliegende Gebiet« sowie IX. »Polen« übernahm die Konferenz die internen Grenzabmachungen vom 27. Juli 1944, indem sie die »Übergabe« Nord-Ostpreußens an die UdSSR bestimmte, den übrigen Teil »unter die Verwaltung des polnischen Staates« stellte und ihn »in dieser Hinsicht nicht als Teil der sowjetischen Besatzungszone in Deutschland« betrachtete. Unter Punkt XIII. wurde die »Ordnungsgemäße Überführung deutscher Bevölkerungsteile« in die Besatzungszonen beschlossen, die »in humaner Weise« erfolgen sollte.[6] Mit der alliierten Aufteilung Ostpreußens endete seine Existenz als einheitliche und als deutsche Provinz.

Nord-Ostpreußen wurde am 7. April 1946 als Kėnigsbergskaja Oblast' offiziell Teil der Russischen Föderativen Sowjetrepublik, das Memelland dem (wie 1940) zwangssowjetisierten Litauen zugesprochen – gewissermaßen als Entschädigung für den Verlust der eigenen staatlichen Unabhängigkeit.[7] Für Stalin hatte sein Stück deutschen Bodens – mit dem eisfreien Hafen von Königsberg als Argument – einerseits höchste symbolische Bedeutung, ein nationales Interesse wie die Polen verfolgte er aber nicht. Andererseits war ihm daran gelegen, einen direkt durch ihn beherrschten Keil zwischen Polen und

Evakuierung deutscher Soldaten und Zivilisten über die Ostsee im Mai 1945 (oben), Flüchtlingszug in Ostpreußen im Sommer 1945 (unten).

Die bei Kriegsende zerstörte Ordensburg Rastenburg (oben) wurde originalgetreu wieder aufgebaut und wird heute als Museum genutzt (unten).

Litauen zu treiben, denen er in höchstem Maße mißtraute. In der Oblast' lebten zum Zeitpunkt der Eingliederung in den sowjetischen Staatsverband noch etwa 130 000 Deutsche, die schutzlos der Willkür der Sieger ausgeliefert waren. Ab dem 4. Juli 1946 hieß die Stadt Immanuel Kants Kaliningrad, das gesamte Gebiet entsprechend Kaliningradskaja Oblast'. Auch alle anderen Ortschaften erhielten sowjetische Kunstnamen, die Zeichen einer neuen Zeit sein sollten, aber zu Symbolen der Wurzel- und Perspektivlosigkeit wurden. Bereits 1948 lebten in der Oblast' schon rund 380 000 hauptsächlich russische Neusiedler, unter ihnen viele Militärs. Bis 1951 erfolgte die – im Potsdamer Abkommen nicht festgelegte – Ausweisung der noch verbliebenen Deutschen. Das Königsberger Gebiet wurde für Jahrzehnte zum militärischen Sperrgebiet.

Das südliche Ostpreußen erhielt der polnische Staat, der alle ihm eingegliederten Teile Deutschlands als »Wiedergewonnene Gebiete« betrachtete.[8] Bereits im März 1945 begann Polen mit der Verwaltungsübernahme seines neuen Nordostens – noch parallel zu den sowjetischen Kommandanturen; der Frühsommer 1945 war durch wilde Vertreibungen deutscher Einwohner und Dauerexzesse gekennzeichnet, die unumkehrbare Tatsachen schaffen sollten. Ab Mai 1945 begann die Rote Armee dann, sich vom Territorium des neuen Polen zurückzuziehen, wobei sie alles daransetzte, dem ungeliebten kleinen westslawischen Bruder möglichst wenig Intaktes zu hinterlassen: Was sich nicht demontieren bzw. konfiszieren und abtransportieren ließ, wurde meist kurzerhand zerstört. Lediglich die von den sowjetischen Militärbehörden geschaffenen Straflager »durften« die polnischen Behörden übernehmen und für ihre Zwecke ausbauen. Die Politik Polens im Umgang mit den »umzusiedelnden« Deutschen richtete sich nach der Potsdamer Konferenz darauf aus, ihnen systematisch die Existenzgrundlage zu entziehen: Polizeiwillkür, Enteignungen, erhöhter Siedlungsdruck polnischer Zuwanderer aus den eigenen ehemaligen Ostgebieten, aus dem Raum Wilna und Zentralpolen, vor allem aber eine verschärfte antideutsche Gesetzgebung, die im »Dekret vom 13. September 1946 über den Ausschluß von Personen deutscher Nationalität aus der polnischen Volksgemeinschaft« gipfelte.[9] Bis zu diesem Zeitpunkt waren, besonders im Oktober und November 1945, allerdings schon Hunderttausende Deutsche durch Massendeportationen in offenen und geschlossenen Vieh- und Güterwaggons, sogenannten Ausweisungszügen, außer Landes gebracht worden.[10]

Ende der 1940er Jahre gab es in diesem Teil des ehemaligen Ostpreußen fast keine Deutschen mehr; die Masuren hatten unter Zwang für Polen optieren müssen. Eine zeitgleiche massive Polonisierung aller Bereiche des Lebens versuchte, jegliche Spuren der deutschen Vergangenheit zu tilgen. Schon im Januar 1949 konnten die »Wiedergewonnenen Gebiete« in die allgemeine Staatsverwaltung Polens eingegliedert und im Juli 1950 die »Aufhebung der Sanktionen und Beschränkungen gegenüber Staatsbürgern, die ihre Zugehörigkeit zur deut-

Rastenburg war am 27. Januar 1945 nahezu unversehrt in die Hände der Roten Armee gefallen und dann zerstört worden. Noch jahrelang bestimmten Ruinen das Gesicht der Stadt, die 1946 den Namen Kętrzyn erhalten hatte.

schen Nationalität erklärt hatten«, verkündet werden.[11] In der »Verordnung des Ministerrates vom 29. Mai 1946 über die vorläufige Verwaltungseinteilung der Wiedergewonnenen Gebiete« ordnete man dem ehemaligen ostpreußischen Regierungsbezirk Allenstein, aus dem eine gleichnamige Woiwodschaft geworden und dessen alte Aufgliederung in Kreise vorerst beibehalten worden war, Stadt und Kreis Rastenburg, nun Rastembork, zu.[12] Bereits Anfang März 1945 hatte man hier eine polnische Verwaltung aufgebaut und mit der Ansiedlung von Polen aus den nun sowjetisch verwalteten Gebieten um Wilna sowie Lemberg begonnen. Auch in der Region Masowien, um Warschau, war – besonders an Schul- und Universitätsabgänger – der Befehl zur Umsiedlung in das »Wiedergewonnene Rastemborker Gebiet« ergangen. Bereits 1946 lebten allein in der Stadt schon 10 200 Einwohner,[13] Deutsche waren nur noch sehr wenige unter ihnen. Zu dieser Zeit wurde auch Rastembork wieder umbenannt: Es erhielt den Namen Kętrzyn – »nach Adalbert von Winkler, jenem Historiker, der sich nach der Entdeckung seiner polnischen Identität Wojciech Kętrzyński nannte und den polnischen Nationalismus entschlossener als jeder andere Historiker in die Vergangenheit projizierte«.[14] Das Stadtwappen aber, der Bär im Walde, hat alle Umschwünge standhaft überdauert.

Bunkerruinen im ehemaligen Stadtwald

Im Wald von Rastenburg lagen bei Kriegsende die Trümmer des ehemaligen Führerhauptquartiers, die jedoch von der Zivilbevölkerung nicht aufgesucht wurden, weil noch immer »alles vermint«[15] war – und Deutsche wie Polen anderes im Sinn hatten. Lediglich sowjetische Pioniere erkundeten das Objekt und entminten die Verbindungswege. 1946 begannen dann deutsche Kriegsgefangene aus dem nahegelegenen Sammellager und polnische Arbeiter damit, die Anlage der »Wolfsschanze« systematisch zu demontieren. Ein Zeitzeuge erinnerte sich: »Als Kriegsgefangener war ich in der ›Wolfsschanze‹ vom Januar bis Mitte Mai 1947 tätig. Wir waren 25 Mann in einem Haus im Zentrum der Stadt Rastenburg untergebracht. In drei Räumen standen nur doppelte Holzbetten ohne weitere Möbel. Von der Stadt haben wir damals kaum etwas gesehen. Morgens raus – abends rein. (...) Wir hatten etwa 20 Mann Bewachung. (...) Jeden Tag fuhren wir 25 Mann mit den drei LKW zur Arbeit in die Wolfsschanze.‹ (...) Am Eingang der ›Wolfsschanze‹ war ein Schlagbaum ohne Wache. Hinter dem Schlagbaum lagen auf der rechten Seite zwei Springminen. Angeblich waren sie entschärft. Davon, daß irgendwo noch Minen lagen, war nie die Rede. An so etwas hat von uns und auch der Wachmannschaft niemand gedacht. Wir sind sorglos im ganzen Gelände herumgestöbert, um vielleicht etwas Brauchbares zu finden. (...) Ich habe nie bei einem Posten einen Lageplan gesehen. Sie waren also genauso gefährdet wie wir. Unsere Begleitung waren nur einfache Soldaten. Bei der Arbeit ging es einfach darum, alles zu bergen, was in Warschau zum Flugplatzbau gebraucht werden konnte. Etwa 300 bis 400 Meter nach der Einfahrt der ›Wolfsschanze‹ war links ein großer Platz, vielleicht ein Sechstel von einem Fußballfeld; dort wurde Beton gemacht. Auf diesem Platz stand eine riesige Betonmischmaschine mit vielen langen Rohren. (...) Ganze Berge Splitt (Basaltsteinchen), Sand, eine Feldbahnanlage (Schienen), Loren und Betonmischmaschinen lagerten dort. Auch etliche Holzbaracken waren im ganzen Gelände verstreut. Dies alles haben wir abgebaut, auf unsere drei russischen LKW geladen, nach Rastenburg gefahren und auf dort bereitstehende Güterwaggons gepackt. In Warschau wurden diese dann von unseren dortigen Kameraden entladen. Die Baracken wurden zum Lagern wieder aufgebaut. (...) Nachdem unser Auftrag in Rastenburg beendet war, wurden wir auf dem Flugplatz in Warschau (Okęcie) wieder mit eingegliedert.«[16]

Da sich in der Umgebung allmählich Neusiedler niederließen, für die die deutschen Hinterlassenschaften eine Gefahrenquelle darstellten, machte sich eine Aufklärungskompanie der 2. Warschauer Schweren Pionierbrigade daran, den Sicherungsgürtel um das Gelände unschädlich zu machen. Die Aufgabe war besonders schwierig, weil es keinerlei Unterlagen gab, auf die man sich hätte stützen können, neun verschiedene Minensorten, teils in Kombinationen, verwandt worden waren und die Todesfelder mittlerweile Gras- und Jungwaldbewuchs aufwiesen. Bis 1955 entschärften die polnischen Pioniere auf einem Gebiet von 162 Hektar etwa 55 000 Minen und 200 000 Stück anderer Munition. Nicht wenige Soldaten kamen bei dieser Tätigkeit um; an sie erinnert mittlerweile ein Gedenkstein auf dem Gelände. In die erhalte-

Burleska
Die Kette findest du auf Seite 236.
Silikon Stäbchen
mit eingearbeiteter Korsage
Silikon Stäbchen
Bestellgröße = Konfektionsgröße:
Bestellgröße = Konfektionsgröße: S = 34, M = 36 L = 38, XL = 40

SPIRAL

Queen of Darkness

KURONEKO

Spiral
Lace Up Longsleeve
Mit Ärmeln zum Schnüren.
schwarz · S, M, L, XL
GLS · 123132 · **€ 19.99**

Spiral · Lace Shoulder
Mit U-Boot-Ausschnitt und Spitze aus 100% Polyester. 95% Viskose, 5% Elasthan
schwarz · S, M, L, XL
GS · 253642 · **€ 19.99**

Spiral · Lace Shoulder
Die Spitze im Schulterbereich besteht aus 100% Polyester. 95% Viskose, 5% Elasthan
schwarz · S, M, L, XL
GLS · 267168 · **€ 19.99**

Spiral · Wide Neck Lace Layered
Schönes Shirt mit einem U-Boot-Ausschnitt, einem Gummizug im Taillenbereich und Spitze aus 100% Polyester. 95% Viskose, 5% Elasthan · schwarz · S, M, L, XL
GS · 267173 · **€ 19.99**

S = 34, M = 36
L = 38, XL = 40

Burleska · Ophelie
Aufwendig gearbeitetes Kleid mit eingearbeiteter Korsage, Reißverschluss, Hüftpolster für eine optimale Figur Betonung und Innenfutter aus 100% Baumwolle.
L: hinten ca. 148 cm,
L: vorne ca. 85 cm. 100% Polyester
schwarz · S, M, L, XL
Maxikleid · 240636 · **€ 99.99**

Burleska · Mollflander
Kleid und Korsage in Einem, mit seitlichem Reißverschluss. Innenfutter aus 100% Baumwolle und Schnürung am Rücken. Vorne hat das Kleid eine Länge von ca. 80 cm und hinten ca. 127 cm.100% Polyester
schwarz · S, M, L, XL
Maxikleid · 166654 · **€ 89.99**

Burleska · Valerie Dress
Kleid und Korsage in Einem, mit seitlichem Reißverschluss. Innenfutter aus 100% Baumwolle und Schnürung am Rücken. Vorne hat das Kleid eine Länge von ca. 80 cm und hinten ca. 132 cm. Das Kleid ist mit einem Flock-Print versehen.
Innen aus 100% Baumwolle
100% Polyester
schwarz · S, M, L, XL
Kleid · 271374 · **€ 89.99**

Bestellgröße = Konfektionsgröße:
S = 36, M = 38
L = 40, XL = 42

Soul Dress
Abnehmbare Korsage mit Reißverschluss auf der Front und Schnürung auf dem Rücken. Der vordere Teil des Rockes lässt sich wunderschön raffen. L: ca. 89 cm. 100% Polyester
schwarz · S, M, L, XL
Kleid · 199228 · **€ 69.99**

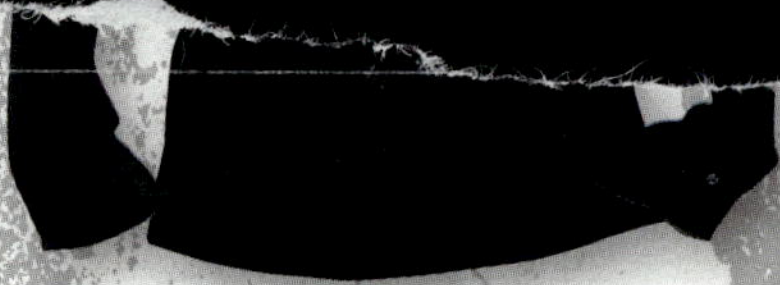

Spiral · Strapped
schwarz · S, M, L, XL
GLS · 122405 · **€ 19.99**

Spiral · Crowl Neck Top
Mit einem Wasserfallausschnitt.
95% Viskose, 5% Elasthan
schwarz · S, M, L, XL
GLS · 267166 · **€ 24.99**

mit abnehmbarem Gürtel

KuroNeko · Cat Skirt
Mehrlagiger Mini-Rock aus 80% Baumwolle und 20% Polyester mit abnehmbarem Gürtel aus 95% Baumwolle und 5% Elasthan. Die Spitze besteht aus 100% Polyester. L: ca. 50 cm
schwarz · S-M, L-XL
Rock · 205621 · **€ 49.99**

Spiral · Crowl Neck Hood
Mit Spitze an den Ärmeln aus 100% Polyester.
95% Viskose, 5% Elasthan
schwarz · S, M, L, XL
GLS · 267165 · **€ 24.99**

Loose Fit

Queen Of Darkness · Corded Pants
Detailreiche Hose mit diversen Schnürungen, Schnallen und O-Ringen.
schwarz · W28L34, W30L34, W32L34, W34L34
Girl-Hose · 258319 · **€ 99.99**

Sofern nicht anders angegeben, bestehen alle Artikel auf dieser Seite aus 100% Baumwolle.
GLS = Girl-Longsleeve · GS = Girl-Shirt · L = Länge

nen Bunker zogen daraufhin Forstarbeiter ein, die Tarnnetze fanden als Zäune für Gemüsegärten von Bauern der Umgebung Verwendung.

Zwei Jahre später, im Juni 1957, wurden erste Erkundungen für eine mögliche touristische Nutzung des »Wolfsschanzen«-Komplexes durchgeführt: Eine Expedition polnischer Pioniere, Höhlenforscher und Ingenieure in Begleitung zweier Journalisten wollte dabei auch den Gerüchten nachgehen, in dem abgesperrten Gelände lagerten noch immer große Mengen von Sprengstoff und dauerhaften Lebensmitteln. Ein anderes Gerücht, das sich in und um Rastenburg hartnäckig hielt, bedurfte solcher Überprüfung kaum: Barbarossa in seinem Kyffhäuser gleich würden in den unterirdischen Gängen und Bunkern der »Wolfsschanze« noch etliche deutsche Soldaten hausen, die keine Ahnung davon hätten, daß der Krieg seit nunmehr zwölf Jahren zu Ende ist.[17] Nach abermals zwei Jahren beschloß das Präsidium des Kreisrates, das ehemalige Führerhauptquartier für den Tourismus freizugeben. Hierfür wurden in der folgenden Zeit ein Park- sowie ein Zeltplatz angelegt und das frühere Gästeheim der SS zu einem staatlichen Hotel mit Restaurantbetrieb umgebaut. Man errichtete Kioske und ein Kassenhäuschen. Mitte der 1960er Jahre erfolgte der Bau eines Lichtspieltheaters für Kriegs- und Dokumentarfilme sowie eines kleinen Museums. Im Gelände wurden 15 Bildtafeln aufgestellt, die Auf- und Niedergang des Dritten Reiches mit besonderer Berücksichtigung der Leiden des polnischen Volkes veranschaulichten und den »ruhmreichen Befreiern« der Roten Armee dankten. Am 30. Juli 1966 fand man im vormaligen Führerbunker einen 2,50 Meter hohen Safe, der allerdings nur unleserlich gewordene Papiere enthielt. Zu dieser Zeit gab es Pläne, ein Wachsfigurenkabinett aufzubauen, das Hitler und die Personen aus seinem Umkreis in voller Lebensgröße und in echten Uniformen bei einer Lagebesprechung darstellen sollte.

Offensichtlich setzte man alles daran, die »Gespensterstadt« zu einer Touristenattraktion zu machen.

Ende der 1950er Jahre wurde das ehemalige Führerhauptquartier für den Tourismus freigegeben. Zu diesem Zeitpunkt war die Zufahrtsstraße noch unbefestigt.

Postkarte mit einer Ansicht der Ruinen des Gästebunkers aus den 1970er Jahren. Das Schild in Frakturschrift verkündete: »Wolfsschanze. Ehemaliges Kriegsquartier Hitlers [Wilczy Szaniec była wojenna kwatera Hitlera]« (oben). Besuchergruppe in der bizarren Bunkerlandschaft, 1960er Jahre (linke Seite).

Doch auch ohne den Führer in Wachs erzielte die »Wolfsschanze« 1967 mit ca. 180 000 Besuchern, davon zehn Prozent Ausländer, einen ersten Rekord.[18] Im April desselben Jahres war nach fünf Jahren der Wiederaufbau des Rastenburger Schlosses abgeschlossen worden, der stattliche sieben Millionen Złoty gekostet hatte. Ende der 1970er Jahre bildeten die Bunker des ehemaligen Führerhauptquartiers die Filmkulisse für einige Szenen des sowjetischen Heldenepos »Befreiung« von Jurij Oserow.

Allmählich avancierte die »Wolfsschanze« zu einem der touristischen Anziehungspunkte in diesem Teil Polens, die kommerzielle Vermarktung bekam allerdings erst nach den Umbrüchen 1989/90 vollen Schwung. Im April 1993 wurde die GmbH »Wolfsnest« [Wilcze Gniazdo] mit Sitz in Warschau gegründet, deren Anteile zu 80 Prozent der österreichisch-polnische Süßwarenhersteller »Carpatia« und zu 20 Prozent die Gemeinde Rastenburg hält. 30 Jahre lang soll die Gesellschaft das frühere Führerhauptquartier gewinnbringend betreiben, der größte Steuerzahler des Kreises ist sie heute schon.

Durchschnittlich eine Viertelmillion Besucher, hauptsächlich aus Deutschland, besichtigen jährlich die

1992 nahmen die drei Söhne Oberst von Stauffenbergs an der feierlichen Enthüllung einer Gedenktafel zur Erinnerung an das gescheiterte Attentat ihres Vaters teil (oben). Zwei Jahre später, anläßlich des 50. Jahrestages des 20. Juli 1944, legten Bundestagspräsidentin Süssmuth und Parlamentspräsident Oleksy dort Kränze nieder (unten links); Gedenktafel (unten rechts).

»Wolfsschanze« und begeben sich auf den anderthalbstündigen Rundgang.[19] Vor allem für die devisenbringenden Ausländer war zwischenzeitlich ein Freizeitpark mit Swimmingpool, Diskothek, Tennisplatz und Reithalle geplant – eine Art »Wolfsland« à la Walt Disney.[20] Auch das Wachsfigurenkabinett, dieses Mal zusätzlich mit Stalin und Stauffenberg, kam kurzzeitig wieder ins Gespräch. Beide Pläne werden in regelmäßigen Abständen erneut aktuell und alsbald dementiert.

Für Oberst Stauffenberg existiert seit 1992 eine Gedenktafel an den Trümmern der Lagebaracke, in der er am 20. Juli 1944 seine Bombe gegen Hitler abgelegt hatte. Bereits im November 1989 hatten Bundeskanzler Helmut Kohl und sein polnischer Amtskollege Tadeusz Mazowiecki eine Würdigung des Attentatsversuches vor Ort beschlossen, die bis dahin durch das polnischerseits sorgsam gepflegte Feindbild von den Deutschen blokkiert worden war. Mehr als zweieinhalb Jahre verhandelten beide Seiten daraufhin über die Formulierung des Gedenkspruches, bis man sich auf die diplomatisch einwandfreien und merkwürdig leblosen Sätze einigte: »Hier stand die Baracke, in der am 20. Juli 1944 Claus Schenk Graf von Stauffenberg ein Attentat auf Adolf Hitler unternahm. Er und viele andere, die sich gegen die nationalsozialistische Diktatur erhoben hatten, bezahlten mit ihren Leben.« Dennoch zog es das polnische Außenministerium im Sommer 1992 vor, keine hochrangigen Vertreter zu Gedenkstunde und Enthüllung zu entsenden; auch Staatsminister Helmut Schäfer aus Bonn war in letzter Minute »verhindert«. Die drei Söhne Stauffenbergs jedoch kamen.[21] Zeitgleich verschwanden die 15 »antifaschistischen« Fotowände aus der realsozialistischen Zeit – angeblich, weil man diese Bilder deutschen Touristen nicht mehr zumuten wolle.

Mit zwei Jahren Verspätung, anläßlich des 50. Jahrestages des Stauffenberg-Anschlages, besuchten am 20. Juli 1994 dann doch hohe Repräsentanten der Republik Polen und des wiedervereinigten Deutschland, Parlamentspräsident Józef Oleksy und Bundestagspräsidentin Rita Süssmuth, das ehemalige Führerhauptquartier »Wolfsschanze« – den Ort deutscher Geschichte, an dem viele jener Entscheidungen getroffen worden waren, die in ihrer Konsequenz die Nachkriegsordnung Mittel- wie Osteuropas bestimmt haben und das Verhältnis beider Nachbarvölker noch immer beeinflussen.

1990er Jahre: Bastelbogen »Führerbunker« (oben), Sonderstempel »Wolfsschanze« (unten).

Momentaufnahme II – Touristenattraktion »Wolfsschanze« 1999/2006

Seit dem Zusammenbruch des real existierenden Sozialismus und dem Fall des Eisernen Vorhanges 1989/91 hat das ehemalige Ostpreußen als Reisegebiet Konjunktur: Zehntausende Vertriebener und ihre Nachfahren begeben sich Jahr für Jahr in die alte Heimat, die zwischen drei sehr unterschiedlichen Staaten aufgeteilt ist: Litauen, der Russischen Föderation und Polen. Probleme gibt es eigentlich nur bei der Einreise in das mittlere Ostpreußen, das russische Königsberger Gebiet. Doch die Scharen von »Heimwehtouristen« sind im polnischen Nordosten längst nicht mehr unter sich; unzählige in- und ausländische »Normalurlauber« genießen die Schönheit der ermländisch-masurischen Landschaft. Seit der Gebietsreform im Jahre 1999 gehören die früheren Kreise des polnischen Süd-Ostpreußen – mit einigen Abweichungen – zu einer Woiwodschaft: Ermland-Masuren. Das regionale Bewußtsein trägt der deutschen Vergangenheit mit unzähligen Initiativen Rechnung; hier kennt man die preußische Geschichte oft besser als in Deutschland. Wie selbstverständlich werden die deutschen Ortsnamen verwendet. Die verbliebenen Deutschen und ihre Nachkommen sind in Vereinen organisiert, die ihr kulturelles Erbe als »Verband der Deutschen Gesellschaften im ehemaligen Ostpreußen mit Sitz in Allenstein« pflegen.[1] Die Zusammenarbeit mit den ostpreußischen Kreisgemeinschaften im Bund der Vertriebenen verläuft unaufgeregt und apolitisch: An vorderster Stelle steht die karitative Unterstützung. Auch in Rastenburg gibt es eine »Gesellschaft der Deutschen Minderheit«, die eine Sozialstation unterhält.

Neben dem abklingenden Heimweh- und dem wachsenden Individualtourismus hat sich im letzten Jahrzehnt des 20. Jahrhunderts auch so etwas wie ein Bunkertourismus entwickelt, der anhält; nicht nur zur »Wolfsschanze«, sondern ebenso zu den Anlagen von »Mauerwald«, »Hegewald« oder den Hinterlassenschaften der Luftwaffe bei Goldap. Mittlerweile stehen überall Schilder, die den Weg weisen. Am prominentesten war und bleibt jedoch Hitlers Hauptquartier in der Görlitz, das auf praktisch allen Landkarten eingezeichnet ist.

Rastenburg liegt etwa 700 Kilometer östlich von Berlin. Von hier aus folgt man der Straße Richtung Carlshof, wo an einem Zaun der zweisprachige Hinweis »Wilczy Szaniec. Wolfschanze. 6 km« prangt. In Carlshof befanden sich früher die berühmten Anstalten, die 1940 für die SS geräumt und deren Patienten im Rahmen des NS-Vernichtungsprogramms an Behinderten, der sog. Euthanasie, in der alten Kaserne von Soldau ermordet wurden; 1944 dienten die Carlshofer Gebäude als Lazarett, unter anderem für die Verwundeten des 20. Juli. Einige der alten Anstaltsgebäude haben die Zeit überdauert, die Lücken wurden in den 1960er Jahren durch Plattenbauten gefüllt. Heute befindet sich hier eine Landwirtschaftsschule. Von Carlshof führt eine typisch ostpreußische Allee – in der Nachkriegszeit im Volksmund »Adolf-Hitler-Straße« genannt – über Schwarzstein zum vormaligen Rastenburger Stadtwald, der Görlitz; noch einen Kilometer weiter sind die »Ruinen der früheren Unterkunft Hitlers« [Ruiny byłej Kwatery Hitlera] ausgewiesen.

Kurz vor Wache West, von der nicht mehr als die Gabel des Schlagbaums und das Fundament des Wachgebäudes übrigblieb, führt links eine schmale Straße zum Moysee ab, an dessen Strand ein Bunker mit Schießscharte noch immer an die bedrohten Badefreuden der Angehörigen des Führerhauptquartiers erinnert.

Bei der Weiterfahrt zur »Wolfsschanze« tauchen alsbald erste Betonreste im Wald auf: Gebäude des früheren Sperrkreises II. Dann folgt das nächste Hinweisschild mit einem Pfeil nach links, wo sich – etwa 250 Meter vor dem ehemaligen Eingang I A zum Sperrkreis I – die heutige Zufahrt befindet. Hier versperrt ein Schlagbaum den Weg: »Kasa« steht an dem dazugehörigen Häuschen. Erst nach Entrichtung eines Obulus hebt sich die Schranke.

Anschließend überquert man die Gleise der alten Bahnlinie Rastenburg–Angerburg, auf der nur noch selten ein Zug fährt; linker Hand stehen die Reste der Bahnstation. Rechter Hand befindet sich der Zeltplatz, in dessen Nähe bis vor einigen Jahren das übergroße Hinweisschild »Die

Wegweiser zur »Wolfsschanze« an der Straße nach Carlshof (oben), Überreste der Wache West (unten). Aufnahmen von 1999.

Besucher erklimmen den allgemeinen Luftschutzbunker im früheren Sperrkreis III (oben), Touristenbus auf dem Parkplatz der »Wolfsschanze« (unten). Aufnahmen von 2006.

Der ehemalige Bahnhof der »Wolfsschanze« (oben, Aufnahme von 1999), einer der seltenen Züge auf der Strecke Angerburg (Węgorzewo) – Rastenburg (Kętrzyn) (unten, Aufnahme von 2006).

Blick auf den Moysee (oben), verbunkerter Gefechtsstand am Ufer (unten). Aufnahmen von 1999.

Einnahme von Mahlzeiten auf dem Parkplatz ist nicht gestattet!« stand, das offensichtlich nur die deutschsprachigen Besucher zur Ordnung rufen sollte. Mittlerweile gibt es diese Anweisungen auch auf Polnisch. Auf dem Parkplatz – dort, wo einst die Bäume der Görlitz dicht beieinander standen – herrscht vor allem im Sommer eine emsige Betriebsamkeit von PKW und Bussen, viele mit deutschen Kennzeichen, und diversen Reisegruppen samt ihrer einheimischen Fremdenführer, von denen beinahe jeder seine eigene Broschüre zur »Wolfsschanze« verfaßt hat. Jerzy Szynkowski beispielsweise, Vertriebener aus dem Wilna-Gebiet, wohnt in Carlshof, arbeitet als Lehrer und hat diverse Bücher zu regionalen Themen veröffentlicht. Seit über 25 Jahren begleitet er Reisegruppen über das historische Gelände und ist wohl der beste Kenner der Materie vor Ort.

Jenseits des Parkplatzes – hinter einer Reihe aus bunten Verkaufskiosken, die neben den Ruinen der Notstromzentrale Postkarten, Videos, Broschüren, Landkarten und dergleichen mehr anbieten – liegt das Hotel »Wolfsnest« [Wilcze Gniazdo], früher Gästeheim der SS. Die ehemaligen Garagen beherbergen nun die Hotelküche. »Wolfsnest« strahlt den üblichen kühlen Charme einer mit osteuropäischen Vorstellungen auf westlichen Standard getrimmten Sterilität aus. An den Wänden der Lobby hängen Fotos prominenter Besucher, wie »Desert Storm«-General Norman Schwarzkopf, Litauens ehemaliger Präsident Algirdas Brazauskas, die frühere Bundestagspräsidentin Rita Süssmuth und eine Gruppe nicht näher benannter Nobelpreisträger unterschiedlicher Nationalitäten. Die Übernachtung ist preiswert und gut, die Küche passabel. Auch Familienfeste können hier stattfinden.

Direkt am Hotel beginnen die drei empfohlenen Besichtigungstouren durch die »Wolfsschanze«. Die meistfrequentierte dauert ungefähr anderthalb Stunden und ist mit roten Pfeilen an den Bäumen gekennzeichnet: Ein Parcours durch die Trümmerlandschaft des steingewordenen Wahnsinns eines »Tausendjährigen Reiches«, das zwölf Jahre währte und dessen Führungsriege in dieser Trutzfeste für knapp dreieinhalb Jahre residierte. Alle wesentlichen Bauten tragen Nummern und sind auf polnisch, deutsch, russisch und englisch mit der Warnung versehen: »ACHTUNG! Eintritt zu Ruinen streng verboten. Lebensgefährlich!«

Touristengruppen – hauptsächlich aus Deutschland und Polen, aber auch aus Österreich und den Niederlanden – wälzen sich über die schmalen Pfade. Fremdenführer berichten über Hitler, Blondie, die Bunker der Anlage usw. usf.; Anekdoten aus dem Alltagsleben der »Wolfsschanze« und eine ausführliche Schilderung des Stauffenberg-Attentates gehören zum Pflichtprogramm. Die Gäste hängen an ihren Lippen, kommentieren gern. Manch Deutscher allerdings weigert sich, die Tour mitzumachen; andere stehen fassungslos vor den Trümmern wie vor der eigenen zerstörten Jugend.

Hinter Ruinen zu beiden Seiten des Weges bilden die Steinhaufen jener Lagebaracke (Nr. 3), in der Oberst Stauffenberg am 20. Juli 1944 die Bombe zündete, den eigentlichen Beginn des Rundganges. Auf der Gedenktafel welken Blumen. In einem Souvenirkiosk fast direkt gegenüber der Lagebaracke ist Literatur zu diesem Thema, dem zweifelsohne spektakulärsten Ereignis in der »Wolfsschanze«, erhältlich, ebenso wie ein Bastelbogen »Führerbunker« im Maßstab 1:200, Schwierigkeitsstufe 1. Etwas hinter dem Laden stehen zwei Flachbauten. Im vorderen der beiden, der einst dem Reichssicherheitsdienst gehörte, findet sich ein fünf mal drei Meter großes überarbeitungswürdiges Modell des Führerhauptquartiers.

Hinter der Lagebaracke erhebt sich geradezu majestätisch der Gästebunker (Nr. 6), einer der massiven Betonbauten, die ihre heute noch erkennbaren Ausmaße erst 1944 erhielten und denen die Sprengkommandos vergleichsweise wenig anhaben konnten. Ein Stück weiter stehen die nackten Ziegelmauern zweier Baracken mit betonierter Decke, eine von ihnen beherbergte einst den »Stenographischen Dienst« (Nr. 7). Überall wachsen Pflanzen und Bäume in und aus den Ruinen. Beliebt bei den meisten Reiseführern ist in diesem Zusammenhang ein Zitat aus Schillers »Wilhelm Tell«: »Das Alte stürzt; es ändert sich die Zeit, und neues Leben blüht aus den Ruinen.« Der eigentliche Höhepunkt der Besichtigung und beliebtes Motiv für Erinnerungsfotos ist die Nummer 13: der »Führerbunker«. Seine Nordwand, so hoch wie ein dreistöckiges Haus und von tiefen Rissen im Beton gespalten, trotzt Wind und Wetter; im rückwärtigen Teil liegen tonnenschwere Stahlbetonbrocken bizarr beieinander; die Abschlußdecke ist bemoost. Neben dem Bunker liegt ein umgestürzter Flakturm. An den umstehenden Bäumen sind die Befestigungen für die Tarnnetze

Kasse an der Einfahrt (oben), einer der Verkaufskioske (Mitte), Hinweisschild auf dem Parkplatz (unten). Aufnahmen von 1999.

Hotel »Wolfsnest« (oben), Kiosk am Beginn des Rundganges (unten). Aufnahmen von 1999.

noch deutlich zu erkennen. In einiger Entfernung zu Hitlers Betonkoloß – nahe der Bahnlinie, am früheren Tor II A – erstrecken sich wie ein notgelandetes Ufo die Trümmer des Göringbunkers (Nr. 16), der mit unvertretbarem Aufwand noch im Sommer 1944 errichtet worden war und den der vorgesehene Bewohner so gut wie nie nutzte.

Da dieser zentrale Teil der Anlage seit einiger Zeit von einem hohen Zaun umgeben ist – wohl um sicherzugehen, daß auch jeder Besucher zahlt – muß man zunächst zum Eingang zurück, um über die Straße nach Angerburg den Bereich des ehemaligen Sperrkreises III zu erreichen. Neben der teilzerstörten, in ihrer Grundstruktur jedoch erhaltenen Betonbaracke für den Verbindungsstab des Oberkommandos der Göringschen Luftwaffe (Nr. 24) liegt der alte Friedhof der Gemeinde Partsch. Einige der Gräber sind gepflegt; der letzte Deutsche wurde hier erst 1961, im Jahr des Mauerbaus, beerdigt. Folgt man der Betonstraße durch den Wald ein Stück gen Westen – zur Linken liegen die Kuhlen der damaligen Fahrzeugunterstände –, gelangt man zum seinerzeit größten bombensicheren Bau der »Wolfsschanze«, dem Mannschaftsbunker (Nr. 26). Auf der Abschlußdecke seiner erhaltenen Südwand, über Stahlsprossen an der Außenwand – verbotenerweise – gut zu erreichen, befinden sich noch die Flak- bzw. Gefechtsstände, die wie der Gigant selbst niemals genutzt wurden. Überall im Wald liegen Trümmer und einzelne riesige Brocken; an einigen der Bauten wurden die Außenwände durch den Druck der Explosionen nach außen gewölbt.

Unfreiwillig und ohne die Theatralik der nazitypischen Architekturinszenierungen zeugen die Ruinen dieser NS-Machtzentrale vom Größenwahn und der Angst der Führungsriege um das eigene Leben – der Stoff, der sie zu einem »Freizeitpark des Grauens«[2] macht und sich nicht nur als Bastelbogen trefflich vermarkten läßt. Doch was innerhalb der Bunkermauern geschah und beschlossen wurde, kann man vor Ort – etwa in einer Ausstellung oder auf Schautafeln – praktisch nicht erfahren. Über 60 Jahre nach dem Ende des Zweiten Weltkrieges, von Flucht und Vertreibung, zu einer Zeit, da Deutschland und Polen Partner in NATO sowie EU sind, und nicht zuletzt angesichts der Verstimmungen zwischen Warschau und Berlin wegen der gemeinsamen Vergangenheit und der Art ihrer Bewältigung, wäre die »Wolfsschanze« ein geeigneter Ort, über die Darstellung der internen Geschehnisse im früheren Führerhauptquartier und deren Konsequenzen hinaus auch die wechselvolle Geschichte beider Völker ausgewogen zu behandeln. Als Kontrapunkt zu den authentischen Stätten des Leides der Opfer während der nationalsozialistischen Gewaltherrschaft – wie beispielsweise Auschwitz – müßte hier, in der polnischen Görlitz, über die deutschen Täter des untergegangenen Dritten Reiches aufgeklärt werden. An dieser Notwendigkeit hat sich seit der ersten Auflage dieses Buches im Herbst 1999 nichts geändert.

Schlagbaum am ehemaligen Tor I A (oben), Nr. 13: Hitlers Bunker (unten).

Görings Bunker (vorn) und Ruine des Reichsmarschallhauses.

Ruine der Stenographenbaracke.

Schornstein des Heizhauses und Kasino II.

Löschwasserbecken in der Nähe der nordöstlichen Grenze von Sperrkreis I.

Blick zum Kasino I.

Inschrift »O.T. [Organisation Todt] ... 1943« beim Bahnhof.

Unterirdischer Vorratskeller, dahinter Stenographenbaracke (oben), Ruine des Flakturms am Führerbunker (unten), Bunkerruine im Sperrkreis II (rechte Seite).

Bunkerruine im Sperrkreis II (oben), Grab auf dem ehemaligen Friedhof der Gemeinde Partsch (unten).

Ruinen eines Gebäudes des Wehrmachtführungsstabes (oben) und des Quartiers des Rüstungsministers (unten).

Ruine der Baracke des Verbindungsstabes der Luftwaffe (oben), allgemeiner Luftschutzbunker im Sperrkreis III (unten).

Munitionsdepots (oben), Teile des Nachrichtenbunkers im Sperrkreis II (unten).

Bären
Rast
Err. Block
DIE
Vierbrüderfichte
burg
Schießst.
Görlitz
Hubertuskiefer
GÖR
-ser-See
Gut
Görlitz

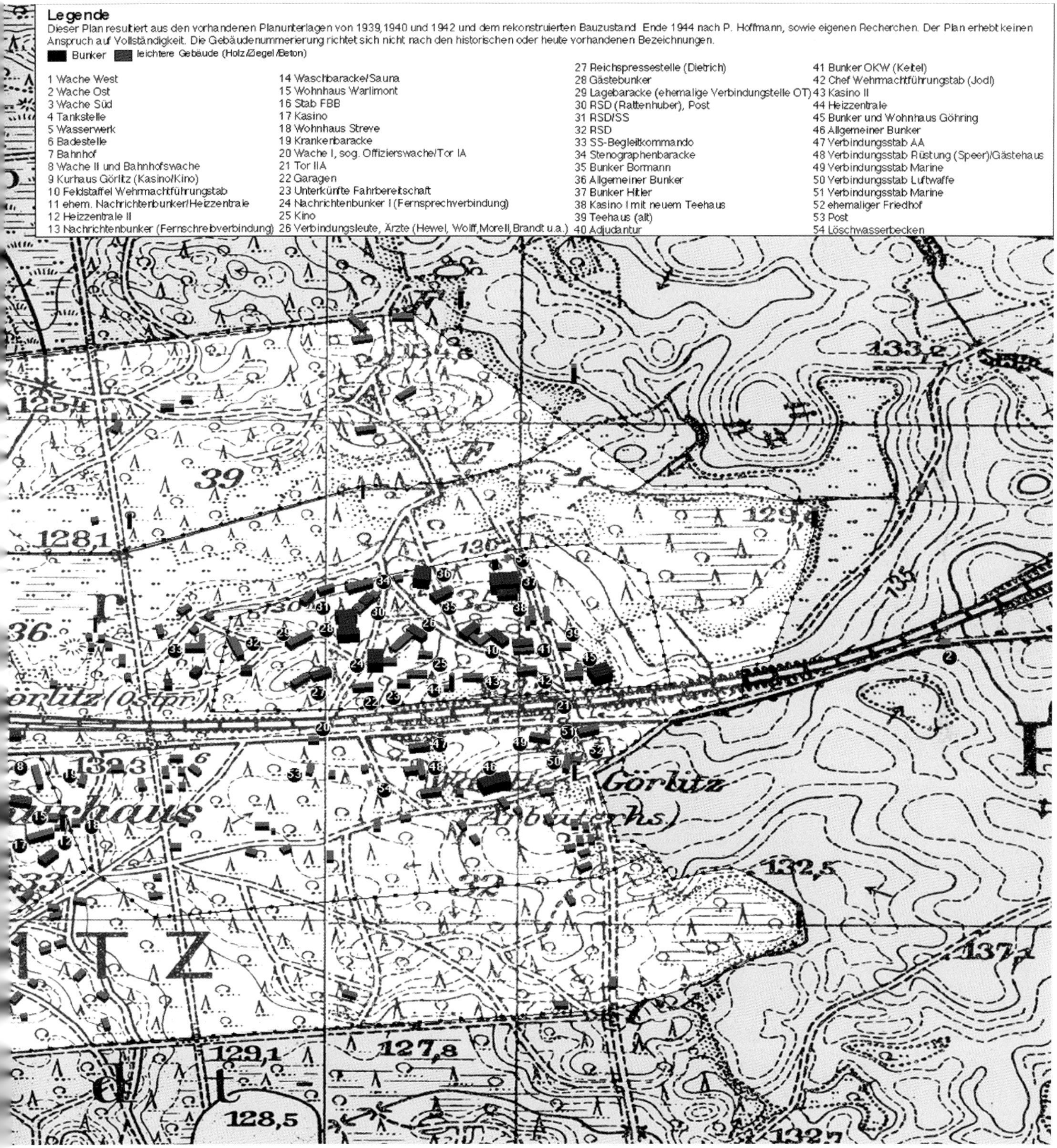

Legende
Dieser Plan resultiert aus den vorhandenen Planunterlagen von 1939, 1940 und 1942 und dem rekonstruierten Bauzustand Ende 1944 nach P. Hoffmann, sowie eigenen Recherchen. Der Plan erhebt keinen Anspruch auf Vollständigkeit. Die Gebäudenummerierung richtet sich nicht nach den historischen oder heute vorhandenen Bezeichnungen.
Bunker
leichtere Gebäude (Holz/Ziegel/Beton)
1 Wache West
2 Wache Ost
3 Wache Süd
4 Tankstelle
5 Wasserwerk
6 Badestelle
7 Bahnhof
8 Wache II und Bahnhofswache
9 Kurhaus Görlitz (Kasino/Kino)
10 Feldstaffel Wehrmachtführungstab
11 ehem. Nachrichtenbunker/Heizzentrale
12 Heizzentrale II
13 Nachrichtenbunker (Fernschreibverbindung)
14 Waschbaracke/Sauna
15 Wohnhaus Warlimont
16 Stab FBB
17 Kasino
18 Wohnhaus Streve
19 Krankenbaracke
20 Wache I, sog. Offizierswache/Tor IA
21 Tor IIA
22 Garagen
23 Unterkünfte Fahrbereitschaft
24 Nachrichtenbunker I (Fernsprechverbindung)
25 Kino
26 Verbindungsleute, Ärzte (Hewel, Wolff, Morell, Brandt u.a.)
27 Reichspressestelle (Dietrich)
28 Gästebunker
29 Lagebaracke (ehemalige Verbindungstelle OT)
30 RSD (Rattenhuber), Post
31 RSD/SS
32 RSD
33 SS-Begleitkommando
34 Stenographenbaracke
35 Bunker Bormann
36 Allgemeiner Bunker
37 Bunker Hitler
38 Kasino I mit neuem Teehaus
39 Teehaus (alt)
40 Adjudantur
41 Bunker OKW (Keitel)
42 Chef Wehrmachtführungstab (Jodl)
43 Kasino II
44 Heizzentrale
45 Bunker und Wohnhaus Göhring
46 Allgemeiner Bunker
47 Verbindungsstab AA
48 Verbindungsstab Rüstung (Speer)/Gästehaus
49 Verbindungsstab Marine
50 Verbindungsstab Luftwaffe
51 Verbindungsstab Marine
52 ehemaliger Friedhof
53 Post
54 Löschwasserbecken
Görlitz (Ostpr.)
Görlitz

Anhang

Anmerkungen

Das Attentat in der »Wolfsschanze«

1 Um eine Häufung von Anführungszeichen zu vermeiden, verwenden wir den Begriff Führer und die jeweiligen Zusammensetzungen, ebenso Wörter wie großdeutsch, Duce, Poglavnik, Generalgouvernement etc. ohne Markierung.

2 Stauffenberg, Jahrgang 1907, wurde von 1936 bis 1938 an der Kriegsakademie Berlin zum Generalstabsoffizier ausgebildet; 1938 nahm er an der Besetzung des Sudetenlandes, 1939 am Polenfeldzug, 1940 am Frankreichfeldzug und 1943 am Einsatz in Afrika teil. Noch im Januar 1942 hielt er einen Sieg über die Sowjetunion für möglich; eine Beteiligung an den Konspirationsplänen in der Wehrmacht von 1939/40 hatte er abgelehnt.

3 Da die Schreibweise des Wortes »Wolf(s)schanze« selbst in den Dokumenten variiert, haben wir uns – mit knapper Mehrheit – für die häufigere und für die deutsche Sprache lexikologisch richtige Variante mit Doppel-s entschieden.

4 Der stenographische Dienst des Führerhauptquartiers fertigte zu Stauffenbergs Vorträgen bei Hitler am 22. Juli 1944 folgende Aufstellung an: »Oberst Graf v. Stauffenberg war in der Zeit vom 1. bis 20. Juli in folgenden Besprechungen anwesend: Sonderbesprechung vom 6.7.44 von 17.05 bis 18.00 Uhr auf dem Berghof über Neuaufstellungen, Sonderbesprechung vom 6.7.44 von 23.55 bis 0.50 Uhr auf dem Berghof über Neuaufstellungen, Morgenlage vom 11.7.44 von 13.07 bis 15.30 Uhr auf dem Berghof, im ersten Teil der Morgenlage vom 15.7.44 von 13.10 bis 13.40 Uhr in der Wolfsschanze, Sonderbesprechung vom 15.7.44 von 13.40 bis 14.20 Uhr in der Wolfsschanze betreffend Stellungsbau und Auffangorganisation, Sonderbesprechung vom 15.7.44 von 14.20 bis 14.25 Uhr in der Wolfsschanze mit Generaloberst Fromm, Morgenlage vom 20.7.44 in der Wolfsschanze. (…) Ferner ist Oberst Graf v. Stauffenberg vor Beginn der Morgenlage am 18.7.44 im Lagezimmer gesehen worden.« (Im Original unterstrichen.) In Bundesarchiv Berlin (BAB), NS 6/3, F 1. Laut diesem Bericht müßte Stauffenberg auch am 18. Juli in der »Wolfsschanze« gewesen sein, wofür es jedoch keine weiteren Belege gibt.

5 Bereits am 15. Juli war es zu Putschaktivitäten gekommen, die jedoch noch rechtzeitig gestoppt und als Probealarm getarnt werden konnten. Siehe Hoffmann, Peter: Claus Schenk Graf von Stauffenberg und seine Brüder. Stuttgart 2004, S. 414 ff.
Hitler hatte im Mai 1942 einen Einsatzplan unter dem Tarnnamen »Walküre« verfügt, der »bis in das letzte Detail ausgearbeitete Vorschriften zur Zusammenfassung der in Deutschland befindlichen Einheiten in Fällen von Unruhen oder Notständen« enthielt und dessen sich die Verschwörer für ihre Zwecke bedienten. In Speer, Albert: Erinnerungen. Frankfurt/Main 1969, S. 387 f.

6 Hoffmann, Peter: Stauffenberg. München, Zürich 1998, S. 84.

7 Da es bei der Darstellung des Ablaufs der Ereignisse am 20. Juli 1944 im Führerhauptquartier in der Literatur so viele voneinander abweichende Varianten gibt, folgen wir im wesentlichen Hoffmann, Peter: Die Sicherheit des Diktators. Hitlers Leibwachen, Schutzmaßnahmen, Residenzen, Hauptquartiere. München, Zürich 1975, S. 229 ff., sowie ders.: Stauffenberg und seine Brüder …, S. 422 ff., den wir – wo es uns wahrscheinlicher oder logischer bzw. notwendig erschien – gegebenenfalls durch Details aus anderen Büchern ergänzt bzw. modifiziert haben. So zum Beispiel aus Finker, Kurt: Stauffenberg und der 20. Juli 1944. Berlin (Ost) 1975, S. 299–341; Kramarz, Joachim: Claus Graf Stauffenberg. Der Mann des Widerstandes gegen Hitler. München 1965, S. 231 ff.; Walle, Heinrich: Der 20. Juli 1944. Eine Chronik der Ereignisse von Attentat und Umsturzversuch. In Steinbach, Peter; Tuchel, Johannes (Hrsg.): Widerstand gegen den Nationalsozialismus. Bonn 1994, S. 364–376. Für weitere Titel verweisen wir auf die Bibliographie S. 223–228.

8 Vgl. Fest, Joachim: Staatsstreich. Berlin 1994, S. 258, sowie Herwarth, Hans von: Zwischen Hitler und Stalin. Erlebte Zeitgeschichte 1931–1945. Frankfurt/Main, Berlin 1989, S. 301 f.

9 Vgl. Hoffmann: Die Sicherheit des Diktators …, S. 230.

10 Die Bombe war aus Sabotagematerial gefertigt worden, das der englische Geheimdienst SOE [Special Operations Executive] der französischen Résistance hatte zukommen lassen und das die Nazis erbeutet hatten. Vgl. Operation Foxley: The British plan to kill Hitler. London 1998, S. 16.

11 Vgl. Finker, Kurt; Busse, Annerose: Stauffenberg und der 20. Juli 1944. Berlin (Ost) 1986, S. 222.

12 Warum nicht Haeften den Zündmechanismus in Gang setzte, da er in der vorhandenen Zeit vermutlich beide Sprengsätze hätte scharfmachen können, bzw. beide Bomben mit einem scharfen Zünder versehen worden waren, zumal Stauffenberg durch seinen Führervortrag am 15. Juli mit den Räumlichkeiten vertraut war, ist bisher ebenso ungeklärt wie die Frage, ob die Bombe nicht doch mit englischer Assistenz angefertigt worden war. Zumindest existierten Pläne der SOE, Hitler zu töten. Vgl. Operation Foxley ..., S. 6.

13 In dieser Baracke waren bis zu seinem tödlichen Flugzeugabsturz in der Nähe der »Wolfsschanze« am 8. Februar 1942 der Reichsminister für Bewaffnung und Munition sowie Chef der Organisation Todt, Dr. Fritz Todt, bzw. seine entsprechenden Stäbe untergebracht. Vgl. Sonnleithner, Franz von: Als Diplomat im »Führerhauptquartier«. Aus dem Nachlaß. München, Wien 1989, S. 24. Todts Nachfolger, Speer, erinnerte sich dagegen, daß die Baracke erst für ihn errichtet worden sei. Vgl. Speer: Erinnerungen ..., S. 391.

14 Sonnleithner: Als Diplomat ..., S. 26.

15 Ebenda, S. 25 f.
Erst als Reaktion auf das Attentat wurde am 21. Juli 1944 wider ihren reaktionären Geist auch in der Wehrmacht der militärische durch den Hitlergruß ersetzt. Vgl. Domarus, Max: Hitler. Reden und Proklamationen 1932–1945. Bd. II, München 1965, S. 2131, sowie Warlimont, Walter: Im Hauptquartier der deutschen Wehrmacht 1939 bis 1945. Grundlagen, Formen, Gestalten. Augsburg 1990, S. 473.

16 Zit. nach Kramarz: Claus Graf Stauffenberg ..., S. 233.

17 Sonnleithner: Als Diplomat ..., S. 27 f.

18 Sofort nach dem Attentat verstarb einer der anwesenden Stenographen des Führerhauptquartiers, Dr. Heinrich Berger. Oberst Heinz Brandt, Chef der Organisationsabteilung im OKH, sowie der Chef des Generalstabes der Luftwaffe, General der Flieger Günther Korten, erlagen ihren schweren Verletzungen am 22. Juli, Generalleutnant Rudolf Schmundt, Hitlers langjähriger Chefadjutant, den seinigen am 1. Oktober.

19 Vgl. Fest, Joachim: Hitler. Eine Biographie. Frankfurt/Main, Berlin 1995, S. 966 f.

20 Rundfunkrede (Rechenschaftsbericht über den 20. Juli) am 26. Juli 1944. In Heiber, Helmut: Goebbels Reden 1939–1945. Bd. II, München 1971, S. 342–359, hier S. 358 f.

21 Sonnleithner: Als Diplomat ..., S. 30.

22 Ebenda, S. 28. Eine solche Bemerkung Hitlers zu diesem Zeitpunkt ist sehr unwahrscheinlich, weil zunächst Arbeiter der Organisation Todt, die mit der Verstärkung der Bunker beschäftigt und fremd waren, verdächtigt wurden, die Offiziere seiner Umgebung ihm dagegen vertraut und mehrfach überprüft worden waren. Hitler erfuhr schnell, wer die Täter waren, und Sonnleithner dürfte diese Erkenntnis zeitlich etwas vorverlegt haben.

23 Eine neuere Publikation geht aufgrund von Indizienbeweisen davon aus, daß Stauffenberg Hitler gar nicht hatte umbringen wollen, sondern das Scheitern seines Attentats von Anfang an einkalkuliert hatte als symbolischen Akt. Vor allem Stieff habe Stauffenberg kurzfristig von der Ermordung abgeraten, um Hitler nicht zum Märtyrer zu machen und somit einer zweiten »Dolchstoßlegende« vorzubeugen. Vgl. Schmidt-Hackenberg, Dietrich: 20. Juli 1944 – Das »gescheiterte« Attentat. Untersuchung eines geplanten Fehlschlags. Berlin 1996.

24 Bentzien, Hans: Claus Schenk Graf von Stauffenberg. Der Täter und seine Zeit. Hannover 1997, S. 305 ff. behauptet unter Berufung auf Zeugenaussagen, daß Stauffenberg beide Sperrkreise ohne Komplikationen passieren konnte.

25 Below, Nicolaus von: Als Hitlers Adjutant 1937–45. Mainz 1980, S. 382.

26 Vgl. Bericht Wolf-Dietrich Freiherr von Schenk zu Tautenburg, ehemaliger Besitzer des Gutes Partsch. In Szynkowski, Jerzy: Wolfsschanze im Bild und in Erinnerungen von Zeitzeugen. Kętrzyn 1998, S. 17.

27 Im Zuge der Eindeutschungswelle ostpreußischer Ortsnamen war das Kirchdorf Possessern, etwa zwölf Kilometer südöstlich von Angerburg, am 16. Juli 1938 in Großgarten umbenannt worden. Vgl. Zipplies, Helmut: Ortsnamenänderungen in Ostpreußen. Eine Sammlung nach dem Gebietsstand vom 31.12.1937. Hamburg 1983, S. 47.

28 Vgl. z. B. Walle: Der 20. Juli 1944 ..., S. 364 f.

29 Schmidt, Paul: Statist auf diplomatischer Bühne 1923–1945. Bonn 1953, S. 593 ff.

30 Siehe Hillgruber, Andreas (Hrsg.): Staatsmänner und Diplomaten. Vertrauliche Aufzeichnungen über Unterredungen mit Vertretern des Auslandes 1942–1944. Bd. II, Frankfurt/Main 1970, S. 468–475.

31 Beim »Röhm-Putsch«, der sogenannten Nacht der langen Messer am 30. Juni 1934, hatte Hitler die gesamte Spitze der SA unter seinem Konkurrenten Ernst Röhm kaltblütig ermorden lassen.

32 Fest: Hitler ..., S. 968.

33 Diese Meldung wurde insgesamt achtmal gesendet: 17.42 Uhr, 18.28 Uhr, 18.38 Uhr, 18.42 Uhr, 19.01 Uhr, 19.15 Uhr, 20 Uhr, 22 Uhr. Vgl. Walle: Der 20. Juli 1944 ..., S. 370.
Zur Rolle des Ministers für Volksaufklärung und Propaganda, Dr. Joseph Goebbels, vgl. Speer: Erinnerungen ..., S. 391–398.

34 BAB, NS 6/1, Rundschreiben Nr. 3.

35 Stenograph Berger war zu diesem Zeitpunkt noch das einzige Todesopfer des Attentats.

36 Zit. nach Domarus: Hitler ..., S. 2127–2129; auch abgedruckt in Hammerstein, Kunrat Freiherr von: Flucht. Aufzeichnungen nach dem 20. Juli. Olten, Freiburg i. Br. 1966, S. 12–15, und im Völkischen Beobachter vom 22. Juli 1944. Da diese Rede – soweit uns bekannt – lediglich in diesen drei Quellen vollständig abgedruckt ist und sie in der entsprechenden Literatur zum 20. Juli 1944 ausschließlich stark verkürzt, teilweise versatzstückartig, zitiert wird, haben wir sie etwas ausführlicher zitiert, zumal diese Ansprache das praktisch alleinige Beispiel für die Rhetorik Hitlers in diesem Buch ist.

Das Führerhauptquartier in der Zeit militärischer Erfolge

1 Frank, Hans: Im Angesicht des Galgens. Deutung Hitlers und seiner Zeit auf Grund eigener Erlebnisse und Erkenntnisse. München 1953, S. 403. Göring war zu diesem Zeitpunkt unter anderem Preußischer Ministerpräsident, Beauftragter für den Vierjahresplan, Reichsluftfahrtminister und Oberbefehlshaber der Luftwaffe.

2 Siehe ausführlich Seidler, Franz W.; Dieter Zeigert: Die Führerhauptquartiere. Anlagen und Planungen im Zweiten Weltkrieg. München 2000.

3 Vgl. Chaussy, Ulrich; Püschner, Christoph: Nachbar Hitler. Führerkult und Heimatzerstörung am Obersalzberg. Berlin 2005.

4 Vgl. Arnold, Dietmar: Neue Reichskanzlei und »Führerbunker«. Legenden und Wirklichkeit. Berlin 2005, sowie Demps, Laurenz: Berlin-Wilhelmstraße. Eine Topographie preußisch-deutscher Macht. Berlin 1996, S. 225–232.

5 Zuweilen auch im Führerbau, dem Braunen Haus in der Brienner Straße 45, München.

6 Der Arbeitsstab Jodl gliederte sich in die Operationsgruppen Heer, Luftwaffe, Kriegsmarine, die Quartiermeister und die Nachrichtentruppe.

7 Vgl. Schramm, Percy E. (Hrsg.): Kriegstagebuch des OKW 1941–45. Bd. IV, TB II, München 1982, S. 1742 (im folgenden als KTB mit Jahresangabe).

8 Ebenda, S. 1743. »Zeppelin« war lediglich der Deckname für die Nachrichtenzentrale in Zossen.

9 Ebenda, S. 1742.

10 Sie tauchen allesamt im Sperrkreis I des Führerhauptquartiers »Wolfsschanze« wieder auf.

11 Kommandanten des Führerhauptquartiers: 1939 bis 15. Februar 1940: General Erwin Rommel, bis 30. August 1942: Oberst Kurt Thomas; ab 1. September 1942: Oberstleutnant Gustav Streve; ab 1. September 1944 zusätzlich: »Kampfkommandant« Generalmajor Otto Ernst Remer.

12 Vgl. Spaeter, Helmut (Hrsg.): Die Geschichte des Panzerkorps »Großdeutschland«. Bd. I, Duisburg-Rohrort 1958, S. 33–63.

13 Rundschreiben »Nr. 37/42 gRs.« vom 25. Juli 1942. In Bundesarchiv Berlin (BAB), NS 19/3515.

14 Schroeder, Christa: Er war mein Chef. Aus dem Nachlaß der Sekretärin von Adolf Hitler. München, Wien 1985, S. 94 f.

15 Buck, Gerhard: Das Führerhauptquartier 1939–1945. Leoni am Starnberger See 1977, S. 12.

16 Vgl. ebenda, S. 11.

17 Vgl. Hoffmann, Peter: Die Sicherheit des Diktators. Hitlers Leibwachen, Schutzmaßnahmen, Residenzen, Hauptquartiere. München, Zürich 1975, S. 205.

18 Warlimont, Walter: Im Hauptquartier der deutschen Wehrmacht 1939 bis 1945. Grundlagen, Formen, Gestalten. Augsburg 1990, S. 19.

19 Lang, Jochen von: Der Adjutant. Karl Wolff: Der Mann zwischen Hitler und Himmler. München, Berlin 1985, S. 135.

20 Buck: Das Führerhauptquartier ..., S. 18.

21 Lodz (auch: Lodsch) gehörte fortan zum Reichsgau »Posen«, ab Februar 1940: Reichsgau »Wartheland«, kurz »Warthegau«, mit Regierungssitz in Posen, und wurde umgehend in Litzmannstadt umbenannt. Namensgeber war der drei Jahre zuvor verstorbene General Karl Litzmann, Eroberer von Lodz im Ersten Weltkrieg, später Alterspräsident für die NSDAP im Preußischen Landtag und im Reichstag. Hier existierte von Anfang 1940 bis August 1944 das nach Warschau zweitgrößte Ghetto für die jüdische Bevölkerung im besetzten Polen.

22 Vgl. Buck: Das Führerhauptquartier ..., S. 24.

23 Diese Umbenennung bildete jedoch lediglich die Fortführung einer »Eindeutschungswelle« von Ost- und westpreußischen Ortsnamen durch die Nationalsozialisten, welche nunmehr auch die »besetzten ehemaligen polnischen Gebiete« erfaßt hatte. Auf Initiative Hitlers waren durch eine Verordnung des Oberpräsidenten und Gauleiters von Ostpreußen, Erich Koch, vom 16. Juli 1938 mit einem Schlag über 1500 Orte umbenannt worden, deren neue Bezeichnungen sich zwar kaum durchgesetzt haben, aber als die zuletzt amtlich gültigen gelten und unkommentiert in der entsprechenden Literatur oder Landkarten zu finden sind; sie werden in der Ortsnamenkonkordanz S. 229–233 aufgeführt. Vgl. Zipplies, Helmut: Ortsnamenänderungen in Ostpreußen. Eine Sammlung nach dem Gebietsstand vom 31.12.1937. Hamburg 1983.

Das Fischerdorf Gdingen war in der Zwischenkriegszeit von den Polen zum Hafen ausgebaut worden und wurde als Gotenhafen am 28. November 1939 zum »Reichskriegshafen« erklärt. Vgl. Reichsgesetzblatt (RGBl.) 1939/I, S. 2341.

24 Am 5. Oktober 1939 flog Hitler noch zur Siegesparade nach Warschau.

25 Vgl. Deutsch-sowjetischer Grenz- und Freundschaftsvertrag. In Kibelka, Ruth (Hrsg.): Auch wir sind Europa. Zur jüngeren Geschichte und aktuellen Entwicklung des Baltikums – Baltische Pressestimmen und Dokumente. Berlin 1991, S. 147–149.

26 Die Stadt Suwalki (litauisch: Suvalkai), bis 1914 Hauptstadt des gleichnamigen Gouvernements des Russischen Zarenreiches, hatte den alten Namen des sogenannten Jadwingenlandes erhalten, das einst die östlichste der altpreußischen Landschaften gewesen war, in dem die Sudauer – ein kriegerisches Pruzzenvolk, das in ständigem Kampf mit Polen und Litauern lag – gelebt hatten. Bei der gewaltsamen Christianisierung durch den Deutschen Orden waren die Sudauer 1283 als letzte unterworfen worden.

27 Sudauen wurde als 13. Landkreis dem Regierungsbezirk Gumbinnen angegliedert. Außerdem wurde ein weiträumiges Gebiet um die Stadt Ciechenow, zuvor Teil der polnischen Woiwodschaft Warschau, zum Regierungsbezirk Zichenau der Provinz Ostpreußen mit neun Kreisen, so daß die derart aufgeblähte östlichste deutsche Provinz fortan bis vor die Tore Warschaus reichte.
Der in der Zwischenkriegszeit zum polnischen Staat gehörige Teil Westpreußens, die in dieser Zeit der Provinz Ostpreußen eingegliederten westpreußischen Kreise Elbing, Marienburg, Stuhm, Marienwerder und Rosenberg, die Freie und Hansestadt Danzig sowie die Gebiete um Wirsitz und Bromberg wurden zum Reichsgau »Danzig-Westpreußen« mit dem Regierungssitz Danzig zusammengefaßt.

28 Vgl. Bookmann, Hartmut: Deutsche Geschichte im Osten Europas. Ostpreußen und Westpreußen. Berlin 1995, S. 418.

29 Gautschi, Andreas: Der Reichsjägermeister. Fakten und Legenden um Hermann Göring. Hansted 2000, S. 130.

30 Vgl. Warlimont: Im Hauptquartier …, S. 101.

31 Mit Beginn des Westfeldzuges konnten auch weitere Nazi-Größen auf eigene Züge zurückgreifen, die beinahe alle während ihrer Nutzung einmal umbenannt wurden: zum Beispiel Göring (»Asien«, ab 1. Februar 1943 »Pommern 1«), Himmler (Ministerzug »Heinrich«, ab 1. Februar 1943 »Steiermark«, ab Sommer 1944 »Transport 44«), Ribbentrop (bis Mitte 1941 mit im Ministerzug »Heinrich«, dann im eigenen »Westfalen«), Jodl (»Atlas«, später erweitert zu »Franken I« und »Franken II«), Keitel (»Afrika«, ab 1. Februar 1943 »Braunschweig«), Rosenberg (»Gotenland«); vermutlich auch Goebbels (»Rheinland«). Insgesamt verfügte die Reichs- und Militärführung zum 10. Dezember 1941 über 21 Züge mit 331 Wagen. Vgl. Bundesarchiv-Militärarchiv Freiburg (BA-MA), R 43 II/638a.

32 Vgl. Guide to Hitler's Headquarters. After the battle. Sonder-Bd. 19/1977, S. 8 (Abbildung).

33 KTB 1944/45, S. 1743.

34 Below, Nicolaus von: Als Hitlers Adjutant 1937–45. Mainz 1980, S. 230.

35 Maser, Werner (Hrsg.): Wilhelm Keitel – Mein Leben. Pflichterfüllung bis zum Untergang. Hitlers Generalfeldmarschall und Chef des Oberkommandos der Wehrmacht in Selbstzeugnissen. Berlin 1998, S. 264 f.

36 Diese Feldstaffel war mittlerweile um elf auf 25 Offiziere aufgestockt worden, da sie mit den von Hitler für »Adlerhorst« eingeplanten 14 Offizieren nicht arbeitsfähig gewesen wäre. Hinzu kam eine etwa doppelte bis dreifache Zahl an Personal: Schreiber, Kartographen, Fernschreiber, Telephonisten und Kraftfahrer.

37 KTB 1944/45, S. 1744.

38 Vgl. Guide to Hitler's Headquarters …, S. 4.

39 Vgl. Hoffmann: Die Sicherheit …, S. 210.

40 Vgl. KTB 1944/45, S. 1744, sowie Guide to Hitler's Headquarters …, S. 10.

41 Vgl. ebenda, S. 13 f. (Abbildung).

42 Loßberg, Bernhard von: Im Wehrmachtführungsstab. Hamburg 1950, S. 85.
Der »Fluch« der Mücken folgte Hitler in seine Hauptquartiere während des Rußlandfeldzuges, »Wolfsschanze« und »Wehrwolf«.

43 Vgl. Speer, Albert: Erinnerungen. Frankfurt/Main 1969, S. 366.

44 Vgl. Below: Als Hitlers Adjutant …, S. 235, und KTB 1944/45, S. 1745.

45 Vgl. Buck: Das Führerhauptquartier …, S. 62.

46 Vgl. Warlimont: Im Hauptquartier …, S. 150–158.

»Wolfsschanze« – Hitlers Hauptquartier im Osten

1 Zum folgenden vgl. vor allem Kossert, Andreas: Masuren. Ostpreußens vergessener Süden. Berlin 2001, sowie ders.: Ostpreußen. Geschichte und Mythos. München 2005; darüber hinaus Baier, Roland: Der deutsche Osten als soziale Frage. Eine Studie zur preußischen und deutschen Siedlungs- und Polenpolitik in den Ostprovinzen während des Kaiserreichs und der Weimarer Republik. Diss., Köln, Wien 1980, S. 149–269; Boockmann, Hartmut: Deutsche Geschichte im Osten

Europas. Ostpreußen und Westpreußen. Berlin 1995, S. 395–424, sowie Richter, Friedrich: Wirtschaftsprobleme Ostpreußens 1919 bis 1945. Ausgangslage, Politik, Entwicklung. In Jähnig, Bernhart; Spieler, Silke: Das Königsberger Gebiet im Schnittpunkt deutscher Geschichte und in seinen europäischen Bezügen. Bonn 1993, S. 45–71.

2 Land der dunklen Wälder/ und kristallnen Seen,/
über weite Felder/ lichte Wunder gehn.
Starke Bauern schreiten/ hinter Pferd und Pflug,/
über Ackerbreiten/ streicht der Vogelzug.
Und die Meere rauschen/ den Choral der Zeit,/
Eichen stehn und lauschen/ in die Ewigkeit.
Tag ist auf gegangen/ über Haff und Moor,/
Licht hat angefangen,/ steigt im Ost empor.

3 Siehe hierzu Borchert, Friedrich: Burgenland Preußen. Die Wehrbauten des Deutschen Ordens und ihre Geschichte. München, Wien 1987, S. 233–238.

4 Vgl. Bormann, Martin: Ostpreußen. Berichte und Bilder. Berlin 1935, S. 189.

5 Diese Schlacht erhielt ihren Namen als späte »Revanche« für die Niederlage des Deutschen Ordens gegen die polnisch-litauischen Heere im Jahre 1410 bei Tannenberg bzw. Grünfelde – jenen »Jubelruf slawischen Triumphes«, dessen »schmerzliche Erinnerung« mit dem Sieg von 1914 ausgelöscht sei, wie es Hindenburg formulierte. Vgl. Ekdahl, Sven: Die Schlacht bei Tannenberg. Quellenkritische Untersuchungen. Bd. I: Einführung und Quellenlage. Berlin 1982, S. 1–37.

6 Vgl. Rogall, Joachim (Hrsg.): Deutsche Geschichte im Osten Europas. Land der großen Ströme. Von Polen nach Litauen. Berlin 1996, S. 370ff.

7 Bereits am 30. November 1918 hatte das unabhängige Litauen die Vereinigung mit »Klein-Litauen« (Mažoji Lietuva), dem ostpreußischen Gebiet um Memel, Labiau, Gumbinnen, Insterburg und Darkehmen, proklamiert. Nach der Eingliederung des Memellandes blieben die katholischen Großlitauer jedoch fremd im evangelischen »Preußisch-Litauen« und hatten mit den ansässigen Litauern bis auf die Sprache nichts gemein. Diese waren ohnehin mehrheitlich zweisprachig und fühlten sich als Preußen litauischer Zunge. Dennoch wurde die Annexion durch die Republik Litauen 1924 vom Völkerbund anerkannt, wobei das Memelgebiet einen besonderen Status behielt und Memel, das fortan Klaipėda hieß, Freihafen wurde. Vgl. Gornig, Gilbert: Das Memelland. Gestern und heute. Eine historische und rechtliche Betrachtung. Bonn 1991.

8 »Auf der Durchfahrt durch den ›Korridor‹ und Danziger Gebiet unterliegen die Reisenden den Bestimmungen des Durchgangslandes. Das Öffnen der Wagentüren ist verboten; die Fenster dürfen nur während der Fahrt und nur auf der Gangseite geöffnet werden. Aus- und Einsteigen sowie jeglicher Verkehr (Herausgeben und Hereinnehmen von Gepäck, Briefen u. dgl.) mit Nichtreisenden ist nicht gestattet.« So in einem zeitgenössischen Reiseführer unter dem Punkt »Grenzübertritt. Paßbestimmungen«. Meyers Reiseführer: Ostpreußen. Danzig. Memelgebiet. Leipzig 1931, S. XXI.

9 Vgl. Nußbaum, Uwe: Brücke über die Ostsee. Der Seedienst Ostpreußen 1920–1944. Hamburg 1999.

10 Vgl. Boockmann: Deutsche Geschichte ..., S. 408.

11 Dietrich, Otto: Zwölf Jahre mit Hitler. München 1955, S. 192f.

12 Vgl. Hirsch, Helga: Die Rache der Opfer. Deutsche in polnischen Lagern 1944–1950. Berlin 1998, S. 54.

13 Böhler, Jochen: Auftakt zum Vernichtungskrieg – Die Wehrmacht in Polen 1939. Frankfurt/Main 2006.

14 (15252) Festschrift zur 600-Jahrfeier der Stadt Rastenburg. 17., 18. und 19. August 1929, S. 13.

15 (19634) Hermanowski, Georg: Ostpreußen. Wegweiser durch ein unvergessenes Land. Augsburg 1996, S. 244.

16 Bis zum 1. Oktober 1935 hatte der RAD vor Ort die Bezeichnung Ostpreußischer Arbeitsdienstverein (OAV) getragen. Bei Rastenburg lag Gruppe 15.

17 Vgl. Grenz, Rudolf: Der Kreis Rastenburg. Ein ostpreußisches Dokumentarwerk. Marburg/Lahn 1976, S. 148.

18 Vgl. ebenda, S. 369. Auch die Wappen der Städte Rößel und Sensburg weisen auf diesen Bären hin: In Rößel klettert er auf einen Bischofsstab, das Sensburger Wappen stellt eine seiner abgeschlagenen Pranken dar.

19 Festschrift ..., S. 16.

20 Vgl. Kotze, Hildegard von (Hrsg.): Heeresadjutant bei Hitler 1938–1943. Aufzeichnungen des Major Engel. Stuttgart o.J., S. 91.

21 Ebenda, S. 92.

22 Vgl. ebenda, S. 99f.

23 Vgl. Schott, Franz Josef: Der Wehrmachtführungsstab im Führerhauptquartier 1939–1945. Diss., Bonn 1980, S. 29.

24 Grenz: Der Kreis Rastenburg ..., S. 148.

25 Below, Nicolaus von: Als Hitlers Adjutant 1937–45. Mainz 1980, S. 253.

26 So der Landrat a.D. des Landkreises Rastenburg, Dodo Freiherr von und zu Knyphausen, in Grenz: Der Kreis Rastenburg ..., S. 148, sowie Wolf-Dietrich Freiherr von Schenk zu Tautenburg in Szynkowski, Jerzy: Wolfsschanze im Bild und in Erinnerungen von Zeitzeugen. Kętrzyn 1998, S. 11f.

27 Schriftliche Mitteilung Prof. Dr. Hermann Dembowski vom 14. Februar 1999.

28 Vgl. Schramm, Percy E. (Hrsg.): Kriegstagebuch des OKW 1941–45. München 1982, S. 172 E (Dok 6).

29 Die OT war als vierte nach den drei bestehenden Bauorganisationen Pioniere des Heeres, Luftwaffen- und Marinebauwesen entstanden. Die SS bildete im Krieg eine fünfte.

30 Mit seiner Ernennung zum Reichsminister für Bewaffnung und Munition am 17. März 1940 unterstand Todt auch die deutsche Kriegswirtschaft.

31 Szynkowski: Wolfsschanze ..., S. 89.

32 Schriftliche Mitteilung Klaus Kaiser vom 19. Februar 1999.

33 Das benachbarte Partschwolla war im Zuge der 1938er Eindeutschungswelle von »slawischen« Familien- und Ortsnamen zwangsweise zu Klein-Partsch geworden; der gemeinsame Bahnhof hieß Groß-Partsch. Klein-Partsch wurde durch Kriegseinwirkung ausgelöscht; am Häuschen der Bahnstation ist heute noch immer, wenn auch verblichen, die NS-Bezeichnung Groß-Partsch erkennbar.

34 Schriftliche Mitteilung Hermann Dembowski vom 14. Februar 1999.

35 Vgl. Neitzel, Sönke: Die deutschen U-Boot-Bunker und Bunkerwerften. Koblenz 1991, S. 31.
»Gegen die 1000-kg-Bombe wurde durch das Heereswaffenamt als erforderliche Schutzstärke A = 3,50 Meter, gegen die 500-kg-Bombe B = 2,00 Meter (bis 2,50 Meter) kubisch bewehrter Eisenbeton festgelegt.«

36 Grenz: Der Kreis Rastenburg ..., S. 148.

37 Vgl. Schulz, Alfons: Drei Jahre in der Nachrichtenzentrale des Führerhauptquartiers. Stein am Rhein 1997, S. 105.

38 Vgl. Sieg, Martin: Im Schatten der Wolfsschanze. Hitlerjunge auf der Suche nach Sinn. Autobiographische Skizze eines Zeitzeugen. Münster 1997, S. 57.
Zur Flugstaffel gehörten unter anderem 13 große »Condor«-Maschinen, 40 »Ju 52« und sieben »Fieseler Störche«. Vgl. Picker, Henry: Hitlers Tischgespräche im Führerhauptquartier. Stuttgart 1976, S. 407.

39 Reif, Adelbert: Albert Speer. Kontroversen um ein deutsches Phänomen. München 1978, S. 406.

40 Baur, Hans: Ich flog Mächtige der Erde. Kempten 1962, S. 206.

41 Schriftliche Mitteilung Klaus Kaiser vom 19. Februar 1999, vgl. auch schriftliche Mitteilung Prof. Dr. Hermann Dembowski vom 14. Februar 1999.
Baur wohnte bei Hermann Reschke, Wilhelm-Gustloff-Straße [Logenstraße] 9, und Henke bei Walter Kaiser, Hippelstraße 3.

42 Schulz: Drei Jahre in der Nachrichtenzentrale ..., S. 40.
Im September 1941 wurden aus drei Sammellagern der OT, Rastenburg, Tomaszow und Breslau, etwa 10 000 Arbeitskräfte zusammengezogen, die in den neu besetzten Ostgebieten benötigt wurden. Vgl. Böhm, Klaus: Die Organisation Todt im Einsatz 1939–1945. Dargestellt nach Kriegsschauplätzen auf Grund von Feldpostnummern. Osnabrück 1987, S. 337.

43 Dieckert, Kurt; Grossmann, Horst: Der Kampf um Ostpreußen. Stuttgart 1994, S. 36.

44 Vgl. Hoffmann, Peter: Die Sicherheit des Diktators. Hitlers Leibwachen, Schutzmaßnahmen, Residenzen, Hauptquartiere. München, Zürich 1975, S. 214.

45 Görlitz, Walter (Hrsg.): Generalfeldmarschall Keitel – Verbrecher oder Offizier? Göttingen, Berlin, Frankfurt/Main 1961, S. 268 f.

46 Weber, Reinhold: Masuren. Geschichte – Land und Leute. Leer 1983, S. 139.

47 Moll, Martin (Hrsg.): »Führer-Erlasse« 1939–1945. Stuttgart 1997, S. 161 f.

48 Kotze: Heeresadjutant bei Hitler ..., S. 98.

49 Ebenda, S. 103.

50 Vgl. Bullock, Alan: Hitler und Stalin. Parallele Leben. Berlin 1991, S. 953.

51 Kriegstagebuch des Führerhauptquartiers Nr. 6 (1. Mai 1941–15. Juli 1942), S. 150. In Bundesarchiv-Militärarchiv Freiburg (BA-MA), H 22/325.

52 Schulz: Drei Jahre in der Nachrichtenzentrale ..., S. 39.

53 Vgl. Kotze: Heeresadjutant bei Hitler ..., S. 91, Anm. 277.
Darüber, warum Hitler den Wolf zum Namenspatron vieler seiner Hauptquartiere erwählt hat, ist reichlich – mehr oder weniger berufen – spekuliert worden; auf jeden Fall hatte er sich diese Bezeichnung im Winter 1922/23 zeitweise selbst zugelegt und soll im Hause Wagner als »Onkel Wolf« gegolten haben. Vgl. Jochmann, Werner (Hrsg.): Adolf Hitler – Monologe im Führerhauptquartier 1941–1944. Die Aufzeichnungen Heinrich Heims. Hamburg 1980, S. 203.

54 Vgl. Grenz: Der Kreis Rastenburg ..., S. 149.

55 Kriegstagebuch des Führerhauptquartiers Nr. 6 ..., S. 144.

56 Schroeder, Christa: Er war mein Chef. Aus dem Nachlaß der Sekretärin von Adolf Hitler. München, Wien 1985, S. 111 f.

57 Baur, Hans: Mit Mächtigen zwischen Himmel und Erde. Oldendorf 1971, S. 233.

58 Diese Kreise gehörten wiederum drei verschiedenen Regierungsbezirken an: Gumbinnen (Angerburg), Allenstein (Lötzen) und Königsberg (Rastenburg).

59 Zur Häufigkeit der Aufenthalte Lammers' in den Jahren 1941/42 bei Himmler vgl. Forschungsstelle für Zeitgeschichte in Hamburg (Hrsg.): Der Dienstkalender Heinrich Himmlers 1941/42. Hamburg 1999, S. 36, 185–490. Die Anwesenheit Lammers' in »Hegewald«

mag anfänglich daran gelegen haben, daß dessen eigenes Feldquartier möglicherweise nicht fristgerecht fertiggestellt worden war, doch beispielsweise noch am 26. September 1944 kam ein an Lammers gerichtetes Fernschreiben in Himmlers Feldkommandostelle an. Vgl. BA-MA, R 43 II/682a.

60 Pfeiffer, Erich: Der Kreis Angerburg. Rothenburg/Wümme 1973, S. 662.

61 Tomuschat, Albert (Typoskript), S. 338 f. Tomuschat vom Heeresverpflegungsamt Angerburg errechnete – ausgehend von etwa 1000 Tagen Aufenthalt mal 40 Kilometer – »40 000 Kilometer = Erdumfang, gerollt für den Sieg. Der schwere Wagen brauchte dafür rund 5000 Liter Benzin.«

62 Schmidt, Paul: Statist auf diplomatischer Bühne 1923–1945. Bonn 1949, S. 564.

63 Pfeiffer: Der Kreis Angerburg …, S. 664.

64 Der Mauerwald war Teil des Steinorter Forstes, der – wie das Schloß – zuvor den Grafen von Lehndorff gehört hatte. Das Gelände wird seit 2003 auch touristisch genutzt; siehe www.mamerki.com.

65 Vgl. Hoffmann: Sicherheit …, S. 218.

66 Vgl. ebenda, S. 219, sowie Pfeiffer: Der Kreis Angerburg …, S. 662.

67 Vgl. Knopf, Volker; Martens Stefan: Görings Reich. Selbstinszenierungen in Carinhall. Berlin 2006.

68 Lange, Eitel: Der Reichsmarschall im Kriege. Stuttgart 1950, S. 72 ff., 112. Siehe auch: Neumärker, Uwe/Knopf, Volker: Görings Revier. Jagd und Politik in der Rominter Heide. Berlin 2007, S. 124–170.

69 Siehe Geheimes Staatsarchiv Preußischer Kulturbesitz, Berlin (GStA), BPH, Rep. 53, Nr. 392 (Verkauf der Besitzungen in Rominten an den Preußischen Staat).

70 Lange: Der Reichsmarschall …, S. 71, sowie Below: Als Hitlers Adjutant … S. 282.

71 Hier ergibt sich zufällig oder gewollt eine Parallele zu Thomas Manns Münchener Domizil, in dem ein Lebensborn der SS eingerichtet wurde.

72 Fälschlicherweise wurde »Hegewald« in offiziellen Dokumenten bis Mitte 1942 teilweise als »Feldbefehlsstelle« geführt, obwohl Himmler dringend Wert auf die Bezeichnung »Feldkommandostelle des Reichsführers-SS« gelegt hatte. Vgl. Bundesarchiv Berlin (BAB), NS 1935, 15.

73 Vgl. Forschungsstelle: Der Dienstkalender Himmlers …, S. 36.
Himmlers Alpenquartier erhielt übrigens die analoge Bezeichnung »Bergwald«.

74 Hoffmann: Die Sicherheit …, S. 896.

75 Mündliche Mitteilung Herr R. vom 24. September 1998.

76 Vgl. Hoffmann: Sicherheit …, S. 218 f.

Momentaufnahme I – Hitlers »Feldlager« 1941/42

1 Vgl. Below, Nicolaus von: Als Hitlers Adjutant 1937–45. Mainz 1980, S. 195.

2 Der Prozeß gegen die Hauptkriegsverbrecher vor dem Internationalen Militärgerichtshof. Nürnberg 14. November 1945–1. Oktober 1946. Amtlicher Wortlaut in deutscher Sprache. Bd. XV, Nürnberg 1947–49, S. 283.

3 Schmidt, Paul: Statist auf diplomatischer Bühne 1923–1945. Bonn 1949, S. 556.

4 Schulz, Alfons: Drei Jahre in der Nachrichtenzentrale des Führerhauptquartiers. Stein am Rhein 1997, S. 40 f.

5 Bericht von Karl Fischer. In Szynkowski, Jerzy: Wolfsschanze im Bild und in Erinnerungen von Zeitzeugen. Kętrzyn 1998, S. 65 f.

6 Im Sommer 1941 lag die Stärke der Einheiten bei 1567 Offizieren und Mannschaften; Teile des FBB wurden auch in der Rastenburger Infanteriekaserne untergebracht. Im Jahr darauf hatten die dem Kommandanten unterstellten Truppen bereits eine Stärke von 1751 Offizieren, Unteroffizieren und Mannschaften. Vgl. Rhode, Pierre; Sünkel, Werner: Wolfsschlucht 2. Autopsie eines Führerhauptquartiers. Leinburg 1995, S. 39.

7 Offener Schutzgraben: 1,50 Meter tief, 0,60 Meter breit; gedeckter Schutzgraben: 1,20 bis 1,80 Meter tief, 1,50 Meter breit.

8 Die Fahrt zum »Berghof« bei Berchtesgaden beispielsweise dauerte im Führerzug, wenn er mit vollem Geleit gesichert wurde, etwa 33 Stunden, die knapp 700 Kilometer nach Berlin bis zu 16 Stunden. Ein eigener Führerexpreß schaffte die Strecke in die Reichshauptstadt innerhalb von sechs Stunden. Hierfür wurde in den Ortschaften, durch die der Sonderzug dann fuhr, zuvor Fliegeralarm gegeben.

9 Vgl. Schramm, Percy E. (Hrsg.): Kriegstagebuch des OKW 1941–45. Bd. II. München 1982, S. 1752 (im folgen den als KTB plus Jahresangabe), sowie Pfeiffer, Erich: Der Kreis Angerburg. Rothenburg/Wümme 1973, S. 662.

10 Warlimont sprach in seinen Erinnerungen davon, daß man in diesem Bereich der »Wolfsschanze« »ganz unter sich, ohne alle wehrmachtfremden Elemente« gewesen sei, wobei er indirekt die Atmosphäre der gegenseitigen Ablehnung von Militär sowie Partei- bzw. Regierungsstellen anklingen ließ. In Warlimont, Walter: Im Hauptquartier der deutschen Wehrmacht 1939–1945. München 1978, S. 188.

11 Ebenda, S. 103.

12 Manstein, Erich von: Verlorene Siege. München 1979, S. 311 f.

13 Warlimont: Im Hauptquartier ..., S. 187 f. Wie lange die (ehemaligen) Pächter des Kurhauses dort noch bleiben durften, ist unbekannt. Ebenso ist ungeklärt, in welcher Art und Weise weiterhin Begräbnisse auf dem Friedhof von Partsch abgehalten wurden, der sich nunmehr auf dem Gelände der »Wolfsschanze« befand. Dies war mindestens bis zum 4. Januar 1942 der Fall. Vgl. Hoffmann, Peter: Sicherheit des Diktators. Hitlers Leibwachen, Schutzmaßnahmen, Residenzen, Hauptquartiere. München, Zürich 1975, S. 214.

14 Loßberg, Bernhard von: Im Wehrmachtführungsstab. Hamburg 1950, S. 120.

15 KTB 1944/45, TB II, S. 1753 ff.

16 Schulz: Drei Jahre in der Nachrichtenzentrale ..., S. 136 f.

17 Am 6. März 1939 waren die 1882 gegründeten Carlshöfer Anstalten bei Rastenburg, in denen sich auch die einzige Diakonenanstalt für Ost- und Westpreußen befand, von der Gestapo aufgelöst, in das Eigentum der Provinzialverwaltung überführt und bei Kriegsanfang geräumt worden. Die Anstalt für Epileptiker wurde im Jahr darauf geschlossen, ein großer Teil der Patienten fiel dem nationalsozialistischen Euthanasieprogramm zum Opfer. Das Heim für schwererziehbare Kinder »Eichhof« bestand dagegen bis Kriegsende. Die leergezogenen Anstaltsgebäude wurden als Lazarett, seit 1941 auch als Unterkunft der Leibstandarte genutzt. Das Rote Kreuz auf dem Dach des Lazaretts war weithin sichtbar. Vgl. Sieg, Martin: Im Schatten der Wolfsschanze. Hitlerjunge auf der Suche nach Sinn. Autobiographische Skizze eines Zeitzeugen. Münster 1997, S. 209, und Wulf, Diethelm; Tiesler, Raimund: Das war unser Rastenburg Ostpreußen. Bildhafte Erinnerungen an Stadt und Kreis. Leer 1983, S. 91, sowie schriftlicher Bericht Prof. Dr. Hermann Dembowski und Carla Risch vom 4. Dezember 1997 in Szynkowski, Jerzy: Das Führerhauptquartier (FHQu.) Wolfsschanze. Kętrzyn 1998, S. 213–218.

18 Die heutige Numerierung der Bunker stimmt mit der damaligen nicht überein.

19 U für unpupinisiert, d. h. für eine Mehrfachnutzung ausgelegt. In den Nachrichtenbunker im Sperrkreis I führte das Parteikabel, das militärische Fernkabel I und die Reichspostleitung I; in den Nachrichtenbunker im Sperrkreis II das militärische Fernkabel II und die Reichspostleitung II.

20 Das »Amt 500« des Nachrichtenknotens Zossen mit seinem Nachrichtenbunker »Zeppelin« war die wichtigste, größte und modernste Nachrichtenzentrale des Oberkommandos des Heeres (OKH) und der Wehrmacht. Über das Amt war das Heer, aber auch die Nachrichtenzentrale »Kurfürst« des Hauptquartiers des Oberkommandos der Luftfahrt (OKL) in Wildpark bei Potsdam, an den »Fernkabelring Berlin« der Deutschen Reichspost angebunden. Dieser Ring war zwischen 1933 und 1936 für ca. neun Millionen RM gebaut worden und führte mit einer Länge von 400 Kilometern rund um die Reichshauptstadt. Über ihn wurden auch sämtliche Fernkabel des Berliner Fernamtes geschaltet. Vgl. Kampe, Hans-Georg: Deckname »Zeppelin«. Die Bunker im Hauptquartier des Oberkommandos des Heeres in Zossen. Berlin 1997.

21 Schulz: Drei Jahre in der Nachrichtenzentrale ..., S. 46 f.

22 Höchstwahrscheinlich waren dies neben Hitler: Bormann, Keitel, Jodl. SS-Führer Himmler war dagegen zu solchen »Blitzgesprächen« nicht befugt, weil er bei der Fernsprechzentrale nicht als Mitglied des Führerhauptquartiers galt. Vgl. Lang, Jochen von: Der Adjutant. Karl Wolff, der Mann zwischen Hitler und Himmler. München 1985, S. 180.

23 Schulz: Drei Jahre in der Nachrichtenzentrale ..., S. 64.

24 1. Schicht: 8 bis 14 Uhr; 2. Schicht: 14 bis 20 Uhr; 3. Schicht: 20 bis 8 Uhr. Jede Schicht bestand aus sechs Mann für die Fernsprechzentrale, drei Spezialisten für Funk und drei Spezialisten für den Fernschreibdienst, wo bei letztere zuvor Angehörige der Luftwaffe gewesen waren.

25 Schulz: Drei Jahre in der Nachrichtenzentrale ..., S. 65.

26 (Im Original unterstrichen.) Hoover Institution Stanford, Germany: Reichskanzlei, Adjutantur des Führers, box 3. Der unter Punkt 2b) genannte Speiseraum I gehörte wahrscheinlich zu Kasino II.
Für den Hinweis auf dieses Dokument danken wir Christian Härtel, Berlin.

27 Sonnleithner, Franz von: Als Diplomat im »Führerhauptquartier«. Aus dem Nachlaß. München, Wien 1989, S. 20. Sonnleithner vertrat Hewel als Gesandter des Auswärtigen Amtes beim Führer zwar erst ab Herbst 1943, aber an der Wandstärke im Inneren des Bunkers dürfte sich von 1941/42 bis zu diesem Zeitpunkt nichts geändert haben.

28 Lang, Jochen von: Der Sekretär. Martin Bormann: der Mann, der Hitler beherrschte. München, Berlin 1977, S. 173. Bormann hatte aufgrund seiner Verordnung folgende Befugnisse: »die Alleinvertretung der Partei im Staatssektor, die Mitsprache beim Beamtenapparat, die Mitarbeit an Gesetzen und Verordnungen bis herab zur Instanz der Reichsstatthalter, das alleinige Recht, Wünsche und Beschwerden der Partei dem Staatsapparat zuzuleiten«.

29 In der jetzigen Kennzeichnung trägt der Hitlerbunker bezeichnenderweise die Nummer 13.

30 Linge, Heinz: Bis zum Untergang. München, Berlin 1980, S. 36.
31 Schmidt: Statist ..., S. 556.
32 Schulz: Drei Jahre in der Nachrichtenzentrale ..., S. 133. Siehe auch Linge: Bis zum Untergang ..., S. 58.
33 Baur, Hans: Ich flog Mächtige der Erde. Kempten 1962, S. 219.
34 Dietrich, Otto: Zwölf Jahre mit Hitler. München 1955, S. 218 f.
35 (8. Juli 1942) Picker, Henry: Hitlers Tischgespräche im Führerhauptquartier. Stuttgart 1976, S. 431.
36 Loßberg: Im Wehrmachtführungsstab ..., S. 123.
37 Linge: Bis zum Untergang ..., S. 91.
38 Picker: Hitlers Tischgespräche ..., S. 38.
39 Loßberg: Im Wehrmachtführungsstab ..., S. 123.
40 Kriegstagebuch des Führerhauptquartiers Nr. 6, S. 268, 278. In BA-MA, H 22/325.
41 Noch Ende 1940 sollten von Ribbentrop und Himmler mit in der »Wolfsschanze« untergebracht werden, doch erhielten beide aus Gründen »der Auflockerung« eigene Arbeitsquartiere. Vgl. Kotze, Hildegard von (Hrsg.): Heeresadjutant bei Hitler. 1938–1943. Aufzeichnungen des Major Engel. Stuttgart o. J., S. 92, sowie Hoffmann: Sicherheit ..., S. 218.
42 Schmidt: Statist ..., S. 556.
43 Schriftliche Mitteilung Michael Foedrowitz, Hannover, der sich auf polnische Archivquellen stützt.
Als mögliche Termine dieses Ausfluges in die »Wolfsschanze« kommen die Tage um den 9. Juli in Frage bzw. der Vormittag des 9. Juli selbst, da Bittrich erst ab 14 Uhr an einem Essen und einer anschließenden Besprechung bei Himmler in dessen Feldkommandostelle bei Großgarten teilnahm; der eigentliche Grund seiner Dienstreise. Vgl. Forschungsstelle für Zeitgeschichte in Hamburg (Hrsg.): Der Dienstkalender Heinrich Himmlers 1941/42. Hamburg 1999, S. 482.
44 Hoffmann: Sicherheit des Diktators ..., S. 221 f.
45 Kriegstagebuch des Führerhauptquartiers Nr. 6 ..., S. 382, auch S. 298.
46 Hoffmann: Sicherheit des Diktators ..., S. 215.

Unternehmen »Barbarossa« – der Angriffskrieg gegen die Sowjetunion

1 Vgl. Hitlers Proklamation vom 22. Juni 1941. In Domarus, Max: Hitler. Reden und Proklamationen 1932–1945. Bd. II, München 1965, S. 1726–1732, hier: S. 1731.
2 Siehe Kaiser, Wolf (Hrsg.): Täter im Vernichtungskrieg. Der Überfall auf die Sowjetunion und der Völkermord an den Juden. Berlin, München 2002.
3 Diesen Begriff hatte OKW-Chef Keitel für seinen Führer nach der erfolgreichen Beendigung des Frankreichfeldzuges 1940 geprägt, die Abkürzung dagegen kreierte der Volksmund.
4 Dietrich, Otto: Zwölf Jahre mit Hitler. München 1955, S. 151.
5 Linge, Heinz: Bis zum Untergang. München, Berlin 1980, S. 43.
6 Vorbereitend waren von den einzelnen Abteilungen des Wehrmachtführungsstabes die eingegangenen Meldungen der letzten Nacht gesichtet und am Vormittag bei einer Lagebesprechung im Sperrkreis II von General Warlimont, dem stellvertretenden Chef des Wehrmachtführungsstabes, bereits einmal vorgetragen worden – in der Reihenfolge (Anfang 1943): »Operationen Heer (Kurzorientierung über die Ostlage, sodann Finnland, Norwegen, Dänemark, Holland, Belgien, Frankreich, Italien, Balkan), die Luftwaffeneinsätze, die Operationen der Marine einschließlich Unterseebootskriegsführung auf den Ozeanen; ferner die Feindnachrichten, die Angelegenheiten der Quartiermeisterabteilung, der Organisation des Transportwesens, der Treibstofflage, des Heimatkriegsgebietes«. Mit den schriftlichen Zusammenfassungen und Karten begab sich Warlimont dann zur Mittagslage beim Führer. Die dort zur Sprache gebrachten Fragen wurden dann zur weiteren Bearbeitung dem Generalstab des Heeres in »Mauerwald« bzw. dem Wehrmachtführungsstab in Sperrkreis II zugeleitet. Vgl. Schramm, Percy E. (Hrsg.): Kriegstagebuch des OKW 1941–45. Bd. II, Bonn 1980, S. 1505 (im weiteren als KTB mit entsprechender Jahresangabe).
7 Dietrich: Zwölf Jahre ..., S. 218 ff.
8 Vgl. Lang, Jochen von: Der Sekretär. Martin Bormann: der Mann, der Hitler beherrschte. München, Berlin 1977, S. 214.
9 Vgl. Below, Nicolaus von: Als Hitlers Adjutant 1937–45. Mainz 1980, S. 282 f.
10 Linge: Bis zum Untergang ..., S. 113 f.
11 Loßberg, Bernhard von: Im Wehrmachtführungsstab. Hamburg 1950, S. 121 ff.
12 Speer, Albert: Erinnerungen. Frankfurt/Main 1969, S. 309.
13 Dietrich: Zwölf Jahre ..., S. 151.
14 Ebenda, S. 82.
15 Schroeder, Christa: Er war mein Chef. Aus dem Nachlaß der Sekretärin von Adolf Hitler. München, Wien 1985, S. 113.
16 Ebenda, S. 114.
Auch westliche Militärexperten, die den Angriff im Osten als willkommene Atempause für England im Grunde begrüßten, taxierten die Überlebensdauer Sowjetrußlands nach Monaten; das US-War-Department

rechnete beispielsweise mit einem Maximum von drei Monaten. Vgl. Heiber, Helmut: Hitler. Eine Biographie. Berlin 1960, S. 136.
17 Domarus: Hitler ..., S. 1741.
18 Zit. nach Piekalkiewicz, Janusz: Die Schlacht um Moskau. Die erfrorene Offensive. Augsburg 1998, S. 43.
19 KTB 1941, Bd. I, S. 409.
20 Verteidigungsstellung an der sowjetischen Grenze bis 1939 (Narwa – Peipussee – Witebsk – Orscha – Dnjepr – Shitomir – Dnjestr).
21 Domarus: Hitler ..., S. 1744.
22 In Moll, Martin (Hrsg.): »Führer-Erlasse« 1939–1945. Stuttgart 1997, S. 183–186. Der Schwerpunkt der Rüstung sollte dagegen auf Luftwaffe und Marine (U-Boot-Bau) verlagert werden.
23 Hillgruber, Andreas (Hrsg.): Staatsmänner und Diplomaten bei Hitler. Vertrauliche Aufzeichnungen über Unterredungen mit Vertretern des Auslandes 1939–1941. Bd. I, Frankfurt/Main 1967, S. 598.
24 Ebenda, S. 600.
25 Ebenda, S. 607.
26 Domarus: Hitler ..., S. 1745.
Mölders kam noch im selben Jahr, am 22. November, bei einem Flugzeugabsturz in der Nähe von Breslau ums Leben und erhielt am 28. des Monats ein Staatsbegräbnis in Berlin.
27 Lang: Der Sekretär ..., S. 211.
28 »Erlaß des Führers über die Verwaltung der neu besetzten Ostgebiete. Vom 17. Juli 1941«. In Moll: »Führer-Erlasse« ..., S. 186–188.
29 »Erster Erlaß des Führers über die Einführung der Zivilverwaltung in den neu besetzten Ostgebieten. Vom 17. Juli 1941«. In ebenda, S. 189f.
Die Zivilverwaltung im Bezirk Bialystok übernahm der Oberpräsident der Provinz Ostpreußen in Königsberg, Erich Koch. Das vor 1939 polnische Gebiet um Lemberg wurde als Distrikt Galizien dem Generalgouvernement unter Hans Frank mit Sitz in Krakau übertragen.
30 Zit. nach Giordano, Ralph: Wenn Hitler den Krieg gewonnen hätte. Die Pläne der Nazis nach dem Endsieg. Berlin (Ost) 1990, S. 162.
31 Lang: Der Sekretär ..., S. 178.
32 Heiber: Adolf Hitler ..., S. 143.
33 Ebenda.
34 Die Ausrufung eines kroatischen Staates war am 10. April 1941 – unter deutscher Anleitung – in Agram, wie Zagreb damals hieß, erfolgt und im wesentlichen ein Werk des ehemaligen k.u.k. Generalobersten Kvaternik gewesen. Der Staat umfaßte neben dem Territorium Kroatiens auch Bosnien, Herzegowina und Slawonien.
35 Stalin hatte in seiner ersten Rede nach dem deutschen Überfall am 3. Juli den Kampf gegen den »Hitlerfaschismus« zum Großen Vaterländischen Krieg erklärt – analog zum Vaterländischen Krieg gegen Napoleon 1812 – und zugleich zum bewaffneten Partisanenkampf im Hinterland »des Feindes« aufgerufen.
36 Zit. nach Bullock, Alan: Hitler und Stalin. Parallele Leben. Berlin 1991, S. 962.
37 Kriegstagebuch des Führerhauptquartiers Nr. 6, S. 166. In Bundesarchiv-Militärarchiv Freiburg (BA-MA), H 22/325.
38 Hillgruber: Staatsmänner und Diplomaten ..., S. 617.
39 Vgl. Domarus: Hitler ..., S. 1746f.
40 Zit. nach Piekalkiewicz: Die Schlacht um Moskau ..., S. 59.
41 Warlimont, Walter: Im Hauptquartier der deutschen Wehrmacht 1939–1945. München 1978, S. 233.
42 Manstein, Erich von: Verlorene Siege. München 1979, S. 312.
43 Domarus: Hitler ..., S. 1747f., Anm. 370.
44 Kriegstagebuch des Führerhauptquartiers Nr. 6 ..., S. 174–182.
45 Ebenda, S. 174, 328 (Arbeitsprogramm).
46 Ebenda.
47 Domarus: Hitler ..., S. 1749.
48 Kriegstagebuch des Führerhauptquartiers Nr. 6 ..., S. 178.
49 Schmidt, Paul: Statist auf diplomatischer Bühne 1923–1945. Bonn 1949, S. 557.
50 Ebenda, S. 180.
51 Ebenda.
52 Domarus: Hitler ..., S. 1749.
53 Ebenda.
54 Schriftliche Mitteilung Prof. Dr. Hermann Dembowski vom 14. Februar 1999.
55 Schriftliche Mitteilung Martin Sieg vom 18. Februar 1999.
56 Kriegstagebuch des Führerhauptquartiers Nr. 6 ..., S. 188.
57 Domarus: Hitler ..., S. 1751.
58 Am 1. Februar 1942 wurde in Oslo das von Terboven abhängige Marionettenregime (»Nationale Regierung«) des Chefs der norwegischen faschistischen Nasjonal Samling, Vidkun Quisling, installiert.
59 Reichsgesetzblatt (RGBl.) 1941/I, S. 571.
60 Bereits Ende August hatte der Propagandaminister sich erstmalig für die Ausstattung der Ostfrontsoldaten mit Winterbekleidung ausgesprochen; auch seine späteren Versuche wurden brüsk zurückgewiesen. Vgl. Bullock: Hitler und Stalin ..., S. 919.
61 So Hitler in seiner Proklamation vom 2. Oktober 1941. In Domarus: Hitler ..., S. 1753.
62 Ebenda, S. 1754.
63 Ebenda, S. 1755.

64 Künftig waren nur noch fünf Reichsminister, Reichsmarschall Göring sowie die vier obersten Militärs abhörberechtigt; eine Delegation dieses Rechts durch die zehn Befugten war »nur auf einen kleinsten Kreis und nach Genehmigung durch den Propagandaminister [Goebbels] zulässig« (Vorgang 15 309, 28. September–19. November 1941). In Heiber, Helmut; Institut für Zeitgeschichte (Hrsg.): Akten der Parteikanzlei der NSDAP. München 1983, S. 620.

65 Ebenda, S. 1757.

66 Vgl. Piekalkiewicz: Die Schlacht um Moskau ..., S. 111.

67 Dietrich: Zwölf Jahre ..., S. 101.

68 Domarus: Hitler ..., S. 1767.

69 Ebenda, S. 1768.

70 Schmidt: Statist ..., S. 552.

71 Kriegstagebuch des Führerhauptquartiers Nr. 6 ..., S. 204 f.

72 Vgl. Forschungsstelle für Zeitgeschichte in Hamburg (Hrsg.): Der Dienstkalender Heinrich Himmlers 1941/42. Hamburg 1999, S. 241, Anm. 61.

73 Vgl. ebenda; zur Slowakei vgl. Rothkirchen, Livia: The situation of Jews in Slovakia between 1939 and 1945. In Jahrbuch für Antisemitismusforschung (1998) Nr. 7, S. 46–70.

74 Domarus: Hitler ..., S. 1769.

75 Hillgruber: Staatsmänner und Diplomaten ..., S. 626–638.

76 Zit. nach Domarus: Hitler ... S. 1769.

77 Fröhlich, Elke (Hrsg.): Die Tagebücher von Joseph Goebbels. Teil II: Diktate 1941–1945. Bd. I, München 1996, S. 265 f., sowie Below, Nicolaus von: Als Hitlers Adjutant 1937–45. Mainz 1980, S. 290 f.

78 Bericht der Staatspolizeileitstelle Tilsit mit Betreff »Säuberungsaktionen jenseits der ehemaligen sowjetlitauischen Grenze« vom 1. Juli 1941. In Sonderarchiv Moskau, Fond 500, opis 758, Fol. 2; siehe auch Kwiet, Konrad: Rehearsing for murder: The beginning of the Final Solution in Lithuania in June 1941. In Holocaust and Genocide Studies (1998), Nr. 12, Bd. I, S. 3–26.

79 Bundesarchiv Berlin (BAB), R 58; Klein, Peter (Hrsg.): Die Einsatzgruppen in der besetzten Sowjetunion 1941/42. Die Tätigkeits- und Lageberichte des Chefs der Sicherheitspolizei und des SD. Berlin 1997.

80 Zur Diskussion siehe Browning, Christopher R.: Judenmord. NS-Politik, Zwangsarbeit und das Verhalten der Täter. Frankfurt/Main 2001, S. 47–92.

81 Vgl. Wildt, Michael: Generation des Unbedingten. Das Führungskorps des Reichssicherheitshauptamts. Hamburg 2002, bes. S. 538–606.

82 Vgl. Bullock: Hitler und Stalin ..., S. 952., sowie Forschungsstelle: Der Dienstkalender Himmlers ..., S. 246, Anm. 80.

83 Vgl. Roseman, Mark: Die Wannsee-Konferenz. Wie die NS-Bürokratie den Holocaust organisierte. München, Berlin 2002.

84 Von Dezember 1941 bis Frühjahr 1943 und im Sommer 1944 ermordeten deutsche Sicherheits- und Schutzpolizei in Kulmhof zwischen 150 000 und 320 000 Menschen, vor allem Juden aus dem Warthegau, aber auch 15 000 Juden aus dem Deutschen Reich sowie polnische Zivilisten, sowjetische Kriegsgefangene, 4300 österreichische Roma und 90 Kinder aus dem tschechischen Lidice. Vgl. Struck, Manfred (Hrsg.): Chelmno/Kulmhof. Ein vergessener Ort des Holocaust? Berlin 2001.

85 Vgl. Gottwaldt, Alfred; Schulle, Diana: Die »Judendeportationen« aus dem Deutschen Reich 1941–1945. Wiesbaden 2005. Ziel war das Ghetto in Lodz.

86 »Aktion Reinhardt« hieß diese systematische Vernichtung der Juden im Generalgouvernement. In Belzec starben von März bis Oktober 1942 zwischen 450 000 und 600 000 Juden, die meisten aus Galizien – 230 000 aus Lemberg und Umgebung, 130 000 aus dem Gebiet um Krakau. In Sobibor ermordete die SS zwischen Mai 1942 und Juni 1943 etwa 250 000 polnische, deutsche, niederländische, französische, litauische und weißrussische Juden. In Treblinka kamen zwischen Juli 1942 und Mai 1943 etwa 2000 Roma sowie 800 000 bis 900 000 fast ausnahmslos polnische Juden zu Tode, unter ihnen rund 330 000 Warschauer Juden – Angehörige der einstmals größten jüdischen Gemeinde Europas. Vgl. Musial, Bogdan (Hrsg.): »Aktion Reinhardt«. Der Völkermord an den Juden im Generalgouvernement 1941–1944, Osnabrück 2004.

87 Zur Frage der Bewertung der Rolle der »Wannsee-Konferenz« im Rahmen der Vernichtung der europäischen Juden siehe Gerlach, Christian: Krieg, Ernährung, Völkermord. Forschungen zur deutschen Vernichtungspolitik im Zweiten Weltkrieg. Hamburg 1998, S. 85–166.

88 Kriegstagebuch des Führerhauptquartiers Nr. 6 ..., S. 212.

89 »Die arbeitslos werdenden Tanzlehrer«, hieß es weiter, »können ohne Schwierigkeiten vorübergehend in der Kriegswirtschaft beschäftigt werden. Die Tanzstundenjünglinge würden die dadurch freiwerdende Zeit beim Kartoffelausladen verwenden können.« In BA-MA, R 43 11/650.

90 Ebenda, R 43 11/641.

91 Heiber, Helmut: Hitlers Strategie 1940/41. Frankfurt/Main 1965, S. 692.

92 Der »Antikominternpakt« war am 25. November 1936 von Japan und dem Deutschen Reich unterzeichnet worden – zur Bekämpfung der Kommunistischen Internationale (Komintern) unter Führung der UdSSR mittels gegenseitiger Information und Konsultation. Dem Pakt schlossen sich an: Italien (1937); Mandschuko, Ungarn,

Spanien (1939); Bulgarien, Kroatien, Dänemark, Finnland, Nanking-China, Rumänien, Slowakei (1941).

93 Vgl. Hillgruber: Staatsmänner und Diplomaten ..., S. 638–675.

94 Jeckeln ließ die Berliner Juden dieses ersten Transports aus dem Reich nach Riga – entgegen Himmlers Befehl – sofort erschießen. Siehe Angrick, Andrej; Klein, Peter: Die »Endlösung« in Riga. Ausbeutung und Vernichtung 1941–1944. Darmstadt 2006, S. 138–184, bes. S. 160–163.

95 Zit. nach Piekalkiewicz: Die Schlacht um Moskau ..., S. 193.

96 Zit. nach Domarus: Hitler ..., S. 1785.

97 An Rundstedts Stelle setzte Hitler sofort den bisherigen Oberbefehlshaber der 6. Armee, Generalfeldmarschall Walter von Reichenau, einen der wenigen nationalsozialistisch eingestellten höheren Wehrmachtsoffiziere. Reichenau starb am 17. Januar 1942 »infolge eines Schlaganfalls«. Seinen Posten besetzte erneut Rundstedt.

98 Moll: »Führer-Erlasse« ..., S. 213 f.

99 Vgl. Manoschek, Walter: »Serbien ist judenfrei«. Militärische Besatzungspolitik und Judenvernichtung in Serbien 1941/42. München 1995.

100 Vgl. Gerlach, Christian: Kalkulierte Morde. Die deutsche Wirtschafts- und Vernichtungspolitik in Weißrußland 1941 bis 1944. Hamburg 1999, S. 870–1055.

101 Warlimont: Im Hauptquartier ..., S. 221.

102 Vgl. Forschungsstelle: Der Dienstkalender Himmlers ..., S. 294.

103 Hitler erklärte Halder: »Das bißchen Operationsführung kann jeder machen. Die Aufgabe des Oberbefehlshabers des Heeres ist es, das Heer nationalsozialistisch zu erziehen. Ich kenne keinen General des Heeres, der diese Aufgabe in meinem Sinn erfüllen könnte. Darum habe ich mich entschlossen, den Oberbefehl über das Heer selbst zu übernehmen.« Zit. nach Domarus: Hitler ..., S. 1813.

104 Vgl. Bullock: Hitler und Stalin ..., S. 969. Bereits am 16. Dezember hatte Hitler den »Halt-Befehl« gegeben: »Stehenbleiben, keinen Schritt zurück!« Vgl. Görlitz, Walter (Hrsg.): Generalfeldmarschall Keitel – Verbrecher oder Offizier? Göttingen, Berlin, Frankfurt/Main 1961, S. 290.

105 Dietrich: Zwölf Jahre ..., S. 94.

106 Vgl. Warlimont: Im Hauptquartier ..., S. 237.

107 Zit. nach Piekalkiewicz: Die Schlacht um Moskau ..., S. 257.

108 Jochmann, Werner (Hrsg.): Adolf Hitler. Monologe im Führerhauptquartier 1941–1944. Die Aufzeichnungen Heinrich Heims. Hamburg 1980, S. 240. Vgl. Forschungsstelle: Der Dienstkalender Himmlers ..., S. 329 f.

Der Weg nach Stalingrad

1 Domarus, Max: Hitler. Reden und Proklamationen 1932–1945. Bd. II, München 1965, S. 1834.

2 Speer, Albert: Erinnerungen. Frankfurt/Main 1969, S. 207 f.

3 Die Ursache für das Unglück blieb ungeklärt – man munkelte von politischem Mord. Es reihte sich jedoch nahtlos in eine ganze Reihe mysteriöser Flugzeugabstürze und Todesfälle seit Beginn des Rußlandfeldzuges ein, die mit Todts Ableben nicht zu Ende war. Hitlers Adjutant von Below vermutete einen »Bedienungsfehler des Piloten«. In Below, Nicolaus von: Als Hitlers Adjutant 1937–45. Mainz 1980, S. 305 f. Hitlers Chefpilot Baur spekulierte, daß an Bord der von Todt lediglich geliehenen Maschine ein sogenannter Flugzeugzerstörer gewesen sei, den Todt, der auf dem Platz des Funkermaschinisten zu sitzen pflegte, beim Eintritt in das Cockpit zufällig »mit einer der Schnallen seiner Pelzstiefel« ausgelöst habe. Der durch das Abbrennen des Verzögerungstaktes von drei Minuten verursachte Brandgeruch habe im Flugzeug Alarm ausgelöst und zur – zu späten – Umkehr veranlaßt. In Baur, Hans: Ich flog Mächtige der Erde. Kempten 1962, S. 214 ff.

4 Below: Als Hitlers Adjutant ..., S. 305.

5 So Hitler in seiner Rede am 12. Februar um 15 Uhr im Mosaiksaal der Reichskanzlei, Berlin. In Domarus: Hitler ..., S. 1836–1840.

6 Bundesarchiv-Militärarchiv Freiburg (BA-MA), R 43 II/608a.

7 Vat, Dan van der: Der gute Nazi. Albert Speers Leben und Lügen. Berlin 1997, S. 131.

8 Ebenda.

9 Bullock, Alan: Hitler und Stalin. Parallele Leben. Berlin 1991, S. 1012.

10 Linge, Heinz: Bis zum Untergang. München, Berlin 1980, S. 153.

11 Kriegstagebuch des Führerhauptquartiers Nr. 6, S. 240. In BA-MA, H 22/325.
Ursprünglich war der Besuch für den 10./11. Januar geplant gewesen, aber vermutlich wegen der angespannten Frontlage verschoben worden. Vgl. BA-MA, RW 47/V9, S. 1 f.

12 Hillgruber, Andreas (Hrsg.): Staatsmänner und Diplomaten. Vertrauliche Aufzeichnungen über Unterredungen mit Vertretern des Auslandes 1942–1944. Bd. II, Frankfurt/Main 1970, S. 44–57.

13 Vgl. Schramm, Percy E. (Hrsg.): Das Kriegstagebuch des OKW. Bd. I, München 1982, S. 28 f. (im folgenden als KTB mit Jahresangabe), sowie Schmidt, Paul: Statist auf diplomatischer Bühne 1923–1945. Bonn 1949, S. 560 f.

Die Wirkung dieses ermutigenden Zuspruches verflog bei der Rückkehr Antonescus nach Bukarest, als er die eigenen Frontberichte erhielt und erkannte, daß man ihn wissentlich getäuscht hatte.

14 Vgl. Domarus: Hitler …, S. 1843.

15 Zit. nach Forschungsstelle für Zeitgeschichte in Hamburg (Hrsg.): Der Dienstkalender Heinrich Himmlers 1941/42. Hamburg 1999, S. 352, Anm. 73.

16 Moll, Martin (Hrsg.): »Führer-Erlasse« 1939–1945. Stuttgart 1997, S. 237.

17 So Goebbels zur »Säuberung des polnischen Generalgouvernements« von Juden, die bis Ende 1942 abgeschlossen sein solle, in seinem Tagebuch am 27. März 1942. Zit. nach Bullock: Hitler und Stalin …, S. 1059.

18 Bericht vom 19. Februar 1942. Die Genfer Konvention über den Umgang mit Kriegsgefangenen nutzte der Roten Armee nichts, weil die Sowjetunion sie nicht ratifiziert hatte; daraus leiteten die Deutschen das Recht ab, sie zu ignorieren. Für Stalin war jeder internierte Soldat ohnehin ein Verräter – selbst sein Sohn Jakow Dschugaschwili, als dieser am 16. Juli 1941 in deutsche Hände fiel; und wer die deutsche Gefangenschaft überlebte, wurde nach seiner Befreiung meist von den eigenen Leuten erschossen bzw. nach Sibirien deportiert. Vgl. ebenda, S. 977, sowie Streit, Christian: Keine Kameraden. Die Wehrmacht und die sowjetischen Kriegsgefangenen 1941–1945. Stuttgart 1978.

19 Below: Als Hitlers Adjutant …, S. 307.

20 Kriegstagebuch des Führerhauptquartiers Nr. 6 …, S. 246–250.

21 Domarus: Hitler …, S. 1859.

22 Vgl. KTB 1942, Bd. I, S. 46, sowie Carell, Paul: Unternehmen Barbarossa. Berlin 1998, S. 386.

23 Ebenda, S. 392 f.

24 So umschrieb der Verantwortliche für das Kriegstagebuch des OKW, Helmuth Greiner, die Lage nach einem Gespräch mit dem stellvertretenden Chef des Wehrmachtführungsstabes, General Warlimont, am 24. März. In KTB 1941, Bd. I, S. 35 E.

25 Schulz, Alfons: Drei Jahre in der Nachrichtenzentrale des Führerhauptquartiers. Stein am Rhein 1997, S. 104.

26 Zum NS-Feierjahr siehe Reichel, Peter: Der schöne Schein des Dritten Reiches. Faszination und Gewalt des Faschismus. Frankfurt/Main 1994, S. 208–221.

27 Schulz: Drei Jahre …, S. 94 ff.

28 Kriegstagebuch des Führerhauptquartiers Nr. 6 …, S. 264.

29 Linge: Bis zum Untergang …, S. 270.

30 Vgl. Domarus: Hitler …, S. 1862 f.

31 Vgl. mündliche Mitteilung Klaus Kaiser vom 24. April 1999, und Sieg, Martin: Im Schatten der Wolfsschanze. Hitlerjunge auf der Suche nach Sinn. Autobiographische Skizze eines Zeitzeugen. Münster 1997, S. 224, sowie schriftlicher Bericht Dr. Dietmar Pertsch in Szynkowski, Jerzy: Das Führerhauptquartier (FHQu) Wolfsschanze. Reiseführer. Kętrzyn 1998, S. 183–186.

32 Vgl. Kriegstagebuch des Führerhauptquartiers Nr. 6 …, S. 252.

33 Porsche leitete von September 1942 bis August 1944 die neugegründete Kommission für die Entwicklung von Panzern, die dem Ministerium für Bewaffnung und Munition Albert Speers unterstellt war.

34 Schriftlicher Bericht Konrad Mendel in Szynkowski: Das Führerhauptquartier …, S. 181 f.

35 Forschungsstelle: Der Dienstkalender Himmlers …, S. 397, Anm. 30, sowie S. 405, Anm. 62. Grund für den Eklat war Himmlers Kritik am Heer wegen dessen »Truppeneinsatzes an der Front«, die Halder scharf zurückwies.

36 Vgl. Kriegstagebuch des Führerhauptquartiers Nr. 6 …, S. 266.

37 Vgl. Domarus: Hitler …, S. 1877.

38 Moll: »Führer-Erlasse« …, S. 251 f.

39 Warlimont, Walter: Im Hauptquartier der deutschen Wehrmacht 1939–1945. München 1978, S. 243.

40 Vgl. KTB 1944/45, S. VI.

41 Domarus: Hitler …, S. 1 883 f.

42 Vgl. Heiber, Helmut (Hrsg.): Hitlers Lagebesprechungen. Die Protokollfragmente seiner militärischen Konferenzen 1942–1945. Stuttgart 1962, S. 401.

43 Vgl. Blücher, Wilpert von: Gesandter zwischen Diktatur und Demokratie. Wiesbaden 1951, S. 281–287.

44 Vgl. Dornarus: Hitler …, S. 1889 f., sowie Kriegstagebuch des Führerhauptquartiers Nr. 6 …, S. 280.

45 Vgl. Forschungsstelle: Der Dienstkalender Himmlers …, S. 450.
Auf Himmlers rechte Hand, Reinhard Heydrich, den berüchtigten Koordinator der Vernichtung und Verfolgung im nationalsozialistisch besetzten Europa, war am 27. Mai von tschechischen Widerstandskämpfern ein Attentat verübt worden. Die SS rächte sich am Tag nach dem Staatsakt für Heydrich, dem 9. Juni, mit der Vernichtung des Dorfes Lidice, der Ausrottung aller männlicher Bewohner sowie der Verschleppung sämtlicher Frauen und Kinder, im NS-Jargon: »Unschädlichmachung«.

46 Schreiben abgedruckt in Haus der Geschichte der Bundesrepublik Deutschland (Hrsg.): Annäherungen. Deutsche und Polen 1945–1995. Düsseldorf 1996, S. 31. Das im Briefkopf handschriftlich eingetragene Datum »Führer-Hauptquartier 12. Juni 1942« muß falsch sein, weil Himmler an diesem Tag nicht dort gewesen war. Den Generalplan hatte er am 2. Juni empfangen und am

4./5. Juni bzw. am 24. Juni die »Wolfsschanze« besucht. Vgl. Forschungsstelle: Der Dienstkalender Himmlers ..., S. 441, Anm. 104, sowie S. 448–451, 466. Siehe auch Benz, Wolfgang: Der Generalplan Ost. Zur Germanisierungspolitik des NS-Regimes in den besetzten Ostgebieten 1939–1945. In ders. (Hrsg.): Die Vertreibung der Deutschen aus dem Osten. Ursachen, Ereignisse, Folgen. Frankfurt/Main 1995, S. 45–57, sowie Aly, Götz: »Endlösung«. Völkerverschiebung und der Mord an den europäischen Juden. Frankfurt/Main 1995.

47 KTB 1941, Bd. I, S. 36 E.

48 Vgl. Gottwaldt, Alfred; Diana Schulle: Die »Judendeportationen« aus dem Deutschen Reich 1941–1945. Wiesbaden 2005, S. 240–242.

49 Kriegstagebuch des Führerhauptquartiers Nr. 6 ..., S. 292.

50 Vgl. KTB 1942, Bd. I, S. 456.

51 Kriegstagebuch des Führerhauptquartiers Nr. 6 ..., S. 248.
Die verantwortlichen Bauleiter in Winniza berichteten den Beauftragten aus der »Wolfsschanze« von ihren Schwierigkeiten bei der Rekrutierung ziviler Bauarbeiter. Diese hatten sich dem deutschen Ansinnen gegenüber völlig verängstigt gezeigt, da etliche Zivilisten schon im Jahr zuvor unweit der neuen Baustelle ein Quartier für den sowjetischen Feldmarschall Timoschenko errichtet hatten und ausnahmslos alle Beteiligten eines Tages spurlos verschwunden waren. Vgl. Baur: Ich flog Mächtige ..., S. 216f.

52 Vgl. Schulz: Drei Jahre in der Nachrichtenzentrale ..., S. 51, sowie Kriegstagebuch des Führerhauptquartiers Nr. 6 ..., S. 260.

53 Vgl. Schott, Franz Josef: Der Wehrmachtführungsstab im Führerhauptquartier 1939–1945. Diss., Bonn 1980, S. 33, sowie Schulz: Drei Jahre in der Nachrichtenzentrale ..., S. 125, und Manstein, Erich von: Verlorene Siege. München 1979, S. 546.

54 Ebenda.

55 Lange, Eitel: Der Reichsmarschall im Kriege. Stuttgart 1950, S. 157.

56 Schmidt: Statist ..., S. 564.

57 Himmler bezog seine ukrainische Feldkommandostelle erst am 24. Juli, da er zuvor auf »Inspektionsreise« in Oberschlesien gewesen war, bei der er unter anderem am 17./18. Juli das Konzentrationslager Auschwitz besucht und besichtigt hatte. Vgl. Forschungsstelle: Der Dienstkalender Himmlers ..., S. 499ff.
Sowohl »Eichenhain« als auch »Hegewald« waren perspektivisch als Siedlungszentren für ukrainische Volksdeutsche vorgesehen. Vgl. ebenda, S. 567.

58 Kriegstagebuch des Führerhauptquartiers Nr. 6 ..., S. 272.

59 Ebenda, S. 286.

60 Hitler verfügte ausdrücklich die orthographisch falsche Schreibweise mit »h« – wie der Titel des gleichnamigen Romanepos über den Kampf niedersächsischer Bauern gegen die Soldateska im 30jährigen Krieg von Hermann Löns (1910). Vgl. Heiber: Hitlers Lagebesprechungen ..., S. 143.

61 Vgl. Below: Als Hitlers Adjutant ..., S. 313.

62 Domarus: Hitler ..., S. 1899.

63 Chefdolmetscher Schmidt beschrieb den horrenden Aufwand dieser an sich sinnlosen Treffen später wie folgt: Für Reisen in die Ukraine stand ein sogenannter Dienstzug zur Verfügung. »Er verließ jeden Abend den Schlesischen Bahnhof in Berlin [heute: Ostbahnhof]. (...) Am nächsten Morgen war man in Warschau, mittags in Brest-Litowsk, abends an der alten polnisch-russischen Grenze, und von da ab fuhr dieser Luxuszug wegen der Partisanen und der häufigen Schienensprengungen im Schneckentempo bis nach Winniza, das er am nächsten Morgen erreichte. Die ausländischen Diplomaten mußten aber bereits um drei Uhr morgens in Berditschew aussteigen und erreichten in zweistündiger Autofahrt das ›Feldquartier‹ Ribbentrops, der sie um elf Uhr empfing, um zwölf Uhr mit ihnen zu Mittag aß und um ein Uhr im Flugzeug mit ihnen zu Hitler aufbrach. Dort fand dann gegen drei oder vier Uhr die Besprechung statt, die sich ein bis zwei Stunden hinzog, worauf die Rückfahrt per Wagen ins ›Feldquartier‹ angetreten wurde. Nach einem Abendessen fuhr man um zwölf Uhr nachts nach Berditschew zurück, wo um zwei Uhr nachts der Dienstzug nach Berlin durchkam, der am übernächsten Morgen um acht Uhr wieder auf dem Schlesischen Bahnhof eintraf. Auf diese Weise war ein Botschafter oder ein anderer prominenter Besucher wegen einer fast immer nebensächlichen oder belanglosen Angelegenheit und einer kurzen Besprechung mit Hitler drei Tage und vier Nächte unterwegs. Das ist ein bezeichnendes Beispiel für die Arbeitsmethoden, die Hitler und Ribbentrop bevorzugten.« In Schmidt: Statist ..., S. 565.

64 Lang, Jochen von: Der Sekretär. Martin Bormann: der Mann, der Hitler beherrschte. München, Berlin 1977, S. 232. Hitler unterschrieb einen entsprechenden »Erlaß über das Familienunternehmen der Firma Fried. Krupp« aber erst am 12. November 1943. Vgl. Reichsgesetzblatt (RGBl.) 1943/I, S. 655f.

65 Dietrich, Otto: Zwölf Jahre mit Hitler. München 1955, S. 154.

66 Vgl. Heiber: Hitlers Lagebesprechungen ..., S. 12.

67 Vgl. ebenda, S. 14–21.

68 Warlimont: Im Hauptquartier ..., S. 268.

69 »Stalingrad berennen und es auch nehmen« hatte Hitler als Devise auf einer »Volkskundgebung« im Berliner

Sportpalast anläßlich der Eröffnung des Kriegswinterhilfswerks am 30. September ausgegeben. In Domarus: Hitler ..., S. 1913–1924, hier S. 1914.

70 (Eintrag vom 17. Oktober 1942) KTB 1942, Bd. I, S. 37 E.

71 Ebenda.

72 Below: Als Hitlers Adjutant ..., S. 321.
Auch in »Hochwald«, wie die ostpreußische SS-Zentrale nunmehr hieß, waren inzwischen Neubauten entstanden, die Himmler am 2. November besichtigte. Vgl. Forschungsstelle: Der Dienstkalender Himmlers ..., S. 605.

73 Linge: Bis zum Untergang ..., S.167.

74 Warlimont: Im Hauptquartier ..., S. 280f. Vgl. KTB 1942, Bd. I, S. 37 E.

75 KTB 1942, Bd. I, S. 85.

76 Warlimont: Im Hauptquartier ..., S. 266f.

77 Zit. nach Domarus: Hitler ..., S. 1957f.

78 Zit. nach ebenda, S. 1959.

79 Der Friede von Brest-Litowsk, der erste Friedensschluß im Ersten Weltkrieg, war am 3. März 1918 von der Sowjetregierung und den Mittelmächten unterzeichnet worden. Das bolschewistische Rußland hatte dabei Finnland, Estland, Lettland, Litauen, den russischen Teil Polens, die Ukraine, Georgien sowie Gebiete Armeniens, insgesamt über 60 Millionen Menschen sowie 75 Prozent seiner Stahl- und Eisenindustrie, preisgeben müssen und den Vertrag nach Stabilisierung der inneren Lage im November 1918 wieder für nichtig erklärt.

80 Hillgruber: Staatsmänner und Diplomaten ..., Bd. II, S. 160–181.

81 Am 8. September hatte Hitler in drei Erlassen die absolute Priorität dieses Ausbaus für den Bereich der Heeresgruppe West bestimmt. Siehe Moll: »Führer-Erlasse« ..., S. 282f.
Mit dem »Kommando-Befehl« vom 18. Oktober wollte Hitler gegen »Sabotagetrupps der Briten und ihrer Helfershelfer« vorgehen, die angeblich aus Kreisen krimineller Verbrecher rekrutiert und grundsätzlich zur Tötung aller Gefangenen verpflichtet seien. Hitler beauftragte die deutschen Truppen, diese rücksichtslos im Kampf niederzumachen. Vgl. KTB 1942, Bd. I, S. 129.

82 Schmidt: Statist ..., S. 577f. Siehe Hillgruber: Staatsmänner und Diplomaten ..., Bd. II, S. 182–190.

83 Ebenda, S. 192–196.

84 Schmidt: Statist ..., S. 578.

85 KTB 1942, Bd. I, S. 88.

86 GPU [Gosudarstwennoe polititscheskoe uprawlenie = Staatliche politische Leitung], Teil des wegen seiner Grausamkeit verrufenen sowjetischen Staatssicherheitsorgans NKWD [Nationalnu komitet wnutrennich del = Nationalkomitee für Innere Angelegenheiten].

87 Zit. nach Lang: Der Sekretär ..., S. 235f.

88 Zit. nach ebenda.

89 (August–November 1942) Fleming, Gerald: Hitler u. die Endlösung. Frankfurt/Main, Wien 1987, S. XXXVII.

90 Vgl. Gerlach, Christian: Krieg, Ernährung, Völkermord. Forschungen zur deutschen Vernichtungspolitik im Zweiten Weltkrieg. Hamburg 1998, S. 167–257.

91 Vgl. Forschungsstelle: Der Dienstkalender Himmlers, S. 68, 72.
Himmler hatte eine solche beschleunigte Judenvernichtung am 19. Juli 1942 ausdrücklich und schriftlich verfügt: »Mit dem 31. Dezember dürfen sich keinerlei Personen jüdischer Herkunft mehr im Generalgouvernement aufhalten. Es sei denn, dass sie sich in den Sammellagern Warschau, Krakau, Tschenstochau, Radom, Lublin aufhalten. (...) Diese Maßnahmen sind zu der im Sinne der Neuordnung Europas notwendigen Scheidung von Rassen und Völkern, sowie im Interesse der Sicherheit und Sauberkeit des deutschen Reiches und seiner Interessengebiete erforderlich. Jede Durchbrechung dieser Regelung bedeutet eine Gefahr für die Ruhe und Ordnung des deutschen Gesamtinteressengebietes, einen Ansatzpunkt für die Widerstandsbewegung und einen moralischen und physischen Seuchenherd.« Zit. nach ebenda, S. 496, Anm. 82.

92 Vgl. Fleming: Hitler ..., S. 142.
Kochs Politik der »Nagaika« [Peitsche], eine Kolonial- und Ausbeutungspolitik im Sinne Bormanns und Görings, die am Ende ca. 400000 Menschenleben kostete, führte zu erheblichen Differenzen mit Ostminister Rosenberg, der im Osten, insbesondere in der Ukraine, ein politisches Ziel verfolgte: Amputation des sowjetischen Kolosses durch eine bewußte Nationalitätenpolitik und relative Förderung der »Minderheiten«, also der ansässigen Bevölkerung. In der Judenfrage dagegen waren sich beide weitgehend einig. Vgl. Heiber: Hitlers Lagebesprechungen ..., S. 257, sowie Forschungsstelle: Der Dienstkalender Himmlers ..., S. 262, Anm. 46.

93 KTB 1943, Bd. II, S. 1491.

94 Vgl. Hillgruber: Diplomaten und Staatsmänner ..., Bd. II, S. 197–209, sowie Domarus: Hitler ..., S. 1972.

95 »Erlaß des Führers über den umfassenden Einsatz von Männern und Frauen für Aufgaben der Reichsverteidigung. Vom 13. Januar 1943«. In Moll: »Führer-Erlasse« ..., S. 311–313. Am 27. Januar verordnete der Generalbevollmächtigte für den Arbeitseinsatz Fritz Sauckel ergänzend, daß sich alle Männer vom 16. bis zum 65. Lebensjahr und alle Frauen vom 17. bis zum 45. Lebensjahr beim zuständigen Arbeitsamt für entsprechende Aufgaben zu melden hätten. Vgl. Reichsgesetzblatt (RGBl.) 1943/I, S. 67f.

96 Domarus: Hitler ..., S. 1973.
97 Vgl. Warlimont: Im Hauptquartier ..., S. 333.
98 Zit. nach Domarus: Hitler ..., S. 1974.
99 Vgl. Below: Als Hitlers Adjutant ..., S. 325f.
100 Zit. nach Domarus: Hitler ..., S. 1985.
101 Vgl. Bradley, Dermont; Schulze-Kossens, Richard (Hrsg.): Tätigkeitsbericht des Chefs des Heerespersonalamtes General der Infanterie Rudolf Schmundt. 1.10.1942–29.10.1944. Osnabrück 1984, S. 39f.
102 Stahlberg, Alexander: Die verdammte Pflicht. Erinnerungen. Berlin o.J., S. 275f.
103 Below: Als Hitlers Adjutant ..., S. 329.
104 Aus dem Kommuniqué zit. nach Domarus: Hitler ..., S. 1987.
105 KTB 1945, Bd. II, S. 1722f.
106 Linge: Bis zum Untergang ..., S. 91.
107 Zit. nach Heiber, Helmut (Hrsg.): Goebbels Reden 1939–1945. Bd. II, München 1972, S. 172–209 (Hervorhebungen im Original).

Rückzug an allen Fronten

1 Domarus, Max: Hitler. Reden und Proklamationen 1932–1945. Bd. II, München 1965, S. 1989.
2 Zit. nach Lang, Jochen von: Der Sekretär. Martin Bormann: der Mann, der Hitler beherrschte. München, Berlin 1977, S. 232.
3 Moll, Martin (Hrsg.): »Führer-Erlasse« 1939–1945. Stuttgart 1997, S. 327.
4 Vgl. Operation Foxley: The British plan to kill Hitler. London 1998, S. 6.
5 Vgl. Domarus: Hitler ..., S. 2003–2008.
6 Schmidt, Paul: Statist auf diplomatischer Bühne 1923–1945. Bonn 1949, S. 562.
7 Vgl. Kaiser, Gerhard; Szcześniak, Leszek, Andrzej: Katyn. Der Massenmord an polnischen Offizieren. Berlin 1991. Zitate aus dem Kommuniqué von Radio Moskau am 15. April 1943, S. 102f.
Anläßlich seines Polenbesuches im Oktober 1992 überreichte Boris Jelzin Präsident Lech Wałęsa eine Dokumentenmappe, die auch den »Katyn-Befehl« enthielt, den Beschluß des KPdSU-Politbüros über die Ermordung von über 20000 polnischen Kriegsgefangenen in Rußland, Weißrußland und der Ukraine.
8 Schramm, Percy E. (Hrsg.): Kriegstagebuch des OKW. Bd. I, München 1980, S. 399 (im folgenden als KTB mit Jahresangabe), sowie Fröhlich, Elke (Hrsg.): Die Tagebücher von Joseph Goebbels. Teil II: Diktate 1941–1945. Bd. IX, München 1996, S. 156.
9 Bundesarchiv Berlin (BAB), NS 6/344, F 4.
10 Zit. nach Domarus: Hitler ..., S. 2022.
11 Rundschreiben Nr. 6/43 gRs. »Betrifft: Steigerung der Panzerproduktion«. In BAB, NS 6/344, F 1.
12 Vgl. Bullock, Alan: Hitler und Stalin. Parallele Leben. Berlin 1991, S. 1048.
13 Vgl. Fröhlich: Die Tagebücher von Joseph Goebbels ..., Bd. VIII, S. 169.
14 Amtliche Bekanntmachung am 30. Juli 1943, zit. nach Domarus: Hitler ..., S. 2026.
15 Sonnleithner, Franz von: Als Diplomat im »Führerhauptquartier«. Aus dem Nachlaß. München, Wien 1989, S. 142f.
16 In Fröhlich: Die Tagebücher von Joseph Goebbels ..., Bd. VIII, S. 319ff. Eintrag vom 20. Juli 1943.
17 Speer, Albert: Erinnerungen. Frankfurt/Main 1969, S. 320. Phillipp von Hessen hatte sich bis zum Sturz Mussolinis sowohl als Vermittler zwischen den »Achsen«-Mächten wie auch als Kunstorganisator für Hitler und Göring auf dem italienischen Markt verdingt, wobei ihm seine verwandtschaftlichen Bindungen von großem Nutzen gewesen waren, um am Zoll vorbei agieren zu können.
18 Hitler hatte den entsprechenden Befehl am 12. August 1943 erteilt; der Ostwall auf dem besetzten Gebiet der Sowjetunion folgte in etwa dem Frontverlauf: Krim – Melitopol – Saporoshe – Dnjepr – Sosh – Orscha – Witebsk – Pleskau – Peipussee – Narwa – Finnischer Meerbusen. Dieser niemals fertiggestellte Ostwall erhielt seine Bezeichnung analog dem Westwall, der als »Siegfriedlinie« die deutsche Grenze zu Frankreich, von Aachen bis Saarbrücken, schützen sollte.
19 Als Ergänzung des Atlantikwalls waren seit Juli 1943 Arbeiten an einem Südwall entlang der französischen Mittelmeerküste im Gange.
20 Hillgruber, Andreas (Hrsg.): Staatsmänner und Diplomaten. Vertrauliche Aufzeichnungen über Unterredungen mit Vertretern des Auslandes 1942–1944. Bd. II, Frankfurt/Main 1970, S. 301–314.
21 Manstein, Erich von: Verlorene Siege. München 1979, S. 542.
22 Schreiben Himmlers an den SS-Obergruppenführer und General der Polizei Hans Prützmann, Höherer SS- und Polizeiführer Ukraine, vom 7. September 1943. Zit. nach Kaden, Helma; Nestler, Ludwig (Hrsg.): Dokumente des Verbrechens. Aus den Akten des Deutschen Reiches 1933–45. Berlin 1993, S. 242.
23 Vgl. Heiber, Helmut (Hrsg.): Hitlers Lagebesprechungen. Die Protokollfragmente seiner militärischen Konferenzen 1942–1945. Stuttgart 1962, S. 606.
24 Schulz, Alfons: Drei Jahre in der Nachrichtenzentrale des Führerhauptquartiers. Stein am Rhein 1997, S. 157.
25 Vgl. Fröhlich: Die Tagebücher von Joseph Goebbels ..., Bd. VIII, S. 458, und Warlimont, Walter: Im Hauptquar-

tier der deutschen Wehrmacht 1939–1945. München 1978, S. 389, sowie Speer: Erinnerungen ..., S. 320.

26 Vgl. Schreiber, Gerhard: Deutsche Kriegsverbrechen in Italien. Täter, Opfer, Strafverfolgung. München 1996.

27 Fröhlich: Die Tagebücher von Joseph Goebbels ..., Bd. VIII, S. 486.

28 Zit. nach Domarus: Hitler ..., S. 2035–2039.

29 Fröhlich: Die Tagebücher von Joseph Goebbels ..., Bd. VIII, S. 270.

30 Den Auftrag erhalten und erledigt hatte General der Flieger Kurt Student, der dafür seine Fallschirmjäger einsetzte. Skorzeny war bei der Aktion nur ein Mitläufer, der sich jedoch auf den Fotos von der Befreiung stets neben dem Duce postierte und daher als Retter gefeiert wurde.
Vgl. Lang, Jochen von: Der Adjutant. Karl Wolff, der Mann zwischen Hitler und Himmler. München 1985, S. 216 f.

31 Schulz: Drei Jahre in der Nachrichtenzentrale ..., S. 155.

32 Fröhlich: Die Tagebücher von Joseph Goebbels ..., Bd. IX, S. 569.

33 Görlitz, Walter (Hrsg.): Generalfeldmarschall Keitel – Verbrecher oder Offizier? Göttingen, Berlin, Frankfurt/Main 1961, S. 324.

34 Fröhlich: Die Tagebücher von Joseph Goebbels ..., Bd. IX, S. 590.

35 Ebenda, S. 575.

36 NSKK = Nur Säufer, keine Kämpfer – wie der Volksmund die Abkürzung interpretierte.

37 Vgl. Hoffmann, Peter: Die Sicherheit des Diktators. Hitlers Leibwachen, Schutzmaßnahmen, Residenzen, Hauptquartiere. München, Zürich 1975, S. 224 ff.

38 Vgl. Manstein: Verlorene Siege ..., S. 546.

39 Vgl. Lang: Der Sekretär ..., S. 246.

40 Linge, Heinz: Bis zum Untergang. München, Berlin 1980, S. 140.

41 Siehe Hillgruber: Staatsmänner und Diplomaten ..., Bd. II, S. 314–330.
Nach dem Tode von Boris III. war für dessen unmündigen Sohn Simeon II. ein Regentschaftsrat eingesetzt worden, dem neben Prinz Cyrill und dem ehemaligen Ministerpräsidenten Filoff auch der bisherige Kriegsminister General Nikolai Michoff angehörte.

42 Vgl. Domarus: Hitler ..., S. 2049.

43 KTB 1944/45, Bd. IV, S. 1809.

44 Befehl des Führers vom 27. November 1943. In Moll: »Führer-Erlasse« ..., S. 373–376.
Bereits am 23. Oktober hatte Hitler in zwei Erlassen verfügt, 210 000 bzw. 190 000 »Wehrpflichtige aus der gewerblichen Kriegswirtschaft für die Wehrmacht« einzuberufen. Vgl. ebenda, S. 366–368.

45 Zit. nach KTB 1943, Bd. II, S. 1497–1499.

46 In Bundesarchiv-Militärarchiv Freiburg (BA-MA), R 43 II/609a, auch abgedruckt in Moll: »Führer-Erlasse« ..., S. 377 f. Der Satz steht im Original hervorgehoben.

47 Als Ergebnis gemeinsamer Überlegungen mit Lammers erging zunächst das Verbot der Einführung neuer Berufs- und Rangbezeichnungen mit dem Wort Führer im zivilen Bereich und der Hinweis, das Wort in einer anderweitigen Verwendung im amtlichen Gebrauch möglichst zu vermeiden. Die wünschenswerte generelle Ausschaltung sei derzeit jedoch wegen kriegsbedingter Personalschwierigkeiten noch nicht durchführbar (Vorgang 17 370, 20. November 1943–9. April 1944). In Heiber, Helmut; Institut für Zeitgeschichte (Hrsg.): Akten der Parteikanzlei der NSDAP. München 1983, S. 903.

48 Vgl. Befehl des Führers über die »Nationalsozialistische Führung in der Wehrmacht« vom 22. Dezember 1943. In ebenda, S. 381 f.
Chef des NS-Führungsstabes im OKW wurde der Chef des Allgemeinen Wehrmachtsamtes, General der Infanterie Hermann Reinecke.

49 Vgl. Heiber: Hitlers Lagebesprechungen ..., S. 469.

50 Reichsgesetzblatt (RGBl.) 1944/I, S. 1–3.

51 Heiber: Hitlers Lagebesprechungen ..., S. 498.

52 Schulz: Drei Jahre in der Nachrichtenzentrale ..., S. 166 ff.

53 Below, Nicolaus von: Als Hitlers Adjutant 1937–45. Mainz 1980, S. 357.

Der totale Krieg – das Jahr '44

1 Moll, Martin (Hrsg.): »Führer-Erlasse« 1939–1945. Stuttgart 1997, S. 383 f.

2 Heiber, Helmut (Hrsg.): Hitlers Lagebesprechungen. Die Protokollfragmente seiner militärischen Konferenzen 1942–1945. Stuttgart 1962, S. 444.

3 Manstein, Erich von: Verlorene Siege. München 1979, S. 579 f.

4 Ebenda, S. 578.

5 Linge, Heinz: Bis zum Untergang. München, Berlin 1980, S. 242.

6 Moll: »Führer-Erlasse« ..., S. 399–402.

7 Vgl. Schott, Franz Josef: Der Wehrmachtführungsstab im Führerhauptquartier 1939–1945. Diss., Bonn 1980, S. 35.

8 Vgl. Gerlach, Christian; Aly, Götz: Das letzte Kapitel. Der Mord an den ungarischen Juden. Stuttgart 2002.

9 Siehe Foedrowitz, Michael: Bunkerwelten. Luftschutzanlagen in Norddeutschland. Berlin 1998, S. 98–103.

10 Fröhlich, Elke (Hrsg.): Die Tagebücher von Joseph Goeb-

bels. Teil II: Diktate 1941–1945. Bd. XIII, München 1995, S. 142.

11 Dietrich, Otto: Zwölf Jahre mit Hitler. München 1955, S. 265.

12 Speer, Albert: Erinnerungen. Frankfurt/Main 1969, S. 547, Anm. 7.

13 Bundesarchiv Berlin (BAB), R 13, VIII 273 (Bauunterlagen »Wolfsschanze«). Wenn nicht anders angegeben, entstammen Angaben und Zitate dieses Abschnittes Unterlagen mit dieser Signatur.

14 Die Aufschlüsselung des Beschäftigungsgrades der Gesamtbelegschaft ergab: »Eisenbiege- und Flechtarbeiten 20 %; Betonierungsarbeiten (einschließlich Maschinisten) 15 %; Erdarbeiten 30 %; Zimmerarbeiten 20 %; sonstige Arbeiten 15 %.«

15 Rechnung der Firma Walter Kaiser, Hippelstr. 3, an die Oberbauleitung Rastenburg für »OT-Sondereinsatz Rastenburg« vom 21. November 1944. Der in Rastenburg ansässige Betrieb unterhielt Dependencen in Graudenz und Königsberg. Für die Möglichkeit der Einsichtnahme in dieses und andere Dokumente danken wir Klaus Kaiser, Preetz.

16 Hoover Institution Stanford, box 11, NSDAP, Parteikanzlei. Wilfried Bade Collection, RL 393. Für den Hinweis auf dieses Dokument danken wir Christian Härtel, Berlin.

17 Vgl. Foedrowitz: Bunkerwelten ..., S. 29.
Speer notierte für den September 1942: »Der Führer wünscht eine Vorbereitung einer Verstärkung der Dekken der U-Boot-Stützpunkte für 3500-kg-Bomben [die in dieser Zeit von den Briten entwickelt wurden] durch Aufbringung einer zweiten, durch Luftschicht von der ersten getrennten Decke.« Zit. nach Neitzel, Sönke: Die deutschen U-Boot-Bunker und Bunkerwerften. Koblenz 1991, S. 34.

18 Schulz, Alfons: Drei Jahre in der Nachrichtenzentrale des Führerhauptquartiers. Stein/Rhein 1997, S. 173.

19 Dodo Freiherr von und zu Knyphausen, Eigentümer des Gutes Görlitz. In Grenz, Rudolf: Der Kreis Rastenburg. Ein ostpreußisches Dokumentarwerk. Marburg/Lahn 1976, S. 152.

20 Eine Auflistung der Oberbauleitung Rastenburg über Dienstverpflichtungen vom 6. April 1944 enthielt folgende Zahlen: aus Rußland-Süd nach Rastenburg überstellt: 960 Mann – OT-dienstverpflichtet, 1000 Mann – nicht OT-dienstverpflichtet; aus dem Ruhreinsatz zu Wayss & Freytag überstellt: 900 Mann; von anderen Baustellen auf Wayss & Freytag bzw. Butzer verpflichtet: 600 Mann. Lediglich 140 Stammarbeiter dieser beiden Firmen waren vor Ort tätig.

21 Vgl. Vat, Dan van der: Der gute Nazi. Albert Speers Leben und Lügen. Berlin 1997, S. 317.

22 Vgl. Rhode, Pierre; Sünkel, Werner: Wolfsschlucht 2. Autopsie eines Führerhauptquartiers. Leinburg 1995, S. 43.

23 Dodo Freiherr von und zu Knyphausen. In Grenz: Der Kreis Rastenburg ..., S. 152.
Die Minen wurden erst Anfang Juni gelegt, wenngleich bereits zu Jahresbeginn die »Anlage eines Minengürtels um die Wolfsschanze« mitgeteilt worden war. Vgl. Vorgang 17432, 7. Januar 1944. In Heiber, Helmut; Institut für Zeitgeschichte (Hrsg.): Akten der Parteikanzlei der NSDAP. München 1983, S. 912.

24 Schramm, Percy E. (Hrsg.): Kriegstagebuch des OKW 1941–1945. München 1980 (im folgenden als KTB mit Jahresangabe). Hier: KTB 1944/45, Bd. II, S. 1753 f.

25 Weitere am Ausbau der »Wolfsschanze« beteiligte Firmen: Huta, Hoch- und Tiefbau-AG, Breslau; Windschild und Langelott KG, Königsberg; Bichweiler, Mannheim-Neckarau; Beton- und Moniereisenbau AG, Königsberg; Philip Holzmann, Niederlassung Königsberg; Siemens-Bauunion, Zweigniederlassung Königsberg; Knittel und Welker, Königsberg; David Grove AG, Berlin-Tempelhof; Michael de Sperendio, Kutno (Warthegau); Gustav Mölle, Hötensleben bei Magdeburg; Gebrüder Schmarsel, Berlin-Charlottenburg; K. Stephan, Zerbst; C. Brandt, Berlin-Wilmersdorf; Steininger & Co., Beton- und Eisenbetonbau, Hoch- und Tiefbau, Plauen im Vogtland; Otto Meise, Wittenberg; E. Kraushaar, Baugeschäft, Wilkassen (Kreis Lötzen); Hochtief.

26 Vgl. Schlußrechnungen der Firma Walter Kaiser an die OT vom 11. September und 13. Oktober 1944. Im Besitz von Klaus Kaiser.

27 Vgl. Speer: Erinnerungen ..., S. 547, Anm. 7.

28 Vgl. Böhm, Klaus: Die Organisation Todt im Einsatz 1939–1945 dargestellt nach Kriegsschauplätzen auf Grund der Feldpostnummern. Osnabrück 1987, S. 98 f., 109, 117.
Anfang 1944 war das Hauptquartier der Einsatzgruppe »Rußland Nord« in der Front-OT nach Königsberg zurückverlegt und in »Deutschland I« umbenannt worden, ab dem 19. Juli 1944 »Tannenberg«. Ihr Einsatzgebiet umfaßte die Provinz Ostpreußen und den Bezirk Bialystok, die alsbald zum Frontgebiet wurden.

29 Zit. nach Seidler, Franz: Die Organisation Todt. Bauen für Staat und Wehrmacht 1938–1945. Bonn 1998, S. 155.

30 BAB, R 58, 1057.

31 Zit. nach Hoffmann, Peter: Die Sicherheit des Diktators. Hitlers Leibwachen, Schutzmaßnahmen, Residenzen, Hauptquartiere. München, Zürich 1975, S. 239.

32 »Abrechnung Rastenburg« der Firma Walter Kaiser vom 6. März 1945. Im Besitz von Klaus Kaiser.

33 Von den 2000 eingesetzten »V 1«-Flugkörpern wurden allerdings 661 durch britische Jäger und Flak abgeschossen; die Rakete erreichte lediglich eine Stundengeschwindigkeit von 650 Kilometern. Vgl. Holmsten, Peter: Deutschland, Juli 1944. Düsseldorf 1982, S. 155.
34 Ebenda, sowie in Domarus, Max: Hitler. Reden und Proklamationen 1932–1945. Bd. II, München 1965, S. 2107.
35 Moll: »Führer-Erlasse« ..., S. 426–429.
36 Zit. nach Holmsten: Deutschland ..., S. 118 f.
37 Linge: Bis zum Untergang ..., S. 224.
38 Mündliche Mitteilung Alfons Schulz, 14. Juni 1999.
39 Schmidt, Paul: Statist auf diplomatischer Bühne 1923–1945. Bonn 1953, S. 555 f.
40 Das Schicksal des Kreises Angerburg aufgrund der ausgewerteten Fragebögen. Angerburg-Archiv, S. 1.
41 Gerlach; Aly: Das letzte Kapitel ..., S. 334.
42 Vgl. ebenda, S. 335–355.
43 Bradley, Dermont; Schulze-Kossens, Richard (Hrsg.): Tätigkeitsbericht des Chefs des Heerespersonalamtes General der Infanterie Rudolf Schmundt. 1.10.1942–29.10.1944. Osnabrück 1984, S. 162, 164.
44 Heiber: Hitlers Lagebesprechungen ..., S. 608.
»Schließlich, nach dem Attentat vom 20. Juli 1944, zitterte nicht nur die linke Hand, sondern die ganze linke Körperhälfte. Er mußte die rechte Hand auf die linke legen, um im Sitzen das Zittern weniger sichtbar zu machen. Sein Gang wurde schleppend, seine Haltung gebückt, seine Bewegungen zeitlupenartig langsam. Er mußte sich den Stuhl unterschieben lassen, wenn er sich setzen wollte. Sein Geist allerdings blieb rege, aber die Regsamkeit hatte oft etwas Unheimliches, denn sie war diktiert vom Mißtrauen in die Menschheit, von dem Streben, seine körperliche, seelische, politische und militärische Niederlage zu verbergen.« In KTB 1945, Bd. II, S. 1722 f., Aus den Memoiren des Generalobersten Guderian.
45 Speer: Erinnerungen ..., S. 398.
46 Vgl. Lang, Jochen von: Der Sekretär. Martin Bormann: der Mann, der Hitler beherrschte. München, Berlin 1977, S. 271 ff., sowie Hoffmann: Sicherheit ..., S. 234 f.
47 Vgl. Hoffmann: Sicherheit ..., S. 664 f.
48 Linge: Bis zum Untergang ..., S. 236f., sowie KTB 1944/45, Bd. IV, TB II, S. 1700, 1809.
49 Fröhlich: Die Tagebücher von Joseph Goebbels ..., Bd. XIII, S. 142.
50 Hammerstein, Kunrat Freiherr von: Flucht. Aufzeichnungen nach dem 20. Juli. Olten, Freiburg i. Br. 1966, S. 17 f.
51 Völkischer Beobachter, Berliner Ausgabe vom 22. Juli 1944.
52 Bundesarchiv-Militärarchiv Freiburg (BA-MA), R 43 11/664a, Bl. 18 ff.
53 Zit. nach Linge: Bis zum Untergang ..., S. 240.
54 Vgl. Speer: Erinnerungen ..., S. 399.
55 BA-MA, R 43 II/664a, Bl. 119–122.
56 Als Augenzeugenbericht siehe Simonow, Konstantin: Ich sah das Vernichtungslager. Berlin 1945. Die Gesamtzahl der in drei Gaskammern getöteten und aufgrund der Lagerbedingungen umgekommenen Opfer von Majdanek wurde bisher auf 170 000 bis 235 000 geschätzt und liegt laut neuesten Erhebungen bei ungefähr 78 000 – darunter 58 000 bis 60 000 Juden, aber auch polnische Zivilisten, sowjetische Kriegsgefangene, Internierte verschiedener Nationalitäten sowie Roma. Vgl. Kranz, Tomasz: Eksterminacja Żydów na Majdanku i Rola Obożu w Realizacji »Akcji Reinhardt«. In Zeszyty Majdaneka XXII/2003, S. 7–55.
57 »Ostpreußenschutz-Stellung« (Suwalki – Lomza – Modlin), »Ostpreußische Grenzstellung« (Kurische Nehrung – Raygrod – Thorn), »Masurische Seen-Stellung« (Lyck – Ortelsburg – Graudenz), »Rominte-Stellung« sowie »Angerapp-Stellung« (entlang der Flüsse). Vgl. Weber, Reinhold: Masuren. Geschichte – Land und Leute. Leer 1983, S. 141 f.
58 Mündliche Mitteilung Alfons Schulz vom 14. Juni 1999.
59 BAB, NS 6, 1 F. 1–5.
60 Giesler, Hermann: Ein anderer Hitler. Bericht eines Architekten. Leoni am Starnberger See 1978, S. 430 f.
61 Linge: Bis zum Untergang ..., S. 234.
62 Moll: »Führer-Erlasse« ..., S. 439.
63 Domarus: Hitler ..., S. 2138 f.
64 Heiber: Hitlers Lagebesprechungen ..., S. 756.
65 Below, Nicolaus von: Als Hitlers Adjutant 1937–45. Mainz 1980, S. 385.
66 Speer: Erinnerungen ..., S. 404.
67 Hillgruber, Andreas (Hrsg.): Staatsmänner und Diplomaten. Vertrauliche Aufzeichnungen über Unterredungen mit Vertretern des Auslandes 1942–1944. Bd. II, Frankfurt/Main 1970, S. 481–501.
68 Zit. nach Domarus: Hitler ..., S. 2143.
69 KTB 1944/45, Bd. IV, TB 1, S. 32.
70 Moll: »Führer-Erlasse« ..., S. 448 f.
71 Schmidt: Statist ..., S. 595 f.
Schmidt verlegt diese Verhandlungen in den Oktober. Laut Hillgruber, der sich auf die Akten des Reichsaußenministeriums stützt, fand die Unterredung mit Hitler jedoch bereits am 1. September statt, weshalb die Verhandlungen entsprechend in der Woche zuvor abgelaufen sein müssen. Vgl. Hillgruber: Staatsmänner und Diplomaten ..., Bd. II, S. 501 f.
72 Ebenda, S. 502–505. Der Hinweis auf neue Wunder-

waffen dürfte sich auf den bevorstehenden Einsatz der »V 2«-Raketen bezogen haben, der am 6. September gegen England und Belgien, hauptsächlich gegen London und Antwerpen, begann. Bereits am 7. Juli 1943 hatte Hitler seinen Rüstungsminister Speer sowie die Peenemünder Konstrukteure Dornberger und von Braun in die »Wolfsschanze« geladen, um sich über Einzelheiten dieser Neuentwicklung zu informieren. Er zeigte sich »stark beeindruckt und entflammt zugleich«; Braun wurde daraufhin zum Professor ernannt. In Speer: Erinnerungen ..., S. 377.

73 Schmidt: Statist ..., S. 596. Die Front bei Augustow lag etwa 100 Kilometer entfernt.

74 Bradley; Schulze-Krossens: Tätigkeitsbericht ..., S. 254. Eintrag vom 13. September 1944.

75 Vgl. Below: Als Hitlers Adjutant ..., S. 387.

76 Fröhlich: Die Tagebücher von Joseph Goebbels ..., Bd. XIII, S. 396–398.

77 Zit. nach Heiber: Hitlers Lagebesprechungen ..., S. 661 f.

78 Baur, Hans: Ich flog Mächtige der Erde. Kempten 1962, S. 253.

79 Hoffmann: Sicherheit ..., S. 664.

80 Vgl. Hillgruber: Staatsmänner und Diplomaten ..., Bd. II, S. 506–519, sowie Domarus: Hitler ..., S. 2149.

81 Anordnung 247/44 g. In BAB, NS 6, 351, F 1, Bl. 14.

82 Moll: »Führer-Erlasse« ..., S. 455–457.

83 Bradley; Schulze-Krossens: Tätigkeitsbericht ..., S. 263.

84 Vgl. Hoffmann: Sicherheit ..., S. 236, sowie Joachimsthaler, Anton: Hitlers Ende. Legenden und Dokumente. Augsburg 1998, S. 102.

85 Speer: Erinnerungen ..., S. 406 f.

86 Verfügung 13/44 vom 12. September 1944. In Moll: »Führer-Erlasse« ..., S. 453 f.

87 Linge: Bis zum Untergang ..., S. 140.

88 Zit. nach Domarus: Hitler ..., S. 2151 f.

89 Vgl. Bullock, Alan: Hitler und Stalin. Parallele Leben. Berlin 1991, S. 1137.

90 Below: Als Hitlers Adjutant ..., S. 389. Vgl. Bullock: Hitler und Stalin ..., S. 1132.

91 Speer: Erinnerungen ..., S. 400.

92 Zit. nach Joachimsthaler: Hitlers Ende ..., S. 103.

93 Below: Als Hitlers Adjutant ..., S. 389.

94 Lachauer, Ulla: Ostpreußische Lebensläufe. Reinbek 1998, S. 90 f.

95 Speer: Erinnerungen ..., S. 422 f.

96 Moll: »Führer-Erlasse« ..., S. 462.

97 Vgl. Joachimsthaler: Hitlers Ende ..., S. 106.

98 Below: Als Hitlers Adjutant ..., S. 392.

99 Heiber: Hitlers Lagebesprechungen ..., S. 597.

100 Zit. nach Joachimsthaler: Hitlers Ende ..., S. 108. Auch Diener Linge zitierte Hitler mit den Worten, »daß die Ostpreußen, wenn er ihr Land jetzt verließe, ihm ›mit Recht‹ vorwerfen würden, sie den Russen auszuliefern. Wie geheim sein ›Stellungswechsel‹ auch immer vorgenommen würde, bekannt werde er ›irgendwie doch immer. Eine ›Mißstimmung in Ostpreußen‹ wäre das Letzte, was er sich ›wünschen‹ könne.« In Linge: Bis zum Untergang ..., S. 244.

101 So die Armeezeitung Krasnaja Swjesda [Roter Stern] vom 24. Oktober 1944. Zit. nach Zeidler, Manfred: Kriegsende im Osten. Die Rote Armee und die Besetzung Deutschlands östlich von Oder und Neiße 1944/45. München 1996, S. 67.

102 Ebenda, S. 122.

103 Zit. nach ebenda, S. 71.

104 Vgl. Fisch, Bernhard: Nemmersdorf, Oktober 1944. Was in Ostpreußen tatsächlich geschah. Berlin 1997.

105 Moll: »Führer-Erlasse« ..., S. 463 f.

106 Funker Schulz schrieb: »Für unser Kommando war dieser Auftrag besonders gefährlich, weil die Russen wußten, daß unsere Kampfgruppe aus dem Führerhauptquartier kam, und die für jeden lebenden Gefangenen mit dem Ärmelstreifen ›Großdeutschland‹ 300 Goldrubel Prämie ausgesetzt hatten.« In Schulz: Drei Jahre in der Nachrichtenzentrale ..., S. 202.

107 Vgl. Baur, Hans: Mit Mächtigen zwischen Himmel und Erde. Oldendorf 1971, S. 206.

108 Heiber: Hitlers Lagebesprechungen ..., S. 679.

109 Below: Als Hitlers Adjutant ..., S. 395.

110 Aufzeichnung des Dieners Heinz Linge vom 20. November 1944. Abgedruckt in Joachimsthaler: Hitlers Ende ..., S. 109.

111 Warlimont, Walter: Im Hauptquartier der deutschen Wehrmacht 1939–1945. München 1978, S. 517.

»Wolfswahn« – das Führerhauptquartier im Endkampf

1 Bullock, Alan: Hitler und Stalin. Parallele Leben. Berlin 1991, S. 1137.

2 Zit. nach Domarus, Max: Hitler. Reden und Proklamationen 1932–1945. Bd. II, München 1965, S. 2171.

3 Warlimont, Walter: Im Hauptquartier der deutschen Wehrmacht 1939–1945. München 1978, S. 517.

4 Schulz, Alfons: Drei Jahre in der Nachrichtenzentrale des Führerhauptquartiers. Stein am Rhein 1997, S. 206.

5 Vgl. Heiber, Helmut (Hrsg.): Hitlers Lagebesprechungen. Die Protokollfragmente seiner militärischen Konferenzen 1942–1945. Stuttgart 1962, S. 597.

6 Zit. nach Domarus: Hitler ..., S. 2173.

7 Vgl. Joachimsthaler, Anton: Hitlers Ende. Legenden und Dokumente. München 2004, bes. S. 98–287; Kellerhoff, Sven Felix: Mythos Führerbunker. Hitlers letzter Unterschlupf. Berlin 2003, bes. S. 53–76; Arnold, Dietmar: Neue Reichskanzlei und »Führerbunker«. Legenden und Wirklichkeit. Berlin 2005, bes. S. 126–142.

8 Vgl. Hoffmann, Peter: Die Sicherheit des Diktators. Hitlers Leibwachen, Schutzmaßnahmen, Residenzen, Hauptquartiere. München, Zürich 1975, S. 239.

9 Vgl. Bundesarchiv-Militärisches Zwischenarchiv Potsdam (BA-MZwA), WF 10/2859, Bl. 648.

10 Vgl. Zeidler, Manfred: Kriegsende im Osten. Die Rote Armee und die Besetzung Deutschlands östlich von Oder und Neiße 1944/45. München 1996, S. 81.

11 In der Heeresgruppe Mitte unter Generaloberst Reinhardt standen der Roten Armee die 3. Panzerarmee (Generaloberst Raus), die 4. Armee (General Hoßbach) und die 2. Armee (Generaloberst Weiß) gegenüber.

12 Vgl. Schön, Heinz: Ostsee'45. Menschen, Schiffe, Schicksale. Stuttgart 1998, bes. S. 65–318.

13 Zit. nach Domarus: Hitler ..., S. 2191.
Auch wenn die Propaganda verkündete, daß der Feind »nur noch die Trümmer des Denkmals« vorgefunden habe, so waren mangels Sprengstoff lediglich zwei der acht Türme gesprengt worden. Der Rest wurde nach Kriegsende bis in die 1980er Jahre hinein durch Polen abgetragen. Die Särge aus dem Ehrenmal waren in den Hafen von Pillau gebracht, dort auf die mit über 3500 Flüchtlingen vollbelegte MS »Pretoria« geladen und nach Stettin verschifft worden. Von dort gelangten sie nach Potsdam, in den bombensicheren Bunker der Luftwaffenführung, wo seit April 1943 bereits die Särge Friedrichs II. und seines Vaters, Friedrichs Wilhelm I., lagerten. Um sie vor dem Zugriff der nahenden Sowjets zu retten, »reisten« die vier Särge von ihr aus gemeinsam auf wundersamen Pfaden bis nach Marburg, wo Hindenburg samt Gattin Gertrud 1946 die (bis heute) letzte Ruhestätte fanden. Friedrich und seinen Vater brachte man 1952 vorerst auf das Stammschloß der Hohenzollern bei Hechingen in Württemberg, bis sie 1991 wieder nach Potsdam überführt wurden.

14 Vgl. Max Willbudies: Die Masurenflotille. In Angerburg Archiv, VI-H/7, S. 4.

15 Vgl. Schreiben Friedrich Hoßbachs vom 7. Juli 1970. In Angerburg-Archiv, S. 1, sowie Pfeiffer, Erich: Der Kreis Angerburg. Rothenburg/Wümme 1973, S. 666.

16 Frau Kluge: Die Flucht. In Angerburg-Archiv, Nr. L1112, S. 2.

17 Dieckert, Kurt; Grossmann, Norbert: Der Kampf um Ostpreußen. Stuttgart 1976, S. 115.

18 Befehl des Chefs des OKW, Generalfeldmarschall Keitel, vom 22. November 1944 (Nr. 101/44), der einen schriftlich niedergelegten Sprengkalender beinhaltete, welcher – »verschlossen und versiegelt« in der Feste Boyen bei Lötzen aufbewahrt – erst auf »besonders erteilten« Befehl in Gang gesetzt werden durfte. Als Vorbereitungszeit für die Sprengung der »Wolfsschanze«, Deckname »Inselsprung«, waren 24 Stunden veranschlagt worden. In BAMZwA, WF 10/2859, Bl. 648.

19 Bericht Schlegel. In Angerburg-Archiv, Nr. L 1112, S. 1.

20 Erlebnisbericht Nr. 24. In Ehemaliges Bundesministerium für Vertriebene, Flüchtlinge und Kriegsgeschädigte (Hrsg.): Die Vertreibung der deutschen Bevölkerung aus den Gebieten östlich der Oder-Neiße. Eine Dokumentation. Bd. I, Augsburg 1993, S. 99.

21 Wegemann, Günther (Hrsg.): Das Oberkommando der Wehrmacht gibt bekannt ... Der deutsche Wehrmachtsbericht. Osnabrück 1982, S. 417.

22 Schramm, Percy E. (Hrsg.): Kriegstagebuch des OKW 1941–1945. München 1980 (im folgenden als KTB mit Jahresangabe). Hier: KTB 1945, Bd. II, S. 1055.

23 Dodo Freiherr von und zu Knyphausen, Eigentümer des Gutes Görlitz. In Grenz, Rudolf: Der Kreis Rastenburg. Ein ostpreußisches Dokumentarwerk. Marburg/Lahn 1976, S. 152f.

24 Wegemann: Das Oberkommando ..., S. 419f.

25 Siehe Bergau, Martin: Todesmarsch zur Bernsteinküste. Das Massaker an Juden im ostpreußischen Palmnicken im Januar 1945. Zeitzeugen erinnern sich. Heidelberg 2006; Kossert, Andreas: »Endlösung on the ›Amber Shore‹«: The Massacre in January 1945 on the Baltic Seashore – A Repressed Chapter of East Prussian History. In Leo Baeck Institute Year Book XLIX/2004, S. 3–21.

26 Vgl. Schön: Ostsee'45 ..., S. 115–243.

27 Grenz: Der Kreis Rastenburg ..., S. 199.

28 Sieg, Martin: Im Schatten der Wolfsschanze. Hitlerjunge auf der Suche nach Sinn. Autobiographische Skizze eines Zeitzeugen. Münster 1997, S. 97.

29 Zur Mentalität der Sowjetsoldaten siehe Merridale, Catherine: Iwans Krieg – Die Rote Armee 1939 bis 1945. Frankfurt/Main 2006, bes. S. 335–357.

30 Vgl. Grenz: Der Kreis Rastenburg ..., S. 457.

31 Zit. nach Zeidler: Kriegsende ..., S. 153.

32 Die drei größten Lager, hauptsächlich für die bis zu 250000 deutschen Kriegsgefangenen aus dem ostpreußisch-kurländischen Kampfraum, befanden sich in der Georgenburg (bei Insterburg), Königsberg (Kanonenweg [heute: Artillerijskaja]) und Deutsch-Eylau. Etwa 42000 der Inhaftierten fanden in den Sammellagern bzw. auf ihrem Transport dorthin den Tod. Knapp 100000 wurden in das Innere der UdSSR geschafft, der

Rest blieb in den Lagern der Region. Im »ostdeutsch-polnischen« Raum starben etwa 100 000 der ca. 800 000 Gefangenen vor dem Abtransport in die SU; 600 000 wurden in Lager in der UdSSR deportiert, 30 000 als arbeitsunfähig entlassen, ca. 70 000 polnischem Gewahrsam übergeben (bis 1950 kam jeder fünfte davon in polnischen Lagern um). Vgl. Zeidler: Kriegsende ..., S. 179, sowie Erlebnisbericht Nr. 140. In Bundesministerium: Die Vertreibung ..., Bd. II, S. 11 f. Der Verfasser des Berichtes wurde am 1. Februar gefangengenommen, in das Sammellager nach Rastenburg verbracht, daraufhin zunächst auf litauisches Gebiet und bald weiter bis in ein Zwangsarbeiterlager im Ural transportiert.

33 Major Bernd Freytag von Loringhoven, Adjutant von General Krebs, am 13. März 1948 (Musmanno Papers). In Joachimsthaler, Anton: Hitlers Ende. Legenden und Dokumente. Augsburg 1998, S. 118.

34 Fest, Joachim C.: Hitler. Eine Biographie. Frankfurt/Main, Berlin 1973, S. 992 f.

35 Nach dem Muster der U-Boot-Bunker an der Atlantik- und Nordseeküste sollten beispielsweise sechs unterirdische Flugzeugfabriken, unter anderem bei Landsberg am Lech und Ahrweiler bei Bonn, erbaut werden.

36 Below, Nicolaus von: Als Hitlers Adjutant 1937–45. Mainz 1980, S. 367.

37 Schreiben vom 24. August 1944. In Bundesarchiv-Militärarchiv Freiburg (BA-MA), RW 47/v. 2, Bl. 4.

38 Speer, Albert: Erinnerungen. Frankfurt/Main 1969, S. 547, Anm. 7.

39 In seinem Schreiben vom 24. August 1944 hatte Kommandant Streve abschließend vermerkt: »Neue FHQu-Unterkunft im Raume Mitteldeutschland Thüringen und Harz. Es ist ein Führerentscheid herbeizuführen, ob in diesem Raum eine neue FHQu-Unterkunft zu errichten ist.« In BA-MA, RW 47/v. 2, Bl. 5.
Die (konkreten) Planungen für das Riesenprojekt »Olga« dürften damit frühestens Ende August/Anfang September und dadurch in höchster Eile erfolgt sein.

40 Vgl. Remdt, Gerhard; Wermusch, Günter: Rätsel Jonastal. Die Geschichte des letzten »Führerhauptquartiers«. Berlin 1992, S. 39.

41 Haase, Günther: Kunstraub und Kunstschutz. Eine Dokumentation. Hamburg 1991, S. 172.

42 Vgl. Brunzel, Ulrich: Hitlers Geheimobjekte in Thüringen. Zella-Mehlis, Meiningen 1997, S. 32–35.

43 Vgl. Schulz: Drei Jahre in der Nachrichtenzentrale ..., S. 203, 206.

44 KTB 1945, Bd. II, S. 1702.

45 Zit. nach Joachimsthaler: Hitlers Ende ..., S. 140.

46 Vgl. Fest: Hitler ..., S. 1003–1007.

47 Zit. nach Joachimsthaler: Hitlers Ende ..., S. 282 f.

48 KTB 1945, Bd. II, S. 1721.

»Wolfsschanze« – von Hitlers Machtzentrale zum Freizeitpark

1 Die Curzon-Line, benannt nach ihrem Schöpfer, dem britischen Außenminister George Nathaniel Curzon (1919–1924), war eine als Ostgrenze bereits für den polnischen Staat der Zwischenkriegszeit 1920 verbindlich festgelegte und vermeintlich ethnisch motivierte Demarkationslinie, die östlich der Bahnlinie Dünaburg–Wilna–Grodno nach Brest-Litowsk, von dort längs des Bug bis Krylow, quer durch Galizien über Rawa-Ruska und Przemysl bis an die Ostbiskiden verlief. Marschall Piłsudski hatte das seinerzeit anders gesehen und eine ihm angemessener scheinende Grenzziehung erfochten.

2 Das polnisch besetzte Wilna-Gebiet hatte Stalin bereits nach dem 1939er Einmarsch der Roten Armee in »ihren« Teil Polens dem damals noch unabhängigen Litauen überlassen – unter der ultimativen Bedingung, auf dessen Territorium Militärstützpunkte einrichten zu können.

3 Zugleich wurden von Ende 1944 bis August 1946 fast eine halbe Million Ukrainer, die in den Grenzen des neuen polnischen Staates lebten, zwangsweise in die UdSSR gebracht, nachdem sie die Einladung zur freiwilligen Übersiedlung seitens der Sowjetukraine abgelehnt hatten.

4 Zit. nach Zeidler, Manfred: Kriegsende im Osten. Die Rote Armee und die Besetzung Deutschlands östlich von Oder und Neiße 1944/45. München 1996, S. 59.

5 Zit. nach Joachimsthaler, Anton: Hitlers Ende. Legenden und Dokumente. Augsburg 1998, S. 113.

6 Potsdamer Abkommen und andere Dokumente. Berlin 1951, S. 23–28.

7 Es muß Pläne gegeben haben, auch den übrigen Teil Nord-Ostpreußens der Litauischen SSR zu überlassen, denn im November 1944 erhielt der Lehrstuhl für Geographie der Universität Wilna den Auftrag, eine Landkarte mit (neuen) litauischen Toponymen für dieses Gebiet anzufertigen. Doch schon im Januar 1945, noch vor der Einnahme der Stadt Memel, wurde aus Moskau mitgeteilt, daß sich die Angelegenheit erübrigt habe. Vgl. Kibelka, Ruth: Wolfskinder. Grenzgänger an der Memel. Berlin 1996, S. 11.

8 Polen hatte mit dem »Wiedergewinn« dieser Gebiete den Verlauf seiner Westgrenze zu Zeiten der Piasten, um das Jahr 1000, zurückerlangt und konnte so eine Kontinuität proklamieren, die die deutsche »Interimszeit« von über 800 Jahren allzu gern ausblendete. Schon in der Zwischenkriegszeit hatte sich Piłsudkis bürgerlicher Gegenspieler, der Nationaldemokrat Roman Dmowski, für eine solche »piastische« Lösung stark gemacht.

Doch der Marschall hatte sich mit seinen »jagiellonischen« Vorstellungen, dem polnischen Landgewinn im Osten, weitgehend durchgesetzt, auch wenn der erzielte Grenzkompromiß für den Staat Polen 1919–1939 keine der beiden Seiten befriedigte.

9 In Ehemaliges Bundesministerium für Vertriebene, Flüchtlinge und Kriegsgeschädigte (Hrsg.): Die Vertreibung der deutschen Bevölkerung aus den Gebieten östlich der Oder-Neiße. Eine Dokumentation. Bd. III, Augsburg 1993, S. 293–296. Vgl. Zeidler: Kriegsende…, S. 200–203.

10 In einer »Bekanntmachung fuer die deutsche Bevoelkerung« der »Stadthauptmannschaft« Allenstein vom 14. Oktober 1945 hieß es nachgerade zynisch: »Im Interesse aller Deutschen rufen wir die deutsche Bevölkerung auf, sich am 18. Oktbr. 1945 zur freiwilligen Abreise nach Deutschland in dem Barackenlager Karl Roenschstr. um 7 Uhr zu melden. Falls dieser Befehl nicht ausgeführt wird, kommen alle Deutschen in ein Straflager.« Faksimile abgedruckt in Osteroder Zeitung 84/1995, S. 326.

11 Bundesministerium: Die Vertreibung…, Bd. III, S. 488 f., 495 f.

12 Ebenda, S. 225 f. Die übrigen ostpreußischen Kreise schloß man zunächst der Bialystoker bzw. Danziger Woiwodschaft an. Nach der 1975er Gebietsreform, bei der die Kreise aufgelöst und 49 Woiwodschaften geschaffen wurden, gehörten diese ehemaligen Kreise zur Elbinger und Suwalker Woiwodschaft. Mit der Verwaltungsreform, die am 1. Januar 1999 in Kraft trat, wurde die Zahl der polnischen Woiwodschaften auf 16 reduziert und das südliche Ostpreußen mit allen seinen ehemaligen Kreisen wieder zu einer Verwaltungseinheit zusammengefügt, der Woiwodschaft Ermland und Masuren. Sie umfaßt die beiden kreisfreien Städte Allenstein und Elbing sowie 17 Kreise mit zusammen 116 Gemeinden.

13 Vgl. Mündliche Mitteilung Tadeusz Korowej, Leiter des Rastenburger Museums in der ehemaligen Ordensburg, vom 14. März 1999, sowie Lexikon A–Z in zwei Bänden. Bd. I, Leipzig 1956, S. 919.

14 Boockmann, Hartmut: Deutsche Geschichte im Osten Europas. Ostpreußen und Westpreußen. Berlin 1995, S. 420.
Adalbert von Winkler (1838–1918), langjähriger Direktor des Ossoliński-Nationalinstituts in Lemberg, Mitglied der Akademie der Wissenschaften zu Krakau und Gelehrter in verschiedenen Städten, unter ihnen Breslau, Sankt Petersburg und Wien. Winkler hatte von 1855 bis 1859 das Rastenburger Gymnasium besucht.
Der Name Kętrzyn war 1946 Teil einer eindeutig ideologisch motivierten Umbenennungswelle im polnisch verwalteten Bereich des ehemaligen Ostpreußen: Das frühere Lötzen, das im Polnischen eigentlich Lec hieß und seit 1945 Łuczany geheißen hatte, erhielt den Namen Giżycko – zu Ehren von Gustaw Gizewiusz (1810–1848), eines Kämpfers für ein polnisches Masuren. Das vormalige Sensburg, polnisch Żądzbork, wurde in Mrągowo umbenannt – nach Krzystof Celestyn Mrongowiusz (1764–1855), einem Pädogogen und Fürsprecher des Polentums in Preußen.

15 Mündliche Mitteilung Herbert Brosch vom 16. September 1998. Vgl. zum folgenden Malecki, Andrzej: Reiseführer Wolfsschanze. Kętrzyn 1981, S. 11.

16 Schriftlicher Bericht Friedrich Huf vom Februar 1997. In Szynkowski, Jerzy: Das Führerhauptquartier (FHQu.) Wolfsschanze. Kętrzyn 1998, S. 225 f.

17 Vgl. Volksblatt vom 20. September 1957.

18 Grenz, Rudolf: Der Kreis Rastenburg. Ein ostpreußisches Dokumentarwerk. Marburg/Lahn 1976, S. 447.

19 Vgl. Die Zeit vom 24. Juni 1994.

20 Vgl. Die Welt vom 30. Dezember 1992.

21 Vgl. Frankfurter Rundschau vom 3. August 1992.

Momentaufnahme II – Touristenattraktion »Wolfsschanze« 1999/2006

1 Homepage des Verbandes: http://www.vdgeo.vdg.pl.

2 So in der Ankündigung von Phoenix zu »Besuch bei Herrn Hitler. Ein Tag im Führerhauptquartier ›Wolfsschanze‹«, ein Film von Lutz G. Wetzel, 2002.

Bibliographie

Aly, Götz: »Endlösung«. Völkerverschiebung und der Mord an den europäischen Juden. Frankfurt/Main 1995.

Ders.: Hitlers Volksstaat. Raub, Rassenkrieg und nationaler Sozialismus. Frankfurt/Main 2005.

Angrick, Andrej: Besatzungspolitik und Massenmord. Die Einsatzgruppe D in der südlichen Sowjetunion 1941–1943. Hamburg 2003.

Angrick, Andrej; Klein, Peter: Die »Endlösung« in Riga. Ausbeutung und Vernichtung 1941–1944. Darmstadt 2006.

Arnold, Dietmar: Neue Reichskanzlei und »Führerbunker«. Legenden und Wirklichkeit. Berlin 2005.

Baier, Roland: Der deutsche Osten als soziale Frage. Eine Studie zur preußischen und deutschen Siedlungs- und Polenpolitik in den Ostprovinzen während des Kaiserreichs und der Weimarer Republik. Diss., Köln, Wien 1980.

Barran, Fritz R.: Städte-Atlas Ostpreußen. Leer 1994.

Baur, Hans: Ich flog Mächtige der Erde. Kempten 1962.

Ders.: Mit Mächtigen zwischen Himmel und Erde. Oldendorf 1971.

Bednarz, Klaus: Fernes nahes Land. Begegnungen mit Ostpreußen. Hamburg 1995.

Below, Nicolaus von: Als Hitlers Adjutant 1937–45. Mainz 1980.

Bentzien, Hans: Claus Schenk Graf v. Stauffenberg. Der Täter und seine Zeit. Hannover 1997.

Benz, Wolfgang (Hrsg.): Die Vertreibung der Deutschen aus dem Osten. Ursachen, Ereignisse, Folgen. Frankfurt/Main 1995.

Ders.; Graml, Hermann; Weiß, Hermann (Hrsg.): Enzyklopädie des Nationalsozialismus. München 1998.

Bergau, Martin: Todesmarsch zur Bernsteinküste. Das Massaker an Juden im ostpreußischen Palmnicken im Januar 1945. Zeitzeugen erinnern sich. Heidelberg 2006.

Beton und Eisen. Internationales Organ für Betonbau. Jahrgang 1942.

Blücher, Wilpert von: Gesandter zwischen Diktatur und Demokratie. Wiesbaden 1951.

Bock, Ernst Ludwig: Der letzte Tag. Berlin 1986.

Böhler, Jochen: Auftakt zum Vernichtungskrieg – Die Wehrmacht in Polen 1939. Frankfurt/Main 2006.

Böhm, Klaus: Die Organisation Todt im Einsatz 1939–1945. Dargestellt nach Kriegsschauplätzen auf Grund von Feldpostnummern. Osnabrück 1987.

Boockmann, Hartmut: Deutsche Geschichte im Osten Europas. Ostpreußen und Westpreußen. Berlin 1995.

Borchardt, Hans Dieter: Tannenberg und Wolfsschanze. Ein militärhistorischer Reiseführer. Berlin 2006.

Borchert, Friedrich: Burgenland Preußen. Die Wehrbauten des Deutschen Ordens und ihre Geschichte. München, 1987.

Borrmann, Martin: Ostpreußen. Berichte und Bilder. 1935.

Bracher, Karl Dietrich: Die deutsche Diktatur. Frankfurt/Main, Wien, Zürich 1984.

Ders.; Funke, Manfred; Jacobsen, Hans-Adolf (Hrsg.): Nationalsozialistische Diktatur. Eine Bilanz. Bonn 1986.

Bradley, Dermot; Schulze-Krossens, Richard (Hrsg.): Tätigkeitsbericht des Chefs des Heerespersonalamtes General der Inf. Rudolf Schmundt. Fortgeführt von General der Inf. Wilhelm Burkdorf. 1.10.1942–29.10.44. Osnabrück 1984.

Braumüller, Bernd; Pfeiffer, Erich; Milthaler, Friedrich-Karl: Heimat am Mauersee. Rothenburg/Wümme 1978.

Breitmann, Richard: Der Architekt der »Endlösung«. Himmler und die Vernichtung der europäischen Juden. Paderborn, München, Wien, Zürich 1996.

Browning, Christopher R.: Judenmord. NS-Politik, Zwangsarbeit und das Verhalten der Täter. Frankfurt/Main 2001.

Buchbender, Ortwin; Sterz, Reinhold: Das andere Gesicht des Krieges. München 1983.

Buck, Gerhard: Das Führerhauptquartier. Seine Darstellung in der deutschen Literatur. Stuttgart 38/1966.

Ders. (Hrsg.): Das Führerhauptquartier 1939–1945. Leoni am Starnberger See 1977.

Bullock, Alan: Hitler und Stalin. Parallele Leben. Berlin 1991.

Ehemaliges Bundesministerium für Vertriebene, Flüchtlinge und Kriegsgeschädigte (Hrsg.): Die Vertreibung der deutschen Bevölkerung aus den Gebieten östlich der Oder-Neiße. Eine Dokumentation. 3 Bde. Augsburg 1993.

Burk, Kurt: Die deutschen Landesbefestigungen im Osten 1919–45. Osnabrück 1993.

Carell, Paul: Unternehmen Barbarossa. Berlin 1998.

Chaussy, Ulrich; Püschner, Christoph: Nachbar Hitler. Führerkult und Heimatzerstörung am Obersalzberg. Berlin 2005.

Demandt, Alexander (Hrsg.): Deutschlands Grenzen in der Geschichte. München 1993.

Demps, Laurenz: Berlin-Wilhelmstraße. Eine Topographie preußisch-deutscher Macht. Berlin 1996.

Dethlefsen, Richard: Das schöne Ostpreußen. München 1916.

Dickert, Kurt; Grossmann, Norbert: Der Kampf um Ostpreußen. Stuttgart 1994.

Dietrich, Otto: Zwölf Jahre mit Hitler. München 1955.

Domarus, Max: Hitler. Reden und Proklamationen 1932–1945. 2 Bde. München 1965.

Dönhoff, Marion Gräfin: Namen, die keiner mehr nennt. Ostpreußen – Menschen und Geschichte. München 1972.

Ekdahl, Sven: Die Schlacht bei Tannenberg. Quellenkritische Untersuchungen. Bd. I: Einführung und Quellenlage. Berlin 1982.

Esser, Brigitte; Venhoff, Michael: Die Chronik des Zweiten Weltkrieges. Augsburg 1997.

Fest, Joachim C.: Hitler. Eine Biographie. Frankfurt/Main, Berlin, Wien 1974.
Ders.: Speer. Frankfurt/Main 2001.
Ders.: Staatsstreich. Der lange Weg zum 20. Juli. Berlin 1997.
Festschrift zur 600-Jahrfeier der Stadt Rastenburg. 17., 18. und 19. August 1929.
Finker, Kurt: Stauffenberg und der 20. Juli 1944. Berlin (Ost) 1975.
Ders.; Busse, Annerose: Stauffenberg und der 20. Juli 1944. Berlin (Ost) 1984.
Fisch, Bernhard: Nemmersdorf, Oktober 1944. Was in Ostpreußen wirklich geschah. Berlin 1997.
Fleming, Gerald: Hitler und die Endlösung, Frankfurt/Main, Wien 1987.
Foedrowitz, Michael: Bunkerwelten. Luftschutzanlagen in Norddeutschland. Berlin 1998.
Förster, Otto-Wilhelm: Das Befestigungswesen. Neckargemünd 1960.
Foerster, Roland G. (Hrsg.): Unternehmen Barbarossa. München 1993.
Forschungsstelle für Zeitgeschichte in Hamburg (Hrsg.): Der Dienstkalender Heinrich Himmlers 1941/42. Hamburg 1999.
Frank, Hans: Im Angesicht des Galgens. Deutung Hitlers und seiner Zeit auf Grund eigener Erlebnisse und Erkenntnisse. München 1953.
Friedrich, Jörg: Der Brand. Deutschland im Bombenkrieg 1939–1945. Berlin 2002.
Fröhlich, Elke (Hrsg.): Die Tagebücher von Joseph Goebbels. Teil I: Aufzeichnungen 1923–1941, 9 Bde. München 1998–2006.
Dies. (Hrsg.): Die Tagebücher von Joseph Goebbels. Teil II: Diktate 1941–1945, 15 Bde. München 1993–1997.
Der Frontarbeiter OT. Jahrgänge 1941–44.

Gautschi, Andreas: Der Reichsjägermeister. Fakten und Legenden um Hermann Göring. Hansted 2000.
Georgi, Friedrich: Wir haben das letzte gewagt. Freiburg 1990.
Gerlach, Christian: Krieg, Ernährung, Völkermord. Forschungen zur deutschen Vernichtungspolitik im Zweiten Weltkrieg. Hamburg 1998.
Ders.: Kalkulierte Morde. Die deutsche Wirtschafts- und Vernichtungspolitik in Weißrußland 1941 bis 1944. Hamburg 1999.
Ders.; Aly, Götz: Das letzte Kapitel. Der Mord an den ungarischen Juden. Stuttgart 2002.
Giesler, Hermann: Ein anderer Hitler. Bericht eines Architekten. Leoni am Starnberger See 1978.
Giordano, Ralph: Ostpreußen ade. Reise durch ein melancholisches Land. Frankfurt/Main 1994.
Ders.: Wenn Hitler den Krieg gewonnen hätte. Die Pläne der Nazis nach dem Endsieg. Berlin (Ost) 1990.
Görlitz, Walter: Adolf Hitler. Göttingen, Zürich, Frankfurt/Main 1971.
Ders. (Hrsg.): Generalfeldmarschall Keitel – Verbrecher oder Offizier? Göttingen, Berlin, Frankfurt/Main 1961.
Ders.: Kleine Geschichte des deutschen Generalstabes. Berlin 1967.
Gornig, Gilbert: Das Memelland. Gestern und heute. Eine historische und rechtliche Betrachtung. Bonn 1991.
Gottwaldt, Alfred; Schulle, Diana: Die »Judendeportationen« aus dem Deutschen Reich 1941–1945. Wiesbaden 2005.
Graml, Heinrich: Reichskristallnacht, Antisemitismus und Judenverfolgung im Dritten Reich. München 1998.
Grenz, Rudolf: Der Kreis Rastenburg. Ein ostpreußisches Dokumentarwerk. Marburg/Lahn 1976.
Groehler, Olaf: Bombenkrieg gegen Deutschland. Berlin 1990.
Grube, Frank; Richter, Gerhard: Flucht und Vertreibung. Hamburg 1980.
Guide to Hitlers Headquarters. After the battle Sonder-Bd. 19/1977.
Guttzeit, Emil Johannes: Ostpreußen in 1440 Bildern. Leer 1996.

Haase, Günther: Kunstraub und Kunstschutz. Eine Dokumentation. Hamburg 1991.
Hagen, Hans W.: Zwischen Eid und Befehl. Tatzeugen-Bericht von den Ereignissen am 20. Juli 1944. München 1959.
Hamburger Institut für Sozialforschung (Hrsg.): Verbrechen der Wehrmacht. Dimensionen des Vernichtungskrieges 1941–1945. Hamburg 2002.
Hammerstein, Kunrat Freiherr von: Flucht. Aufzeichnungen nach dem 20. Juli. Olten, Freiburg i. Br. 1966.
Hartung'sche Verlagsdruckerei (Hrsg.): Masuren. Ein Wegweiser durch das Seengebiet und seine Nachbarschaft. Königsberg 1930.
Haus der Geschichte der Bundesrepublik Deutschland (Hrsg.): Annäherungen. Deutsche und Polen 1945–1995. Düsseldorf 1996.
Heiber, Helmut: Adolf Hitler. Eine Biographie. Berlin 1960.
Ders.: Goebbels Reden. 1932–1945. 2 Bde. München 1971.
Ders. (Hrsg.): Hitlers Lagebesprechungen. Die Protokollfragmente seiner militärischen Konferenzen 1942–1945. Stuttgart 1962.
Ders.; Institut für Zeitgeschichte (Hrsg.): Akten der Parteikanzlei der NSDAP. München 1983.
Heim, Susanne; Aly, Götz: Vordenker der Vernichtung. Auschwitz und die deutschen Pläne für eine europäische Ordnung. Hamburg 1991.
Herbert, Ulrich: Nationalsozialistische Vernichtungspolitik 1939–1945. Frankfurt/Main 1998.
Hermanowski, Georg: Ostpreußen. Wegweiser durch ein unvergessenes Land. Augsburg 1996.
Herwarth, Hans von: Zwischen Hitler und Stalin. Erlebte Zeitgeschichte 1931–1945. Frankfurt/Main, Berlin 1989.

Herz, Rudolf: Hoffmann und Hitler. Fotografie als Medium des Führer-Mythos. München 1994.
Hilberg, Raul: Die Vernichtung der europäischen Juden. 3 Bde. Frankfurt/Main 1990.
Hillgruber, Andreas: Hitlers Strategie 1940/41. Frankfurt/Main 1965.
Ders. (Hrsg.): Staatsmänner und Diplomaten bei Hitler. Vertrauliche Aufzeichnungen über Unterredungen mit Vertretern des Auslandes. 1939–1944. 2 Bde. Frankfurt/Main 1967, 1970.
Hirsch, Helga: Die Rache der Opfer. Deutsche in polnischen Lagern 1944–1950. Berlin 1998.
Hoffmann, Peter: Die Sicherheit des Diktators. Hitlers Leibwachen, Schutzmaßnahmen, Residenzen, Hauptquartiere. München, Zürich 1975.
Ders.: Claus Schenk Graf von Stauffenberg und seine Brüder. Stuttgart 2004.
Ders.: Stauffenberg und der 20. Juli 1944. München 1998.
Ders.: Widerstand gegen Hitler. Das Attentat vom 20. Juli 1944. München 1979.
Ders.: Widerstand – Staatsstreich – Attentat. München, 1970.
Holmsten, Georg: Deutschland, Juli 1944. Düsseldorf 1982.
Hoßbach, Friedrich: Schlacht um Ostpreußen. Überlingen/Bodensee 1951.
Hubatsch, W. (Hrsg.): Hitlers Weisungen für die Kriegsführung 1939–45. Dokumente des Oberkommandos der Wehrmacht. Frankfurt/Main 1962.

Jacobsen, Hans-Adolf: 1939–45. Der Zweite Weltkrieg in Chronik und Dokumenten. Darmstadt 1959.
Jähnig, Bernhart; Spieler, Silke: Das Königsberger Gebiet im Schnittpunkt deutscher Geschichte und in seinen europäischen Bezügen. Bonn 1993.
Joachimsthaler, Anton: Hitlers Ende. Legenden und Dokumente. München 2004.
Jochmann, Werner (Hrsg.): Adolf Hitler. Monologe im Führerhauptquartier 1941–1944. Die Aufzeichnungen Heinrich Heims. Hamburg 1980.

Kaden, Helma; Nestler, Ludwig (Hrsg.): Dokumente des Verbrechens. Aus den Akten des Dritten Reiches 1933–45. Berlin 1993.
Kaemmerer, M.: Ortsnamenverzeichnis der Ortschaften jenseits von Oder und Neiße. Leer 1988.
Kaiser, Gerhard: Sperrgebiet. Die geheimen Kommandozentralen in Wünsdorf seit 1871. Berlin 1998.
Kaiser, Wolf (Hrsg.): Täter im Vernichtungskrieg. Der Überfall auf die Sowjetunion und der Völkermord an den Juden. Berlin, München 2002.
Kampe, Hans-Georg: Deckname »Zeppelin«. Die Bunker im Hauptquartier des Oberkommandos des Heeres in Zossen. Berlin 1997.
Kehrl, Hans: Krisenmanager im Dritten Reich. 6 Jahre Frieden – 6 Jahre Krieg. Erinnerungen. Düsseldorf 1973.
Kellerhoff, Sven Felix: Mythos Führerbunker. Hitlers letzter Unterschlupf. Berlin 2003.
Kershaw, Ian: Hitler. Bd. I: 1889–1936, Bd. II: 1936–1945, Stuttgart 1998, 2000.
Kibelka, Ruth (Hrsg.): Auch wir sind Europa. Zur jüngeren Geschichte und aktuellen Entwicklung des Baltikums – Baltische Pressestimmen und Dokumente. Berlin 1991.
Dies.: Wolfskinder. Grenzgänger an der Memel. Berlin 1996.
Klee, Ernst; Dreßen, Willi (Hrsg.): »Gott mit uns«. Der deutsche Vernichtungskrieg im Osten 1939–1945. Frankfurt/Main 1989.
Klein, Peter (Hrsg.): Die Einsatzgruppen in der besetzten Sowjetunion 1941/42. Die Tätigkeits- und Lageberichte des Chefs der Sicherheitspolizei und des SD. Berlin 1997.
Kirstein, Emma: Aus schwerer Zeit. Tagebuch – Ostpreußen 1945. Bonn 1997.
Knopf, Volker; Martens, Stefan: Görings Reich. Selbstinszenierungen in Carinhall. Berlin 2006.
Kobylitinska, Ewa; Lawaty, Andreas; Stephan, Rüdiger (Hrsg.): Deutsche und Polen. 100 Schlüsselbegriffe. München, Zürich 1993.
Korpalski, Edward (Hrsg.): Das Führerhauptquartier im Bild. Kętrzyn 1997.
Kossert, Andreas: »Endlösung on the ›Amber Shore‹«: The Massacre in January 1945 on the Baltic Seashore – A Repressed Chapter of East Prussian History. In Leo Baeck Institute Year Book XLIX/2004, S. 3–21.
Ders.: Masuren. Ostpreußens vergessener Süden. Berlin 2001.
Ders.: Ostpreußen. Geschichte und Mythos. München 2005.
Kotze, Hildegard von (Hrsg.): Heeresadjutant bei Hitler. 1938–1943. Aufzeichnungen des Major Engel. Schriftenreihe der Vierteljahreshefte für Zeitgeschichte Nr. 29. Stuttgart 1974.
Kramarz, Joachim: Claus Graf Stauffenberg. Der Mann des Widerstandes gegen Hitler. München 1965.
Kranz, Tomasz: Eksterminacja Żydów na Majdanku i Rola Obożu w Realizacji »Akcji Reinhardt«. In Zeszyty Majdaneka XXII/2003, S. 7–55.
Krockow, Christian von: Begegnung mit Ostpreußen. Stuttgart 1994.
Kwiet, Konrad: Rehearsing for Murder: The Beginning of the Final Solution in Lithuania in June 1941. In Holocaust and Genocide Studies (1998), Nr. 12, Bd. 1, S. 3–26.

Lachauer, Ulla: Ostpreußische Lebensläufe. Reinbek 1998.
Lang, Jochen von: Der Adjutant. Karl Wolff: der Mann zwischen Hitler und Himmler. München 1985.
Ders.: Der Sekretär. Martin Bormann: der Mann, der Hitler beherrschte. München, Berlin 1977.
Lange, Eitel: Der Reichsmarschall im Kriege. Stuttgart 1950.

Lasch, Otto: So fiel Königsberg. Stuttgart 1976.
Lehndorff, Hans Graf von: Ostpreußisches Tagebuch. München 1961.
Leyen, Ferdinand Prinz v.d.: Rückblick zum Mauerwald. Vier Kriegsjahre im Oberkommando des Heeres. München 1965.
Lill, Rudolf; Oberreuther, Heinrich (Hrsg.): 20. Juli. Portrait des Widerstandes. Düsseldorf, Wien 1984.
Linge, Heinz: Bis zum Untergang. München, Berlin 1980.
Loßberg, Bernhard von: Im Wehrmachtführungsstab. Bericht eines Generalstabsoffiziers. Hamburg 1950.
Ludwig, Karl-Heinz: Technik und Ingenieure im Dritten Reich. Düsseldorf 1974.
Luftwaffenkommando Südost (Hrsg.): Richtlinien für Bau und Führung der Flugplätze. Berlin 1944.

Mader, Julius: Hitlers Spionagegenerale sagen aus. Berlin (Ost) 1983.
Malecki, Andrzej: Reiseführer Wolfsschanze. Kętrzyn 1981.
Mammach, Klaus: Widerstand 1939–1945. Berlin 1987.
Manstein, Erich von: Verlorene Siege. München 1979.
Martens, Stefan: Hermann Göring. »Erster Paladin des Führers« und »Zweiter Mann im Reich«. Paderborn 1985.
Maser, Werner (Hrsg.): Wilhelm Keitel – Mein Leben. Pflichterfüllung bis zum Untergang. Hitlers Generalfeldmarschall und Chef des Oberkommandos der Wehrmacht in Selbstzeugnissen. Berlin 1998.
Matern, Norbert: Ostpreußen, als die Bomben fielen. Düsseldorf 1986.
Melnikow, Daniil: 20. Juli 1944. Legende und Wirklichkeit. Berlin (Ost) 1964.
Merridale, Catherine: Iwans Krieg – Die Rote Armee 1939 bis 1945. Frankfurt/Main 2006.
Meyers Reiseführer: Ostpreussen. Danzig. Memelgebiet. Leipzig 1931.
Meyhöfer, Max: Der Kreis Lötzen. Würzburg 1961.
Milward, Alan S.: Die deutsche Kriegswirtschaft 1939–1945. Stuttgart 1966.
Misch, Rochus: Der letzte Zeuge. »Ich war Hitlers Telefonist, Kurier und Leibwächter«. Zürich, München 2008.
Moll, Martin (Hrsg.): »Führer-Erlasse« 1939–1945. Stuttgart 1997.
Müller, Klaus-Jürgen: Armee, Politik und Gesellschaft in Deutschland 1933–1945. Paderborn 1986.
Müller, Rolf-Dieter unter Mitarbeit von Florian Huber und Johannes Eglau: Der Bombenkrieg 1939–1945. Berlin 2004.
Mueller-Hillebrand, Burkhart: Das Heer 1933–1945. Entwicklung des organisatorischen Aufbaues. 2 Bde. Darmstadt 1954, 1956.
Münchener Illustrierte Presse. Jahrgang 1944.
Münk, Dieter: Die Organisation des Raumes im Nationalsozialismus. Bonn 1993.
Murawski, E.: Der deutsche Wehrmachtbericht 1939–1945. Boppard, Boldt 1962.
Musial, Bogdan (Hrsg.): »Aktion Reinhardt«. Der Völkermord an den Juden im Generalgouvernement 1941–1944. Osnabrück 2004.

Neitzel, Sönke: Die deutschen U-Bootbunker und Bunkerwerften. Koblenz 1991.
Die Neue Reichskanzlei. Architekt Albert Speer. München 1940.
Neumärker, Uwe; Knopf, Volker: Görings Revier. Jagd und Politik in der Rominter Heide. Berlin 2007.
Nußbaum, Uwe: Brücke über die Ostsee. Der Seedienst Ostpreußen 1920–1944. Hamburg 1999.

Oberkommando des Heeres, GenSt. d. H., Gen. d. Pi. u. Fest. b. Ob. d. H., Abt. Auswertung fremder Landesbefestigungen (Hrsg.): Die Landesbefestigung. Vorläufige Erfahrungen aus dem Zweiten Weltkrieg. Berlin 1944.
Operation Foxley. The British Plan to kill Hitler. Richmond 1998.
Overy, Richard: Verhöre. Die NS-Elite in den Händen der Alliierten 1945. München 2002.

Patridge, Colin: Hitlers Atlantic Wall. Les Goddards 1976.
Pfeiffer, Erich: Der Kreis Angerburg. Rothenburg/Wümme 1973.
Picker, Henry: Hitlers Tischgespräche im Führerhauptquartier. Stuttgart 1976.
Piekalkiewicz, Janusz: Der Erste Weltkrieg. Augsburg 1998.
Ders.: Die Schlacht um Moskau. Die erfrorene Offensive. Augsburg 1998.
Potsdamer Abkommen und andere Dokumente. Berlin 1951.
Der Prozeß gegen die Hauptkriegsverbrecher vor dem Internationalen Militärgerichtshof Nürnberg 14. November 1945 bis 1. Oktober 1946. 42 Bde. Nürnberg 1947–49.

RAD-Traditionsgemeinschaft Ostpreußen (Hrsg.): Wir erinnern uns. Arbeitsdienst in Ostpreußen. Duisburg 1981.
Recker, Marie-Luise: Die Außenpolitik des Dritten Reiches. München 1990.
Reichel, Peter: Der schöne Schein des Dritten Reiches. Faszination und Gewalt des Faschismus. Frankfurt/Main 1994.
Reichsbahndirektion Königsberg (Pr.) und Danzig: Jahresfahrplan 1943. Danzig 1943.
Reichsminister der Luftfahrt und Oberbefehlshaber der Luftwaffe, Inspektion des Luftschutzes (Hrsg.): Bestimmungen für den Bau von Luftschutzbunkern. Berlin 1941.
Reif, Adelbert: Albert Speer. Kontroversen um ein deutsches Phänomen. München 1978.
Remdt, Gerhard; Wermusch, Günter: Rätsel Jonastal. Die Geschichte des letzten »Führerhauptquartiers«. Berlin 1992.

Rhode, Pierre; Sünkel, Werner: Wolfsschlucht 2. Autopsie eines Führerhauptquartiers. Leinburg 1995.
Rogall, Joachim (Hrsg.): Deutsche Geschichte im Osten Europas. Land der großen Ströme. Von Polen nach Litauen. Berlin 1996.
Roseman, Mark: Die Wannsee-Konferenz. Wie die NS-Bürokratie den Holocaust organisierte. München, Berlin 2002.
Rothkirchen, Livia: The Situation of Jews in Slovakia between 1939 and 1945. In Jahrbuch für Antisemitismusforschung (1998), Nr. 7, S. 46–70.

Schmidt, Matthias: Albert Speer. Das Ende eines Mythos. Speers wahre Rolle im Dritten Reich. München 1982.
Schmidt, Paul: Statist auf diplomatischer Bühne 1923–1945. Bonn 1953.
Schmidt-Hackenberg, Dietrich: 20. Juli 1944 – Das »gescheiterte« Attentat. Untersuchung eines geplanten Fehlschlags. Berlin 1996.
Schön, Heinz: Ostsee'45. Menschen, Schiffe, Schicksale. Stuttgart 1998.
Schöning, Herta; Tautorat, Hans-Georg: Die ostpreußische Tragödie 1944/45. Dokumentation des Schicksals einer deutschen Provinz und ihrer Bevölkerung. Leer 1985.
Schott, Franz Josef: Der Wehrmachtführungsstab im Führerhauptquartier 1939–1945. Diss., Bonn 1980.
Schramm, Percy E. (Hrsg.): Kriegstagebuch des Oberkommandos der Wehrmacht 1941–1945. 8 Bde. München 1982.
Schreiber, Gerhard: Deutsche Kriegsverbrechen in Italien. Täter, Opfer, Strafverfolgung. München 1996.
Schroeder, Christa: Er war mein Chef. Aus dem Nachlaß der Sekretärin von Adolf Hitler. München, Wien 1985.
Schulz, Alfons: Drei Jahre in der Nachrichtenzentrale des Führerhauptquartiers. Stein am Rhein 1996.
Seidler, Franz W.: Fritz Todt. Baumeister des Dritten Reiches. München, Berlin 1986.
Ders.: Die Organisation Todt. Bauen für Staat und Wehrmacht 1938–1945. Bonn 1998.
Ders.; Zeigert, Dieter: Die Führerhauptquartiere. Anlagen und Planungen im Zweiten Weltkrieg. München 2000.
Sieg, Martin: Im Schatten der Wolfsschanze. Hitlerjunge auf der Suche nach Sinn. Autobiographische Skizze eines Zeitzeugen. Münster 1997.
Simoneit, Max: Die Masurischen Seen. Reiseführer Lötzen. o. O. 1927 (Reprint: Leer 1988).
Simonow, Konstantin: Ich sah das Vernichtungslager. Berlin 1945.
Singer, Hedwig (Hrsg.): Handbook of the Organisation Todt by the Supreme Headquarters Allied Expeditionary Force Counter-Intelligence Sub-Division MIRS/MR-OT/5/45. London 1945.
Sonnleithner, Franz von: Als Diplomat im »Führerhauptquartier«. Aus dem Nachlaß. München, Wien 1989.
Spaeter, H.: Die Geschichte des Panzerkorps »Großdeutschland.« 3 Bde. Duisburg-Ruhrort 1958.
Speer, Albert: Erinnerungen. Frankfurt/Main 1969.
Stahlberg, Alexander: Die verdammte Pflicht. Erinnerungen. Frankfurt/Main 1996.
Steinbach, Peter; Tuchel, Johannes (Hrsg.): Widerstand gegen den Nationalsozialismus. Bonn 1994.
Streit, Christian: Keine Kameraden. Die Wehrmacht und die sowjetischen Kriegsgefangenen 1941–1945. Stuttgart 1978.
Struck, Manfred (Hrsg.): Chelmno/Kulmhof. Ein vergessener Ort des Holocaust? Berlin 2001.
Szynkowski, Jerzy: Das Führerhauptquartier (FHQu.) Wolfsschanze. Kętrzyn 1998.
Ders. (Hrsg.): Wolfsschanze in Bildern und Erinnerungen von Zeitzeugen. Kętrzyn 1997.

Täubrich, Rainer: Archive in Ostpreußen vor und nach dem Zweiten Weltkrieg. Bonn 1990.
Tilitzki, Christian: Alltag in Ostpreußen 1940–45. Die geheimen Lageberichte der Königsberger Justiz. Leer 1991.
Tomuschat, Albert: Lebenserinnerungen. Handschriftliche Aufzeichnungen. Im Angerburg-Archiv der Ostdeutschen Bücherei, Rothenburg/Wümme.
Topp, Sascha; Fuchs, Petra; Hohendorf, Gerrit; Richter, Paul; Rotzoll, Maike: Die Provinz Ostpreußen und die nationalsozialistische »Euthanasie«: SS-»Aktion Lange« und »Aktion T4«. In Medizinhistorisches Journal 43/2008, S. 20–55.

Ueberschär, Gerd R. (Hrsg.): Hitlers militärische Elite. Darmstadt 1998.
Ders.; Wette, Wolfram (Hrsg.): Der deutsche Überfall auf die Sowjetunion. Frankfurt/Main 1991.
Uhlich, Werner: Deutsche Decknamen des Zweiten Weltkrieges. Berg am See 1987.

Vat, Dan van der: Der gute Nazi. Albert Speers Leben und Lügen. Berlin 1997.
Vereinigung der ehemaligen Schüler und Schülerinnen der Hindenburgschule und der Frieda-Jung-Schule Angerburg/Ostpr. (Hrsg.): Jugendjahre in Angerburg. Rotenburg/Wümme 1978.

Wagner, Gerhard (Hrsg.): Lagevorträge des Oberbefehlshabers der Kriegsmarine vor Hitler 1939–1945. München 1972.
Walle, Heinrich (Hrsg.): Aufstand des Gewissens. Militärischer Widerstand gegen Hitler und das NS-Regime 1933–1945. Berlin, Bonn, Herford 1994.
Warlimont, Walter: Im Hauptquartier der deutschen Wehrmacht 1939–1945. 2 Bde. München 1978, Augsburg 1990.
Weber, Reinhold: Masuren. Geschichte – Land und Leute. Leer 1983.
Wegemann, Günther (Hrsg.): »Das Oberkommando der Wehr-

macht gibt bekannt«. Der deutsche Wehrmachtbericht. Vollständige Ausgabe der 1939–1945 durch Presse und Rundfunk veröffentlichten Texte. 3 Bde. Osnabrück 1982.

Weiß, Hermann (Hrsg.): Biographisches Lexikon zum Dritten Reich. Frankfurt/Main 1998.

Westphal, Siegfried: Der Deutsche Generalstab auf der Anklagebank. Nürnberg 1945–1948. Mainz 1978.

Wildt, Michael: Generation des Unbedingten. Das Führungskorps des Reichssicherheitshauptamts. Hamburg 2002.

Wistrich, Robert: Wer war wer im Dritten Reich? Ein biographisches Lexikon. Frankfurt/Main 1987.

Wulf, Diethelm B.; Tiesler, Raimund: Das war unser Rastenburg. Leer 1981.

Zeidler, Manfred: Kriegsende im Osten. Die Rote Armee und die Besetzung Deutschlands östlich von Oder und Neiße 1944/45. München 1996.

Zentner, Christian: Illustrierte Geschichte des Ersten Weltkriegs. München 1980.

Ders.; Bedürftig, Friedemann: Das große Lexikon des Dritten Reiches. München 1985.

Zduniak, Jan; Zduniak, Agnieszka: Wolfsschanze und Hitlers andere Kriegshauptquartiere in Wort und Bild. Kętrzyn 2006.

Zipplies, Helmut: Ortsnamenänderungen in Ostpreußen. Eine Sammlung nach dem Gebietsstand vom 31.12.1937. Hamburg 1983.

Abbildungsnachweis

James Adams: S. 187 u.
Angerburg-Archiv: S. 164
Archiv Nicolaus von Below: S. 122 u.
Archiv Michael Foedrowitz: S. 28
Archiv Eitel Lange: S. 9 o., 16, 153
Archiv Christoph Links Verlag: S. 21, 22, 24, 77, 89, 91, 105, 109, 110, 111, 112, 113, 116, 117, 149, 151, 155, 157 o., 162, 163, 165, 166, 169, 170, 171
Archiv Leonore Martin: S. 29, 30, 33, 35, 36, 49 o., 54 u., 181
Archiv Gerd Müller: S. 179
Archiv Heinz Rothe: S. 177, 178
Archiv Jerzy Szynkowski: S. 78, 145, 176 o., 176 u.l., 184, 185 u.
Bayerische Staatsbibliothek, München: S. 23, 26 u., 62 u., 79, 82 o./u., 84 o./u., 103 M.
Bildarchiv Preußischer Kulturbesitz, Berlin: S. 37 o., 81 M., 97, 122 o. 135
Bibliothek für Zeitgeschichte, Stuttgart: S. 12, 72, 81 u., 82 M., 95, 107
Bilderdienst Süddeutscher Verlag, München: S. 87, 100
Bundesarchiv-Bildarchiv Koblenz: S. 18, 76, 142, 168
Bundesarchiv Ludwigsburg: S. 88 u.
Bundeszentrale für politische Bildung, Bonn: S. 6
Robert Conrad: S. 2, 40, 48, 51 o., 174 u., 183 u., 185 o., 186 u., 188 o., 189, 190, 191, 192 u., 194 o., 195 o., 196, 197, hintere Umschlagseite
Walter Frentz Collection, Berlin: S. 45, 124, 129, 130, 133
Der Frontarbeiter OT: S. 37 u., 39, 114
Deutsch-Russisches Museum, Berlin-Karlshorst, Sammlung Boris Chandogin: S. 127
Deutsch-Russisches Museum, Berlin-Karlshorst, Sammlung Timofej Melnikow: S. 118
Deutsch-Russisches Museum, Berlin-Karlshorst, Sammlung Michail Sawin: S. 157 u.
Deutsch-Russisches Museum, Berlin-Karlshorst, Sammlung Iwan Schagin: S. 156
Christian Härtel: S. 42, 50, 180 u. r., 183 o., 187 o., 187 M., 192 o., 193, 195 u.
Hamburger Institut für Sozialforschung: S. 83
Imperial War Museum, London: S. 88 o.
Klaus Kaiser: S. 96, 136
Kreisgemeinschaft Rastenburg: S. 32, 34, 52, 174 o., 175
Luftbilddatenbank Estenfeld: S. 152
Museum Stadt Königsberg, Duisburg: 148
National Archives, Washington: S. 9 u., 10, 11, 13, 14, 15, 25, 26 o., 38, 41, 44, 59, 64 u., 68, 70/71, 103 o., 119, 142, 143, 144 u., 147, 159 r., 167
Uwe Neumärker: S. 49 M., 49 u., 51 u., 186 o., 194 u.
Rochus Misch: S. 27, 46, 47, 54 o., 60, 61, 63, 64 o., 69, 103 u., 138, 159 l.
Polski Agencja Prasowa, Warschau: S. 43
Privatbesitz: S. 58 u., 81 o., 102, 144 o.
Alfons Schulz: S. 19, 53, 56, 58 o., 62 o., 94, 101, 125, 188 u.
Ullstein-Bilderdienst, Berlin: Vordere Umschlagseite, S. 55, 57, 67, 75, 90, 99, 121, 122 M., 150, 161
Yad Vashem, Jerusalem: S. 141
Cord Woywodt: S. 131, 198/199

Ortsregister und -konkordanz

Für die Provinz Ostpreußen wurden die bis 1938 gültigen Namen verwendet. In eckige Klammern gesetzte Orte existieren nicht mehr. Kursive Seitenangaben verweisen auf eine Bildunterschrift.

Rückläufige Konkordanz von Ortsnamen der ehemaligen Provinz Ostpreußen (Gebietsstand 1940)

Augustów – Augustow (Augustenburg)

Baltijsk – Pillau
Barciany – Barten
Barczewo – Wartenburg
Bartoszyce – Bartenstein
Biskupiec – Bischofsburg
Braniewo – Braunsberg
Brożówka – Gansenstein

Ciechanów – Ciechanow (Zichenau)
Czerniki – Schwarzstein

Dobrowolsk – Pillkallen (Schloßberg)
Działdowo – Soldau

Ełk – Lyck

Gierłoż – Görlitz
Giżycko – Lötzen
Gołdap – Goldap
Gridzisko – Heidenberg
Grunwald – Grünfelde
Gussew – Gumbinnen

Jantarnyj – Palmnicken

Kaliningrad – Königsberg
Karolewo – Carlshof
Kętrzyn – Rastenburg
Klaipėda – Memel
Korsze – Korschen
Kruklanki – Kruglanken
Kruszewiec – Krausendorf
Kwida – Queden

Lidzbark Warmiński – Heilsberg

Majowka – Georgenburg
Majakowskoje – Nemmersdorf
Mamonowo – Heiligenbeil
Matrosowo – Gilge
Mikołaiki – Nikolaiken
Morąg – Mohrungen
Mrągowo – Sensburg
Myłnary – Mühlhausen

Nemirseta – Nimmersatt
Nesterow – Stallupönen (Ebenrode)
Nida – Nidden
Nidzica – Neidenburg

Ogonki – Ogonken (Schwenten)
Okowizna – Numeiten
Olchowatka – Walterkehmen (Großwaltersdorf)
Olecko – Treuburg
Olsztyn – Allenstein
Olsztynek – Hohenstein
Orzysz – Arys
Ozjorsk – Darkehmen (Angerapp)

Parcz – Partsch
Pisz – Johannisburg
Polessk – Labiau
Pozezdrze – Possessern (Großgarten)
Pritschaly – Inse
Prostki – Prostken

Radushnoje – Rominten
Radzieje – Rosengarten
Reszel – Rößel
Rożan – Rozan

Shelesnodoroshnyj – Gerdauen
Šilutė – Heydekrug
Smalininkai – Schmalleningken
Sowjetsk – Tilsit
Stębark – Tannenberg
Suwałki – Suwalki (Sudauen)
Swięta Lipka – Heiligelinde
Szczytno – Ortelsburg
Sztynort – Steinort

Tolkmicko – Tolkemit
Tschernjachowsk – Insterburg
Tschernyschewskoje – Eydtkuhnen (Eydtkau)

Węgorzewo – Angerburg
Wielbark – Willenberg
Wilamowo – Wilhelmsdorf
Wilkasy – Wilkassen (Wolfsee)

Znamensk – Wehlau

Personenregister

Auf den Eintrag »Hitler, Adolf (Führer)« wurde wegen der Häufigkeit seiner Nennung verzichtet. Kursive Seitenangaben verweisen auf eine Bildunterschrift.

Danksagung

Für ihre engagierte Unterstützung danken wir:
James Adams, Berlin,
Michael Armbruster, Berlin,
Friedrich Emde, Karlsruhe,
Christian Härtel, Berlin,
Gerd Müller, Berlin,
Jerzy Szynkowski, Carlshof.

Darüber hinaus danken wir:
Herbert Brosch, Berlin,
Prof. Dr. Hermann Dembowski, Altdorf,
Lorenz Dexler, Topotek 1, Berlin,
Michael Foedrowitz, Hannover,
Irma Głowacka, Rastenburg,
Monika Guddas, Berlin,
Dr. Gerhard Kaiser, Berlin,
Dipl.-Ing. Klaus Kaiser, Preetz,
Susann Kästner, Berlin,
Bert Konopatzky, Berlin,
Jadwiga und Tadeusz Korowej, Rastenburg,
Margrit Kühl, Berlin,
Frau Lehmann vom Angerburg-Archiv, Rothenburg/Wümme,
Rochus Misch, Berlin,
Sebastian de Saram, Berlin,
Christoph Schlehuber, Berlin,
Alfons Schulz, Frechen,
Karsten Schulze, Berlin,
Martin Sieg, Osnabrück,
Edith Soltwedel vom Bildarchiv der Kreisgemeinschaft Rastenburg, Düsseldorf,
Frits T. Stol, Oldehove,
Thorkit Treichel, Berlin,
Hermann Türk, Berlin,
Dr. Ernst Vogelsang, Hermannsburg,
sowie den Mitarbeitern folgender Archive:
Bibliothek für Zeitgeschichte Stuttgart,
Bildarchiv Preußischer Kulturbesitz, Berlin,
Bilderdienst Süddeutscher Verlag, München,
Bundesarchiv Berlin,
Bundesarchiv-Bildarchiv Koblenz,
Bundesarchiv-Militärarchiv Freiburg,
Fachinformationsstelle der Akademie der Bundeswehr, Strausberg,
Ullstein-Bilderdienst, Berlin.

Angaben zu den Autoren

Uwe Neumärker

Jahrgang 1970; Studium der Germanistik, Slawistik und Geschichte in Berlin und Moskau; 1997/98 Verlagstätigkeit; 2000/01 Kulturmanager des Instituts für Auslandsbeziehungen Stuttgart im Memelland (Litauen); 2002 wissenschaftlicher Mitarbeiter der Stiftung Denkmal für die ermordeten Juden Europas, ab Herbst 2003 dort auch Presse- und Öffentlichkeitsarbeit, seit September 2005 Geschäftsführer der Stiftung.

Veröffentlichungen und Rezenzionen zu ostpreußischen, litauischen und NS-Themen. Im Ch. Links Verlag erschien von ihm 2007: »Görings Revier. Jagd und Politik in der Rominter Heide« (mit V. Knopf).

Robert Conrad

Jahrgang 1962; Studium der Architektur und Kunstgeschichte in Berlin; Fotografenausbildung bei Jannis Chavakis, Berlin; Architekt in einem Berliner Projektierungs- und Planungsbüro.

Zahlreiche Veröffentlichungen und Ausstellungen als Architekturfotograf und Bauhistoriker; seit 2006 Stipendium der Verwertungsgesellschaft Bildkunst Bonn für eine umfassende Fotodokumentation baulicher Militärhinterlassenschaften in den Neuen Bundesländern.

Cord Woywodt

Jahrgang 1964; Studium der Architektur in Berlin; Arbeit als Architekt und Grafiker. Veröffentlichungen zu Architektur und Baugeschichte in Berlin und Brandenburg; seit 2002 Verleger der Edition Faltplatte.